Paul Lahninger

leiten präsentieren moderieren
lebendig und kreativ

Arbeits- und Methodenbuch für Teamentwicklung und qualifizierte Aus- & Weiterbildung

Vorwort	**Unterstützung Ihrer Kompetenz**	S. 1
Baustein 1	**Autorität wahrnehmen**	S. 3
Baustein 2	**Kommunikation verbessern**	S. 21
Baustein 3	**Motivation fördern**	S. 69
Baustein 4	**Konflikte managen**	S. 109
Baustein 5	**Rhetorik entfalten**	S. 147
Baustein 6	**Gezielt vorbereiten**	S. 179
Baustein 7	**Methodisch gestalten**	S. 217
Anhang	Verzeichnis der Übungen und Methoden	S. 275
	Verzeichnis der Texte	S. 276
	Literatur	S. 278
	Overheadfolien	

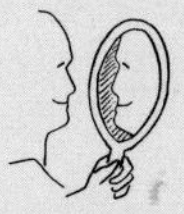

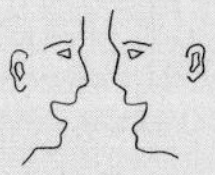

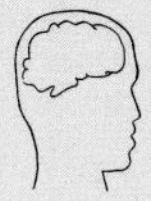

Ökotopia Verlag, Münster

Impressum

Autor:	Paul Lahninger
Hrsg:	AGB-Arbeitsgemeinschaft für Gruppenberatung, Wien
Lektorat:	spielinform, Ralf Dollweber, Kammerstein
Titelgestaltung:	Tacke, Neumann & Partner, Duisburg
Illustrationen und Fotos:	Paul Lahninger außer
	© by Photo Schaffler, Salzburg
	für Foto auf Titel (oben links) und Registerseite 7 (unten links)
Satz:	art applied, Druckvorstufe Hennes Wegmann, Münster
ISBN:	978-3-931902-20-9

© 1998, by Ökotopia Verlag, Münster

6. Auflage, 2008

Kopieren für den Seminargebrauch mit Quellenangaben gestattet.
Autorenrechte für Verkauf und Publikation geschützt.

UNTERSTÜTZUNG FÜR IHRE KOMPETENZ

Sie sind als LehrerIn, DozentIn, ReferentIn, BeraterIn oder als Führungskraft tätig... Sie begleiten und gestalten als TrainerIn Lernprozesse...

Als ModeratorIn ist es Ihre Aufgabe, Teams und Gruppen bei kommunikativen Prozessen methodisch zu führen...

Sie unterstützen als LeiterIn Arbeitsprozesse, in denen Austausch, Teamarbeit und menschliche Qualitäten bedeutsam sind...

Welche dieser drei Facetten beruflichen Handelns bei Ihnen auch im Vordergrund stehen mag, in jedem Fall wird Ihnen dieses Handbuch ein hilfreicher Begleiter sein:

Die ersten 5 Bausteine vermitteln grundlegendes Wissen für die Wahrnehmung von Leitungsaufgaben und geben Anregungen zur Selbstreflexion professionellen Handelns. Konkret geht es um die Themen Autorität, Kommunikation, Motivation und Konflikte. Wollen Sie selbst mit Gruppen an diesen Themen arbeiten, so bieten Ihnen die einzelnen Bausteine knappe theoretische in sich abgeschlossene Inputs, gestaltete Arbeitsblätter und methodische Hilfestellung. In Baustein 6 und 7 geht es darum, Ihre persönliche Ausstrahlung und berufliche Wirksamkeit zu steigern.

Methoden finden Sie vor allem am Ende jedes Bausteins und im Baustein 7: „Methodisch gestalten". Einzelne Methoden, Übungen, Arbeitsaufträge sind als Teil des schrittweisen Aufbaus auch direkt in den Text integriert. Hinweise in den detaillierten Inhaltsverzeichnissen am Beginn jedes Bausteins sowie das Gesamtstichwortverzeichnis am Ende des Buches erleichtern Ihnen das Auffinden auch dieser Methoden.

Um korrekte Angaben zur Urheber- und Autorenschaft habe ich mich bei allen Ideen und Konzepten bemüht. Insbesondere das Kreieren neuer Methoden schätze ich als wertvolle Leistung, die oftmals der Herausforderung der konkreten Gruppensituation entspringt. Manche Methoden entstehen aber auch aus der Not oder weil der ursprüngliche Ablauf vergessen wurde. Mehrmals schon habe ich erlebt, dass TrainerInnen unabhängig voneinander dieselbe Methode erfanden. Dies ist vielleicht ein Hinweis darauf, dass, bei aller Individualität der Menschen, ihre Zusammenarbeit in Gruppen einer immer wiederkehrenden Logik und Dynamik folgt. Viel Spaß beim Variieren, Weiterentwickeln und Erfinden von Methoden für Ihre Gruppenarbeit!

Wann immer ich in meinen vielen Jahren Lehrtätigkeit und in Seminaren im Bereich Psychologie und Persönlichkeitsentwicklung mit einer Botschaft besonders überzeugen wollte, so sagte ich mir: Ich habe damit auch mich selbst gemeint; mir war dieses Thema wichtig und mein eigenes Bedürfnis nach Klarheit motivierte mich. Ein wohliger Gedanke für schwierige Situationen: „Ich tu's für mich!" So lade ich Sie ein, in diesem Buch zu blättern, zu schmökern - damit zu spielen - ganz in diesem lächelnden Bewusstsein: „für sich selbst".

Stellen Sie ruhig aus verschiedenen Blättern dieses Ringbuchs Ihr persönliches Seminarskript zusammen. Sie können das Handbuch aber auch als Nachschlagewerk verwenden: Die Leitworte rechts oben auf den Seiten unterstützen Sie dabei.

Als LeserIn des Gesamtwerks folgen Sie seinem logischen Aufbau und es ergibt sich ein schlüssiges Gesamtbild der Führungsaufgaben: sich seiner selbst bewusst werden und die persönlichen Stärken optimieren, Themen aufbereiten und präsentieren, sich über die Zielgruppe informieren, mit Teams in Kontakt treten und die Teammitglieder in Kontakt bringen, Arbeits- und Gruppenprozesse begleiten, leiten und methodisch gestalten.

Als LeserIn spreche ich Sie mit dem „Sie" an, mit meinen SeminarteilnehmerInnen bin ich per Du. Das „Du" entspricht der Qualität und Intensität

des Austauschs in personenzentrierten Seminaren. Daher verwende ich bei methodischen Anleitungen, die für den direkten Einsatz in Ihren Seminaren gestaltet sind, das „Du". Im Text spreche ich ansonsten auch von der Leitungsperson in der Ich-Form und lade Sie ein, sich damit zu identifizieren. Dabei spreche ich auch jeweils aus meiner persönlichen Erfahrung im Bewusstsein meiner Eigenart. Viel Erfolg für Ihre Auseinandersetzung mit diesen Themen.

Unterstützt haben mich bei der Entstehung dieses Werkes Dr. Hans Krüger, Wirtschaftskammer Salzburg, in jahrelanger Kooperation bei den Train-the-Trainer-Lehrgängen für Lehrbeauftragte, meine KollegInnen im Ausbildungsinstitut für Gruppenpädagogik und kreative Bildungsarbeit/AGB der Arbeitsgemeinschaft für Gruppenberatung und Ralf Dollweber (spielinform) als kritischer und konstruktiver Lektor.

Mitgearbeitet haben insbesondere: Reinhold Rabenstein, Dr. Bernhard Weiser, Dr. René Reichel, Toni Wimmer, Dr. Michael Thanhoffer, Mag. Manfred Perko, Lisa Kolb (alle AGB) und Robert Graf.

Dankbar bin ich vielen kritischen KollegInnen und SeminarteilnehmerInnen, insbesondere am WIFI Salzburg: ihr habt mich herausgefordert meine Gedanken präzise zu formulieren, detailliert zu begründen und jedes scheinbar fertige und erprobte Seminarkonzept neu zu durchdenken und zu überarbeiten.

WAS ICH BEKOMMEN HABE, MÖCHTE ICH WERTSCHÄTZEN UND ANNEHMEN UND ALS BEITRAG FÜR ENTFALTUNG UND WACHSTUM HIER WEITERGEBEN.

Unzählige Menschen in meinem Leben, allen voran meine Eltern, haben mich unterstützt und gefordert und dazu beigetragen, dass ich dieses vielseitige Verständnis von der Arbeit mit Menschen entwickeln und leben kann.

Salzburg 1998

Paul Lahninger

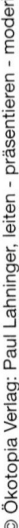

Baustein 1

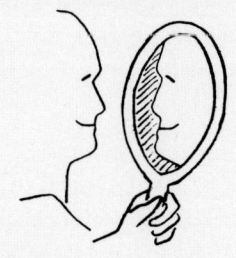

Autorität wahrnehmen

Unsere Chance:
Herausforderungen des 21. Jahrhunderts........................... 3
Meine Arbeit als LehrtrainerIn... 4

Transparente Macht....................................... 5

Autorität - Macht - Einfluss.. 5
Fordern statt manipulieren: „Gute Macht"......................... 6
Der blinde Fleck... 6
Aspekte von Autorität: Führen und Folgen......................... 7

Aspekte meiner Rolle..................................... 8

Yin und Yang im Führungsstil (Methode).......................... 8
Qualitäten einer erfolgreichen Führungspersönlichkeit 10
(Methode)
Polaritäten der Führungskompetenz (Methode) 11
   Folie 1: Führungskompetenz/Führungsstile
Führungsstile.. 12

Methoden.. 14

Identität als LeiterIn... 14
„Who is who for me?"... 16
Quellen ausstellen... 17
Erfolgreich wirken... 18
Initiative entwickeln.. 19

Literaturempfehlungen................................ 20

© Ökotopia Verlag: Paul Lahninger, leiten - präsentieren - moderieren

Autorität

Unsere Chance:
Herausforderungen des 21. Jahrhunderts

Enorme Beschleunigung der technischen Entwicklung, ökologische Instabilität und Bevölkerungswachstum: das sind die drei großen globalen Herausforderungen unserer Zeit. Durch die revolutionären Leistungen der Telekommunikation wird die Welt immer „kleiner", Entfernungen verlieren an Bedeutung. Die Menschheit wird immer stärker vernetzt. Wir konkurrieren zunehmend weltweit um Arbeitsplätze. Die Produktivität steigt weiter und damit der Wettbewerb: Was vor 20 Jahren zwei Firmen produzierten, wirft jetzt eine allein auf den Markt. Die Regierungen sind angesichts der Entwicklungen überfordert und verlieren Kontrollmöglichkeiten und Einfluss.

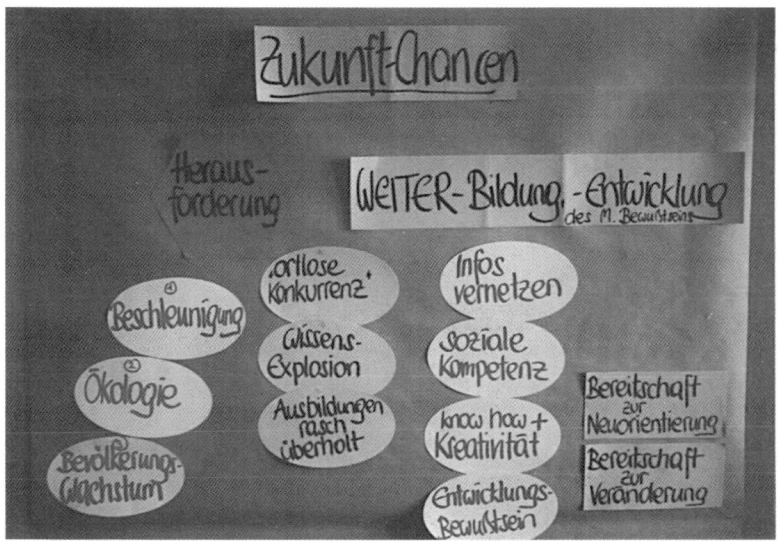

Das Wissen der Menschheit verdoppelt sich laufend, derzeit in etwa 12 Jahren. Gewachsenes Know-how ist rasch überholt. Heutige berufliche Fähigkeiten können bald veraltet sein, denn die tatsächlichen technischen Innovationen vollziehen sich schneller als die mögliche menschliche Anpassungsfähigkeit. Der Zukunftsforscher Rademacher nennt dies „intellektuelle Enteignung" (aus einem Vortrag, gehalten 1997 in Salzburg).

All dies sind Phänomene einer Entwicklung, die nicht mehr linear, sondern exponentiell verläuft, vergleichbar der Ausbreitung von Seerosen auf einem Teich: Die Seerosen verdoppeln sich über Nacht. Wochenlang passiert nicht viel. Irgendwann sind es Millionen Seerosen und 1/8 des Sees ist zugewachsen. Jetzt sind es nur mehr 3 Tage, bis der ganze See zugewachsen ist. In dieser Situation befindet sich die Menschheit jetzt: Das technische Wissen verdoppelt sich allerdings in immer kürzer werdenden Zeiträumen.

Die Entwicklungen der menschlichen Zivilisation erfordern mehr und mehr Kreativität. In allen Bereichen brauchen wir neue Lösungen, neue Konzepte. Neben der Fähigkeit, Informationen zu vernetzen, geht es vor allem um folgende Qualitäten:

○ Soziale Kompetenz verstanden als „menschliche Wärme"
○ Kreativität kombiniert mit Know-how
○ Bewusstheit als die Fähigkeit, Entwicklungen zu erkennen und Prozesse auch selbstkritisch zu überblicken

Dies erfordert Bewusstseinsbildung, ein Umdenken in Richtung Nachhaltigkeit, kreative lösungsorientierte Gesamtkonzepte, die Bereitschaft zur Veränderung, ein Umlernen und Neuorientieren in jedem Lebensabschnitt. Ganzheitliche Bildungsarbeit fördert diese Kompetenzen, und unterstützt die Entfaltung der Persönlichkeit.

Autorität

Meine Arbeit als LehrtrainerIn
Grundgedanken humanistischer Psychologie

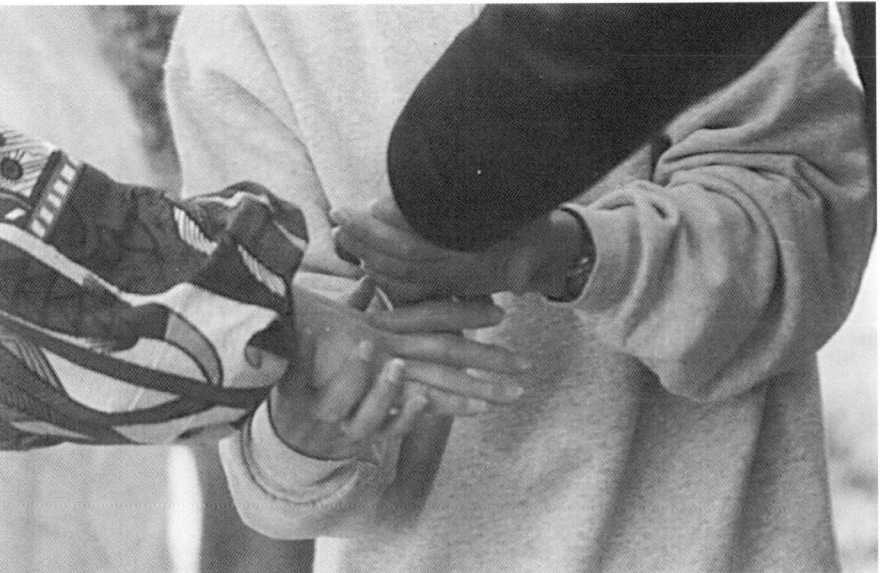

Die Entwicklungen unserer Zivilisation fordern heraus, Menschen in ihrer Persönlichkeitsentfaltung zu begleiten. Dies empfinde ich als eine besondere und faszinierende Arbeit. In diesem Begleiten bin ich anderen auf eine tiefe Weise nahe. Das bedeutet ich begleite Menschen, die dabei sind, ihr Leben zu verändern. Ich begleite Gruppenprozesse, also die Begegnung von Menschen und ihre Auseinandersetzung mit Beziehungsqualitäten und Gefühlen. In diesen Dimensionen des Lernens berühren wir die Wesensthemen des Lebens: Kommunikative Kompetenz und die Fähigkeit, Beziehungen einzugehen und zu gestalten. Dies sind wichtige Bereiche für Lebensglück, für das Gelingen oder Scheitern des Menschseins.

Ich bekomme viel in dieser Arbeit: Vertrauen, Offenheit, Wertschätzung, manchmal auch Bewunderung. Ich gebe meinen persönlichen Einsatz: Ich bin aufmerksam, bestrebt zuzuhören, mich einzufühlen, anzunehmen. Ich bemühe mich um eine annehmende Grundhaltung gegenüber allen Aspekten und Ausdrucksformen des Menschseins. Zugleich bin ich parteiisch: ich ergreife Partei für unausgesprochene Gefühle, für ungelebte Bedürfnisse, für das innere Kind im Erwachsenen. Das Anliegen meiner Arbeit ist Befreiung. Befreiung für ungelebte Möglichkeiten. Leben verstehe ich als Unterwegssein. Wir gewinnen neue Möglichkeiten, lernen uns selbst tiefer kennen und werden innerlich reicher.

Ich freue mich über dieses Unterwegssein von Menschen und verstehe zugleich mich selbst als Lernenden, entwickle mich weiter, begegne immer weiteren Herausforderungen - unterwegs zu innerer Harmonie und Bewusstsein.

ES IST SCHÖN, ALS WANDERER UNTER WANDERERN ZU SEIN.

Diesem Leitgedanken ist dieses Buch gewidmet.

Autorität **Transparente Macht**

TRANSPARENTE MACHT

Autorität - Macht - Einfluss

Macht als neutraler Begriff bedeutet: „machen können". Wer etwas macht, hat Macht, das zu tun. Je mehr Macht wir haben, desto mehr können wir erreichen. Macht ist gewissermaßen ein Potenzfaktor für unser Wirken - unabhängig davon, ob wir unsere Macht förderlich und konstruktiv einsetzen oder nicht:

Unsere Macht potenziert unsere Wirksamkeit

Tatsächlich geht es in jeder Gruppe um die Macht. Erst die Klärung der Machtfrage ermöglicht effektives Arbeiten. Wer Gruppen leitet, braucht Macht; dies gilt insbesondere auch für kreative, kooperative Methoden. Der gruppendynamische Begriff „Macht" bezieht sich auf den Status in der Gruppe. Je mehr eine Person wirkt bzw. bewirkt, desto mehr Macht hat sie und umso leichter kann sie eigene Bedürfnisse und Ziele verwirklichen. Meist wird die Machtfrage in Paarbeziehungen und Gruppen unbewusst geklärt.

Die Quellen der Macht sind:

○ der Besitz von Information
○ die körperliche und sexuelle Attraktivität, verstanden als die Fähigkeit, andere in seinen Bann zu ziehen
○ das Knüpfen von Kontakten und Eingehen von Beziehungen: je mehr Beziehungen ich habe, desto größer mein Einfluss
○ der Besitz von Geld und Statussymbolen für meine Leitungsfunktion - je nach Werthaltung

Macht erhalte ich durch:

○ Zuständigkeit = Kompetenz
Ich bringe Qualitäten mit, habe etwas zu geben.
○ Zuschreibung = Legitimierung
Andere geben mir Macht, übertragen mir eine Rolle, indem ich offiziell durch die Institution autorisiert werde und zugleich hier und jetzt im Kontext der Gruppe individuelle persönliche Zustimmung erhalte.

○ Selbstzuschreibung
Ich übernehme die Rolle, antworte auf die Erwartungen, fühle mich verantwortlich.
Innere Unsicherheiten, die Führungsrolle und die damit verbundene Verantwortung zu übernehmen, binden Energien. Meine Eindeutigkeit hingegen gibt mir eine kraftvolle Ausstrahlung der Entschiedenheit: *"Ich bin genau die richtige Person für diese Aufgabe".*
Diese Entschiedenheit lädt andere ein, meine Führungsrolle anzunehmen, von mir zu nehmen.

Oft wird es vermieden, Macht offen zu zeigen.

Menschen in Führungspositionen

○ verstecken ihre Macht hinter vermeintlicher Kollegialität. *„Ich bin einer von euch. Bitte tut mir nichts!"*
○ vermeiden es Grenzen zu setzen. *„Wir sind alle frei ... - nur ja nichts einschränken, d. h. handeln."*
○ verbergen ihre Absichten und stellen keine Forderungen. *„Ich selbst will eh nichts von euch."*
○ diffamieren Macht und verwechseln sie mit Härte, Starrheit, Gefühlskälte. *„Ich bin keiner von den bösen Machthabern."*

Zuerst muss meine Autorität klar und akzeptiert sein, dann kann ich „Sozial-Management" betreiben. Wenn ich auf Störungen nicht reagiere, also meine Grenzen nicht wahre, verliere ich Autorität. Kreative, innovative Bildungsarbeit ist nur dort möglich, wo ich Macht habe. Macht kann situativ veränderbar, flexibel verteilt, langfristig ausgewogen und transparent wirken.

(Rogers, Carl: Klientenzentrierte Gesprächsführung. Frankfurt/Main 1988)

Ein Ja zur Leitung bedeutet ein Ja

○ zu klaren Grenzen
○ zu eigenen Absichten und Forderungen
○ zu meiner Macht
○ zu meiner Freude an der Leitungsrolle.

Leiten kann nur, wer Macht hat.

Autorität **Transparente Macht**

Fordern statt manipulieren:
„Gute Macht"

Wenn Eltern ihren Kindern vorwerfen, sie hätten kein Vertrauen zu ihnen, wenn Lehrer ihren Schülern vorwerfen, der Unterricht wäre erfolglos gewesen, so als hätten allein die Schüler hierfür die Verantwortung, dann ist das so verkehrt, wie zu verlangen, dass Wasser bergauf rinnen sollte. Verantwortung tragen zuerst immer die „oben", denn sie sind es, die zu geben haben, damit andere „nehmen" können. Nach Bert Hellinger ist das Geben eine Bewegung von oben nach unten:

W**ER GIBT, HAT** M**ACHT UND WER** M**ACHT HAT, TRÄGT DIE** V**ERANTWORTUNG, ZU GEBEN**

Diese Verantwortung bedeutet auch zu fordern, zu ordnen, Gehör zu verlangen. Die Forderung und keineswegs der Vorwurf ist ein Teil der Gabe, die der Mächtige gibt. Durch den Vorwurf mache ich mich klein: Ich gebe der anderen Person die Schuld und damit auch Macht, oft mehr, als der Person zusteht. Zugleich macht der Vorwurf indirekt Druck. Dies gehört zu den manipulativen, nicht transparenten Durchsetzungsstrategien. Die offen deklarierte Forderung, das offene Wahrnehmen von Macht fördert Beziehungsqualität und Eigenmotivation.

Der blinde Fleck

Auf Grund unserer persönlichen Geschichte haben wir alle einen „Schattenbereich": Das sind Persönlichkeitsanteile, die wir kaum bewusst wahrnehmen können und mit denen wir uns nicht identifizieren wollen; sie passen nicht in unsere Ich-Vorstellungen, in das Bild, das wir von uns selbst entworfen haben. Auf Grund unserer hohen Identifikation mit dem bewussten Ich glauben wir meist auch, dass es solche Bereiche gar nicht gibt und werden ärgerlich und abweisend, wenn uns andere auf diese unbekannten Wesensmerkmale aufmerksam machen.

In diesem Schattenbereich können aber durchaus verborgene Stärken, Schätze und kreative Möglichkeiten stecken. Was im Unbewussten verborgen ist, können wir jedoch nicht nutzen, weil wir es kaum wahrnehmen. Wir schöpfen nur einen Teil unserer Seinsformen aus, sehen in manchen Schwierigkeiten nicht den eigenen Anteil am Geschehen und finden in manchen Konflikten nicht die Lösung, die auf der Hand liegt.

Es passiert uns, dass wir unabsichtlich und unbewusst abwerten, missachten, verweigern und manipulieren.

Dies gehört zur Struktur unserer Psyche. Ein wichtiger Zugang zu diesen Schattenbereichen bietet die psychotherapeutische Beratung und Supervision. Gute, fachkundige Begleitung wirkt wie ein Zusatzscheinwerfer.

Aspekte von Autorität: Führen und Folgen

Beim Lehren und Lernen brauchen wir eine klare Funktionsverteilung in Führen und Folgen. Insbesondere für ganzheitliche Bildungsarbeit, die Persönlichkeitsentfaltung fördert, gilt:

NUR WER FOLGEN KANN, KANN AUCH FÜHREN!

Das bedeutet:

Als TrainerIn bin ich FührerIn auf begrenzte Zeit und die TeilnehmerInnen gehen freiwillig mit.

Autorität wirkt von 2 Seiten, auf 2 Ebenen:
Ich bin als TrainerIn einen Schritt „hinter" den TeilnehmerInnen; achtsam und wertschätzend begleite und unterstütze ich Entwicklung. Zugleich bin ich einen Schritt voraus; aus Erfahrung und Kompetenz leite und führe ich.

Eine der Situation entsprechende Beziehungsqualität und gegenseitige Akzeptanz ist Voraussetzung für wirksames Lernen: Der Lernprozess wird gesteuert und unterstützt, getragen von der Beziehungsebene. Wirksames Lernen bedeutet, sich auf Veränderung einlassen, insbesondere dort, wo es um persönliche Weiterentwicklung, um soziales Lernen geht.

Die Frage, die sich mir als Autorität stellt, ist: Was braucht meine Gruppe, um mir Vertrauen zu können?

Ausgewogene Führungskompetenz setzt sich aus vielen Faktoren zusammen.

(nach: Pechtl, Waldefried: Zwischen Organismus und Organisation: Wegweiser und Modelle für Berater und Führungskräfte. Linz 1991)

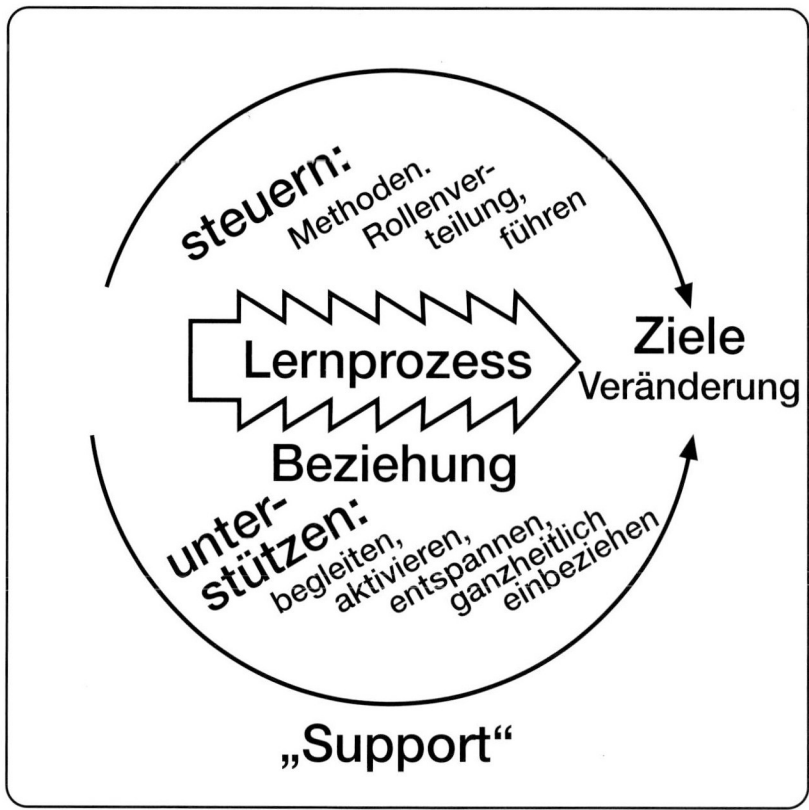

Autorität **Aspekte meiner Rolle**

ASPEKTE MEINER ROLLE

Yin und Yang im Führungsstil

Harmonie zwischen „harten" und „weichen" Faktoren des Führens

Tief in uns tragen wir Bilder von väterlicher und mütterlicher Führung. Zugleich projizieren wir Mutter- und Vaterrollen auf Führungspersonen, auch unabhängig von deren Geschlecht. Das Mütterliche entspricht dem Yin, das Väterliche dem Yang. Jedes trägt den Keim des Anderen in sich. Beide Elemente sind ineinander verschlungen, ergänzen einander und bilden ein gemeinsames Ganzes. So haben TeilnehmerInnen Bedürfnisse nach beiderlei Grundqualitäten des Führens.

YIN

begleitendes, nährendes Führen, auf persönliche Beziehung und individuelles Gestalten ausgerichtet

Yin-Anteile beziehen sich im Wesentlichen auf die soziale Kompetenz. Der englische Ausdruck „coach" für eine TrainerInnen-Persönlichkeit beschreibt diese Qualität.

YANG

Organisieren, Administrieren, zweckgerichtetes Handeln, auf Sachziele bezogenes Fortschrittsdenken

Der Yang-Anteil richtet sich auf das operationale Tagesgeschehen, auf ein beobachtbares, messbares Endergebnis.

Yin	Yang
Wärme bewirken	Ordnung schaffen
begleiten, begegnen	fordern, kontrollieren
ausgleichen	planen
einbeziehen	abgrenzen
einfühlsam sorgen	wachsam lenken
visionär denken	strategisch denken
Gruppenziele	Sachziele
Betriebsklima, Unterhaltungskultur, Kommunikationsformen	technische Details, Termine
persönliche, gefühlsmäßige Beiträge	Argumente & Logik
Teamorientierung	Kompetenz & Machtverteilung
Motivation als einfühlendes Fördern	Motivation durch Fordern & Verhandeln
persönliche Werthaltungen und Bedürfnisse beachten	entschiedene Zielvorgaben
kreative Freiheit	schrittweises - lineares - Vorgehen
liebevolle Raumgestaltung	zweckmäßige Anordnung

Autorität **Aspekte meiner Rolle**

Yin- und Yang-Harmonie im Führungsstil

Gesund ist, die Balance beider Bereiche anzustreben. Ein extremes Ungleichgewicht ist gefährlich.

Yang-Übergewicht

Die Einseitigkeit unserer westlichen Betriebs- und Unternehmenskultur zeigt sich in der Verteilung von Geld. Meist ist Macht das wichtigste Kriterium für die Entlohnung, begründet als Entgelt für Verantwortung. Weniger gut wird Fachkompetenz entlohnt und noch weniger soziale Kompetenz.

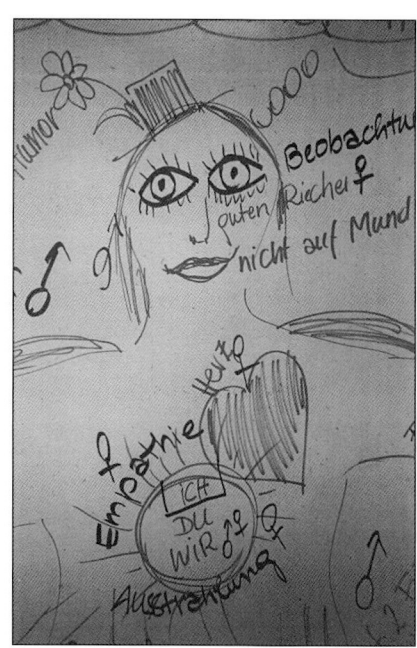

Auf dem Weg zu einer Balance dieser Bereichen geht es zunächst darum, Yin-Qualitäten sanft ins Bewusstsein zu bringen und schrittweise zu fördern; so kann z.B. ein bestimmter Teil der Arbeitszeit für freie, individuelle Tätigkeiten zur Verfügung gestellt werden, nicht planmäßig und nicht zweckgerichtet, nicht an einen bestimmten Raum und an einen bestimmten Auftrag gebunden, sondern eben frei für kreative Entfaltung. In dieser Zeit können Kontakte vertieft werden und neue Ideen entstehen. Die Perspektive kann sich von der linearen zur ganzheitlichen Sichtweise weiten. Unvorhergesehenes, Spontanes kann sich entfalten: Das Nicht-Planbare wird eingeplant. Beziehungsqualität gefördert.

(Turkheim, Georg: Chaos und Management. Wien 1991)

Yin-Übergewicht

Umgekehrt gibt es viele Organisationen, vor allem im sozialen Bereich, in denen mütterliche, fürsorgliche Qualitäten so sehr überbewertet werden, dass sich alle LeiterInnen, auch männliche, in mütterlich fürsorgliches Rollenverhalten einkleiden. Hier fehlt deklarierte männliche Leitungsqualität. Führungsfunktionen erfordern auch „strenges", väterliches Rollenverhalten: Einteilen, Abgrenzen, Kontrollieren als wirksame Maßnahme gegen Konfusion. (vgl. Pechtl, Waldefried: Zwischen Organismus und Organisation: Wegweiser und Modelle für Berater und Führungskräfte. Linz 1991, S 215)

Dieser Ausgleich kann zielstrebige, planmäßige Arbeit unterstützen und bereichern. Bisher ungelebte oder vermiedene Entfaltungsmöglichkeiten bringen mehr Wohlbefinden: das Gefühl eines Sinnganzen. Genauso ergänzen bei der Wohnungseinrichtung zweckmäßige Möbel und liebevolle Schmuckgegenstände einander und tragen gleichermaßen zur Ganzheit des Wohnraumes bei.

Väter sind in den Familien unserer Gesellschaft abwesend. Sie fehlen als Vorbild, Identifikationsobjekt für männliche Identität und als körperliche Verdichtung von Yang-Qualitäten. Sie sind oft überfordert, zeitlich kaum verfügbar, vertrieben und geflüchtet, ferne oder fremd. Dies führt dazu, dass uns ein ausgewogener, harmonischer Umgang mit Yang-Qualitäten auf schmerzhafte Weise schwer wird. Extreme Einseitigkeiten wirken aber destruktiv bis zerstörend. Die Herausforderung ist, abgrenzende, fordernde Macht positiv zu leben.

Übung: Die ideale Führungskraft

Beschreiben Sie eine fiktive Person, die für Ihren Arbeitsbereich eine ideale Führungskraft darstellt. Das Bild muss keineswegs realistisch sein. Versuchen Sie möglichst viele Details genau festzulegen: Lebensstil, Kleidung, Wohnungseinrichtung, Bücher, Bilder.

Nachdem die Führungskraft beschrieben ist, analysieren Sie bei jedem Detail, ob es sich um Yin- oder Yang-Anteile handelt und welche Bedeutung sie für Ihre Ansprüche an sich selbst und an Führungspersönlichkeiten haben.

Autorität **Aspekte meiner Rolle**

ARBEITSBLATT

Qualitäten einer erfolgreichen Führungspersönlichkeit

J E MEHR EINE FÜHRUNGSPERSON IN ALLEN BEREICHEN QUALIFIZIERT IST, JE HARMONISCHER UND GANZ-
HEITLICHER SIE SELBST SICH ENTWICKELT, DESTO UMFASSENDER KANN SIE ANDERE FÖRDERN UND LEITEN.

Fachliche Kompetenz

- Fachwissen
- methodisches Know-how („instrumentelle Kompetenz")
- wissenschaftliches Interesse/Bemühen, auf dem neuesten Stand zu sein
- bildungspolitisches Verständnis / Inhalte im kulturellen, gesellschaftlichen Zusammenhang sehen
- Persönliche Beziehung zu den Inhalten / Eigenmotivation zum Fach
- Fähigkeit, inhaltliche Ziele zu formulieren, Werte zu vermitteln
- Fähigkeit, zu strukturieren, Ordnung und Übersicht zu schaffen
- gute Sprache, interessante Darstellungsweise (Rhetorik)
- zeitlich-organisatorischer Überblick, gute Selbstorganisation
- Fähigkeit, flexibel mehrdimensional zu denken
- Basisverständnis psychologischer Vorgänge

Soziale Kompetenz

- Fähigkeit, Beziehungen zu schaffen und zu leben
- kontaktfreudig und initiativ
- Gesprächsführungstechniken, Beraterqualitäten
- konstruktiv kritisieren - zur Einsicht anregen
- selbstkritisch eigene Fehler sehen und eingestehen können, Kritik annehmen können
- Teamfähigkeit: demokratisch, kooperatives Selbstverständnis
- Vertrauen: kann Verantwortung delegieren
- annehmende emotionale „Wärme" = Wertschätzung
- Bereitschaft, eigene Gefühle und Wertungen zu deklarieren
- Einfühlungsvermögen, verständnisvolle Grundhaltung, Empathie
- Bewusstsein der eigenen persönlichen Lerngeschichte und ihrer Bedeutung

Durchsetzungsfähigkeit

- Eindeutigkeit, Klarheit
- entschiedenes Handeln / Zielstrebigkeit
- Initiative bei Konfliktlösungen
- Sicherheit im Auftreten
- Fähigkeit zur Distanz: Überblick behalten, Bereitschaft, auch sich selbst zu reflektieren
- kraftvolle Persönlichkeit: aufrecht, offen, bei Bedarf auch lautstark
- Anerkennung für Erfolge geben
- Positive Ausstrahlung: Ja zur Arbeit, ja zur Situation, ja zu sich selbst
- Autoritätsbewusstsein: Ja zur eigenen Macht in einem konkreten Kontext: „Ich bin hier die richtige Person!"
- Mut, die eigene Macht offen = transparent zu zeigen

Fördernder Führungsstil

- situativ, flexibel: dem Reifegrad der Gruppe und der MitarbeiterInnen sowie der Situation angepasst
- mitreißende, motivierende Ausstrahlung, eigene Freude an Inhalten & Prozessen
- Freude am Leiten: sich selbst als Motivationsfaktor verstehen
- Vorbild: sich für positive Identifikation anbieten
- fördernd: Anliegen, den Reifegrad der Gruppe zu heben
- schafft stützende, schützende Atmosphäre
- Humor

(Geißler, /Hege, : Konzepte sozialpädagogischen Handelns. München 1981 - Thanhoffer, Michael u. a.: Kreativ unterrichten. Münster 1992)

Anregung zur Selbstreflexion

- Streiche alle Qualitäten an, die zu deinen Kompetenzen gehören (Selbstbild).
- Frage andere Personen nach deinen Stärken und deinen Lernaufgaben (Fremdbild).
- Wähle 5 besondere Stärken, die dir wichtig sind.
- Entscheide dich für einen Lernbereich, in dem du dich verbessern möchtest.

ARBEITSBLATT

Autorität **Aspekte meiner Rolle**

Polaritäten der Führungskompetenz

Idee: *modifiziert und erweitert nach Thanhoffer, Michael u. a.: Kreativ unterrichten. Münster 1992*

Die Selbsteinschätzung der Führungsqualitäten auf diesem Skalenrad ergibt ein grafisch interpretierbares Bild. Jede Qualität hat ihren Gegenpol.

○ Schätze dich ein, indem du den „Spielraum" deines Handelns auf der Achse markierst.

Der Mittelpunkt bedeutet 0 %. Der Abstand zwischen Mittelpunkt und Kreis entspricht 100 %. Der von dir markierte „Spielraum" auf einer Polaritätenachse entspricht dem Spielraum deiner Kompetenz.

Beispiel A: anerkennend ├──┼──▓▓▓▓▓▓▓▓─O──▓▓▓▓──┼──┼──┼──┤ zugeneigt

Ich gebe viel Anerkennung und wenig Zuneigung.

Beispiel B: sachbezogen ├──▓▓▓▓▓▓▓▓▓▓▓▓─O──┼──┼──┼──┼──┼──┤ kontaktfreudig

Ich bin ausschließlich sachbezogen und nicht im Geringsten kontaktfreudig.

○ Verbinde danach alle Punkte auf den Achsen zu einem Feld und schraffiere es.

○ Zur Auswertung deiner Einschätzung lege die Overheadfolie 1 auf die Grafik!

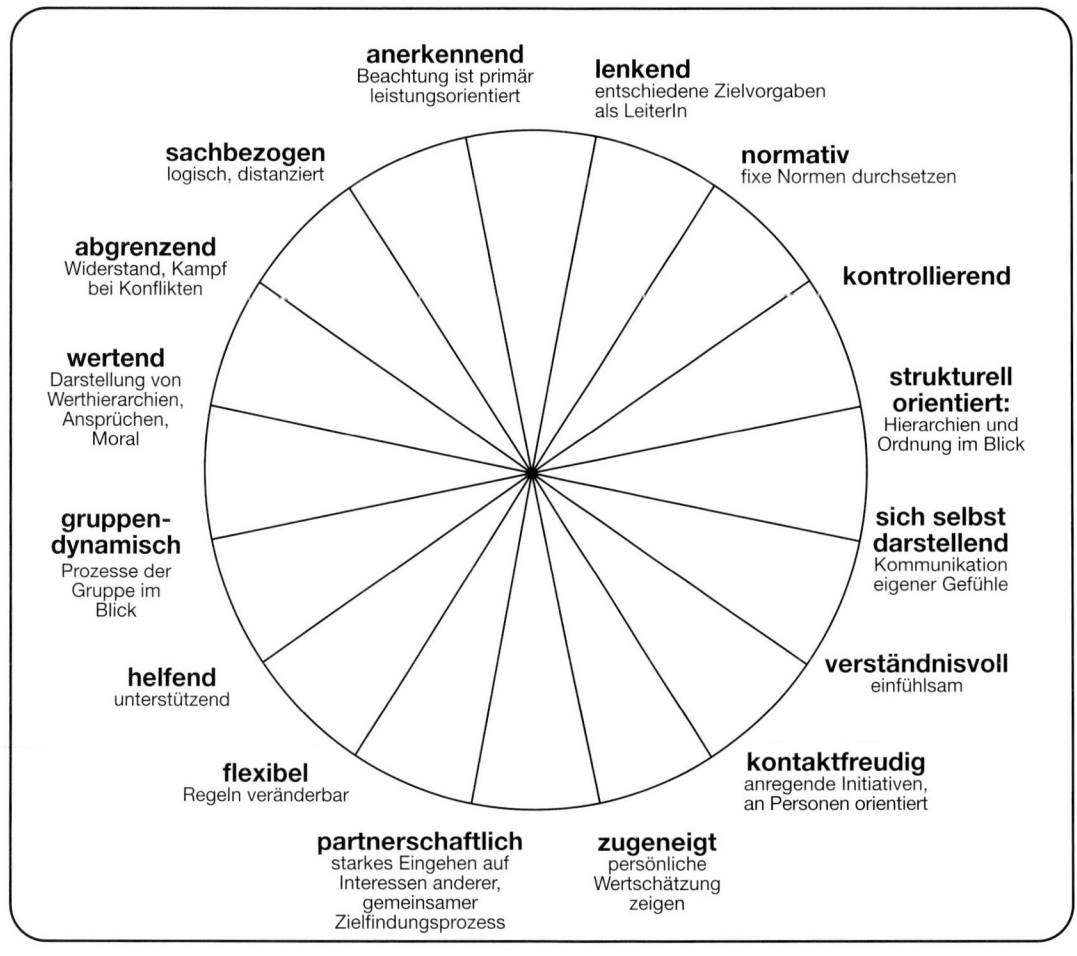

FOLIE 1
FÜHRUNGSSTILE

Autorität **Aspekte meiner Rolle**

Führungsstile

Die schraffierte Fläche, die sich durch die Einschätzung im Polaritätenrad ergibt, wird in einem Kreisviertel mehr, in den anderen weniger Raum einnehmen. Die einzelnen Kreissegmente repräsentieren unterschiedliche Führungsstile, sodass eine in einem Kreisviertel stärker ausgeprägte Schraffur Rückschlüsse auf persönliche Stärken der Führungspersönlichkeit und ihren Führungsstil erlaubt.

Die Einteilung in Führungsstile hat aber ihre Grenzen und Interpretationen sind mit Vorsicht und als Anregung zu sehen. Bei Selbsteinschätzungen wird das Bild viele Anteile des Wunschbildes, des Ideal-Ichs, enthalten und damit die persönliche Werthaltung darstellen. Ich verstehe diese Einschätzungsbilder daher vor allem als Diskussionsgrundlage. Rückmeldungen und Selbstreflexion ergänzen einander.

Autokratisch

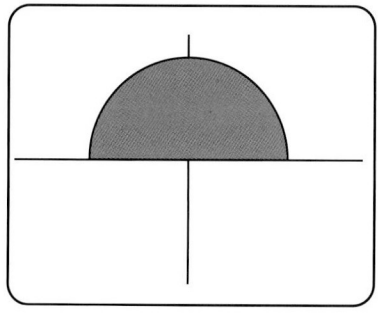

Dies ist ein Führungsstil, der durchschnittlich wenig Wärme und Teamorientierung, aber umso mehr Leistungs- und Machtorientierung zeigt.

Strenge, Forderungen, Kontrolle, wenig persönliches Eingehen, wenig Wertschätzung, wenig kooperative Haltung: „Setzen! Müller, lesen Sie auf Seite 11...!"

Die Gruppe bringt vor allem dann Leistung, wenn die Führungskraft anwesend ist. Ohne Führung zerfällt die Gruppe schnell. Oft wird dieser Führungsstil missverständlicherweise als „autoritär" bezeichnet. Autorität hat aber viele Aspekte!

„Liebe Omi"

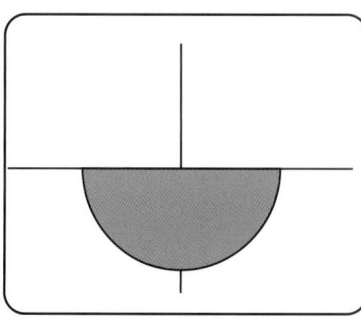

Dies meint einen Führungsstil ohne Sach- und Machtorientierung, einen Stil, der kaum führen kann: Liebevolle Zuneigung, viel Flexibilität, keine Forderungen oder Ansprüche.

Kooperativ und Integrativ

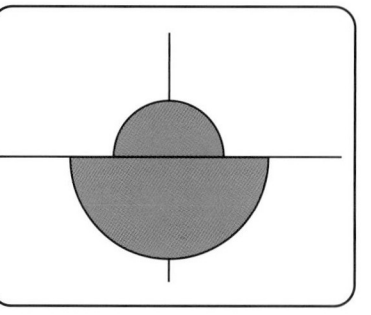

Dieser Stil beinhaltet ein gutes Maß an Sach- und Leistungsorientierung mit viel persönlicher Wertschätzung und kooperativen Signalen: Dies bedeutet zu fordern und zu fördern, zu strukturieren und zu verhandeln, partnerschaftlich und zugleich entschieden zu wirken. Unter dieser Führung wächst Eigenverantwortung, Kreativität, konstante Motivation.

Oft wird dieser Führungsstil missverständlich als „demokratisch" bezeichnet. Demokratie bedeutet aber, die Führungsperson zu wählen.

Emotional

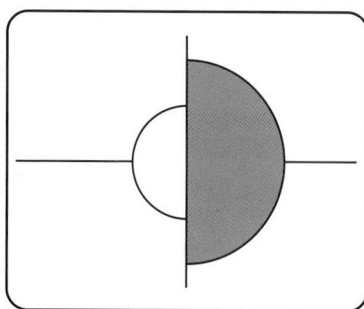

Hier steht das Persönliche, sowohl der eigenen Rolle, als auch in der Beziehung zu den MitarbeiterInnen im Vordergrund. Dies bedeutet eine starke Führung, die sehr persönlich und mit Wärme leitet.

Gruppenorientierter Wissenschaftler

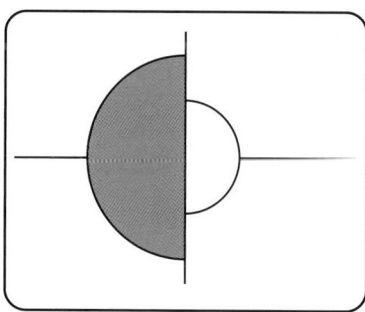

Dieser Führungsstil ist geprägt von einer leicht distanzierten Sachorientierung, z.B. einem wissenschaftlichen Anspruch, und einem starken Leistungswillen, der das Gruppenziel über das Durchsetzen eigener Interessen stellt.

„lose Zügel" - laissez faire

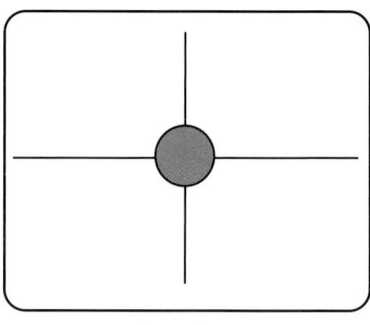

Fällt das schraffierte Bild insgesamt sehr klein aus (wenig Ausprägung auf allen Achsen) so deutet dies auf Nicht-Führen hin: überfordert, nicht interessiert, vielleicht mit innerer Abwehr gegen die Führungsrolle, aber auch mit wenig Beziehungsqualität. „Ist sowieso egal, ... macht, was ihr wollt, ..." Für die Gruppe bedeutet dies: Keine Leistung, kein Zusammenhalt, Orientierungslosigkeit, große Unzufriedenheit.

situativ veränderbar

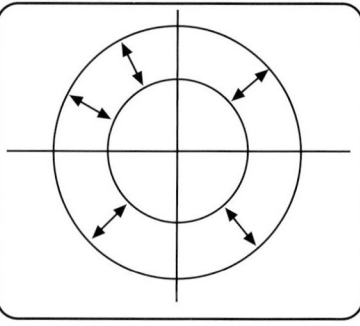

Je mehr Spielraum eine Führungskraft besitzt, je größer die Handlungsmöglichkeiten in allen Bereichen, je reicher das Register der Kompetenz insgesamt, umso leichter kann diese Person in unterschiedlicher Situation jeweils angemessen reagieren und ein situativ wirksames Verhalten wählen.

Das Ausmaß an persönlicher Lenkung, die eigene Aktivität und Selbstdarstellung, die persönlichen Beziehungsformen, all das kann flexibel gehandhabt werden. Viele Register stehen zur Verfügung. Dies ist eine gute Voraussetzung für Erfolg und Zufriedenheit.

Auf den folgenden Seiten finden Sie Methoden der Selbstreflexion von Führungsrollen und zur Stärkung der eigenen Identität. Zugleich können Sie diese Methoden in Gruppen einsetzen, um Führungsverhalten zu reflektieren.

Autorität **Methoden**

ARBEITSBLATT

METHODEN

Identität als LeiterIn

Absicht: Klärung von inneren Leitbildern
Arbeitsform: einzeln oder paarweise
Dauer: ca. 30 min.
Material: Arbeitsblatt auf der folgenden Seite

Mehr als in anderen Arbeitsbereichen ist in der Arbeit mit Menschen die Identifikation mit der eigenen Tätigkeit ein wesentlicher Baustein des Erfolges. Innerer Zwang zur Zurückhaltung („Ich dürfte nicht im Mittelpunkt stehen", „Macht wäre etwas Schlechtes") behindern Ihre Arbeitsfähigkeit.

Bild 1: Das Idealbild

O Setzen Sie sich entspannt hin, schließen Sie die Augen und stellen Sie sich eine ideale Führungsperson vor:

O Wie sieht diese Person aus: Körperhaltung, Ausdruck, Bewegungen?

O Wie arbeitet sie: Methoden, Führungsstil, Ausdrucksweise?

O Wie bezieht sie sich auf die Gruppe: Kontakte, Gespräche, Gefühle?

O Notieren Sie in Stichworten die wichtigsten Merkmale Ihres Idealbildes.

Bild 2: Ein unangenehmes Bild

Schließen Sie erneut die Augen und visualisieren Sie eine unangenehme Autoritätsperson. Erinnern Sie sich an unangenehme Erfahrungen mit Autoritäten, vielleicht an eine Person, die Sie als ungeeignet für diese Funktion empfanden. Notieren Sie nochmals die wichtigsten Merkmale und schütteln Sie dann die unangenehme Erinnerung ab: Körperliche Bewegung unterstützt das bewusste Umschalten.

Bild 3: Selbstbild

Begeben Sie sich nochmals in eine entspannte Haltung, schließen Sie die Augen und denken Sie an typische Situationen Ihrer eigenen Leitungstätigkeit. Lassen Sie auch dazu vor Ihrem inneren Auge Bilder entstehen und betrachten Sie diese in Ruhe. Notieren Sie danach Ihre eigenen Merkmale.

Auswertung:

- Welche Parallelen finden Sie zwischen den drei Bildern?
- Wo scheint ein Gegenteil besonders deutlich? (Beispiel: Das Ideal bildet sich als Gegenpol zur unangenehmen Erfahrung des Negativbildes.)
- In welchen Bereichen fühlen Sie sich eingeschränkt, in welchen Bereichen können Sie sich frei bewegen und Ihr Verhalten situationsbezogen und selbstbestimmt verändern?
- Welche Eigenschaften Ihres „Anti-Vorbildes" könnten Sie sinnvollerweise auch mal probieren, um die Bandbreite Ihrer Möglichkeiten zu erweitern?
- Welche unrealistischen Ansprüche Ihres Idealbildes machen Ihnen das Leben schwer?

Beispiel: Eine meiner unangenehmen Schulerfahrungen war die, dass Frontalunterricht dominierte. Das gestresste Mit- oder Nachschreiben ging mir oft auf die Nerven. Einer meiner Lehrer verwendete diese Vortragstechnik auch als Strafe: Wenn es nicht ordentlich zuging, dann wurde viel „Stoff gemacht". Als Trainer hatte ich lange eine Abneigung gegen Frontalvorträge und wertete diese Methode ab. Mein Idealbild von Bildungsarbeit war, dass alles von den Teilnehmenden selbstständig erarbeitet werden sollte und ich lediglich unterstützte. Ich ärgerte mich, wenn TeilnehmerInnen einen Vortrag erwarteten. Es wird meine Möglichkeiten erweitern, diese Technik bewusst mehr zu genießen und ihren Wert höher zu schätzen.

Gerade Autoritäten, die uns in unserer Lebensgeschichte nahe stehen, insbesondere unsere Eltern, prägen auch unsere unangenehmen Erfahrungen. Indem Sie sich den Hintergrund und den Zusammenhang Ihrer Ideale und Aversionen bewusst machen, wird es leichter, diese zu verändern.

ARBEITSBLATT

Autorität **Methoden**

Identität als LeiterIn

Raster für Ihre Stichworte

	Bild 1 Idealbild	**Bild 2** Unangenehmes Bild	**Bild 3** Selbsteinschätzung
Aussehen: Körperhaltung · Ausdruck · Bewegung			
Arbeitsweise: Methoden · Vortragsstil · Ausdrucksweise			
Bezug zur Gruppe: Kontakte · Gespräche · Gefühle			

Autorität **Methoden**

Who is who for me?

Idee: Paul Lahninger, angeregt durch: Satir Virginia: Meine vielen Gesichter, München 1988
Absicht: Anregung zur Reflexion von Vorbildern, Erweiterung des eigenen Selbstverständnisses
Kommunikation: Gruppen- oder Einzelarbeit
Dauer: 30 - 90 Minuten

○ Sie erstellen eine Liste bekannter Personen oder berühmter Persönlichkeiten, die Sie als Autorität empfinden. Die Liste soll sowohl Personen beinhalten, die Sie schätzen, als auch Personen, die Sie ablehnen. Die Personen können aus Politik, Literatur, Film, Religion, Geschichte frei gewählt werden (z.B. Mrs. Clinton, Mutter Theresa, Jeanne d'Arc, Napoleon, Aristoteles, Kennedy)

○ Zu jeder der gewählten Personen finden Sie eine oder zwei Eigenschaft(en) und schreiben diese auf ein eigenes Blatt (z.B. herrschsüchtig, weise, diplomatisch, gemütlich, knallhart).

○ Stellen Sie sich vor, dass Sie jede diese Eigenschaften in sich tragen und dass sie derzeit eine Bedeutung für Sie haben. Bedenken Sie jede einzelne Eigenschaft:

- Wie stehen Sie zu dieser Eigenschaft?
- In welcher Situation leben Sie diese Eigenschaft am ehesten?
- Was ist der Vorteil, den Sie durch diese Eigenschaft gewinnen (könnten)?

○ Finden Sie für jede Eigenschaft eine typische Körperhaltung. Nachdem Sie eine passende Haltung gefunden haben, bleiben Sie ein paar Atemzüge in dieser Stellung und nehmen Sie bewusst wahr (z.B.: „Das ist mein Anteil Aristoteles!"). Spüren Sie stolz Ihre Stärken und würdigen Sie Eigenschaften, die Sie verändern wollen: Auch diese haben Ihnen Nutzen gebracht.

○ Jede Person aus der Gruppe stellt sich dann im Plenum mit einer geschätzten und einer ungeliebten Eigenschaft vor und erzählt, wie sie zu dieser Eigenschaft und deren berühmten Repräsentanten steht (Abschluss im Plenum).

Oder:

Wählen Sie 2 Eigenschaften aus, die Ihnen gerade bedeutsam erscheinen und malen Sie diese symbolisch oder abstrakt (Abschluss als persönliche Reflexionsübung).

Vertiefung:

In Gruppen, in denen die Vertrauensbasis für persönliche Gespräche und direkte Rückmeldungen gegeben ist, kann die Übung noch mit einem Feedback vertieft werden. Hierzu finden sich Paare und geben einander Feedback: Wie/wo/wann habe ich dich mit Zügen dieser Eigenschaft erlebt?"

Variante:

Als TrainerIn wählen Sie 6 Persönlichkeiten aus, die aktuell und von Interesse sind oder dem Thema der Gruppe entsprechen. Die Namen der 6 Personen werden jeweils auf ein Blatt Papier notiert und an 6 verschiedenen Orten („Ecken") im Raum verteilt. Die TeilnehmerInnen ordnen sich der favorisierten Persönlichkeit zu und plaudern dort mit den gleich Gesinnten über die Eigenschaften dieser Berühmtheit.

In einem zweiten Gesprächsschritt reflektiert jede Person der betreffenden Kleingruppen, wie sie selbst diese Eigenschaft lebt. Diese Selbsteinschätzung wird in einem Paargespräch mitgeteilt und durch Rückmeldung des Partners ergänzt. In ehrlichem Austausch wirkt dies bestärkend.

Als Abschluss gibt jede Person ein kurzes Statement im Plenum („Blitzlicht").

Autorität **Methoden**

Quellen ausstellen

Absicht: Bewusstmachen von Energiequellen
Arbeitsform: Gruppenarbeit oder Einzelreflexion
Dauer: 1 1/2 Stunden
Material: von den TeilnehmerInnen selbst gewählt
Raumgestaltung: ruhige Musik, sanfte Beleuchtung, meditative Atmosphäre.

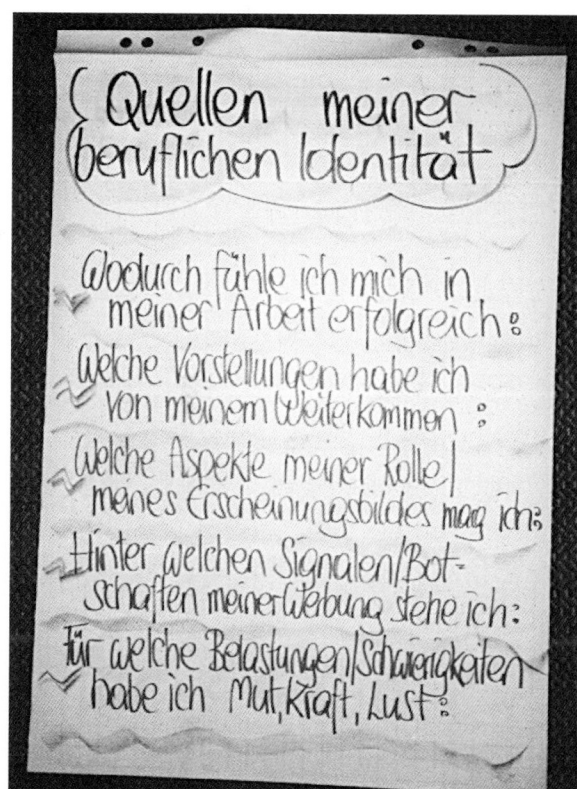

1 Erstellen Sie eine Liste von Situationen, Orten, Möglichkeiten, Leitmotiven, durch die Sie auftanken können, zu neuen Energien kommen, genährt und ausgeglichen werden. Beispiele: Gespräche mit Karl, die Birke am Bach ums Eck, 5 Minuten Tai Chi, der Satz „Spielerisch genieße ich mein Leben!"

2 Finden Sie Symbole oder Bilder der Quellen (Ressourcen), die Sie als besonders wohl tuend empfinden.
Beispiele: Foto oder Zeichnung von Karl, ein Birkenzweig, ein Luftballon mit dem Wort "Atmen", eine Zeichnung mit einem freundlichem Gesicht, ein Würfel.

3 Gestalten Sie mit den Symbolen und Bildern eine Ausstellung in einem für Sie stimmigen Eck des Raumes.

4 2-3 Personen zeigen Sie jetzt ohne Worte Ihre Ausstellung. Diese „BesucherInnen" assoziieren frei heraus zu den Ausstellungsgegenständen. Sie selbst schreiben mit. Danach wählen Sie aus den Assoziationen diejenigen aus, die Ihnen am besten gefallen haben, teilen diese mit und erklären Ihre eigenen Gedanken zu Ihren Symbolen.

Beispiele:
Ich sehe ein freundliches Gesicht. Die Person im Bild strahlt Ruhe aus.

Ein Zweig symbolisiert für mich „aufblühen" und „wachsen".

Bei Luftballon denk ich an Leichtigkeit, an unbeschwertes Abheben.

Mir fällt dazu „Kinderfreuden" ein.

Der Würfel bringt Glück.

Autorität **Methoden** ARBEITSBLATT

Erfolgreich wirken

Idee: Paul Lahninger
Absicht: Aspekte meines Selbstverständnisses klären
Arbeitsform: einzeln oder als Paarinterview
Dauer: 10 bis 30 min.

Das Bild, das ich von mir selbst in meiner Arbeit habe, steht im Spannungsfeld zwischen meinem Idealbild und dem Negativbild - zwischen Wunsch- bzw. Zielvorstellungen und der Vermeidung dessen, was ich abwerte. In diesem Spannungsfeld sehen wir uns selbst manchmal mehr, manchmal weniger bewusst und setzen uns teils mehr, teils weniger realistische Ziele. Die folgende Checkliste ist eine Hilfe, einige Facetten Ihrer beruflichen Identität zu beleuchten. Überlegen Sie, wie sehr die einzelnen Aussagen für Sie zutreffen und kreuzen Sie die entsprechende Antwort an. Die Leerzeilen stehen Ihnen für Stichworte zur Verfügung

		stimmt	stimmt nicht
①	Ich fühle mich in meiner Arbeit erfolgreich.	☐ ☐	☐ ☐
②	Ich habe klare Vorstellungen über mein berufliches Weiterkommen:	☐ ☐	☐ ☐
③	Ich identifiziere mich mit dem äußeren Erscheinungsbild meiner Rolle:	☐ ☐	☐ ☐
④	Ich stehe hinter den Signalen und Botschaften meiner Werbung:	☐ ☐	☐ ☐
⑤	Ich habe Mut, Kraft und Lust für Belastungen und Schwierigkeiten:	☐ ☐	☐ ☐
⑥	Ich empfinde meine Arbeit sinnvoll, wirksam und nutzbringend:	☐ ☐	☐ ☐
⑦	Ich bin stolz auf meine Fähigkeiten, Kenntnisse und Methoden:	☐ ☐	☐ ☐
⑧	Ich kann ausreichend viel Persönlichkeit und Kreativität einbringen:	☐ ☐	☐ ☐
⑨	Ich bin zufrieden mit der Anerkennung meiner Rolle:	☐ ☐	☐ ☐
⑩	Ich verdiene genug:	☐ ☐	☐ ☐

Auswertung:

- Sind Sie zufrieden mit der Summe Ihrer Pluspunkte oder ist das Ergebnis ein deutliches Alarmzeichen, dass etwas zu ändern ist?
- Wählen Sie einen Bereich, mit dem Sie wenig zufrieden sind und entscheiden Sie sich für einen konkreten Veränderungsschritt.
- Suchen Sie sich einen der Bereiche aus, mit dem Sie sehr zufrieden sind. Gratulieren Sie sich und genießen Sie es. Sie arbeiten auch für sich selbst!

ARBEITSBLATT

Autorität **Methoden**

Initiative entwickeln

Absicht: Erweiterung der Leitungskompetenz
Arbeitsform: Gruppenarbeit oder Paarinterview
Dauer: 30 - 45 Minuten
Material: Plakate, Schreibmaterial

Wählen Sie eine Situation, in der Sie sich als LeiterIn verunsichert fühlen: Dies kann z. B. ein Einwand, eine Beschwerde, ein Zweifel oder Widerstand sein.

Überlegen Sie anhand dieses Leitfadens zunächst, was Sie in dieser Situation für sich selbst tun können und danach erst, was Sie anderen anbieten.

① **Konkrete Situation**
Beschreibe das Fallbeispiel im Detail.

⑥ **Konkrete Lösungsbilder**
Sammle eigene Ideen erfolgreichen Handelns zunächst frei und kreativ und nimm erst danach die Bewertung und Auswahl vor!

② **Bedürfnisse**
Was möchte / wünscht sich / braucht mein Gegenüber?

⑤ **Angebote**
Welchen Nutzen, welche Leistungen, welche Chancen kann ich in ehrlicher Wertschätzung anbieten?

③ **Eigene Gefühle**
Was berührt / ärgert / verletzt mich?

④ **Grenzen**
Wie kann ich mich schützen, abgrenzen, meine Selbstachtung vertiefen?

© Ökotopia Verlag: Paul Lahninger, leiten - präsentieren - moderieren

19

Autorität **Literatur**

LITERATUREMPFEHLUNGEN

Carlzon, Jan: Alles für den Kunden. 5. Auflage. Frankfurt/M. 1992
Die Haltung der Kundenorientierung, entschieden dargestellt an praktischen Beispielen. Dem Kunden innerhalb und außerhalb der eigenen Organisation Nutzen zu bieten, ist die Grundlage für erfolgreiches unternehmerisches Wirken.

de Bono, Edward: Serious Creativity. Stuttgart 1996
Die Entwicklung neuer Ideen durch die Kraft des lateralen Denkens.

Eggetsberger, Eder,: Das neue Kopftraining für Sieger. 3. Auflage. Wien 1992
Die Entdeckung und Nutzung des psychogenen Hirnfeldes zur Aktivierung verborgener mentaler und physischer Kräfte: Selbstsuggestion, speziell für Managementaufgaben mit vielseitiger Hintergrundinformation.

Glasl, Friedrich: Das Unternehmen Zukunft. Moralische Intuition in der Gestaltung von Organisationen. Stuttgart 1994
Gedanken zur Evolution und Entwicklung von Organisationen wie auch des Individuums. Appelle an die Gestaltung von Führungsprozessen.

Knoke, William: Kühne neue Welt. Leben in der „placeless society" des 21. Jhdt. Frankfurt/M. 1996.

Pechtl, Waldefried: Zwischen Organismus und Organisation. Wegweiser und Modelle für Berater und Führungskräfte. Linz 1991
Sehr empfehlenswerte, teils philosophische Darstellung über Führungsqualitäten. Auf der Grundhaltung von Entwicklungsorientierung schreibt Pechtl über: Bewusstseinsbildung, Widerstandsarbeit, Rollenbewusstsein, Interventionstechniken u.a.

Pedler, Mike: The Learning Company. London 1991 (deutsch: Die lernende Organisation)
Darstellung des Leitbildes und deren Anwendung in konkreten Projekten: Vertrauen in die Potentiale der Menschen in einer Organisation, Lernen im Handeln und Probieren: „Ideen sind Experimente und keine Lösungen". Dadurch ermöglicht eine Organisation Ihren Mitgliedern Lernen und Wirksamkeit und verändert sich so fortwährend.

Satir, Virginia: Meine vielen Gesichter. München 1988
Persönliche Gedanken einer Familientherapeutin

Schmidt, Eva./Berg, Hans: Beraten mit Kontakt.
Umfassendes Buch für Berater mit Themen der Organisationsentwicklung.

Senger, Gerti/Hoffmann, Walter: Finden Sie Ihren Persönlichkeitsquotienten. München 1996
Einfache, anregende Kurzdarstellung von Qualitäten in verschiedenen Lebensbereichen, wie auch durchsetzen, führen, Selbstbewusstsein, mit Trainingsideen und 40 Tests.

Thanhoffer, Michael u. a.: Autorität in der Gruppe. 10. Auflage. Wien 1993
Arbeitsheft mit Gedanken zum Begriff Macht, Kommunikationsanalyse, persönlichem Hintergrund und praktischen Übungen zur eigenen Autorität, speziell um an dieser zu arbeiten. Bezug: AGB Waidhausenstr. 8, 1140 Wien

Toelstede, Gamber,: Video-Training und Feedback. Weinheim/Basel 1993
Anregungen und Regeln für die Arbeit mit Video im Seminar.

Turkheim, Georg: Chaos und Management. Wien 1991

Wildemann, Bernd: Professionell führen. Neuwied 1994
Interessante Aspekte, speziell für teamorientierte Führungsaufgaben in Betrieben

Baustein 2

Kommunikation verbessern

Grundqualitäten 21
Wahrnehmung und Kommunikation 21
Qualitäten von Kommunikation 22
  Folie 2: „Wert"-Haltung

Selbstwert 23
Wurzeln des Selbstwertgefühls 23
Krücken des Selbstwerts 24
Mitschwingen - Resonanz geben 25
Kommunikationsfördernde Haltung 26
Selbstachtung 27
Mein Bekenntnis zur Selbstachtung (Methode) . 28
„Einfach leben" (Methode) 29

Effektiv senden 30
Effektive Kommunikation 30
Selbsteinschätzung (Methode) 33
Ich-Botschaften (Methode) 34
Beziehungsfalle 36
Metakommunikation:
Das Gespräch über das Gespräch 37
Feedback Regeln 38

Zuhören - Empfangen 39
Anatomie einer Nachricht (Methode) 39
Aktiv zuhören (Methode) 45
Gesprächsbeispiel: Aktiv zuhören 48
Grundmuster sozialer Ordnungen 50
Transaktionsanalyse 51
Thesen zur nonverbalen Kommunikation 54

Team- und Gruppendynamik ... 55
Entwicklungsphasen in Teams und Gruppen 55
Die Gruppe als organisches System 59

Methoden zur Arbeit mit dem Thema Kommunikation 60
Gerüchteküche 60
Persönliche Reflexion 62
Ärger ausdrücken 63
Konkret beobachten 64
„Ich bin du" 65
„Wie sag ich's meinem ..." 66
Arbeitsblatt: Verhandlungstechnik 67

Literaturempfehlungen 68

© Ökotopia Verlag: Paul Lahninger, leiten - präsentieren - moderieren

Kommunikation **Grundqualitäten**

GRUNDQUALITÄTEN

Wahrnehmung und Kommunikation

Aus persönlichen Bildern formen wir Botschaften.

Wir kommunizieren immer aufgrund innerer Bilder und Vorstellungen. Diese Bilder, die wir uns von der Wirklichkeit machen, decken sich nur zum Teil mit der Realität. So hat jede Person ein etwas anderes Bild derselben Situation, und in jedem Bild steckt ein Stück Wahrheit, weil jede Person die Wirklichkeit anders wahr nimmt: Wir treffen bewusst und unbewusst unsere persönliche Auswahl in der Wahrnehmung der Wirklichkeit: „selektive Wahrnehmung". Da wir dazu neigen, die eigene Wahrnehmung für die einzig richtige und unsere Bilder von Details für das Ganze zu halten, kann es ohne weiteres geschehen, dass 2 Personen, die dieselbe Meinung vertreten, heftig miteinander streiten, ohne zu merken, dass sie beide dasselbe meinen.

Ein altes Gleichnis verdeutlicht diese Situation: 5 Blinde versuchten die Gestalt eines Elefanten zu beschreiben. Jeder bekam nur einen Teil zu fassen, da sich der Elefant schnell wegbewegte. Einer ertastete den Rüssel, einer ein Bein, einer den Bauch, einer den Schwanz, einer den Stoßzahn. Jeder versuchte für sich allein zu rekonstruieren, welche Gestalt ein Elefant hat. So stritten sie mitsammen, ob er nun glatt, rissig, dick, dünn, weich, flach, rund oder lang sei.

So geht es uns allen in unserer Realitätswahrnehmung. Ein Motor für unsere selektive Wahrnehmung sind unsere Bedürfnisse bzw. Ziele: Wir nehmen zunächst wahr, was unsere Bedürfnisse befriedigen hilft oder uns daran hindern könnte. So begegnen wir Menschen unterschiedlich, je nachdem ob wir Kontakt suchen, Anerkennung, eine/n SexualpartnerIn oder potenzielle Kunden. Diese Motive steuern unbewusst unsere Wahrnehmung, sodass in einer Gruppe von Menschen mögliche PartnerInnen für Bedürfnisbefriedigung einander wesentlich schneller bemerken und miteinander in Kontakt kommen.

Ein weiteres Kriterium für die Selektion unserer Wahrnehmung sind unsere Ansprüche: innere Forderungen, die wir im Laufe unseres Lebens aufgenommen haben und die uns leiten. Wir projezieren diese auch auf andere und bewerten diese danach. Was immer an Werten in uns gespeichert ist, wirkt sich auf unsere Sichtweise der Realität aus; entsprechend finden wir andere gut, sympathisch, erfolgreich, anziehend oder verachtungswürdig, je nachdem, ob sie unseren Ansprüchen an Sauberkeit, Arbeitsmoral, Beziehungsqualität, Selbstsicherheit entsprechen.

Diese unsere persönlichen Bilder der Wirklichkeit sind die Grundlage unserer Kommunikation. Wir verständigen uns in der Annahme, dass die anderen Menschen dieselben Bilder in sich tragen. Wenn in einer Gruppe Kommunikationsprobleme auftauchen, können Sie die Frage stellen, welche Bedürfnisse und Ansprüche die einzelnen Argumente nähren.

Je mehr Bereitschaft wir haben, die eigene Wirklichkeitswahrnehmung zu reflektieren, desto wahrscheinlicher wird Verständigung. Wer sich selbst als Kamera versteht, die nur einen Ausschnitt filmt, diesen verzerrt, vergrößert und ergänzt, wird erfolgreich kommunizieren.

Kommunikation **Grundqualitäten**

Qualitäten von Kommunikation

KOMMUNIKATION IST DIE GRUNDLAGE MENSCHLICHEN BEISAMMENSEINS.

Alle Vorgänge, durch die wir zueinander in Beziehung treten – oder es vermeiden, in Beziehung zu treten – all das ist Kommunikation:

Prozesse des Sendens und Empfangens überschneiden sich ständig und sind nur auf der Ebene der sprachlichen Kommunikation zu trennen.

Kommunikation ist „ein Ganzes". Die Trennung in Senden und Empfangen dient Analyse- und Übungszwecken. Kommunikation ist das Wesen unseres Menschseins, unseres Wirkens, unserer Beziehungen und oft auch unseres Glücks. Folgende Aspekte können wir dabei differenzieren:

Qualitäten

Empfangen

- ⇨ **Meine Wahrnehmung**
  mit allen Sinnen,
  offen für die Vielfalt von Signalen.

- ⇨ **Mein Verständnis**
  mit dem ich dem Wahrgenommen
  Bedeutung gebe

- ⇨ **Meine Bewusstheit**
  die mir ermöglicht, aktiv zuzuhören
  und die Situation zu relativieren

Senden

- ⇨ **Meine Klarheit,**
  mit der ich Botschaften in
  Symbole übersetze

- ⇨ **Meine Stimmigkeit**
  als Übereinstimmung aller bewussten
  und unbewussten Signale

- ⇨ **Meine Ausstrahlung**
  als die Kraft, die in meinem
  „Senden" liegt

KOMMUNIKATIVE KOMPETENZ IST DIE GRUNDLAGE DER TRAINERTÄTIGKEIT.

Für das Gelingen dieses tief gehenden menschlichen Prozesses „Kommunikation" gibt es keine Rezepte, wohl aber Zutaten die im Folgenden besprochen werden.

„WERT"-HALTUNG

Kommunikation **Selbstwert**

SELBSTWERT

Selbstwert ist die Qualität der Gefühle und Vorstellungen, die ich über mich selbst habe, gewissermaßen das Gefühl über meine Gefühle. Selbstwert beinhaltet meine Selbstachtung und Wertschätzung zu allem, was ich bin und empfinde. Virginia Satir verglich den Selbstwert mit einem großen Topf („Pott"), der viel oder wenig enthalten kann.

Ein **voller Topf** bedeutet:

„Ich weiß, dass die Welt ein Stück reicher ist durch mein Dasein. Ich glaube an meine Fähigkeiten, an meine Entscheidungskraft. Ich strahle Vertrauen aus. Ehrlichkeit, Integrität, Verantwortlichkeit, Liebe, Leidenschaft strömen frei aus mir."

Ein **niedriger Pegel im „Pott"** bedeutet, dass sich eine Person wenig wert findet, negative Erwartungen hat, schnell das Gefühl bekommt, sich schützen oder verteidigen zu müssen. Sich angeschlagen, verletzt, nicht liebenswert, schuldig, voll Scham zu fühlen, vermindert den Selbstwert. Oft verstecken sich Personen mit dauerhaft schlechtem Selbstwert hinter einer Wand des Misstrauens, der Isolation, Gleichgültigkeit, Überaktivität oder Aggression. Schlechter Selbstwert bedingt ein Grundgefühl, dass es nicht gut ist, so zu sein. Das führt oft zum Versuch, sich so zu verhalten, als wären die unangenehmen Gefühle nicht da. Etwas nicht wahrhaben zu wollen, bewirkt einen Teufelskreis schlechter Gefühle: Eine Person fühlt sich mies, ärgert sich aber darüber, dass es ihr mies geht.

Eine andere Variante ist die abwertende oder bestrafende Einstellung, es dürfe einem gar nicht gut gehen, man wäre das Glück und den Erfolg gar nicht wert.

Wurzeln des Selbstwertgefühls

Unser Selbstwertgefühl hängt stark mit Kommunikationserlebnissen zusammen. Erlebnisse von Übereinstimmung, Harmonie und Anerkennung stärken und nähren unseren Selbstwert. Alle unsere Bewertungen haben einen sozialen Hintergrund: wir vergleichen und „nehmen Maß" aufgrund unserer sozialen Zugehörigkeit. So bewerten wir auch uns selbst im sozialen Kontext. Folgende Aspekte sind dabei wichtig:

○ **Bedürfnis nach Übereinstimmung**

Wir sind soziale Wesen, biologisch auf Kontakt und Beziehung ausgelegt, orientieren uns an anderen Menschen, mit einem hohen Bedürfnis nach Anpassung. Unser Selbstwertgefühl wurzelt daher im Erleben von
- Übereinstimmung von Wertsystemen
- Übereinstimmung von Selbst- und Fremdeinschätzung

○ **Bedürfnis nach Anerkennung**

Anerkennung ist ein elementares Bedürfnis. Wir brauchen diese Quelle außerhalb unserer eigenen Personen zum Wohlbefinden und zum Wachsen. Unser Selbstwertgefühl wurzelt daher in der Anerkennung
- als Person mit unserer Identität
- der sexuellen Rolle und Leiblichkeit
- unserer Leistung (Arbeit) sowie
- Wertschätzung dieser Leistung durch Geld und materielle Sicherheit.

All diese Aspekte von Selbstwert erleben wir als Bedürfnisse. Die dauerhafte Befriedigung dieser Bedürfnisse stützt unseren Selbstwert. Eine Bedrohung in einem Bereich kann eine Krise auslösen: Das Selbstwertgefühl ist gestört.

23

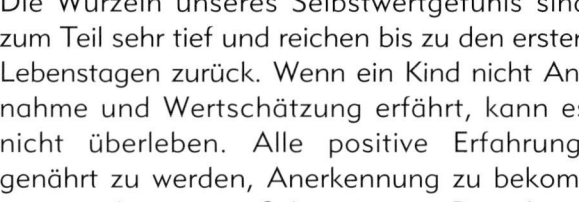

Kommunikation **Selbstwert**

○ **Aktuelle und lebensgeschichtliche Wurzeln**

Die Wurzeln unseres Selbstwertgefühls sind zum Teil sehr tief und reichen bis zu den ersten Lebenstagen zurück. Wenn ein Kind nicht Annahme und Wertschätzung erfährt, kann es nicht überleben. Alle positive Erfahrung, genährt zu werden, Anerkennung zu bekommen, wird zu einem Schatz in uns. Dazu kommen laufend neue (kleinere) Wurzeln in aktuellen Erlebnissen, in unseren gegenwärtigen Beziehungen und Kontakten.

Wenn viele Wurzeln wachsen konnten, wird ein Mensch standfest und sicher, mit tiefem Vertrauen in sich selbst und in diese Welt. Je tiefer einzelne Wurzeln lebensgeschichtlich zurückreichen, umso stärker können diese uns Halt geben.

○ **Beziehung zu mir selbst**

Im Laufe unserer Entwicklung hat diese Verbindung zu den eigenen Wurzeln eine große Bedeutung: Wir spüren den Schatz der Wertschätzung anderer als Energiequelle in uns selbst. So wird es möglich, sich selbst Wertschätzung zu geben, auch im Alleinsein, im inneren Selbstgespräch aufzutanken, Beziehung zur Natur, zur Welt, zum Universum aufzubauen: Wir übertragen dabei Erfahrungen und Qualitäten menschlicher Beziehung auf andere „Objekte".

So ist mein Selbst, mein Wesen, das was ich geworden bin. Jede Beziehung, jedes Erlebnis hat eine Spur hinterlassen, mich geprägt. Das „wahre Selbst" in mir ist die Wahrheit meiner Lebensgeschichte aufgrund derer ich nun Leben gestalte und zu mir selbst stehe. Das Ja zu meiner eigenen Geschichte, zu meinen Wurzeln, macht diese Quelle nutzbar. Indem ich meine Herkunft, meine Eltern und alle wichtigen Beziehungen meines Lebens bejahe, können diese Wurzeln wirksam werden und beschädigte Wurzeln heilen. Zu diesem Ja zu kommen, ist der mühsame, oft schmerzhafte Weg der Selbsterfahrung in Auseinandersetzung und Versöhnung mit der eigenen Geschichte.

Krücken des Selbstwerts

Geringer Selbstwert ist psychischer Stress. Wir kommen in Not, schlagen um uns und suchen nach Ersatz. Je schwächer der eigene Selbstwert, umso billiger, vordergründiger und destruktiver kann dieser Ersatz sein: Wer am verhungern ist, wird auch stehlen.

Folgende typische Strategien zeigen dies:

○ **Entwertung anderer**

Ich fühle mich auch auf Kosten anderer überlegen.

○ **Andere stärken**

Ich suche mir „Unterlegene" um diesen zu helfen, nur damit ich mich überlegen fühlen kann. Ich helfe sozusagen aus eigenem Mangel.

○ **Konsumzwang**

Aus innerer Not kaufen, im Übermaß essen.

○ **Mich beweisen**

Zwanghaft Gelegenheiten suchen, in denen ich „Applaus" bekomme.

Dies ist der Hintergrund ineffektiver Kommunikationsmuster. Sie sind nichts anderes als Stressbewältigungsstrategien.

Kommunikation **Selbstwert**

Mitschwingen - Resonanz geben

Effektive Kommunikation erhält und verbessert den Selbstwert der Beteiligten: Positiver Selbstwert gedeiht in einer Atmosphäre, in der individuelle Verschiedenheit geschätzt wird, in der Fehler toleriert werden, Regeln veränderbar sind. Die Grundhaltung ist nährend, wachstumsfördernd.

Wo Begegnung in Ehrlichkeit und Authentizität möglich ist, können Menschen beginnen, einander die innere Wahrheit zu zeigen. Diese Nähe ist die Basis für Freundschaft und Liebe. Oft ist es die Angst nicht geliebt zu werden, die verhindert, dass wir uns zeigen, wie wir sind. Gerade dieses Sich-Öffnen ermöglicht jedoch erst, dass wir einander wahrnehmen, so wie wir sind - liebenswert. Wir haben ein tiefes Bedürfnis danach, von anderen in unserer Eigenart wahrgenommen zu werden. Andere schwingen mit uns mit, geben uns „Resonanz".

Diese Resonanz anderer ist eine wichtige Quelle dafür, sich o.k. zu fühlen. Wer diese Resonanz nicht bekommen hat, ist ständig auf der Suche. Auf verschiedensten Umwegen versuchen wir dann, andere durch ineffektive Kommunikation zu erreichen (und werden wenig Erfolg haben).

So wie ein Kind, das ausgelacht wird: weil es dick ist und zu viel isst, weil ihm Anerkennung fehlt. Menschen die fähig sind, anderen mit einem inneren Ja zu begegnen, „mitzuschwingen", Resonanz zu geben, werden als Wohltat empfunden: ein heilendes Geschenk für die tiefe, alte Sehnsucht. Dies ist Nahrung.

Nur in der Begegnung mit anderen können wir Nährendes geben und nehmen. In dieser Nähe geht es nicht um Quantität sondern um Qualität: Die Qualität, sich innerlich aufeinander einzustellen, mitzuschwingen. Diese Zusammenhänge sind überall wirksam als Grundqualität menschlichen Beisammenseins.

(nach Satir, Virginia: Selbstwert und Kommunikation. München 1975)

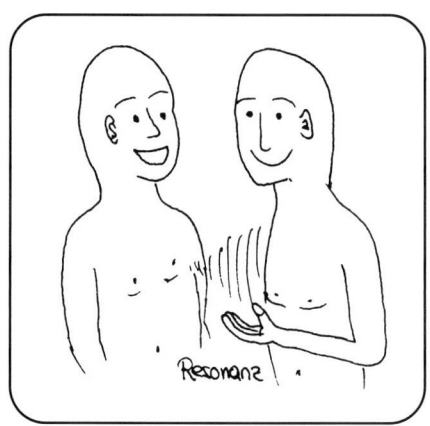

Kommunikation **Selbstwert**

Kommunikationsfördernde Haltung

Effektive Kommunikation fließt aus einer Haltung, die sich in den folgenden Sätzen spiegelt:

○ **Ich bin für mich selbst verantwortlich.**

Ich trage die Verantwortung für das, was ich fühle, denke, wie ich handle und was ich bekomme.

○ **Alle meine Gefühle sind o.k.**

Fühlen ist nicht gleich Handeln, dazwischen liegt Entscheidungsspielraum: Ich zeige und lebe meine Gefühle, so sehr es mir gerade entspricht.

○ **Ich bin frei und o.k., so wie ich bin.**

Ich frage und bitte um das, was ich möchte. Ich entscheide in Freiheit, ob ich nein sage. Meine Fehler, Schwächen und Wissenslücken sind o.k. und gehören zu mir.

○ **Ich bin wichtig.**

Ich darf mich anerkennen und loben und stolz auf mich sein, mich wichtig fühlen. Ich habe das Recht gut zu leben, weil ich bin.

○ **Ich akzeptiere andere.**

Unterschiedlichkeit fördert Wachstum und Reifung, indem ich sie wahrnehme und anerkenne.

○ **Wir verändern uns.**

Menschliches Leben ist nur verständlich als Prozess. Auch unsere Wahrnehmung verändert sich, ist im Fluss.

Konzept von Gleichheit und Verschiedenheit

Je öfter und klarer	**Gleichheit**	und
	Verschiedenheit	erkannt werden,
umso mehr wird	**Einmaligkeit**	entdeckt.
Dies baut den	**Selbstwert**	auf und
führt zu steigender	**Anerkennung**	und
	Würdigung	seiner selbst und des anderen, sodass
es zu einer wachsenden	**Beanspruchbarkeit**	der eigenen Persönlichkeit kommt.
Das bedeutet: Wandel vom Richter zum	**Entdecker,**	
vom „entweder - oder" zum:	**sowohl - als auch.**	

nach Satir, Virginia: Selbstwert & Kommunikation München 1975)

Kommunikation **Selbstwert**

Selbstachtung

Die Quelle für Menschlichkeit und Leistungsfreude

Der bewusste Umgang mit dem eigenen Selbstwert kann als „Selbstachtung" bezeichnet werden. Gewissermaßen eine Instanz in uns, die kommunikative Signale auf bewertende Botschaften untersucht, eine Haltung, die uns innerlich schützt und Auswirkungen eigener Handlungen überprüft.

Wer sich selbst achtet, handelt aufgrund von Werten und übernimmt Verantwortung für das eigene Tun.

> DER SELBSTWERT IST DAS GEFÜHL, DAS ICH ZU MIR SELBST HABE. SELBSTACHTUNG IST DIE HALTUNG, MIT DER ICH ZU MIR STEHE.

Wenn ich mich achte, kann ich eigene Fehler wahrnehmen und korrigieren, denn ich vertraue auf meinen Wert. Nur wer sich aus innerer Not perfekt, unangreifbar, überheblich zeigen muss, hält eigene Schwächen nicht aus und versucht diese zu vertuschen oder zu überspielen.

Wer zu sich selbst steht, kann auch mit Unsicherheiten leben und mit diesen wohlwollend umgehen: Unsicherheiten gehören zum Menschsein.

> ZWEIFLE NICHT AN DEM,
> DER DIR SAGT, ER HABE ANGST,
> ABER HAB' ANGST VOR DEM,
> DER SAGT, ER KENNE KEINE ZWEIFEL.
> (ERICH FRIED)

Selbstachtung ist eines der wichtigsten Ziele in der Persönlichkeitsentwicklung. Meist jedoch gefährden und stören die üblichen Ausbildungssysteme Selbstwert und Selbstachtung. Gelungene Beziehungen, Leistungsfähigkeit, Zielstrebigkeit, eine menschenwürdige Gesellschaft - all diese gedeihen auf der Basis von Menschen mit Selbstachtung.

Führungskräfte, TrainerInnen, PädagogInnen können andere Menschen nur wirksam fördern und begleiten, wenn sie ihr eigenes Selbstwertgefühl entwickeln. Selbstwert hat immer eine soziale Bedeutung:

> WER SICH SELBST ACHTET, ACHTET DIE ANDEREN.
> WER DIE EIGENE QUELLE DES SELBSTWERTES IN SICH KENNT, KANN ANDERE NÄHREN.
> IN GEGENSEITIGER WERTSCHÄTZUNG KÖNNEN ALLE BETEILIGTEN WACHSEN UND SICH WEITERENTWICKELN.

(angeregt durch Hay, Louise: Wahre Kraft kommt von Innen. München 1995)

Kommunikation **Selbstwert**

ARBEITSBLATT

Selbstwertmeditation:
"Mein Bekenntnis zur Selbstachtung"

Idee: leicht geändert nach Satir, Virginia: Selbstwert und Kommunikation. München 1975
Absicht: Sätze für das persönliche Bestärken, zur Meditation oder einfach als „Gute-Nacht-Geschichte"
Arbeitsform: einzeln oder im Plenum
Dauer: 5 bis 10 Minuten
Gestaltung: entspannte Atmosphäre

Ich bin ich selbst.

Ich bin einzigartig.

Es gibt auf der ganzen Welt keinen Menschen, der mir vollkommen gleich ist. Alles, was Teil meines Selbst ist, gehört mir - mein Körper und alles, was er tut, mein Geist und meine Seele mit allen dazugehörigen Gedanken und Ideen, meine Augen und alle Bilder, die sie aufnehmen, meine Gefühle, gleich welcher Art: Ärger, Freude, Frustration, Liebe, Enttäuschung, Erregung; mein Mund und alle Worte, die aus ihm kommen, höflich, liebevoll oder barsch, richtig oder falsch; meine Stimme, laut oder sanft, und alles, was ich tue in Beziehung zu anderen und zu mir selbst.

Mir gehören meine Fantasien, meine Träume, meine Hoffnungen und meine Ängste. Mir gehören alle meine Siege und Erfolge, all mein Versagen und meine Fehler.

Weil alles, was zu mir gehört, mein Besitz ist, kann ich mit allem zutiefst vertraut werden. Wenn ich das werde, kann ich mich lieb haben und kann mit allem, was zu mir gehört, freundlich umgehen. Und dann kann ich möglich machen, dass alle Teile meiner selbst zu meinem Besten zusammenarbeiten.

Ich weiß, dass es manches an mir gibt, was mich verwirrt, und manches, was mir gar nicht bewusst ist. Aber solange ich liebevoll und freundlich mit mir selbst umgehe, kann ich mutig und voll Hoffnung darangehen, Wege durch die Wirrnis zu finden und Neues an mir selbst zu entdecken ...

Wie immer ich in einem Augenblick aussehe und mich anhöre, was ich sage und tue, das bin ich. Es ist original, echt und zeigt, wo ich in diesem einen Augenblick stehe.

Wenn ich später überdenke, wie ich aussah und mich anhörte, was ich sagte und tat, und wie ich gedacht und gefühlt habe, werde ich vielleicht bei manchem feststellen, dass es nicht ganz passte. Ich kann dann das aufgeben, was nicht passend ist und behalten, was sich als passend erwies. Und ich erfinde etwas Neues für das, was ich aufgegeben habe.

Ich bestimme und lenke mich selbst. In meiner Verantwortung vor mir selbst.

Ich bin Ich und ich bin o.k., so wie ich bin.

ARBEITSBLATT

Kommunikation **Selbstwert**

Selbstwertmeditation:

"Einfach leben"

Absicht: Nachdenken über innere Leitsätze
Idee: nach Schoenbeck, Hubertus von: Ich liebe mich, so wie ich bin. München 1989
Arbeitsform: Einzelarbeit
Dauer: 5 bis 10 Min.

Spüre nach, bei welchen Sätzen du dich wohl fühlst und welche dich ärgern.

- Ich sorge jederzeit erstmals für mich und nehme mich wichtig: Es ist schön für mich, wenn meine und deine Wünsche übereinstimmen.

- Ich gehe meine Wege achtsam und vorsichtig.

- Ich gebe mich total dem Genuss hin, wenn mir Liebe gegeben wird.

  (... ohne zu berechnen, wie viel Gegenstreicheleinheiten ich nun schulde und ohne zu überlegen, ob ich morgen auch noch gestreichelt werde, und wie ich mir eine Garantie dafür verschaffen könnte, und wen mein Partner außer mir noch streichelt ...)

- Ich suche mir mit sicherem Gefühl Menschen, die mir gut tun, und gehe weg, wenn Menschen nicht gut für mich sind.

- Ich traue mich eitel zu sein und mich stundenlang mit mir selbst zu beschäftigen - für mich.

- Ich gehe nur meine Wege, gehorche nur mir, gehöre nur mir. Ich bin unmanipulierbar und unerziehbar.

- Ich lebe ganz und gar im Augenblick und spüre: hier ist das Lebendige - jetzt!

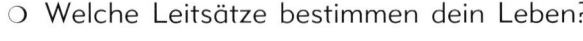

Ich beobachte täglich ein Wesen, das ich sehr vorbildlich finde:

Es sorgt in wunderbarer Selbstverständlichkeit für sich.

Ich lerne von ihm und habe zu meiner Freude festgestellt,

dass ich schon mehr Katze bin als früher.

(aus „Tonis Brief an ihre Katze" In: Schoenbeck, Hubertus von : Ich liebe mich, so wie ich bin. München 1989)

Als Erwachsene können wir Verantwortung für unseren Selbstwert übernehmen. Eine der Möglichkeiten für den Selbstwert zu sorgen ist, sich innere Lebensleitsätze (Grundhaltungen) bewusst zu machen und diese zu verändern. Bestärkende Sätze (Affirmationen) wirken besonders in Meditation.

- Welche Leitsätze bestimmen dein Leben?
- Was sind deine Haltungen zu den angesprochenen Themen?
- Möchtest du manche von diesen verändern?

FOLIE 7
AUTHENTIZITÄT

29

EFFEKTIV SENDEN
Effektive Kommunikation

Ineffektive Kommunikationsmuster (Stressmuster)

Diese Kommunikationsformen sind das Ergebnis von Stress oder geringem Selbstwert. Wir lernen diese Muster in der Kindheit als Stressbewältigungsstrategie und wenden sie noch als Erwachsene an. Physiologisch werden unsere Stressmuster als Notprogramm durch Hormone ausgelöst.
Die Schwierigkeit ist, dass diese Muster, einmal gelernt, auch in Situationen angewandt werden, in denen sie nicht mehr effektiv sind: mit ineffektiver Kommunikation erreichen wir einander nicht, wir gehen sozusagen leer aus. Ein Teil der Realität wird nicht ernst genommen - abgewertet oder geleugnet. Die Abwertung der Realität bezieht sich auf das eigene Selbst, die andere Person und den Kontext.

Selbst-Abwertung:
Gegen die eigene Selbstachtung

- unrealistisch beschwichtigen
- einschmeicheln
- sich selbst abwertend entschuldigen
- hilflos-versöhnliches Ja-Sagen
- unpassend harmonisieren

Psychosomatik:
→ Erbrechen

Grundgefühl:
Bitte! Ohne dich bin ich tot!

Abwertung der anderen Person:
Angriff gegen die Selbstachtung anderer

- Fehler bei anderen suchen
- Härte zeigen, diktatorisch auftreten
- andere fertig machen, anklagen
- verallgemeinern: „immer, nie ..."
- beschimpfen, beschuldigen

Psychosomatik:
→ Muskelverspannungen

Grundgefühl:
Ich bin einsam, aber mächtig!
Wehe, du bist anders als ich will!

Rationalisieren:
Sich und den anderen verleugnen/missachten

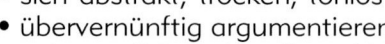

- sich abstrakt, trocken, tonlos äußern
- übervernünftig argumentieren
- unbeweglich, unbeteiligt wirken
- raten: durch Ratschläge Gefühle überspielen, belehren
- ausfragen
- unmenschlich analysieren

Psychosomatik:
→ Kopfweh

Grundgefühl:
Ich fühle mich ausgeliefert!

Ablenken, Ausweichen:
Sich selbst, andere und den Kontext verleugnen/missachten

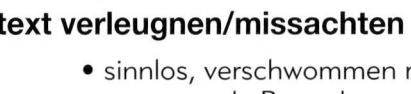

- sinnlos, verschwommen reden
- unpassende Bemerkungen
- schief, überbeweglich im Ausdruck
- Themenwechsel als Flucht
- witzeln, blödeln, „herumkaspern"
- lachen, wo's nicht passt
- wegschauen, was anderes tun

Psychosomatik:
→ leer, depressiv

Grundgefühl:
Ich gehöre nirgendwohin!

Ein Teufelskreis:

MIT SCHLECHTEM SELBSTWERT KOMMUNIZIEREN WIR INEFFEKTIV, UND INEFFEKTIVE KOMMUNIKATION VERSCHLECHTERT DEN SELBSTWERT.

(nach Satir, Virginia: Selbstwert und Kommunikation. München 1975)

Kommunikation **Effektiv senden**

effektiv = kongruent = übereinstimmend kommunizieren

MIT „EFFEKTIVER" KOMMUNIKATION ERREI-CHEN WIR EINANDER. WIR KLÄREN UND LEBEN BEZIEHUNGEN UND ERHALTEN ODER FÖRDERN DEN SELBSTWERT DER BETEILIGTEN.

Alle Teile der Botschaft ziehen in die gleiche Richtung. Sie repräsentieren die Wahrheit einer Person zu einem bestimmten Zeitpunkt. Die Person ist ganzheitlich: Körper, Sinne, Gedanken und Gefühle stimmen überein. Ich selbst, die andere Person und die Situation werden bejaht im Sinne von akzeptieren, grundsätzlich gelten lassen. Dieses Ja zu mir, zu dir und zur Situation macht es uns möglich, Konflikte auszutragen, ohne zu vernichten. Auch in der Extremsituation einer Ehescheidung kann durch dieses innere Ja effektiv kommuniziert werden. Ich spüre die Trauer über den Abschied, verstehe den Schmerz meiner PartnerIn und kann Lösungen für eine faire Trennung vorschlagen, wenn der gemeinsame Weg nicht mehr möglich ist. Die bisherige Beziehung und Liebe kann gewürdigt werden und unangetastet bleiben, auch wenn wir uns auseinander gelebt haben. Im Detail bedeutet dies:

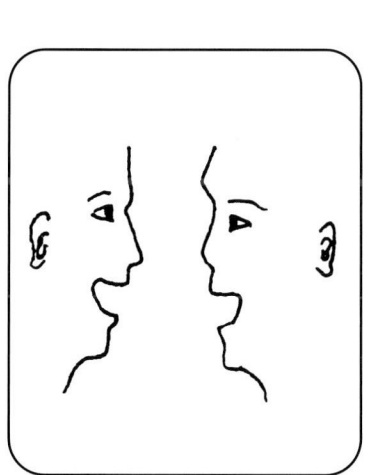

JA

zu mir selbst

in Übereinstimmung mit meiner inneren Wahrnehmung

in direktem Aussprechen meiner Gefühle z. B.: „ich spüre", „ich ärgere mich..."

zu dir

in direkter Zuwendung, Angesicht zu Angesicht

durch aktives, aufmerksames zuhören z. B.: „habe ich richtig verstanden...?"

zum Kontext

indem ich bei der Situation in diesem Augenblick bleibe und sie in ihrer realen Bedeutung wichtig nehme.

DIE BEDEUTUNG ERNSTNEHMEN HEIßT, DEN GEMEINTEN SINN, DIE ABSICHT VERSTEHEN, ABSTRAKTES KONKRET MACHEN, VERALLGEMEINERTES SPEZIFISCH MACHEN UND SEINE BEDEUTUNG ZU DIR UND MIR, HIER UND JETZT, IN DER KONKRETEN SITUATION HERSTELLEN.

Kommunikation **Effektiv senden**

Innere Grundhaltung

Die Grundhaltung effektiver Kommunikation bedeutet tiefe Wertschätzung für das Menschsein. Alle Menschen können reifen und wachsen, selbstständig für sich sprechen, handeln und wählen. Alle Menschen haben das Bedürfnis und die Fähigkeit, kompetent, kreativ und vertraut zu sein und sich mitzuteilen. Alles Menschliche macht Sinn und ist, wie es ist. (nach Satir, Virginia: Selbstwert und Kommunikation München. 1975)

Zur Veranschaulichung des bisher Ausgeführten soll ein **Beispiel** dienen:
Eine TeilnehmerIn zieht laufend durch witzige Bemerkungen die Aufmerksamkeit auf sich.
Als TrainerIn reagiere ich in dieser Stresssituation ...

beschwichtigend mit gedämpfter Stimme, gebückter Haltung:

„Entschuldigen Sie, ist klar, dass Sie Ihren Spaß haben wollen, ich möchte ja auch nicht stur wirken, natürlich, Humor ist eine gute Sache. Vielleicht könnten Sie nur irgendwie ein kleines bisschen weniger Witze machen? - Ist schon in Ordnung. Nein, nein, Sie stören nicht wirklich, ich meine nur, Sie verstehen mich schon..."

anklagend mit hartem Gesichtsausdruck:

„Hören Sie auf mit diesen Späßen. Benehmen Sie sich immer so unangenehm? Ihnen fehlt offensichtlich der nötige Ernst zur Sache. Sie können ja auch gehen, wir sind hier nicht im Kindergarten!"

rationalisierend mit erhobenen Kopf und aneinander gelegten Fingern:

„In Seminaren braucht es auch eine gewisse konzentrierte Arbeitsatmosphäre. Es gibt Personen, die tun sich leichter mit der Aufmerksamkeit als andere. Natürlich ist das um diese Tageszeit auch nicht so einfach. Wenn alle voll bei der Sache sind, kommen wir besser zum Ziel. Gibt es irgendwelche besonderen Hintergründe, die sich meiner Kenntnis entziehen?"

ablenkend abgewandt, mit unruhigen Bewegungen;
ich spreche zu anderen TeilnehmerInnen:

„Sagen Sie, fällt es Ihnen auch so schwer, sich heute zu konzentrieren? Was meinen Sie? - Ja, wo war ich stehen geblieben? - Ach es geht um ein Aha-Erlebnis. Irgendjemand hat mich wohl unterbrochen. - Könnte noch ein guter Arbeitstag werden, nicht wahr?"

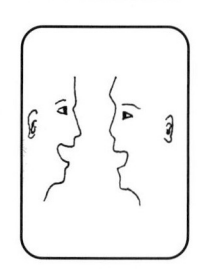

effektiv, stimmig, kongruent direkt zugewandt, mit offenem, kraftvollem Ausdruck und mit einer Bewegung auf die angesprochene Person hin:

„Ich sehe, Sie haben viel Spaß. Mir ist das jetzt zu viel Ablenkung. Ich sehe unser ernsthaftes Arbeitsklima gefährdet. Bitte konzentrieren Sie sich jetzt auf unser Ziel!"

ARBEITSBLATT Kommunikation **Effektiv senden**

Selbsteinschätzung
Einladung, sich selbst zu hinterfragen

- Bearbeiten Sie die Stressmuster der Kommunikation im Detail:
  Stellen Sie sich jede Variante ineffektiver Kommunikation bildhaft in einer konkreten Situation vor.
  - Wie reagieren Sie auf die einzelnen Varianten/Situationen?
  - Welche dieser Muster kennen Sie aus der eigenen Lebensgeschichte/aus Ihrer Herkunftsfamilie?
  - Zu welchen Reaktionsmustern greifen Sie, wenn Sie sich ärgern, gekränkt oder bedroht fühlen?

- Reflektieren Sie Ihre Kommunikationsgewohnheiten in solch „heiklen" Situationen wohlwollend kritisch. Je mehr Sie diese verständnisvoll distanziert betrachten können, umso leichter können Sie sich von früh erworbenen, aber heute nicht mehr ganz passenden Mustern lösen.

- Die Ergebnisse dieser Selbstreflexion können Sie in das folgende Raster übertragen.

Welche der Stressmuster „Ineffektiver Kommunikation"

→ sind mir am meisten unsympathisch:

→ finde ich am ehesten akzeptabel: → passen zu meiner Art:

→ machen mich hilflos: → zeige ich am wenigsten in dieser Gruppe:

→ kann ich gut verarbeiten, mich dagegen   → habe ich schon hier angewandt:
   abgrenzen:

→ verwende ich kaum jemals:

Hinweis: Wenn Sie sich nicht gerade in einer konkreten Gruppe befinden, denken Sie an Gruppen in denen Sie sich bewegen.

Auswertung: Können Sie Zusammenhänge zwischen den einzelnen Fragebereichen erkennen?
Welchen kleinen ersten Schritt zu Ihrer Weiterentwicklung sehen Sie?

Feedback: Andere Personen um ihre Einschätzung zu bitten, ist eine wichtige Chance, um blinde Flecken zu erkennen. Oft bekommen Sie ein besonders hilfreiches Feedback von Personen, mit denen Sie weniger Kontakt haben. Das Feedback soll eine wohlwollende Beschreibung einer konkreten Situation sein.

Kommunikation **Effektiv senden**

Ich-Botschaften

Lösungsansatz bei Konflikten

Ein wesentlicher Teil effektiver Kommunikation ist die Form, in der ich über mich selbst spreche. Wenn mir etwas nicht passt, wenn ich mich ärgere, wenn ich ein Problem habe mit dem Verhalten anderer, dann spreche ich über mich selbst in einer Ich-Botschaft.

Beipiel: „Wenn ich in meiner Arbeit gestört werde, (direkter Bezug) dann weiß ich oft nicht mehr, wo ich gerade bin (konkrete Auswirkung) und bin verwirrt und verärgert (Gefühle ansprechen)." So übernehme ich die Verantwortung für mein Unbehagen und teile dies meinem Gegenüber direkt mit, ohne ihn abzuwerten und zu verletzen, ohne ihm herablassend Befehle oder Rat-Schläge zu erteilen.

Diese effektive Kommunikation erhöht die Wahrscheinlichkeit,
- dass ich verstanden werde und die andere Person auf mich reagiert;
- dass sich ihr Verhalten ändert, während der Selbstwert der beteiligten Personen unangetastet bleibt,
- dass die Beziehung erhalten bleibt.
- dass ich zum spürbaren, kraftvollen Partner werde.

Du-Botschaften als ineffektive Kommunikation

Die weniger effektive Kommunikationsform ist die Verschlüsselung meines Ärgers in einer Du-Botschaft. Ich ärgere mich, weil ich mich durch dich gestört fühle und sage:
- „Du bist unmöglich!" (Verschlüsselung des Ärgers in einer Abwertung)
- „Lass' mich in Ruhe!" (Verschlüsselung des Ärgers in einem Befehl)
- „Du solltest wissen, dass ich zu arbeiten habe!" (Verschlüsselung des Ärgers in eine Moralisierung)
- „Wenn jemand ernsthaft arbeitet, darf man ihn nicht stören!" (Verschlüsselung des Ärgers in belehrende Verallgemeinerung)

Alle diese Varianten beinhalten die Botschaft: „Du bist nicht o.k.!", und beeinträchtigen damit den Selbstwert (das O.k.-Gefühl) der anderen Person und gefährden unsere Beziehung. Bei Du-Botschaften schließe ich für meine Person, meine Seite die Möglichkeit einer Veränderung aus.

Die Rückmeldung als Ich-Botschaft

Einander Rückmeldungen zu geben wird verständlicher, annehmbarer, direkter, wenn ich mich selbst als subjektiven Betrachter verstehe. Ich zeige mich selbstkritisch, räume die Möglichkeit einer Fehleinschätzung, eines Missverständnisses, einer getrübten oder selektiven Wahrnehmung meinerseits ein.

Durch folgende Formulierungen wird diese Haltung im Gespräch deutlich:
- Ich fand deine Schilderung interessant, weil ...
- Ich hatte das Gefühl bei deiner Erzählung, dass ...
- Ich habe ein Bild von dir, in dem ...
- Mir gefiel nicht so ganz, dass ...
- Mich persönlich hat vor allem angesprochen ...
- Sehr wichtig fand ich, dass du...

(Gordon, Thomas: Lehrer-Schüler-Konferenz. Wie man Konflikte in der Schule löst. Hamburg 1977. Ders.: Manager-Konferenz.)

ARBEITSBLATT

Kommunikation **Effektiv senden**

Übungsbeispiele:
In Ich-Botschaften umformulieren!

Überlegen Sie, welche Botschaften diese Sätze enthalten und formulieren Sie diese so um, dass das Gemeinte präzise in Ich-Botschaften ausgedrückt wird.

1. „Ihre Arbeitsmoral ist ja unmöglich - so kommt niemand zum Ziel!"

2. „Eine absolute Frechheit, deine Nörgeleien sind doch nur destruktiv!"

3. „Man kann nicht immer alles preisgeben - kein Mensch zieht sich gern vor anderen aus."

4. „Was vereinbart ist, ist vereinbart. Das müssen Sie doch einsehen!"

5. „Wer nicht arbeitet, soll auch nicht essen!"

6. „Wie du dich abrackerst - das kann nicht gut gehen!"

Lösungsvorschläge

1 "Ihre Arbeitsmoral..." — *Ich bin mit Ihren Leistungen nicht zufrieden."
Ich habe den Eindruck, dass Sie sich nicht genügend einsetzen."*

2 "Eine absolute Frechheit..." — *"Was du jetzt sagst, ist mir sehr unangenehm, ich fang nichts damit an."*

3 "Man kann nicht immer..." — *„Ich möchte darüber nicht sprechen, da fühle ich mich bloßgestellt."*

4 "Was vereinbart ist..." — *„Ich bin enttäuscht. Ich erwarte, dass Sie unsere Vereinbarung einhalten!"*

5 "Wer nicht arbeitet..." — *„Ich erwarte, dass du deine Arbeit ernster nimmst!"*

6 "Wie du dich abrackerst ..." — *„Ich mache mir Sorgen um deine Gesundheit, mir kommt vor, du arbeitest mehr als dir gut tut."*

Kommunikation **Effektiv senden**

Beziehungsfalle

Verrücktmachende Kommunikation

Durch aktives Zuhören und durch Ich-Botschaften können wir effektiver kommunizieren. Damit vergrößern wir unsere Chance auf erfolgreiche Verständigung. Nicht in jedem Fall gelingt dies. Manche Menschen wehren sich unbewusst.

Ein(e) TeilnehmerIn z. B. klagt:

"Ich bringe nichts zustande!"

TrainerIn: "Sie sind nicht zufrieden mit sich selbst?"

TeilnehmerIn: "Natürlich bin ich unzufrieden! Ich bin ein Versager."

TrainerIn: "Ich finde Ihr Ergebnis in Ordnung!"

TeilnehmerIn: "Das sagen Sie nur, um mich zu trösten!"

TrainerIn: "O. k., hier ist ein Schwachpunkt. In diesem Aspekt können Sie sich wirklich noch verbessern, am besten Sie üben ..."

TeilnehmerIn: "Ich wusste eh, dass Sie nichts von meinen Leistungen halten."

Was immer wir als TrainerIn antworten, diese Person wird abweisend reagieren, wie die Mutter, die ihrem Sohn zwei Krawatten schenkt: Der Sohn bedankt sich und bindet sich sofort eine der beiden um. Daraufhin meint die Mutter mit traurigem Vorwurf: "Und die andere Krawatte gefällt dir nicht?"
(Watzlawick, Paul: Anleitung zum Unglücklichsein. Bern/Stuttgart 1974)

Verrücktmachend ist auch ein extrem ablenkender Kommunikationsstil:
Eine Person wechselt ständig zu neuen Themen, die oberflächlich zusammenpassen; besonders bei persönlichen Themen "entflieht" sie mit assoziativen Sprüngen.

Beispiele:

○ In der Berührtheit einer persönlichen Abschiedsstimmung wird ein Streit über eine kleine Unzufriedenheit inszeniert.

○ Eine Person A erzählt sehr persönlich über sich; als Antwort wird sie mit den Erfahrungen der anderen Person B niedergeredet. (Dies ist nicht nur ein thematischer Sprung, sondern ein Wechsel von der Erlebnis- auf die Erfahrungsebene.)

○ Ich sage zu einer unzufriedenen Teilnehmerin: "Ich finde es schade, dass ich dich nicht erreichen kann!" Und diese antwortet: "Ich muss in den Pausen immer telefonieren, daher komme ich so oft zu spät." (Hier passiert neben dem Themenwechsel ein Ausweichen von der Beziehungs- auf die Sachebene.)

Ich finde es wichtig, die **Grenzen meiner Wirksamkeit** zu akzeptieren. Nicht jede Person kann ich in jeder Situation erreichen. Meine Worte sind nur ein Aspekt. Vieles andere wirkt außerhalb meiner Zuständigkeit.

Eine Chance in solchen Situationen bietet das Gespräch über das Gespräch:
Ich mache die Gesprächssituation selbst zum Thema: Metakommunikation.

Kommunikation **Effektiv senden**

Metakommunikation:
Das Gespräch über das Gespräch

Für das produktive Arbeiten mit Gruppen ist Metakommunikation eine wesentliche Stütze und damit eine Grundkompetenz für Leitungsaufgaben. Oft schafft diese die Basis für partnerschaftliche, effektive Kommunikation. Metakommunikation bedeutet, die augenblickliche Situation zu reflektieren, übers Reden zu reden, über das zu sprechen, was im Augenblick in der Gruppe geschieht.

Einladungen hierzu könnten wie folgt lauten:

- „Ich empfinde diese Diskussion als zäh und schleppend. Was meinen Sie dazu?"
- „Ich frage mich, wieso bei diesem Thema so eine Spannung spürbar wird?
- „Seit einigen Minuten sprechen nur wir beide, alle anderen schweigen. Langweilen Sie sich, oder hören Sie interessiert zu?"
- „Ich verstehe nicht, warum Sie sich bei diesem Problem so lange aufhalten. Mir selbst ist dieses Thema nicht so wichtig. Ich möchte zum nächsten Punkt kommen."

Metakommunikation fördert Kommunikation

Wir erheben uns quasi einen Meter über die Situation und betrachten die Situation von außen.

Dies hilft,

- Sackgassen in der Diskussion wahrzunehmen.
- einen Ausgleich zwischen dominanten und verhaltenen Gruppenmitgliedern zu schaffen.
- Störungen zu beheben: Langeweile, Unzufriedenheit, Aggression zu verarbeiten.
- zu erkennen, wann inhaltliche Argumente emotionale Ursachen haben (z.B. wenn TeilnehmerInnen im Streit Recht behalten wollen, aus Angst inkompetent zu erscheinen).
- Beziehungsmuster zu klären und partnerschaftliche („symmetrische") Kommunikation zu fördern.

Äußert ein Gruppenmitglied eine emotionale Störung, so will es erst einmal verstanden werden! Hören Sie akzeptierend zu, fragen Sie nach, wiederholen Sie das Gehörte mit eigenen Worten und sprechen Sie Gefühle eventuell verdeutlichend an. Meine annehmende Grundhaltung hat nichts mit Zustimmung zu tun. Die Feststellung: „Sie ärgern sich?", hilft die Situation zu klären, auch wenn mein eigenes Empfinden ganz anders ist.

Kompetenz fördern

Achten Sie in Diskussionen und Gesprächen auf die eigenen Gefühle und Körpersignale und drücken Sie diese entsprechend der Situation direkt, in der Ich-Form aus. Ihr Gespür für die Gruppensituation wird mit der Zeit immer intensiver werden. Das Aussteigen aus der direkten Argumentationslinie und das Reflektieren der kommunikativen Situation eröffnet neue Chancen. Manchmal verstricken sich Betroffene in ihre Argumente und können kaum noch spüren, was sie eigentlich bewegt. Dabei gleichen sie einem Bergsteiger im Nebel, der zu rennen beginnt, ohne zu prüfen, ob er auf dem richtigen Weg ist. Die Gruppe anzuleiten, über die augenblickliche Kommunikation zu reflektieren, fördert auch deren kommunikative Kompetenzen. In diesem Zusammenhang sind Spielregeln für gegenseitige Rückmeldungen hilfreich.

(Schwäbisch, Lutz/ Siems, Martin: Anleitung zum sozialen Lernen für Paare, Gruppen und Erzieher. Reinbek 1974)

Kommunikation **Effektiv senden**

Feedback Regeln

Kommunikation, das Wesen unseres Menschseins, ist zugleich die Chance, über uns selbst zu lernen, uns weiterzuentwickeln. Vielen von uns ist es ungewohnt zu hören, wie wir auf andere wirken. Oft scheuen wir uns auch erfreuliche Rückmeldungen zu geben oder anzunehmen.

Es geht um Klärung und Unterstützung, um Stärkung und die Chance zur Korrektur: Annehmen und wirken lassen!

Sicherheit geben dabei die folgenden Regeln:

Geben	**sofort**	Rückmeldungen - direkt und situationsbezogen - im Prozess sind günstiger als Rückmeldungen „danach".
	beschreibend	Rückmeldungen sind wirksamer, wenn sie beschreibend, in konkreten Bildern von Handlungen und deren Auswirkung gegeben werden. (Auf Wertungen verzichten!)
	freiwilliges Angebot	Feedback bietet die Chance, mich selbst besser kennen zu lernen, Selbstbild und Fremdbild zu vergleichen. Sie sind ein Angebot: Andere bieten mir ihre Sichtweise von mir an!
	behutsam	Die Gruppe bietet die Möglichkeit, im geschützten Rahmen behutsam Persönliches anzusprechen.
	gezielt	Zielstrebiges Feedback bedeutet, auf eine klare Fragestellung eine eindeutige persönliche Antwort zu geben.
	eigenverantwortlich	Rückmeldungen sind eine Einladung, sich stärker aufeinander einzulassen. Jede Person nimmt in eigener Verantwortung teil und achtet auf die eigenen Grenzen.
	persönlich	Wahrnehmung ist immer subjektiv, unvollständig, selektiv: Rückmeldungen sind daher in Ich-Form als persönliche Wahrnehmung / Empfindung zu formulieren!
Nehmen	**als Herausforderung**	Meist zeigen Rückmeldungen Unterschiede zwischen Selbst- und Fremdbild auf. Dies bewirkt jedenfalls eine gewisse Verunsicherung: Die bestehenden und erprobten Formen, ich selbst zu sein und mich zu sehen, werden berührt und möglicherweise in Frage gestellt. Dies bedeutet Stress. Je nach Persönlichkeitsstruktur führt dies zu einer unwillkürlichen inneren Abwehr.
	schweigend	Die Bewusstheit dieser Abwehrtendenz hilft, im Feedback-Nehmen beim Zuhören zu bleiben, nichts zu erklären, zu begründen, zurechtzurücken, zu relativieren oder zu rationalisieren.
	wertschätzend und dankend annehmend	Ein Feedback ist ein Geschenk, dass ich vollständig oder in Teilen annehmen darf, ohne mich zu rechtfertigen. Ich höre einfach nur zu und lasse es wie einen Blick in den Spiegel wirken.
Abschließen		Als Abschluss des Feedbacks werden Gefühle angesprochen: „Wie geht's dir damit?" Zeit zum „Verdauen" ist unbedingt einzuräumen!

(Schulz v. Thun, Friedemann: Miteinander reden: Störungen und Klärungen. Reinbek 1993- Satir, Virginia: Selbstwert und Kommunikation. München 1975)

Kommunikation **Empfangen**

ZUHÖREN - EMPFANGEN
Anatomie einer Nachricht

Als Empfänger von Kommunikation leiste ich Übersetzungsarbeit. Ich ordne die Fülle der sprachlichen Symbole und der körperlichen Signale. Dieser Vorgang ist hoch komplex mit vielen unbewussten Anteilen aus der persönlichen Entwicklungsgeschichte. Erstaunlich, wie oft Kommunikation dennoch gelingt!

Jede einzelne Aussage kann mehrere Aspekte haben:
- die Sachinformation bzw. den Sachinhalt
- eine persönliche Aussage, in der ich etwas von mir zeige: die Selbstoffenbarung
- eine Aufforderung an den Empfänger: der „Appell"
- eine Aussage über die Beziehung: die „Beziehungsbotschaft"

Fast immer wird die bewusste Aufmerksamkeit nur auf den Sachinhalt gerichtet, während die Beziehungsbotschaft und die Selbstoffenbarung wenig beachtet werden. Was bei einer Mitteilung noch alles mitschwingt, wird vor allem durch nonverbale Botschaften übermittelt und auch empfangen. Meist gehen wir jedoch davon aus, dass der Empfänger dieselbe Botschaft empfängt, die wir als Sender gemeint haben:

WAHR IST NICHT, WAS **A** SAGT, SONDERN WAS **B** HÖRT.
Watzlawick, Paul: Menschliche Kommunikation München 1983)

oder, wenn ich mir diese Umformulierung erlauben darf:

WIRKSAM IST NICHT, WAS **A** SAGT, SONDERN WAS **B** HÖRT.

Das Modell „Anatomie einer Nachricht" (Schulz v. Thun, Friedemann: Miteinander reden: Störungen und Klärungen. Reinbek 1993) kann manche Missverständnisse erklären und eine Hilfe sein, sie zu vermeiden. Zur Veranschaulichung dieses Modells verwende ich das Bild des Eisberges: Nur ein kleiner Teil seiner Gestalt ist sichtbar; die „Masse" befindet sich unsichtbar unter der Wasseroberfläche. Bei der Kommunikation ist gleichermaßen nur der kleinere Teil der Botschaft offensichtlich und bewusst; der größere Teil „schwimmt" unbeachtet mit.

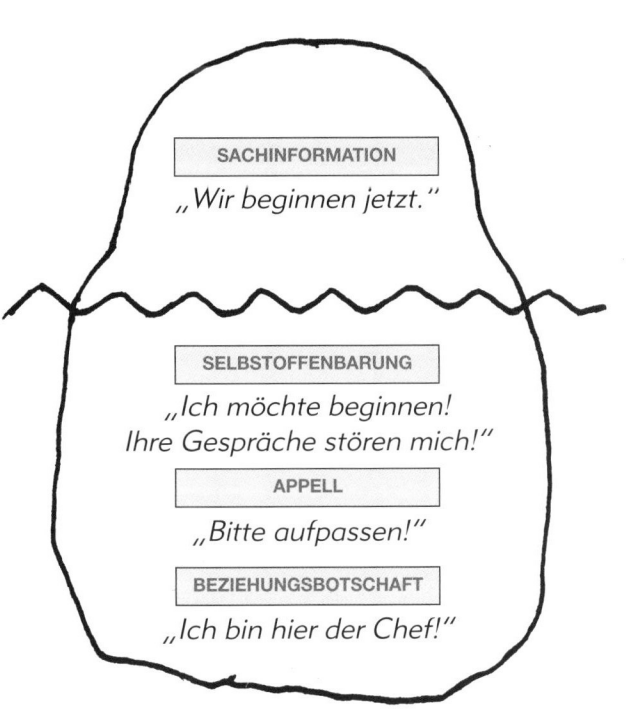

ausgesprochene (explizite) Botschaft

Beispiel 1:
Zu Beginn eines Seminars ...

nicht ausgesprochene (implizite) Botschaften

SACHINFORMATION
„Wir beginnen jetzt."

SELBSTOFFENBARUNG
„Ich möchte beginnen! Ihre Gespräche stören mich!"

APPELL
„Bitte aufpassen!"

BEZIEHUNGSBOTSCHAFT
„Ich bin hier der Chef!"

Hinweise für das Verstehen der Botschaft bietet der Tonfall, die Mimik, die Gestik, der Kontext. Oft wählen wir als Empfänger jedoch die Botschaft aus, die unserer eigenen - auch unbewussten - Erwartung entspricht. Personen, die viel zusammen sind, verstehen einander oft gewohnheitsmäßig falsch.

Kommunikation **Empfangen**

Beispiel 2:

Frau A am Beifahrersitz:
„Du, da vorne ist grün!"

Mann B am Steuer (ärgerlich):
„Fahre ich, oder fährst du?"

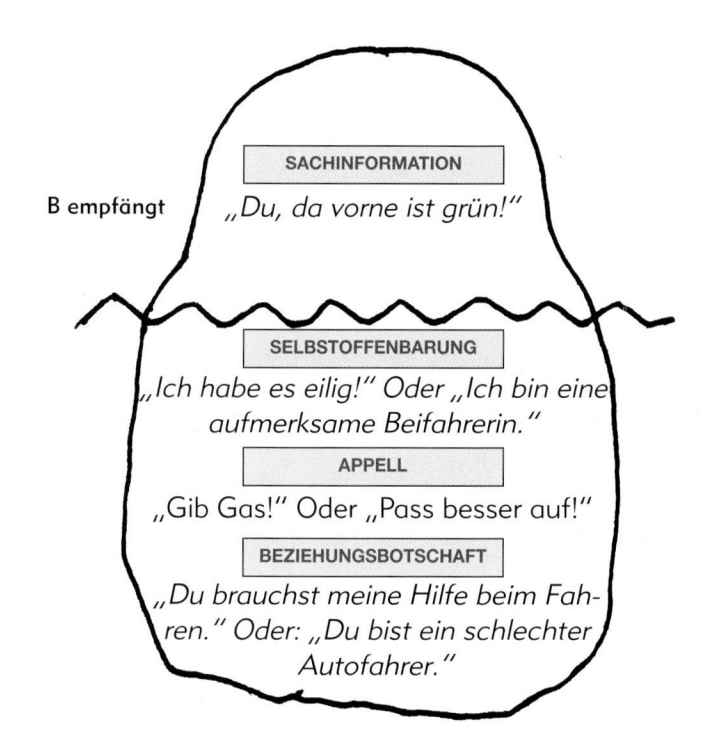

A sendet: *„Du, da vorne ist grün!"*

B empfängt

SACHINFORMATION
„Du, da vorne ist grün!"

SELBSTOFFENBARUNG
„Ich habe es eilig!" Oder *„Ich bin eine aufmerksame Beifahrerin."*

APPELL
„Gib Gas!" Oder *„Pass besser auf!"*

BEZIEHUNGSBOTSCHAFT
„Du brauchst meine Hilfe beim Fahren." Oder: *„Du bist ein schlechter Autofahrer."*

Ganz offensichtlich hat B hier eine abwertende Beziehungsbotschaft empfangen. Der Text der Sachinformation gibt allerdings keinen Hinweis auf eine Abwertung. Möglicherweise konstruiert B hier eine Beziehungsbotschaft, die nicht gesendet wurde.

Natürlich gibt es auch Interaktionen, bei denen eine Beziehungsbotschaft explizit ausgesprochen wird und die Sachinformationen ungesagt / implizit bleibt. Dies hängt vom persönlichem Kommunikationsstil ab.

Aber auch die Beziehungsbotschaft „Ich liebe dich." kann viele versteckte Botschaften enthalten, den Appell: „Erwidere meine Liebe!" ebenso wie den Imperativ „Schlaf mit mir!"

Vierohrigkeit

Die Szene an der Ampel macht deutlich, dass wir bei der Aufnahme von Botschaften mit vier „Ohren" hören können:

1 Mit dem **Sachohr** hören wir, welche Informationen, Fakten, Daten wir bekommen.

2 Mit dem - für TrainerInnen besonders wichtigen - **Selbstoffenbarungsohr** nehmen wir wahr, was A für ein Mensch ist und was in ihm vorgeht.

3 Mit dem **Appellohr** bringen wir in Erfahrung, was wir tun, denken, fühlen sollen.

4 Mit dem **Beziehungsohr** empfangen wir, was die Person über uns denkt, welche Beziehung sie mit uns haben möchte und wie sie unsere Rolle definiert.

Um Missverständnissen zu begegnen, d. h. effektiv zu kommunizieren, muss der Sender die eigentlich gemeinte Botschaft klar und verständlich formulieren. Als LeiterIn eines Seminars werden wir oft vor der Gruppe angesprochen. Viele Menschen neigen dazu, gerade Ihre „öffentlichen" Wortmeldungen zu verschlüsseln. Der schlichte Satz: „Ich verstehe das nicht" kann eine Fülle von Botschaften von der Selbstabwertung bis zum Vorwurf enthalten. Aufgabe für Sie als TrainerIn ist es nachzufragen, ob die empfangene Botschaft mit der gemeinten Botschaft übereinstimmt (aktives Zuhören).

ARBEITSBLATT

Kommunikation **Empfangen**

Beispiel 3:

Eine Teilnehmerin sagt:

SACHINFORMATION
„Ist aber nicht sehr zielführend, diese Art von Seminarstil!"

Möglicherweise meint sie:

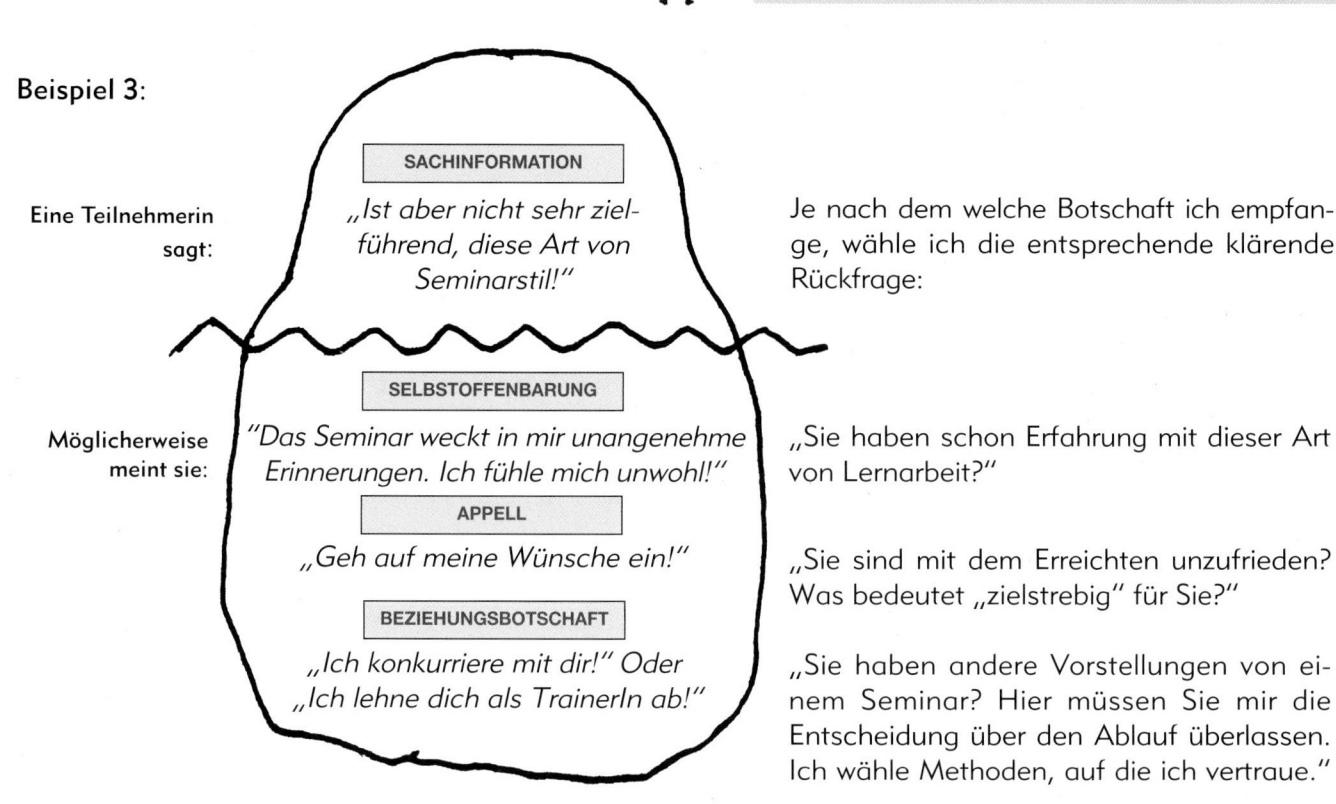

SELBSTOFFENBARUNG
„Das Seminar weckt in mir unangenehme Erinnerungen. Ich fühle mich unwohl!"

APPELL
„Geh auf meine Wünsche ein!"

BEZIEHUNGSBOTSCHAFT
„Ich konkurriere mit dir!" Oder „Ich lehne dich als TrainerIn ab!"

Je nach dem welche Botschaft ich empfange, wähle ich die entsprechende klärende Rückfrage:

„Sie haben schon Erfahrung mit dieser Art von Lernarbeit?"

„Sie sind mit dem Erreichten unzufrieden? Was bedeutet „zielstrebig" für Sie?"

„Sie haben andere Vorstellungen von einem Seminar? Hier müssen Sie mir die Entscheidung über den Ablauf überlassen. Ich wähle Methoden, auf die ich vertraue."

Beispiel 4

Scheinbar harmlose Sätze können bemerkenswerte Botschaften enthalten

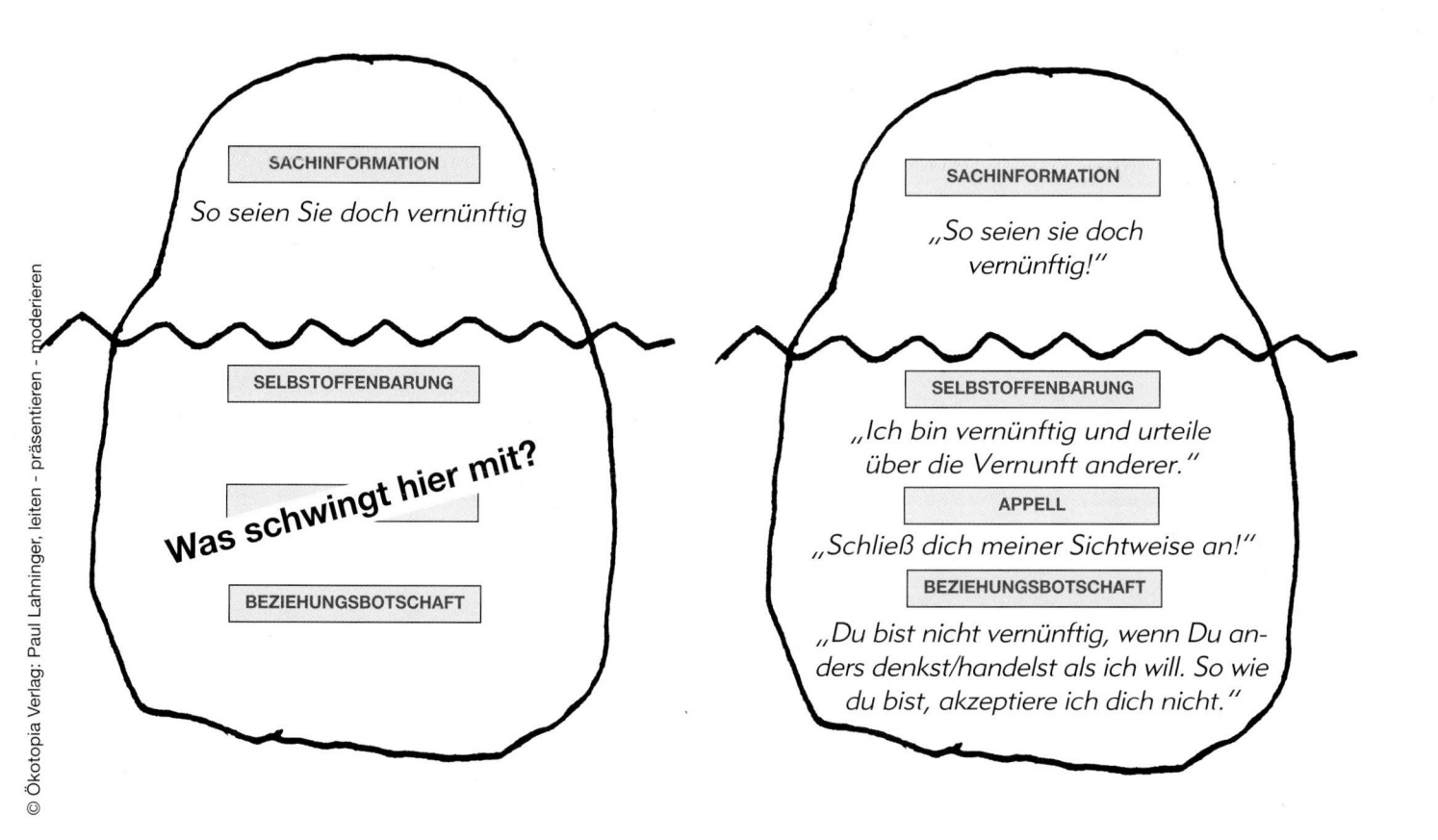

SACHINFORMATION
So seien Sie doch vernünftig

SELBSTOFFENBARUNG

Was schwingt hier mit?

BEZIEHUNGSBOTSCHAFT

SACHINFORMATION
„So seien sie doch vernünftig!"

SELBSTOFFENBARUNG
„Ich bin vernünftig und urteile über die Vernunft anderer."

APPELL
„Schließ dich meiner Sichtweise an!"

BEZIEHUNGSBOTSCHAFT
„Du bist nicht vernünftig, wenn Du anders denkst/handelst als ich will. So wie du bist, akzeptiere ich dich nicht."

41

Kommunikation **Empfangen** ARBEITSBLATT

Übungsbeispiele: Anatomie einer Nachricht

Welche Botschaften können folgende in Kursen und Seminaren gefallene Sätze enthalten?

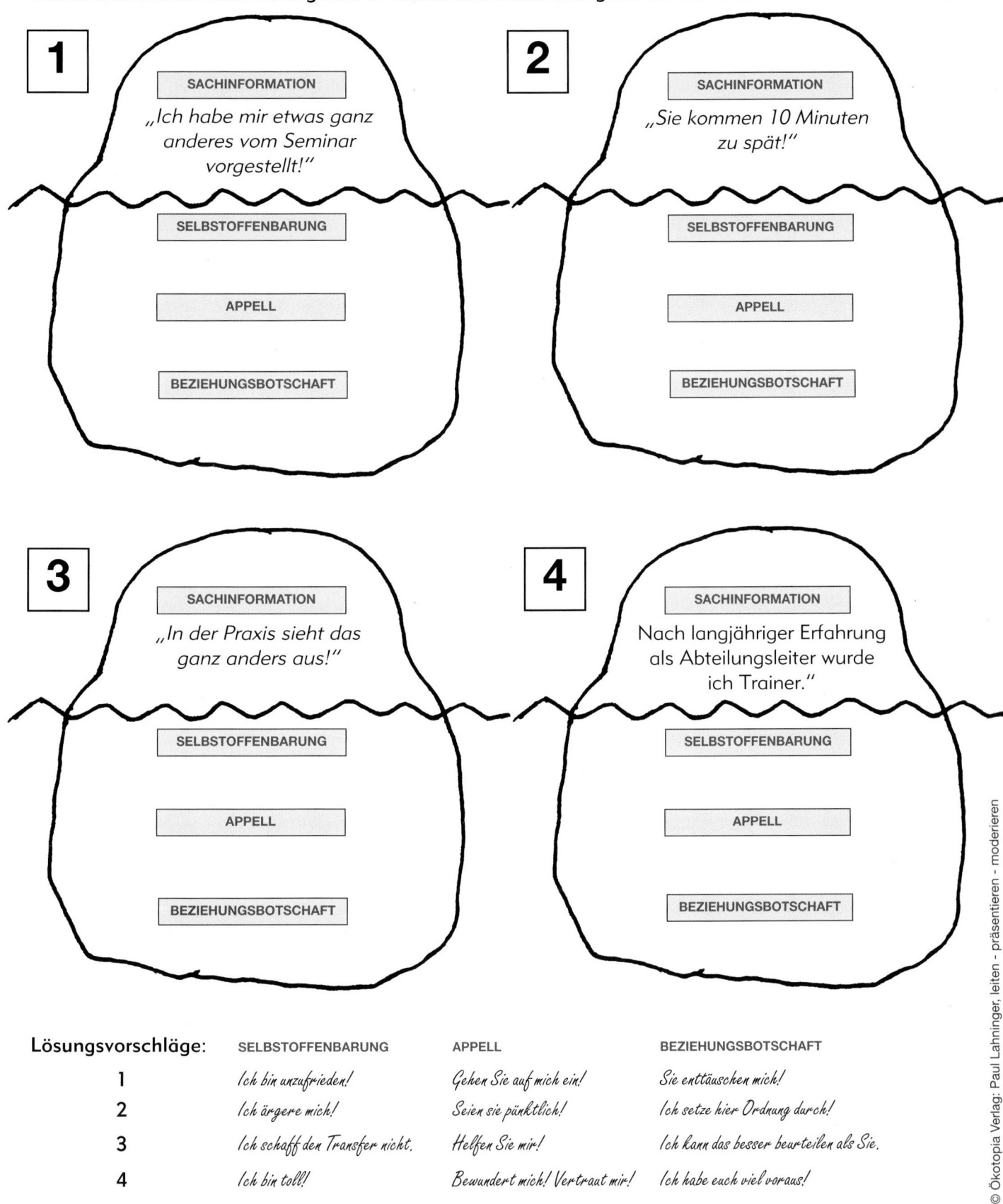

1
- SACHINFORMATION: „Ich habe mir etwas ganz anderes vom Seminar vorgestellt!"
- SELBSTOFFENBARUNG
- APPELL
- BEZIEHUNGSBOTSCHAFT

2
- SACHINFORMATION: „Sie kommen 10 Minuten zu spät!"
- SELBSTOFFENBARUNG
- APPELL
- BEZIEHUNGSBOTSCHAFT

3
- SACHINFORMATION: „In der Praxis sieht das ganz anders aus!"
- SELBSTOFFENBARUNG
- APPELL
- BEZIEHUNGSBOTSCHAFT

4
- SACHINFORMATION: „Nach langjähriger Erfahrung als Abteilungsleiter wurde ich Trainer."
- SELBSTOFFENBARUNG
- APPELL
- BEZIEHUNGSBOTSCHAFT

Lösungsvorschläge:

	SELBSTOFFENBARUNG	APPELL	BEZIEHUNGSBOTSCHAFT
1	Ich bin unzufrieden!	Gehen Sie auf mich ein!	Sie enttäuschen mich!
2	Ich ärgere mich!	Seien Sie pünktlich!	Ich setze hier Ordnung durch!
3	Ich schaff den Transfer nicht.	Helfen Sie mir!	Ich kann das besser beurteilen als Sie.
4	Ich bin toll!	Bewundert mich! Vertraut mir!	Ich habe euch viel voraus!

ARBEITSBLATT Kommunikation **Empfangen**

Anatomie einer Nachricht: eigene Übungsbeispiele

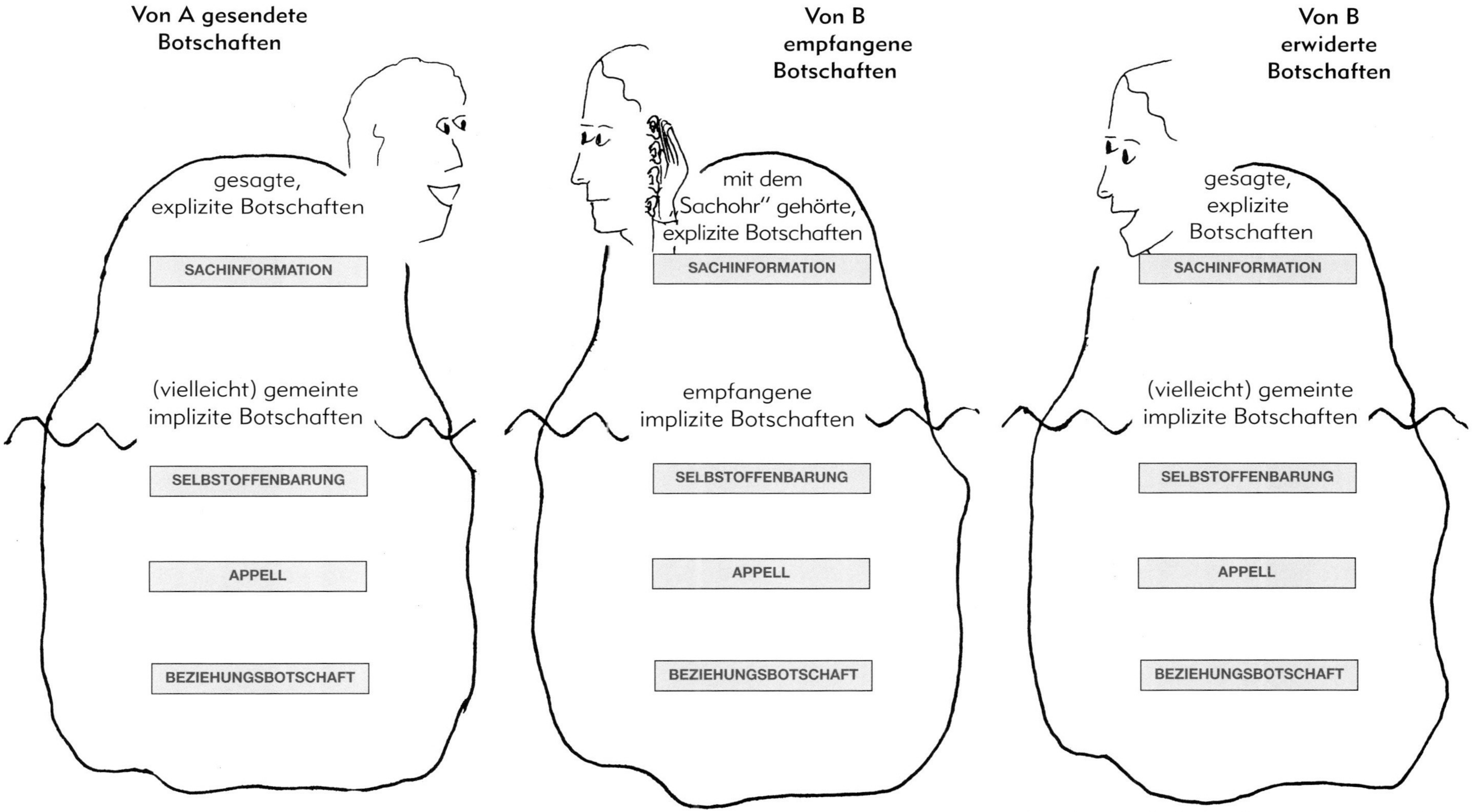

Von A gesendete Botschaften

gesagte, explizite Botschaften
- SACHINFORMATION

(vielleicht) gemeinte implizite Botschaften
- SELBSTOFFENBARUNG
- APPELL
- BEZIEHUNGSBOTSCHAFT

Situativer Kontext und nonverbale Signale:

Von B empfangene Botschaften

mit dem „Sachohr" gehörte, explizite Botschaften
- SACHINFORMATION

empfangene implizite Botschaften
- SELBSTOFFENBARUNG
- APPELL
- BEZIEHUNGSBOTSCHAFT

Hier kann es Missverständnisse geben: B empfängt andere Botschaften als A gemeint hat.

Von B erwiderte Botschaften

gesagte, explizite Botschaften
- SACHINFORMATION

(vielleicht) gemeinte implizite Botschaften
- SELBSTOFFENBARUNG
- APPELL
- BEZIEHUNGSBOTSCHAFT

Nonverbale Signale:

© Ökotopia Verlag: Paul Lahninger, leiten - präsentieren - moderieren

Kommunikation **Empfangen**

ARBEITSBLATT

Übung: Anatomie einer Nachricht:

Notieren Sie, welche Botschaften in diesen Beispielen mitschwingen.

gesprochene, explizite Botschaft	nicht ausgesprochene, implizite Botschaft
1 nach einem Arbeitsauftrag: „Ist alles klar?"	
2 „Tust schon wieder nichts, du Kerl!"	
3 „Deine Frau ist attraktiv!"	
4 „Nett gefeiert gestern?!"	
5 „Ich hab das anders gelernt."	
6 zu einem „schlampigen" Teilnehmer: „Zu seriöser Arbeit gehört auch eine ansprechende äußere Form."	

Lösungsvorschläge

1 Appell: *Beginnt zu arbeiten!*

2 Appell: *Tu was!*
  Beziehungsbotschaft: *Ich finde dich mies!*

3 Appell: *„Pass auf sie auf!"*
  Selbstoffenbarung: *„Sie gefällt mir!"*

4 Beziehungsbotschaft: *„Du siehst müde aus!"*
  Selbstoffenbarung: *„Ich wäre gern dabei gewesen!"*

5 Appell: *„Machen wir es so, wie ich will!"*
  Beziehungsbotschaft: *„Sie machen das nicht so, wie ich es erwarte!"*
  Selbstoffenbarung: *„Ich bin unzufrieden!"*

6 Beziehungsbotschaft: *„Sie arbeiten nicht seriös!"*

Kommunikation **Empfangen**

Aktiv zuhören

Das Gehörte mit eigenen Worten wiederholen („spiegeln")

Die Tatsache, dass allzu oft nur ein Teil der Botschaft ausgesprochen wird, ist eine große Herausforderung beim Verstehen anderer. Indem wir die Beiträge unserer GesprächspartnerInnen zusammenfassen und mit eigenen Worten wiedergeben, bekommen wir sofort Rückmeldung, ob wir richtig verstanden haben.

Aktives Zuhören ist eine wichtige Kommunikationsform, die

- Missverständnisse sofort aus dem Weg räumt,
- das Gefühl des Verstandenwerdens und Angenommenseins vermittelt,
- Aufmerksamkeit und Einfühlungsvermögen fördert.

Zugleich laden wir dadurch ein, das eigentlich Gemeinte direkter auszudrücken. Als mechanische Technik kann aktives Zuhören allerdings unangenehm wirken.

Entscheidend ist die Haltung, sich beim Zuhören auf die Person gegenüber

- einzustellen,
- mitzuschwingen,
- „Resonanz" zu geben.

Menschen mit hoher kommunikativer Kompetenz hören aktiv zu, ohne sich dessen bewusst zu sein. Verstehen und Verstandenwerden sind aber keineswegs so selbstverständlich, wie oft angenommen wird. Konkretes Üben macht sensibler gegenüber den Möglichkeiten des Missverstehens, Misshörens und Missverstandenwerdens. Diese Erfahrung macht bewusst, wie leicht wir von dem Vorurteil ausgehen, die eigene Denkweise sei jeweils auch die der anderen Person.

Häufige Fehler auf der Seite der sprechenden - sendenden - Person

- Sie organisiert ihre Gedanken nicht, bevor Sie spricht.
- Sie drückt sich ungenau aus.
- Sie versucht, zu viel in einer Aussage unterzubringen, sodass sie verwirrend wirkt. Die Wirksamkeit nimmt mit der Kürze zu.
- Sie redet aus Wunsch nach Bestätigung sehr lange, ohne die Auffassungskapazität der PartnerInnen abzuschätzen. Je länger die Person redet, umso weniger wird sie dadurch Bestätigung / Resonanz bekommen.
- Sie übersieht bestimmte Punkte des vorausgegangenen Wortbeitrags und antwortet daher nicht aktuell zu dem, was zuvor gesagt wurde: Das Gespräch kommt nicht vorwärts.

Häufige Fehler auf der Seite der zuhörenden - empfangenden - Person:

- Sie gewährt keine ungeteilte Aufmerksamkeit.
- Sie ersinnt und probt schon innerlich Antworten.
- Sie neigt eher dazu, auf Details zu hören, anstatt den ganzen Sinn und die wesentlichen Mitteilungen zu erfassen.
- Sie denkt den Gedanken der sprechenden Person schon weiter, „hört" also mehr, als der Gesprächspartner sagt.

Kommunikation Empfangen

ARBEITSBLATT

Übungsbeispiele: Aktiv zuhören in 3 Variationen

1 Kläre durch Rückfragen, ob du das Anliegen richtig verstanden hast!

Eine/e TeilnehmerIn sagt:	Als TrainerIn frage ich:
A „Ich weiß nicht recht, dieses psychologische Gerede, ob mir das was bringt, so viel Seele und Gefühl, das kann doch nicht effektiv sein."	
B „In meiner Arbeit, da hab ich oft an ihre Ideen gedacht, aber wirklich ausprobieren - da ist schon ein verdammt mutiger Schritt notwendig."	
C „Sie reden so schnell, dass ich nicht mitkomme."	

Lösungsvorschläge:

A "Habe ich Sie richtig verstanden: Sie sind sich unsicher, ob Ihnen das etwas bringt?" Oder "Es ist Ihnen unangenehm, so viel über Gefühle zu reden?"

B "Heißt das, Sie fühlten sich angeregt und möchten gerne mehr umsetzen und dazu brauchen Sie noch mehr Mut?"

C "Wünschen Sie, dass ich langsamer rede?"

2 Arbeite die eigentliche Botschaft des Gesagten heraus!

Eine/e TeilnehmerIn sagt:	Als TrainerIn antworte ich:
A "Da kennt sich doch keiner aus!"	
B „Man kann doch nicht jede Kleinigkeit auf die Waagschale legen!"	
C Eine Teilnehmerin schaut skeptisch und lehnt sich wortlos zurück.	

Lösungsvorschläge:

A "Sie finden diese Anweisung unklar (und ärgern sich darüber)?"
B "Sie wünschen sich mehr Großzügigkeit?"
C "Sie zweifeln?" Oder „Ist noch etwas unklar?"

ARBEITSBLATT

Kommunikation Empfangen

3 Finde eine positive Formulierung für das Gehörte!

Eine/e TeilnehmerIn sagt:	Als TrainerIn antworte ich:
A "Ich habe Schwierigkeiten mit dem Lernen, es fällt mir schwer mich zu konzentrieren."	
B „Wenn ich an die Prüfung denke, wird mir jetzt schon ganz schlecht. Ob ich das schaffe, mich gut vorzubereiten?"	
C „Ich fühle mich in dieser Gruppe nicht wohl, ich glaub', ich bin die Einzige, die noch nie Videotraining gemacht hat."	
D „Das war jetzt ein wunderbares Thema, richtig ideal, aber in meinem Alltag sieht es ganz anders aus. Sie als ExpertIn kennen das sicher, wie das ist."	
E „Ich arbeite ja gerne mit, aber als Sie mich vor der ganzen Gruppe gefragt haben, da hab' ich nicht mehr gewusst, was ich sagen soll. Was soll ich da tun?"	

Lösungsvorschläge:

A "Sie möchten sich beim Lernen besser konzentrieren können."

B "Die Prüfung ist Ihnen sehr wichtig. Sie wollen sich gut darauf vorbereiten."

C "Sie nehmen zum ersten Mal an einem Videotraining teil und sind verunsichert, weil die anderen so erfahren wirken."

D "Wir haben jetzt ein Thema bearbeitet, das Ihnen ganz aus dem Herzen spricht. Jetzt möchten Sie mit mir über Ihre Alltagsrealität sprechen."

E "Sie sind gerne engagiert bei der Sache. Jetzt möchten Sie noch lernen, Ihre Gedanken in der Gruppe zu äußern."

Kommunikation **Empfangen**

Aktiv zuhören
Gesprächsbeispiel

Dieser Text zeigt die wertschätzende Haltung des aktiven Zuhörens auch bei persönlicher Betroffenheit.

Eine Sozialarbeiterin besucht Herrn S., der wenige Tage vorher besonders auf Bemühen seiner Frau auf Bewährung aus dem Gefängnis entlassen worden ist. Beim Heimweg vom Gefängnis kam er am Gasthaus vorbei, wurde dort von Freunden eingeladen und ging dann angetrunken heim. Im Treppenhaus, bevor er die eigene Wohnung erreichte, begegnete ihm die Nachbarin, die ihm übertrieben erzählte, dass seine Frau sich in der Zwischenzeit wenig um die Kinder gekümmert und möglicherweise auch etwas mit anderen Männern gehabt hätte. S. betrat die Wohnung und begann mit seiner Frau zu streiten. Im Laufe der Auseinandersetzung wurde er gewalttätig und schlug sie krankenhausreif.

Jetzt muss er zurück ins Gefängnis. Der Sozialarbeiterin ist es ein Anliegen, mit ihm über den Vorfall zu sprechen.

Gesprächsverlauf A

Sozialarbeiterin: "Ich komme zu Ihnen, weil ich mit Ihnen reden möchte. Sie haben Ihre Frau geschlagen und jetzt müssen Sie wieder ins Gefängnis. Sie machen doch alles kaputt."

Herr S.: "I waß eh. I hab an Rausch g'habt. I siach alles ein und werd mi bessern."

Sozialarbeiterin: "Gut, dass Sie das einsehen. Sie müssen sich beherrschen, auch wenn Sie trinken. Sie sollten überhaupt weniger trinken." ...

Gesprächsverlauf B

Sozialarbeiterin: "Grüß Gott, darf ich ein bisserl reinkommen?"
Herr S.: "Klar, wollens an Kaffee?"
Sozialarbeiterin: "Ich hab gehört, sie haben Probleme?"
Herr S.: "Das kann man wohl sagen."
Sozialarbeiterin: "Sie müssen wieder zurück ins Gefängnis?"
Herr S.: "Ja, alles Scheiße."
Sozialarbeiterin: "Sieht nicht gut aus für Sie."
Herr S.: "Na, überhaupt nit. Da, ihr Kaffee."
Sozialarbeiterin: "Das find ich schön, dass sie trotzdem so gastfreundlich sind."
Herr S.: "Is eh klar."

Pause

Herr S.: "Wissens, i kann mir net alles gfallen lassen. I kumm ham, alles drunter und drüber im Arsch. Da rast i anfach aus."
Sozialarbeiterin: "Sie haben eine verdammte Wut ghabt?"
Herr S.: "Ja, Scheiße no amal. Wann i net da bin, haut nix hin."
Sozialarbeiterin: "Schaut so aus, als wären Sie ganz wichtig für Ihre Familie?"
Herr S.: "Die Kinder versorgts mir nit, des Luader. Sie gengan nit in d'Schul. Alles dreckig. Ka Geld zhaus für irgendwas."
Sozialarbeiterin: "Viele Sorgen mit den Kindern, mit der Familie."

Herr S.:	"Ja, die brauchen mi, i halt alles auf die Familie, des sag i Ihnen."
Sozialarbeiterin:	"Die Familie ist Ihnen sehr viel wert?"
Herr S.:	"I mecht, das was wird aus die Kinder. Dass sie's amal guat haben. Wann i da bin, dann lauft des. Aber ihr folgens ja nit amal."
Sozialarbeiterin:	"Sie wollen für Ihre Kinder da sein und merken, wie wichtig das für die Kinder ist?"
Herr S.:	"Ja, die brauchen mi, aber jetzt muass i wieder in Hefn."
Sozialarbeiterin:	"Sie möchten gern für Ihre Kinder da sein, aber jetzt gehns wieder ins Gefängnis."
Herr S.:	„Scheiße, verdammte."
Sozialarbeiterin:	"Sie wissen nicht, was Sie tun sollen?"
Herr S.:	"Des is wirklich a Arsch."
Sozialarbeiterin:	"Ausweglos?"
Herr S.:	"Wenn i was trunken hab, und narrisch werd, dann kenn i mi nimmer."
Sozialarbeiterin:	"Dann tun Sie Dinge, die Sie nachher bereuen?"
Herr S.:	"Es tuat ma wirklich lad, aber i hab so an Hass ghabt."
Sozialarbeiterin:	"Die Riesenwut hat sie blind gmacht."
Herr S.:	"Jetzt is alles no bleder."
Sozialarbeiterin:	"Sie ärgern sich über sich selbst?"
Herr S.:	"Ja. Trinken's no an Kaffee?"

Die Botschaften der zwei Gesprächsverläufe

Die Botschaft des Gesagten findet sich sozusagen zwischen den Zeilen. Sie drückt die Haltung der Menschen aus, die zueinander sprechen.

Im **ersten Beispiel** könnte die Botschaft der Sozialarbeiterin folgendermaßen aussehen:

„Sie sind schrecklich, ich sag Ihnen jetzt, wie Sie sich bessern könnten."

Reaktion:

„Die Sozialarbeiterin hat überhaupt keine Ahnung, wie es mir geht. Ich tu ihr halt schön. Vielleicht nützt es mir was."

Die natürliche Reaktion auf mein Bemühen, den anderen zu verändern, ist, dass sich der andere wehrt.

Im **zweiten Beispiel** könnte die Sozialarbeiterin signalisieren:

„Ich möchte Ihnen zuhören, Sie verstehen und ihre Gefühle ernstnehmen, was immer sie bewirkt haben."

Reaktion:

„Ich muss nachdenken über mich." Durch meine Zurückhaltung und mein Bemühen, den Gesprächspartner in all seinen Belangen so anzunehmen wie er ist, lasse ich ihm die Freiheit, sich selbst für Veränderung zu entscheiden. In dieser Haltung bleiben wir gleichberechtigte GesprächspartnerInnen.

Eine hierarchische Beziehung zwischen helfender (oben) und hilfsbedürftiger Person (unten) kann aber durchaus ein fruchtbares Beziehungsmuster sein. Voraussetzung ist aber, dass beide damit einverstanden sind.

Mehr über die Grundmuster von Beziehungen im Folgenden.

Kommunikation **Empfangen**

Grundmuster sozialer Ordnungen

KOMMUNIKATION IST BEZIEHUNGSKLÄRUNG

Kommunikation bedeutet vor allem, Beziehungen zu klären, sich dieser zu vergewissern. Informationen auszutauschen, ist erst das zweitrangige Anliegen. In den allermeisten Kommunikationssituationen ist die Beziehung das eigentliche Anliegen. Das heißt, indem wir scheinbar Informationen austauschen, leben wir Beziehungen.

DIE ABSTIMMUNG UND KLÄRUNG DER BEZIEHUNG ERFOLGT FAST IMMER UNBEWUSST.

Dieser Vorgang ist hochkomplex und würde unser bewusstes Denken überfordern - so wie der Tausendfüßler, der stolpert, wenn er zu überlegen beginnt, in welcher Reihenfolge er seine Füße bewegt. Durch viele nonverbale Signale wie Haltung, Bewegung, die Ausrichtung im Raum, Blicke, Stimmlage, Sprechmelodie stimmen wir uns aufeinander ab.

Die folgenden vier Beziehungsmuster sind biologisch vorgegeben. Man findet sie im Tierreich ebenso wie im menschlichen Sozialverhalten:

1. Macht

bestimmen und unterordnen - komplementär

Eine Person ist oben und eine andere ist unten. Die beiden Positionen (oben und unten) ergänzen einander. Die Beziehung ist komplementär (Paul Watzlawick). Sehr eindrücklich haben wir diese Beziehungsform als Kinder erlebt. Eltern haben reale Macht und Überlegenheit, unabhängig davon, ob diese Macht förderlich oder verletzend, nährend oder kritisierend ausgelebt wird. Eingehend befasst sich die Transaktionsanalyse mit diesem Beziehungsmuster.

2. Werbung

erotische Beziehung - „Paarungsverhalten"

Typisch für Beziehungen meist gegengeschlechtlicher PartnerInnen ist eine - oft unbewusste - erotische Komponente. Die Kommunikation wird durch die starken Energien der sexuellen Antriebe motiviert. Werbeverhalten muss nicht notwendigerweise zu sexuellen Kontakten führen. Sexuelle Reize werden jedoch überall - bis hin zur Produktwerbung - erfolgreich eingesetzt.

3. Konkurrenz

Rivalität - Aggression

Am häufigsten ist dieses Beziehungsmuster zwischen gleichgeschlechtlichen (vor allem männlichen) PartnerInnen zu finden. In irgendeiner Weise wird mehr oder weniger offen Aggression gelebt, um festzustellen, wer von beiden der oder die Stärkere ist. Aggression ist die stärkste lebenserhaltende Kraft und biologisch betrachtet das wichtigste Mittel im Überlebenskampf und damit in der Auslese der Evolution. Im Menschen sind diese Impulse auch ein wichtiger Faktor im Wettbewerb unseres Wirtschaftssystems.

4. Partnerschaft

auf einer Ebene - „symmetrisch"

Finden die KommunikationspartnerInnen eine Balance, dann könnte jeder Beitrag der Interaktion auch umgekehrt werden: Die beiden könnten ihre Rollen tauschen. Die Beziehung ist symmetrisch.

(Lorenz, Konrad: Das so genannte Böse. München 1983 - Bly, Robert: Eisenhans. München 1991)

Kommunikation **Empfangen**

Transaktionsanalyse

Ich-Zustände - Facetten der Persönlichkeit

Eric Berne, der die Transaktionsanalyse begründet hat, definiert einen Ich-Zustand als „ein System von Gefühlen, das mit einem System von dazu gehörenden Verhaltensmustern verbunden ist".
(zit. N. Schneider, Karl: Fruchtbare Auseinandersetzung mit dem Burnout-Syndrom auf der Basis der Transaktionsanalyse. In: Meyer, Ernst (ed.): Burnout und Stress. Praxismodelle zur Bewältigung. 2. Aufl. Baltmannsweiler 1994, S 137)

Diese lassen sich in drei Grundtypen ordnen:

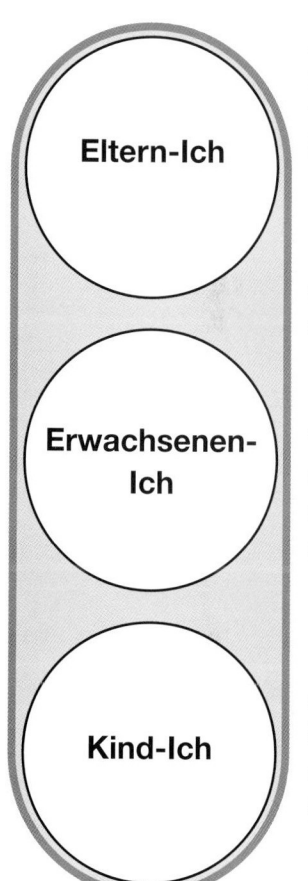

Eltern-Ich

Alle Einstellungen und Verhaltensweisen, die wir von unseren Vorbildern, vor allem den Eltern so übernommen haben, wie wir sie wahrgenommen haben, bilden das Eltern-Ich. Wer denkt, handelt und fühlt, wie er es an seinen Eltern beobachtet hat, befindet sich in seinem Eltern-Ich-Zustand.

Dieser kann zwei konträre Ausprägungen haben:

nährend fürsorglich:
Wir ermutigen, sind hilfsbereit, verständnisvoll, schenken Wärme, geben.

kritisch kontrollierend:
Wir handeln aufgrund von Normen, Regeln, Ethik, moralisieren, urteilen, sind autoritär.

Erwachsenen-Ich

Wir setzen uns mit der Realität auseinander, sammeln Information aus der Außenwelt wie auch aus den eigenen Ich-Zuständen, bemühen uns um objektive Sichtweise, wägen ab und treffen sachorientierte Entscheidungen, sprechen klar und eindeutig.

Kind-Ich

All unsere natürlichen Wünsche, Bedürfnisse, Gefühle, alles was wir als Kind erlebt haben und wie wir darauf reagiert haben, all dies bildet unser Kind-Ich. Wer fühlt und handelt wie damals, als er ein Kind war, befindet sich in seinem Kind-Ich-Zustand.

Dabei stehen drei unterschiedliche Handlungskonzepte zur Verfügung:

angepasst:
Wir orientieren uns an Erwartungen anderer, gehorchen, benehmen uns gut, fühlen uns schuldig, fürchten uns, sind beschämt, nachgiebig, ängstlich schüchtern.

rebellisch:
Wir lassen uns von den Erwartungen, Wünschen und Forderungen anderer beeinflussen, indem wir das Gegenteil tun, trotzen, Widerstände leben oder fordernd gefüttert werden wollen, rach- und eifersüchtig sind, Schadenfreude zeigen...

frei:
Wir handeln spontan und ohne auf Reaktionen anderer (z. B. der Eltern) zu achten; indem wir frei und offen unsere Meinung aussprechen, neugierig, unbekümmert, zärtlich, spielerisch und kreativ sind, lachen, tanzen, genießen, verblüffen. Die Unbekümmertheit birgt aber auch die Gefahr des Leichtsinns und der Selbstgefährdung.

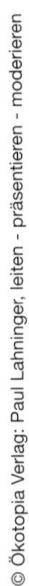

Ich-Zustände als Verhaltensrepertoire

Wir wählen unsere Verhaltensweisen und inneren Reaktionen aus diesem Repertoire, indem wir einen der Ich-Zustände „mit Energie besetzen".

Die Grundanlage dieser psychischen Struktur ist bei allen Menschen gleich. Die meisten Menschen bevorzugen einen der Ich-Zustände auf Grund ihrer persönlichen Lebensgeschichte, meist, ohne sich dessen bewusst zu sein.

Welcher Ich-Zustand gerade „geladen" ist, drückt sich nicht nur in Worten aus, sondern vor allem auch atmosphärisch in Gestik, Mimik, Tonfall.

	Worte	Stimme	Gestik & Mimk
Kritisches Eltern-Ich	schlecht, sollte, hätte, muss, immer, lächerlich, Du, warum	kritisch, herablassend, verärgert	mit dem Finger deuten, Stirn runzeln, ärgerlich
Nährendes Eltern-Ich	gut, hübsch, ich mag dich, großartig	liebevoll, tröstend, besorgt	mit offenen Armen, akzeptierend, lächelnd
Erwachsenen-Ich	wo, wie, was, warum, mit wem, wer, ich	gleich bleibend, sachlich	aufrecht, nachdenklich, aufgeweckt, offen
Freies Kind-Ich	toll, Spaß, will, Aua, Hallo	frei, laut, lebendig	ungehemmt, locker, spontan, gefühlvoll
Angepasstes Kind-Ich	wünschen, versuchen, hoffen, bitte, danke	besänftigend, unterwürfig	traurig, unschuldig
Rebellisches Kind-Ich	kann nicht, will nicht	weinerlich, trotzig	schmollend, verschlossen

Auf der Grundlage dieser Analyse der Persönlichkeitsstrukturen entwickelte Eric Berne eine Kommunikationsanalyse (Berne spricht allerdings nicht von Kommunikation, sondern von „Transaktion").
Dabei werden im Wesentlichen folgende Muster unterschieden: parallele und gekreuzte Transaktionen.

Kommunikation **Empfangen**

Beispiel:

Eine Mitarbeiterin/ein Kollege sagt:
„Ich fahr noch diesen Monat in Urlaub!"
Die Antwort könnte sein:

> **„Eltern ⟶ Kind Transaktion"**
> Die Antwort kommt „von oben" - komplementäre Beziehung

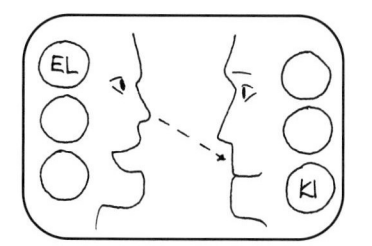

„Kannst du dir das leisten?"   Kritisches Eltern-Ich, wertend

„Hast Recht, tu dir was Gutes!"   Nährendes Eltern-Ich

> **„Kind ⟶ Eltern Transaktion"**
> Die Antwort kommt „von unten" - komplementäre Beziehung

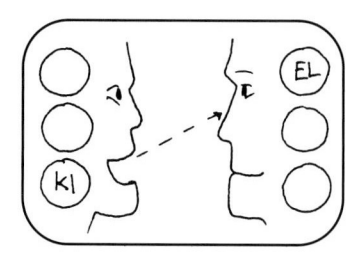

„Natürlich vertrete ich dich gerne und übernehm deinen Bereich mit."   Angepasstes Kind-Ich

„Aber deine Arbeit mach ich nicht!"   Rebellisches Kind-Ich

> **„Auf einer Ebene"**
> symmetrische Beziehung

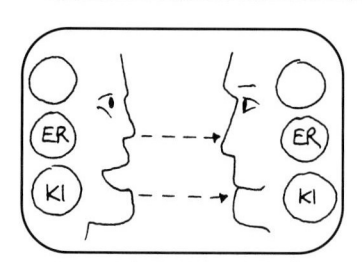

„Wir müssen die Arbeitsaufteilung besprechen."   Erwachsenen-Ich: Sachebene

„Au, fein! Wohin fährst du?"   Freies Kind-Ich, es wird eine symmetrische Beziehung als Basis einer störungsfreien Kommunikation aufgebaut.

Mit der gekreuzten Transaktion wird - in der Regel unbewusst - zu einer komplementären Beziehung eingeladen; dabei geht es um Über- und Unterordnung, um Machtspiele und Manipulationen. In der Kommunikation erfolgt zunächst eine „Schaltpause". Damit eine Verständigung wieder in Gang kommt, muss die andere Person ihren Ich-Zustand wechseln und die Einladung annehmen.

Die Freiheit, bewusst zwischen den Ich-Zuständen situativ zu wählen, ist ein Ziel der Persönlichkeitsentwicklung. Persönlichkeitsentwicklung meint hier: Stärkung des Erwachsenen-Ichs als der Instanz, die eine bewusste Wahl erst ermöglicht. Dies geschieht durch kritische Selbstbeobachtung, insbesondere in Konfliktsituationen und durch systematische Ausweitung Ihres Verhaltensrepertoires.

(Rautenerg, Werner/ Rogoll, Rüdiger: Werde, der du werden kannst. Freiburg/Brsg. 1980 - Hennig, Gudrun/ Pelz, Georg: Transaktionsanalyse. Freiburg/Brsg. 1997 - Brown, Michael u. a.: Abriß der Transaktionsanalyse. 3. Aufl. 1993)

7 Thesen zur nonverbalen Kommunikation

1 Körpersprache ist die Ursprache.
Die Verständigung durch Körpersignale ist geschichtlich die älteste Sprache. Wir haben diese mit den Tieren gemeinsam und können uns in dieser Sprache auch mit Tieren verständigen. Unterstützt wird diese Verständigung durch Lautstärke, Tonfall, Sprachmelodie.

2 Körpersprache ist international.
Körpersignale wie Zuwendung, Abwendung werden - von Ausnahmen abgesehen - kulturübergreifend verstanden.

3 Körpersprache ist allgegenwärtig.
„Man kann nicht nicht kommunizieren." (Paul Watzlawick). In jeder Situation senden wir Signale aus und reagieren auf Signale anderer. Auch Wegschauen, Nichtssagen ist Kommunikation.

4 Körpersprache ist allumfassend.
Die Summe aller Ausdrucksformen ist Kommunikation: die Kleidung, das Verhalten (z. B. Pünktlichkeit), Wahl des Wohnortes, der Wohnform, des Autos. Dies alles hat soziale Bedeutung und Auswirkung.

5 Körpersprache ist unbewusst.
Der Großteil der Signale und Botschaften, die wir ununterbrochen aussenden, ist unbewusst: Das bewusste Denken steuert vor allem die sprachliche Kommunikation. Einen Teil der Körpersignale können wir kontrollieren: Die Kontrollmöglichkeiten nehmen dabei von oben (Kopf) nach unten (Füße) ab. Umgekehrt wirkt auch eine bewusst gewählte Körperhaltung auf die Stimmung.

6 Körpersprache klärt Beziehungen.
Während wir mit Worten Sachthemen besprechen und unsere Denkvorgänge umsetzen, regelt der Körperausdruck die Beziehung: Die bewusste Beschreibung der eigenen Körperwahrnehmung kann Verständigung erleichtern. Nähe und Distanz, Rollenverteilung und Macht, Wohlbefinden, unbewusste Wünsche, sexuelles Interesse, all dies wird durch die Stellung des Körpers in Raum, durch Mimik, Gestik und den Ton der Stimme ausgedrückt. Wir reagieren auf diese Signale meist auch unbewusst, klären und leben dadurch unsere Beziehungen.

7 Körpersprache hilft Verstehen.
Durch aufmerksames Beachten der Körpersignale wird der Körper zu einem wichtigen Informationsträger des Unbewussten und Unbeachteten. Indem wir Körpersignale unserer KommunikationspartnerInnen nachempfinden, gewinnen wir ein ganzheitliches Verständnis und oft auch innere Nähe. Oft stehen Körpersignale auch für eine durch das Bewusstsein kontrollierte, nicht ausgeführte Handlung (z. B. die geballte Faust anstelle des nicht ausgeführten Zuschlagens). Einzelsignale sind allerdings nur jeweils im Gesamtkontext zu verstehen und können nicht einzeln anhand einer „Vokabelliste" übersetzt werden.

Durch Achtsamkeit für den eigenen Körper gewinnen wir aber auch ein vertieftes **Selbst**verständnis und stärken unsere Stimmigkeit und Echtheit: Der Körper ist auch ein Zugang zu unserem Unbewussten: „Was möchte mir mein Körper sagen?"

All diese Vorgänge größtenteils unbewusster Kommunikation sind besonders spannend in Gruppen:

Kommunikation **Gruppendynamik**

TEAM- UND GRUPPENDYNAMIK

Entwicklungsphasen in Teams und Gruppen

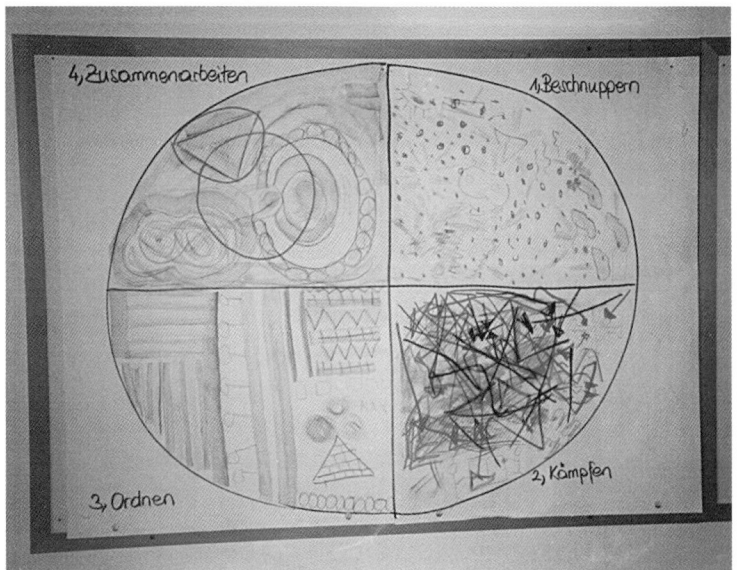

Wenn Menschen in Gruppen beisammen sind, lassen sich spezielle Prozesse beobachten: Meist nonverbal wird geordnet und geklärt. Dies passiert auch in Teams. Damit bezeichne ich eine Gruppe von gleichrangigen Personen, die sich für ein festgelegtes Sachziel zusammenschließen und für die Erreichung dieses Ziels gemeinsam Verantwortung übernehmen (Arbeits- oder Projektteam). Je größer eine Gruppe, desto größer ist die Tendenz zur Formierung von Untergruppen. Denn tiefere Beziehungen zu engen Vertrauten geben uns Sicherheit.

Vier Phasen scheinen sich aus instinktiv geleiteten Verhaltensimpulsen zu ergeben und prägen den Verlauf des Gruppengeschehens. In stark strukturiertem und kraftvoll geleitetem Seminargeschehen sind diese Prozesse möglicherweise nur in Nuancen oder bei Kleingruppenarbeit spürbar. Diese Phasen der Gruppendynamik werden aber deutlicher sichtbar, wenn sich eine Gruppe oder ein Team ohne formelle Führungsperson selbst organisiert, also vor allem auch in den Pausen eines Seminars. Sie können immer wieder neu beginnen - sich wie in einer Spirale weiterentwickeln. Solange sich keine Gruppenordnung herausgebildet hat, ist die Gruppe nur bedingt arbeitsfähig. Gerät die Ordnung ins Wanken, wird wieder neu „gekämpft".

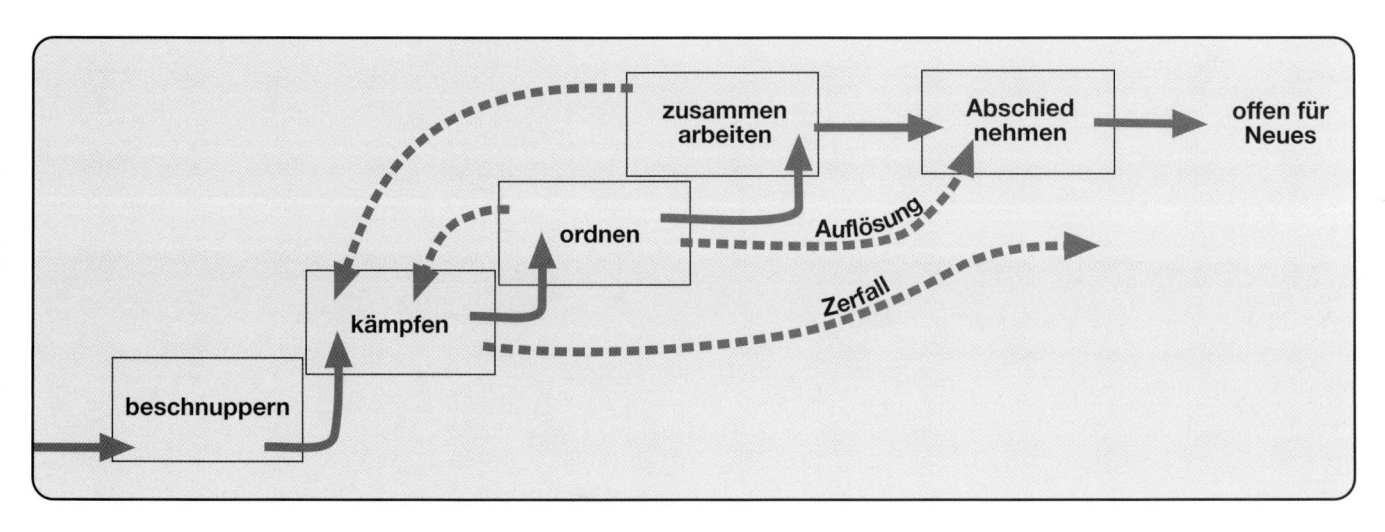

Kommunikation **Gruppendynamik**

Phase 1: beschnuppern

Das Individuum in der Gruppe

Wer neu in eine Gruppe kommt, stellt sich größtenteils unbewusst folgende Fragen:

- Wer bin ich, welche meiner vielen Rollen soll ich hier spielen?
- Wen kann ich beeinflussen und von wem kann ich mich beeinflussen lassen?
- Wer hat hier Macht, welche Individuen oder Untergruppen bestimmen das Gruppengeschehen?
- Wie offen kann ich sein, wie viel von mir, meinen Gefühlen und Einstellungen soll ich in dieser Gruppe zeigen?
- Werde ich fähig sein, meine Ziele zu erreichen? Er oder sie begegnet den anderen vorsichtig, abtastend, ist eher zurückgezogen, zeigt sich nur in (vermutlich) erfolgreichen Verhaltensweisen und wählt eher erwartete Rollen.

Ansprüche an die Leitungsperson

Aus diesen Fragen und der damit verbundenen Unsicherheit entstehen Erwartungen an die Leitung:

- Anleitung, klare Verfahrensweisen und definierte Absichten geben Halt und Sicherheit (Bedürfnis nach Strukturierung).
- Antwort auf die Fragen: Worum geht es? Welche Verhaltensweisen sind üblich? Welche Folgen kann mein Verhalten in der Gruppe haben? Was ist unser gemeinsamer Nenner? (Bedürfnis nach Orientierung)

Phase 2: kämpfen

Kampf um die informelle Führung

Die GruppenteilnehmerInnen setzen sich auseinander, zeigen Imponiergehabe, rivalisieren, oft ausgedrückt in „raumgreifendem" Verhalten: Erregen von Aufmerksamkeit, langes Reden, Durchsetzungswille, Abstecken von Zielen.

Dieser Kampf um die informelle Führung findet immer statt - mehr oder weniger sichtbar. Auch wenn eine Gruppe offiziell angeleitet wird, bilden sich in der Gruppe informelle FührerInnen heraus. Manchmal wird davon die offizielle Führungsrolle berührt und es gibt Aktivitäten in der Gruppe, die Führungskompetenz der offiziellen Leitungsperson zu testen.

Die informelle Führung übernimmt dann ein/e TeilnehmerIn mit viel Dominanzstreben, hohem Energiepotenzial und Einsatz für die informellen Gruppenziele. (Diese müssen keineswegs mit den Sachzielen übereinstimmen.) Je früher z. B. eine Person Vorschläge zum Ablauf macht, desto eher meldet sie Führungsanspruch an. Wenn die Gruppe diese Person stützt und akzeptiert, wird sie zur MeinungsführerIn („Opinionleader"). Diese Person ist der Gruppe näher als die TrainerIn und kann viel Macht haben. Die Art und Weise wie ich als TrainerIn mit den informellen FührerInnen umgehe, hat einen starken Einfluss auf die Machtverteilung und die Harmonie in der Gruppe. Ein guter Draht zu dieser Führungsperson kann nützlich sein (z.B. als GruppensprecherIn einbeziehen!).

Kommunikation **Gruppendynamik**

Phase 3: ordnen

Erst wenn die Frage der Führung geklärt ist findet eine Gruppe ihre Ordnung: Rollenverteilungen werden geklärt, Ziele vereinbart, Grenzen und Möglichkeiten gesehen, Aufgaben angegangen. Die Ordnung wird meist unbewusst und vor allem nonverbal ausgekämpft: z.B. durch Unterbrechen, Abwenden, Übergehen von Beiträgen, wie auch durch Zuwendung in Körperhaltung, Stimme, Tonfall, Blicken, Mimik und Gestik.

Sozialer Status wird ausgehandelt.

Das **Bemühen um soziales Ansehen** ist ein menschliches Grundbedürfnis - vergleichbar mit dem Gerangel um den Platz in der Hackordnung bei Tieren:

- unbewusstes Abtasten und Beobachten
- Abgrenzen und Anpassen
- Zeigen und Verstecken von Persönlichkeitsanteilen

Je nach Statuskriterien der Gruppe ergibt sich die **gruppenspezifische Rollenverteilung**. Jede Gruppe hat die Tendenz, bestimmte Aufgaben jeweils an dieselben Personen zu delegieren oder von bestimmten Personen das jeweils vertraute Verhalten zu erwarten.

In Interaktion bildet sich das Rollenverhalten aus:

- Erwartungshaltung der Gruppe
- Anpassungsverhalten des Individuums
- Anerkennung oder Sanktionierung durch die Gruppe

Typische Rollen in Gruppen sind neben der informellen Führung

- der/die Tüchtige
  (Dies ist meist nicht die beliebteste Person.)
- der/die Oppositionelle
  (Diese Person ist überkritisch, grenzt sich sehr ab und kann dadurch zum Führer werden.)
- der/die Emotionale
  (Diese Person zeigt Gefühle, spricht diese an und ist oft die beliebteste Person.)
- der/die nette Bemühte
  (Er/sie räumt z.B. freiwillig auf, bekommt aber sonst wenig Anerkennung.)
- der/die Angepasste
  (Dieser Personenkreis zeigt wenig Durchsetzungsvermögen, ist oft schüchtern und schließt sich den Starken an.)
- der/die AußenseiterIn
  (Vielleicht ist diese Person später dazugekommen, hat Gruppentabus verletzt, sich nicht integriert.)

Personen, die in Gruppen am Rande stehen, zeigen Verhaltensweisen, die nicht (ganz) den Gruppennormen entsprechen. Damit erfüllen sie wichtige Funktionen.

Sie können dabei:

- die Grenzen der Gruppe verdeutlichen,
- den Zusammenhalt verstärken,
- in der Gruppe verdrängte Anteile leben,
- den Gegenpol zum Zentrum bilden,
- Abweichungen vom Gewohnten ermöglichen.

Kommunikation **Gruppendynamik**

Die Frage, wie eine Gruppe mit Abweichungen umgeht, ist eine der Grundfragen für den Zusammenhalt. AußenseiterInnen fordern die Gruppe heraus, sich mit dieser Frage zu befassen. Sie können Vorbildfunktion haben oder zumindest besondere Beachtung und Aufmerksamkeit bekommen. Indem sie zeigen, was andere nicht können oder sich nicht trauen, sind sie leicht Angriffspunkt und werden oft (oberflächlich) abgewertet. Manche Personen wählen abweichendes Verhalten, weil sie dafür besonders viel Aufmerksamkeit bekommen.

Gruppenstandards entstehen

Zur Ordnung in einem sozialen System gehören Verhaltensnormen. Jede Gruppe regelt das Verhalten ihrer Mitglieder, indem sie Abweichungen von der Gruppennorm sanktioniert. Gruppendruck regelt das Beisammensein. So können Gruppenmitglieder erstaunlich stark im Gleichklang denken und fühlen. Die Standards beziehen sich auf: Leistungsbereitschaft, Umgang mit den TrainerInnen, Nähe und Körperkontakt, thematische Interessen, Tabuthemen, gemeinsame Ziele, Verfahrensweisen für die Zusammenarbeit. Sie bestimmen die Qualität des Austausches in einer Gruppe. In diesem Bereich kann ich als TrainerIn viel Einfluss durch den Einsatz meiner Methoden und durch Vorgabe gezielter Fragestellungen für Gespräche nehmen.

Phase 4: zusammen arbeiten

Die Gruppe spielt zusammen und orientiert sich an Ergebnissen, die Rollen- und Aufgabenverteilung funktioniert. Das Durchleben der ersten drei Phasen ermöglicht Produktivität.

Eine Gruppe wird zu einer Gruppe durch gemeinsame Ziele, die den Bedürfnissen ihrer Mitglieder entsprechen. Zugleich muss die Gruppe genügend Zusammenhalt entwickeln, um arbeitsfähig zu sein. Der Zusammenhalt (Kohäsion) ist die Anziehungskraft der Gruppe auf alle ihre Mitglieder. Der Aufbau und die Aufrechterhaltung der Gruppe sind neben der Sachaufgabe ein wesentliches soziales Bedürfnis.

Nachdem im Frühstadium der Gruppe viel Energie darauf verwendet wurde, die Gruppe zu bilden und Arbeitsarrangements zu finden, geht es bei der bestehenden Gruppe immer wieder um die Entscheidung, wie die Energie verteilt wird auf:

- Arbeit an den gemeinsamen Aufgaben der Gruppe
- Aufrechterhaltung der Gruppengemeinschaft
- Befriedigung individueller Bedürfnisse

Eine günstige Gruppensituation bedeutet, dass die individuellen Ziele weitestgehend mit den gemeinsamen Aufgaben der Gruppe übereinstimmen.

Selbstwert

All das, was in einer Gruppe passiert, hängt stark mit dem Selbstwert ihrer TeilnehmerInnen zusammen. Zugleich bedeutet eine Gruppe viel für den Selbstwert ihrer Mitglieder: Durch die Art und Weise des Beisammenseins kann der Selbstwert gestärkt oder beeinträchtigt werden.

Als TrainerIn bin ich ein wichtiger Einflussfaktor für das Selbstwertniveau in der Gruppe: Ich kann Erfolgserlebnisse vermitteln, Wertschätzung und Anerkennung ausdrücken, Schwächere schützen, Konflikte ansprechen und klären helfen.

Abschied

In jeder der 4 Phasen kann es zur Beendigung kommen: Zerfall, Auflösung oder Abschluss vor oder nach Erreichen der gemeinsamen Ziele.

Kommunikation **Gruppendynamik**

Die Gruppe als organisches System

Eine Gruppe ist ein organisches System: ständig im Wandel, nie eine geschlossene Einheit, jeweils nur ein zeitlich begrenzter Zusammenschluss von Individuen. Rollen sind veränderbar und geben Chancen zur Weiterentwicklung und persönlicher „Repertoireerweiterung". Oft bei jedem Zusammentreffen wieder von vorne, manchmal als Ablauf unbewusster „Spiele" mit gleich bleibenden Spielregeln schaffen die Beteiligten die Qualitäten von Beziehung. Teamprozesse brauchen immer ihre Zeit, Zeit der Auseinandersetzung, des Zusammenfindens, egal um welches Thema sie sich ranken: „Ranken" tut's immer!

Ersatz für „Ranken" können Verstrickungen sein: in alte Wunden, in wiederholte Vorwürfe, in Misstrauen und Streit. Beziehungsklärung bedeutet, soziale Bindungen von ihren sozialen Verstrickungen zu befreien.

Diese Klärung bezieht sich auf die 3 Qualitäten jeder Beziehung.

1. **Bindung & Identifikation:** Wir können nicht einfach wegbleiben, uns entfernen, ohne dass wir einander etwas schuldig bleiben. Abschied und Lösen ist ein wichtiger Prozess.

2. **Geben & Nehmen:** Der Ausgleich von Geben und Nehmen schafft „Gleichgewicht" in der Beziehung: „Wer zu viel geben will, beschämt den anderen." (Bert Hellinger)

3. **Ordnung & Abgrenzung:** Dadurch schaffen wir für jede Person den jeweils richtigen Platz. Eine wichtige Frage für jedes soziale System ist: „Wer fehlt? - Ist jede Person da, der im System ein Platz gehört?"

Wenn Mitglieder eines sozialen Systems versuchen die Auseinandersetzung um diese Aspekte von Beziehung zu vermeiden, schafft sich das System diese Qualitäten auf anderen Wegen, z. B. über Konflikte: auch Streit bringt Bindung und Austausch.

SOZIALE SYSTEME ORGANISIEREN SICH ÜBER KOMMUNIKATION UND KÖNNEN DAHER NUR ÜBER KOMMUNIKATION VERSTANDEN UND VERÄNDERT WERDEN."

Kurt Lewin

(Weber, Gunthart, Hrsg.: Zweierlei Glück. Die Systemische Psychotherapie Bert Hellingers, 9. Aufl. Heidelberg 1997. - Rabenstein, Reinhold / Reichel, René: Teamarbeit und Mitarbeiterberatung. Linz 1994: Antons, Klaus: Praxis der Gruppendynamik. Zürich 1993 - Birkenbihl, Michael: Train the Trainer, 11. Auflage. Landsberg/Lech 1993, siehe auch: Baustein Motivation: Gruppendynamischer Regelkreis)

Kommunikation **Methoden**

METHODEN
zur Arbeit mit dem Thema Kommunikation

Gerüchteküche

Idee   *Paul Lahninger*
Absicht: *In einer Fülle von Alltagskontakten nehmen wir ungeordnet und bruchstückhaft Informationen auf und geben diese weiter. Wie dabei Informationen verloren gehen, verfälscht oder fehlinterpretiert und mit eigenen Ideen und Wunschbildern angereichert werden, soll diese Übung verdeutlichen. Auch soll deutlich werden, dass einfache, eindeutige, bildhaft nachvollziehbare Informationen weniger leicht verloren gehen*
Arbeitsform: *wechselnde Paargespräche*
Dauer: *10 bis 30 Min.*
Material: *Kärtchen (je nach TeilnehmerInnenzahl), farbige Filzstifte, Moderationskärtchen, Pinnwand*

1. Themenvorgabe:

Jede Person vollendet in Gedanken die folgenden Satzanfänge, z.B.:
○ „Vorgestern Vormittag..."
○ „Ein wichtiges Thema meiner Arbeit ist ..."
○ „Dieses Seminar wird gut für mich, wenn ..."

Oder

Wenn es um die Auswertung einer gemeinsamen Arbeit gehen soll:
○ „Morgen Vormittag ..."
○ „Hier war schön für mich, dass ..."
○ „In meiner Arbeit freue ich mich auf ..."

2. Kärtchen zeichnen:

Jede Person findet für die 3 Gedanken drei verschiedene Symbole, ganz einfache Zeichnungen, Striche, Linien, Strichfiguren o. dgl.

Auf die Rückseite des Kärtchens wird der Name geschrieben.

3. Austausch in wechselnden Paaren

Alle bewegen sich durch den Raum, bilden Paare und erzählen anhand der Kärtchen über sich. Dabei werden die Kärtchen ausgetauscht. Danach suchen sie jeweils eine andere Person und erzählen jetzt über die Person aus dem ersten Paargespräch. Danach werden wieder die Kärtchen ausgetauscht, neue PartnerInnen gewählt und wieder über die Person erzählt, von der man im Vorgespräch etwas erfahren hat und deren Kärtchen man gerade in der Hand hält. Wird dies eine Weile so fortgesetzt, kommt es oft zu interessanten Gerüchten.

4. Gerüchte berichtigen

Jeder geht jetzt zu der Person, deren Kärtchen er gerade in der Hand hält und erzählt ihr, was er alles über sie gehört hast. Danach kann die Person, der das Kärtchen gehört, das Gerücht richtig stellen.

Variante: Bei Gruppen von bis zu 12 Personen ist die Berichtigung auch im Plenum möglich. Dabei kann gemeinsam festgestellt werden, wo Informationen verfälscht wurden oder verloren gingen.

Die TeilnehmerInnen stellen sich eine Skala vor, die vom Nabel bis zur Augenhöhe reicht. Jede/r schätzt nun ein, wie viel Prozent der ursprünglichen Information richtig und unverfälscht erhalten geblieben sind. Alle gleichzeitig zeigen diese persönliche Einschätzung mit einem Handzeichen auf der Skala:

0 % richtig: Hand beim Nabel
100 % richtig: Hand in Augenhöhe

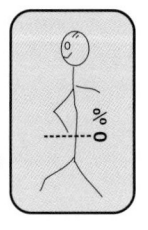

In Kleingruppen werden nun Hypothesen gesucht, wodurch es in vergleichbaren Kommunikationssituationen zu mehr oder weniger Verfälschungen oder Verlust von Informationen gekommen ist.

5. Seminarerwartungen

Die zuletzt gebildeten Paare tauschen sich nun intensiver über ihre Ziele und Erwartungen in Bezug auf das Seminar aus. Anhaltspunkte geben die Zeichnungen auf der Rückseite der Kärtchen.

Jedes Paar schreibt die Erwartungen in Stichworten auf ein Kärtchen. Diese werden an die Pinnwand gehängt oder auf ein Plakat geschrieben und kommentiert.

Variante: Gerüchtevideo

Idee: Antons, Klaus: Praxis der Gruppendynamik. Zürich 1993
Absicht: eigene selektive Wahrnehmung erkennen.
Arbeitsform: Kleingruppen mit bis zu 7 Personen
Dauer: 60 bis 90 Min.
Material: pro Kleingruppe 1 Videokamera (zur Not tut's auch ein Kassettenrecorder), für jede Kleingruppe ein Foto, das ein aktuelles politisches Thema, ein persönliches Tabu oder einen aktuellen Streitfall in der Gruppe betrifft, Kuverts

Die Kleingruppen arbeiten mit je einer Videokamera oder einem Kassettenrecorder in einem eigenen Raum (bzw. mit genügend Abstand voneinander). Alle Personen der Kleingruppe bis auf eine verlassen den Raum. Das Aufnahmegerät wird eingeschaltet, die erste Person öffnet das Kuvert, betrachtet das Foto ca. 30 Sekunden lang, steckt das Foto ins Kuvert zurück, ruft die nächste Person herein und beschreibt nun das Foto vor laufender Kamera. Die zweite Person ruft die nächste herein, erzählt weiter, was sie gehört hat. Dieser Vorgang wiederholt sich bis zur letzten Person. Diese kann die erhaltene Information ins Aufnahmegerät wiedergeben oder das Bild, das beschrieben wurde, aufzeichnen.

Sie entscheiden vorher, ob nachgefragt werden darf und wie viel Zeit für jede Informationsvermittlung vorgesehen ist. Für mehrere Kleingruppen können Sie auch die Aufgabenstellungen variieren und z. B. vereinbaren, dass in einer Kleingruppe die Informationsträger jeweils mitschreiben dürfen und in einer anderen Gruppe nicht.

Auswertung:

Die Kleingruppen sehen sich gemeinsam die Aufzeichnungen an. Die Ergebnisse werden überraschend eindeutig sein: Es stimmt nachdenklich zu sehen, wie sehr wir Information verfälschen, ohne uns dessen bewusst zu sein. Je mehr wir von einem Thema betroffen sind, desto mehr interpretieren wir Gehörtes im Sinne eigener Wünsche.

Kommunikation **Methoden**　　　　　　　　　　　　　　　　　　　　ARBEITSBLATT

Persönliche Reflexion

Absicht: Persönliche Zielformulierung durch die TeilnehmerInnen am Beginn eines Seminars (z. B. Videotraining), bei dem das eigene Kommunikationsverhalten thematisiert wird.
Arbeitsform: Einzelarbeit oder Paarinterview
Dauer: 10 - 20 Minuten

Stärken - Außensicht

Wie würde eine wohlgesonnene Person (KollegIn, Mitarbeiterin, Teammitglied, Teilnehmerin) mein Kommunikationsverhalten beschreiben?

Stärken - Selbsteinschätzung

In welchen Situationen konnte ich bisher effektiv kommunizieren?

Woran habe ich erkannt, dass meine Kommunikation effektiv war?

Kritische Außensicht

Wie würde eine kritische Person mein Kommunikationsverhalten beschreiben?

Kritische Selbsteinschätzung

In welchen Situationen konnte ich bisher nicht effektiv kommunizieren?

Was macht den Unterschied zwischen effektiv und ineffektiv aus?

Persönliches Ziel

Was möchte ich an meinem Kommunikationsverhalten verändern?

Woran erkenne ich, dass ich dieses Ziel erreicht habe?

- *Schreib dieses Ziel möglichst konkret auf ein Kärtchen.*
- *Die Kärtchen werden vorgelesen und sichtbar aufgehängt.*

ARBEITSBLATT

Kommunikation **Methoden**

Ärger ausdrücken

Idee: Schwäbisch, Lutz/Siems, Martin: Anleitung zum sozialen Lernen für Paare, Gruppen und Erzieher. Reinbek 1974
Absicht: Selbstreflexion
Arbeitsform: Paarinterview
Dauer: 15 - 30 Min.

Welche Art von Störung ärgert dich besonders?

Beschreibe in Stichworten eine konkrete Situation, in der dies passiert ist (reale Erinnerung) oder in der das passieren könnte (Fantasie)!

Versetze dich in diese Situation, spüre, was das in dir auslöst und nimm die dazu passende Körperhaltung ein - reagiere innerlich, ohne etwas zu sagen. Mit welchen nonverbalen Signalen zeigst du deine Gefühle?

Was würdest du - deinem Gefühl entsprechend - am liebsten sagen? (in unzensierter wörtlicher Rede!)

Äußerst du deine Gefühle in dieser Situation normalerweise auch mit Worten? Was sagst du tatsächlich? (wörtliche Rede)

Wenn du dich so verhältst, wie du es für ideal hältst, was würdest du in dieser Situation sagen?

Es geht um die Balance zwischen Selbstachtung und Rücksichtnahme, Achtsamkeit gegenüber eigenen Gefühlen und Respekt vor anderen.

Überprüfe deine Sätze anhand der Kriterien effektiver Kommunikation in Ich-Botschaften.

Kommunikation **Methoden**　　　　　　　　　　　　　　　　　　　　ARBEITSBLATT

Umfassende Qualitäten
Konkret Beobachten

Absicht: Leitfaden zur Selbstreflexion oder Beobachtung von Situationen, in denen es um Verhandlungstechnik oder Konfliktmanagement geht, aber auch für jede alltägliche Gesprächssituation geeignet
Arbeitsform: Einzelarbeit, Beobachtung von (Paar-) Gesprächen

Zuhören:
- ausreden lassen
- nonverbale Zuwendung
- bestärkende Signale
- Anknüpfen am Gehörten
- Zusammenfassen des Gehörten

Überzeugen:
- klares Anliegen
- kraftvoller Ausdruck
- stimmige Körpersprache
- direkte Ansprache
- Interesse wecken
- bildhafte Sprache

Konfliktfähig argumentieren:
- sich abgrenzen
- abweichende Meinung klar aussprechen
- gemeinsamen Nenner suchen
- Widersprüche aufzeigen
- ergebnisorientiert verhandeln

Strukturieren:
- Überblick behalten
- zügig vorgehen
- Verfahrensvorschläge machen
- Meta-Ebene ansprechen:

Halten Sie Ihre Selbst- oder Fremdbeobachtungen bitte möglichst konkret fest. Beispiele:

- Person A unterbricht Person X, A zeigt gelangweilte Mimik, schlaffe Körperhaltung, X zieht sich zurück, nachdem seine Meinung nicht angenommen wurde,
- Person B wirkt zunächst planlos: (lange unklare Sätze), wird dann immer konkreter und klarer ...

ARBEITSBLATT

Kommunikation **Methoden**

Ich bin du

Idee: Paul Lahninger
Absicht: Empathie stärken
Arbeitsform: Paarübung
Dauer: 5 bis 20 Min.

Zwei Personen finden sich jeweils zu einem Paar zusammen. Dabei sollen sich Personen zusammenfinden, die in der letzten Zeit wenig Kontakt miteinander hatten. Das Gesprächsthema und die Dauer werden je nach Situation vorgegeben (z. B.: „Deine Interessen, deine Ziele, dein Erleben unserer Kommunikation" - „Dein Umgang mit Stress und Ressourcen").

Person A beginnt und versetzt sich mit möglichst viel Intuition in die Rolle der Person B, erinnert sich an alle Informationen und an alle Beobachtungen über die Person B.

A beginnt dann in Ich-Form wie Person B zu erzählen. Person A vermutet etwa, dass B mit dem Erreichten unzufrieden ist und sagt unabhängig davon was B wirklich denkt oder sagen würde: „Ich bin nicht ganz zufrieden."

Die Person B, über die jetzt gerade erzählt wird, hört aufmerksam zu, nimmt jedoch zunächst zu keiner der Vermutungen Stellung.

Nachdem A alle Vermutungen über das gestellte Thema geäußert hat, hat B Zeit, Rückmeldungen zu geben:

○ In welchen Punkten fühle ich mich von dir verstanden?
○ Wo hast du mich richtig eingeschätzt?
○ In welchen Punkten möchte ich etwas ergänzen, korrigieren?

Danach wird gewechselt: B erzählt in Ich-Form über A.

Diese Übung wirkt sehr verbindend zwischen SeminarteilnehmerInnen und als Energieschub für die ganze Gruppe.

Variante 1

Diese Methode kann auch eingesetzt werden, um zu überprüfen, wie gut die Anwesenden einander kennen gelernt haben. In dieser Variante stellt sich A in Ich-Form als B vor und erwähnt dabei alle Informationen, die sie sich über A gemerkt hat.

Variante 2

(zur Zwischenauswertung bei Seminaren):

Die Paare sprechen in Ich-Form ihre Vermutungen aus, wie ihr Gegenüber den Seminartag erlebt hat: „Meine gefühlsmäßigen Höhen und Tiefen waren ... Da habe ich mich mehr, da weniger beteiligt ... Der Beitrag hat mich bereichert ..."

Kommunikation **Methoden**

Verhandlungstechnik
"Wie sag ich's meinem ...?"

Idee Paul Lahninger
Absicht: Vorbereitung auf eine konkrete Verhandlungssituation zur Durchsetzung eines Anliegens.
Arbeitsform: Paargespräche als Rollenspiel vor dem Plenum, Plenum
Dauer: 60 bis 90 min.
Material: Schreibmaterial

1 Auswahl einer konkreten Verhandlungssituation und Festlegung des Verhandlungsziels:
Was möchte ich als Partner A konkret erreichen?

2 Rollenspiel I:
„Wie sag ich's meinem ..."
A bringt das Anliegen vor. B reagiert als VerhandlungspartnerIn (mehrere Durchgänge mit Rollentausch).

3 Sammeln von Gegenargumenten auf dem Arbeitsblatt:
Nach diesen Rollenspielen werden alle Gegenargumente aufgeschrieben und im Brainstorming weitere mögliche Gegenargumente der VerhandlungspartnerIn B gesammelt.

4 Analyse der Argumente:
Welche Bedürfnisse, Ziele und Werthaltungen hat VerhandlungspartnerIn B? Wie kann A diesen Bedürfnissen entgegenkommen, sie einbeziehen und ansprechen, ihnen Raum geben?

Damit wird der Verhandlungs- **"Gegner"** zum Verhandlungs- **„Partner":**

5 Sammeln von Verhandlungsstrategien
Verhandlungsgrundsatz: Meine Argumente sind um so wertvoller, je mehr sie ein Bedürfnis meines Gegenübers ansprechen, ihm / ihr einen Nutzen bieten. „Ich bringe gute Leistungen" ist ein subjektives Argument. „Ich kann Ihnen diesen Nutzen anbieten" ist wesentlich stärker auf die Partnerperspektive bezogen. Nach diesem Kriterium werden alle Argumente geprüft!

6 Rollenspiel II
„Wie sag ich's jetzt?"
A probiert die in der Analyse erarbeitete wohl überlegte Argumentation: „Ich mache ein Angebot!", d. h.: „Ich habe etwas zu bieten ...!" VerhandlungspartnerIn B reagiert im Rollenspiel möglichst realistisch.

Auch hier sind mehrere Durchgänge möglich.

7 Feedback
Die BeobachterInnen aus dem Plenum geben Rückmeldungen. Die RollenspielerInnen schließen mit einem persönlichen Satz ab.

ARBEITSBLATT

Kommunikation **Methoden**

Arbeitsblatt zur Vorbereitung

Verhandlungstechnik

Konkrete Situation:		
Verhandlungsziel:		
Argumente und mögliche Gegenargumente	Bedürfnisse, Ziele, Werthaltungen der Partnerin/des Partners	meine Argumente als nutzenstiftendes Angebot für meine Partnerin/meinen Partner

LITERATUREMPFEHLUNGEN

Antons, Klaus: Praxis der Gruppendynamik. Zürich 1993
praktische Methoden für gruppendynamsiche Trainings, mit Arbeits- und Thesenblättern

Birkenbihl, Michael: Train the Trainer, 11. Auflage. Landsberg/Lech 1993
sehr flüssige, leicht verständliche Tipps und Beispiele für das Arbeitsfeld Train the Trainer

Brown, Michael u. a.: Abriß der Transaktionsanalyse. 3. Aufl. Eschborn 1993
90 Skriptseiten kurzer Crashkurs der Transaktionsanalyse

Gordon, Thomas: Lehrer-Schüler-Konferenz. Wie man Konflikte in der Schule löst. Reinbek 1977

ders. Manager-Konferenz. Hamburg 1989
mechanistische Rezepte für effektive Kommunikation, mit vielen brauchbaren Grundgedanken und Beispielen

Hay, Louise: Wahre Kraft kommt von Innen. München 1995)
engagierte, „esoterische" Gedanken, Beispiele und Anregungen zum positiven Denken

Hennig, Gudrun/ Pelz, Georg: Transaktionsanalyse. Freiburg/Brsg. 1997
ein Lehrbuch und Nachschlagewerk zu den verschiedenen Erklärungsmodellen der Transaktionsanalyse Eric Bernes und seiner „SchülerInnen", grafiisch aufbereiteter Text, eben ein Lehrbuch

Kopp, Sheldon B.: Triffst du Buddha unterwegs. Frankfurt/M. 1988
sehr persönliche Darstellung von Prozessen der Persönlichkeitsentwicklung und der Aufgaben, diese zu begleiten

Molcho, Samy: Körpersprache. München 1995

ders.: Partnerschaft und Körpersprache. München 1996
als Pantomime und Trainer zeigt und erklärt er nonverbale Kommunikationsformen

Rabenstein, Reinhold / Reichel, René: Teamarbeit und Mitarbeiterberatung. Linz 1994
praktische Methoden und persönliche Beispiele

Rahm, Dorothea u. a.: Einführung in die Integrative Therapie. Paderborn 1993
auch für Nicht-TherapeutInnen gut lesbare und kompetente Grundinformation

Rautenberg, Werner/ Rogoll, Rüdiger: Werde, der du werden kannst. Freiburg/Brsg. 1980
mit praktischen Beispielen angereicherte Einführung in die Transaktionsanalyse

Rogers, Carl: Klientenzentrierte Gesprächstherapie. Frankfurt/Main 1988)
wissenschaftlich umfassende Darstellung von therapeutischer Arbeit durch innere Haltung und Gesprächstechnik

Satir, Virginia: Kommunikation - Selbstwert - Kongruenz. Paderborn 1990
kurz vor ihrem Tode von ihr überarbeitete und ergänzte Neuauflage von:

dies.: Selbstwert und Kommunikation. München 1975
sehr empfehlenswerte grundlegende Darstellung der Wesensaspekte des Menschseins, mit vielen praktischen Übungen und Beispielen

Saul, Siegmar: Führen durch Kommunikation. Gespräche mit MitarbeiterInnen. Basel 1993
anschauliche Darstellung für die betriebliche Umsetzung

Schulz von Thun, Friedeman: Miteinander reden. Störungen und Klärungen. Hamburg 1993
sehr empfehlenswerte umfassend Einführung in das Thema Kommunikation

Schwäbisch, Lutz/Siems, Martin: Anleitung zum sozialen Lernen für Paare, Gruppen und Erzieher. Reinbek 1974
konkrete Übungen für Gesrpächsführung

Schoenbeck, Hubertus von: Ich liebe mich, so wie ich bin. München 1989
zum Teil einseitiges engagiertes Eintreten für gesunden Egoismus

Weber, Gunthart (Hrsg.): Zweierlei Glück. Die Systemische Psychotherapie Bert Hellingers, 9. Aufl. Heidelberg 1997.
neueste kraftvolle Ansätze in der Psychotherapie, Beispiele für das Gelingen und Scheitern persönlicher Beziehungen

Baustein 3

Motivation fördern

Begriffsklärung 69

Grenzen des Motivierens 70
Psychische und organische
Komponenten der Motivation 70
Leistungsfreude (neu) entfalten 72
　Folie 5: Yin & Yang-Modell
Vision - Anspruch - Ziel 73
　Folie 3: Vision · Anspruch · Ziel

Mein Menschenbild 74
Mythos Motivation 74
Führen heißt Zutrauen 75
Selbstorganisation 77
Leistungsfreude 78
Entwicklungsorientierung 79

Meine Wirksamkeit 80
Eigenmotivation als Autorität 80
Die Macht der Gedanken 82
Geheime Motive als Autorität 84

Zielvereinbarungen 85
Zielqualitäten 86
Zielmodell (Methode) 87

Forderungen stellen 89
Yin und Yang: Zuhören - Begleiten - Fordern 89
　Folie 5: Yin und Yang-Modell
Überforderung - Unterforderung 90
Disziplin als Ordnungsprinzip 91
Fallbeispiel: Lehrlingsausbildung 92

Meine Zielgruppe verstehen 94
Bedürfnisse 94
Stimmungen in der Gruppe 95
Persönlichkeitsentfaltung 98
Gruppendynamischer Regelkreis 99

**Methoden:
Motivation thematisieren** 100
Motivationszwiebel 100
Initiative stärken 102
　Folie 5: Yin & Yang-Modell
Widerstände nutzen 103
　Folie 5: Yin & Yang-Modell
Stärke gewinnen 104
Motivation fördern 105
3 Begriffe - 3 Gefühle 107

Literaturempfehlungen 108

3 MOTIVATION

© Ökotopia Verlag: Paul Lahninger, leiten - präsentieren - moderieren

Motivation **Grenzen**

Kommunikation ist unsere Chance.

Unsere naturgegebenen Lebensgeister schenken uns Freude an der Anstrengung. Wenn wir in Führungspositionen Menschen begleiten, bei denen diese Freude verschüttet oder beeinträchtigt ist, können wir durch äußere Anreize kurzfristig „motivierend" wirken. Das ist manchmal sinnvoll, geht aber am Kern der Sache vorbei. Entfaltung von Motivation ist immer ein persönlicher innerer Vorgang. Von außen sind unsere Einflussmöglichkeiten begrenzt. Nie können wir direkt in das Wertsystem und das Energieniveau einer Person eingreifen, auf Knopfdruck „motivieren". Wir können kommunizieren und die Grenze unserer Wirkmöglichkeit und damit auch unserer Verantwortung achten. Wir haben keine Verantwortung für Organismus und Psyche anderer.

Motivation ist Sache des autonomen Individuums!

Menschen handeln auf Grund von Einstellungen, so wie ein Zug sich auf Gleisen bewegt. Weichen stellen heißt, Ziele setzen. Neue Gleise bauen braucht Zeit. Dafür stelle ich als LeiterIn Material zur Verfügung: Ich unterstütze den Bautrupp. Es ist nicht möglich, einen Zug aus den Gleisen herauszulocken. Zugleich fährt jeder Zug mit einer bestimmen PS-Zahl und Geschwindigkeit: Dies steht für das aktuelle Energieniveau: Ich biete Kohlen zum Aufheizen an oder Spannung in der Ober - Leitung...

Unsere Aktivitäten bewegen sich auf dem Gleissystem unserer Einstellungen / Haltungen. Weichen zu stellen und neue Gleise zu verlegen braucht Zeit und Kraft. Die augenblickliche Leistung unserer Aktivitäten entspricht den PS des Zuges, der gerade unterwegs ist. Einheizen und Auftanken ist kurzfristig möglich.

Als Leitende können wir:
○ Persönlich ansprechen, miteinbeziehen, beachten
○ Kontakt und Begegnung herstellen, Kommunikation anregen
○ Sicherheit vermitteln, Halt geben, Zielvorstellungen klären
○ Spannung erzeugen, anregen durch realistische Herausforderungen auf dem richtigen Niveau

(Löwe, Hans: Zum Problem der Lernfähigkeit: Hamburg 1974 - Thanhoffer, Michael u. a.: Kreativ unterrichten. Münster 1994)

Motivation **Grenzen**

Leistungsfreude (neu) entfalten

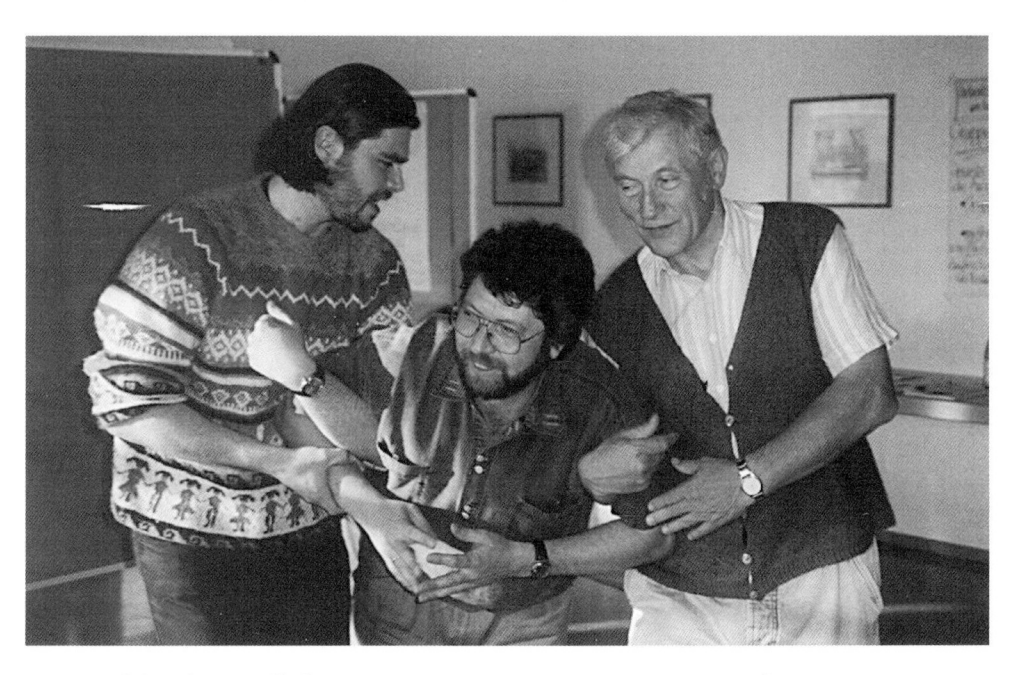

Kurz nachdem mein 11-jähriger Sohn verweigert hatte Englischvokabeln zu lernen, sagte er mit Tränen in den Augen zu mir: „Ich möchte so gerne gut sein in Englisch!" - „Na dann lern!", war mein erster Gedanke. „Da stimmt doch etwas nicht!", mein zweiter.

Oft sind Schulkinder tatsächlich in einem paradoxen Zwiespalt gefangen: Sie lernen für ein bestimmtes Schulfach deswegen nicht, weil sie in diesem Fach gut sein möchten. Sie beginnen voll Freude, aber erreichen (ihre?) Ziele nicht. Manchen Kindern können diese Rückschläge besonders zu schaffen machen. Gerade weil sie leistungswillig sind, weil ihnen der Erfolg am Herzen liegt, tut die schlechte Note so weh. Jeder neue Start beim Lernen berührt diese unangenehmen Erfahrungen, so dass das Lernen mehr und mehr Energien kostet. Das Ziel, gut zu sein, rückt noch mehr in weite Ferne, bis das Kind das Lernen ganz verweigert: „Ich lerne nicht, weil ich erfolgreich sein möchte." Gewissermaßen stehen sie auf Gaspedal und Bremse zugleich.

Unsere Kultur lebt Bewerten und Beurteilen in Übermaß. Das Schulsystem hat diesen Wesenszug übernommen und professionalisiert. Diese Beurteilung behindert aber den persönlichen Ausdruck, die kreative Entfaltung, die natürliche Leistungsfreude:

EIN ZARTES PFLÄNZCHEN, AN DEM ICH IMMER WIEDER ZIEHE, UM ZU BEURTEILEN, OB ES SCHON FEST GENUG ANGEWACHSEN IST, STÖRE ICH IM WACHSTUM.

Viele Erwachsene sagen, sie können nicht malen. Sobald sie Farben in die Hand nehmen, denken sie an künstlerische Maßstäbe und beurteilen sich selbst als schlecht. Sich in Farben und Linien auszudrücken, könnte jedoch so natürlich sein, wie sich zu bewegen oder zu lachen.

Wir können kaum noch wahrnehmen, ohne zu bewerten. Dieser Umgang mit der Realität hat eine abwertende, selbstwertgefährdende Tendenz: Fehler werden nicht als korrigierbare notwendige Entwicklungsschritte gesehen, sondern als schlecht, falsch, verwerflich.

All dies macht es nicht leicht, Handeln und Leisten so natürlich zu entfalten wie Spielen oder Ausrasten. Das Gefühl für ein wohl tuendes und befriedigendes Leistungsmaß ist stark verunsichert. Manche Menschen zweifeln an sich, geben Selbstverantwortung und Eigenkontrolle ab, verweigern sich. Andere überfordern sich, arbeiten sich kaputt, schaffen sich permanent Stress.

➪ FOLIE 5
YIN & YANG-MODELL

Motivation **Begriffe**

BEGRIFFSKLÄRUNG

Hier zunächst eine knappe Darstellung der gängigsten Begriffe zum Thema Motivation. Wichtige Erklärungsansätze werden im Anschluss näher ausgeführt.

1 MOTIVATION - DIE PERSÖNLICHE ENERGIEQUELLE

Die Motivationslehre ist ein Versuch zu erklären, wie Verhalten zustandekommt und mit Energie versorgt wird. Motivation beinhaltet immer ein Bündel von Motiven. Motivation bedeutet auch Energiebereitstellung; dabei spielt der Körper eine sehr wesentliche Rolle.

2 MOTIVE - BEWEGGRÜNDE

Jedes menschliche Verhalten wird von einem Motiv geleitet, ist also zielgerichtet. Ziel ist jeweils die Befriedigung eines Bedürfnisses. Viele unserer Motive / Ziele sind unbewusst.

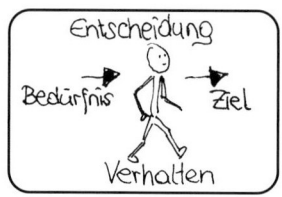

3 MOTIVATIONSANALYSE

In der biologischen Verhaltensforschung wird vom großen „Parlament der Instinkte" gesprochen: Ein Bündel von Beweggründen leitet das Verhalten. So können z.B. Angst und Hunger einander gegenüberstehen und eine zeitlang „verhandeln", bis sich ein Motiv durchsetzt und eine Handlung bewirkt. Oft ist dieser Vorgang wesentlich differenzierter. Beweggründe und deren Zusammen- bzw. Gegenspiel zu erforschen, ist Motivationsanalyse.

4 INNERE UND ÄUßERE MOTIVATION

Nachhaltig wirksam sind vor allem „innere" Motive, die in der Person selbst wirken, gleichsam autonom. Motivieren „von außen" ist nur beschränkt möglich. Es wird auch von Eigen- bzw. Fremdmotivation gesprochen (innere, „intrinsische" oder Eigen-Motivation: z.B. eigene Freude am Tun / äußere, „extrinsische" oder Fremd-Motivation: Lob von außen).

5 PRIMÄRE UND SEKUNDÄRE MOTIVATION

Je mehr Lust und Befriedigung eine Tätigkeit selbst ermöglicht, umso dauerhafter ist die Motivation, d. h. die Identifikation mit dem Ziel selbst (primäre Motivation). Je mehr eine Tätigkeit nur Mittel zum Zweck ist, umso wechselhafter ist die Motivation (sekundäre Motivation).

6 GRUNDBEREITSCHAFT UND AKTUELLE MOTIVATION

Unsere Motivation in einem bestimmten Augenblick basiert auf der Grundlage von Haltungen in unserer Psyche („habituelle Motivation"). Die Grundbereitschaft, die gerade jetzt im Organismus wirksam wird, je nachdem, wie hoch unser augenblickliches Energieniveau ist und wie stark andere Motive gerade wirken, ist die „aktuelle Motivation".

(Sprenger, Reinhard: Mythos Motivation. 5. Aufl. Hamburg 1993

Zwei Grundbegriffe der Motivation werden im Folgenden als Raster dargestellt und mit Beispielen zum Thema Lernen illustriert.

Energiequellen/ Motive	motiviert	
	durch die Sache selbst: **primär**	als „Mittel zum Zweck": **sekundär**
innerlich motiviert: **intrinsisch**	Spaß am konkreten Lerninhalt, Freude am Tun, Funktionsfreude, **dauerhafte, direkte Motive.**	Erfolgsorientierung, Ehrgeiz, Lernen für Noten und Zertifikate, „Streber"-Motive, Aufstieg durch Weiterbildung.
äußerlich motiviert: **extrinsisch**	Freude an kreativer, angenehmer Lernatmosphäre in der konkreten Gruppe, Spaß durch spielerische Methoden.	Orientierung an der Anerkennung durch Dritte, z. B. Lernen, weil die Organisation ein Fortbildungszertifikat verlangt, die Eltern gute Noten sehen wollen, **kurzlebige, indirekte Motive.**

Motivation **Grenzen**

GRENZEN DES MOTIVIERENS

Psychische und organische Komponenten der Motivation

Innere und äußere Motive haben gleichermaßen körperliche und geistige Komponenten. Diese begriffliche Unterscheidung hilft, die Grenzen der eigenen Wirksamkeit zu erkennen und zu akzeptieren.

Im autonomen Bereich des Individuums unterscheiden wir zwei Komponenten: In der Psyche wirkt die grundsätzliche Einstellung, die „habituelle" Motivation. Wir handeln aufgrund von Werten, Haltungen, Einstellungen. Diese sind Grundlage und Voraussetzung für jedes Motiv.

Im Organismus wirkt das augenblickliche Energieniveau; die „aktuelle" Motivation.

Für jedes Tun brauchen wir zugleich auch situative Energiebereitstellungen im Körper. Erst durch beide Komponenten gleichzeitig kann eine Aktivität entstehen: Auch wenn ich körperlich fit und voller Energien bin, handle ich nur im Sinne meiner Einstellungen. Andererseits kann ich auf Grund meiner Werte nur aktiv werden, wenn mir genügend Energien zur Verfügung stehen, ich also nicht zu müde, abgelenkt oder gestresst bin.

MOTIVIERT SEIN BEDEUTET, DASS EINSTELLUNGEN AKTUELL WIRKSAM WERDEN.

In der Gruppe wirken wir durch Interaktion, Beziehung und Kommunikation aufeinander und beeinflussen unsere Psyche. Ein eingeschränkter, langfristiger Einfluss auf Grundhaltungen ist möglich, selten jedoch unmittelbar! Was immer Ihr Seminarziel ist, dieses Ziel muss auch den Einstellungen und Werten der Gruppe entsprechen. Auf Menschen einzuwirken, damit diese meine Ziele zu den ihren machen, ist nur zum Teil möglich und nahe der Manipulation. Wir tun dies oft und nennen diesen Einfluss in fairer offener Auseinandersetzung: „Bewusstseinsbildung".

Auf das Energieniveau im Organismus nehmen wir kurzfristig und wesentlich direkter Einfluss durch „Aktivierung". Beziehungen, Gruppengeschehen, Atmosphäre beeinflussen unser Energieniveau direkt .Vor allem die Kommunikation hat Auswirkungen auf die Motiviertheit der Beteiligten.

Motivation **Grenzen**

Vision - Anspruch - Ziel

Vision

Visionen sind leuchtende Fernziele oder impulsive Ideen, deren Realisierung noch offen ist. Visionen beziehen sich auf eine bessere Welt, ein glückliches Leben, harmonische Beziehungen. Sie wecken freudvolle Energien und weisen uns die Richtungen. Visionen stehen im Zusammenhang mit dem freien Kind-Ich in uns. Sie können uns beflügeln und anregen; die Gefahr ist jedoch, dass es sich dabei um Luftschlösser handelt und der reale Bezug schwindet.

Anspruch

Ansprüche sind selten selbstgewählte, sondern übernommene, zum Teil unbewusste Forderungen in uns. Oft melden sich Ansprüche in Form von Vorwürfen und haben leicht eine destruktive Wirkung: Je höher die Ideale, desto tiefer die Abwertung. Meist haben Ansprüche einen moralischen Beigeschmack. Wir übernehmen sie auch als Erwachsene von Autoritätspersonen oder Institutionen: von Eltern, ErzieherInnen und Vorbildern mit Eltern-Funktion. Ansprüche stehen im Zusammenhang mit dem Eltern-Ich bzw. Über-Ich. Ansprüche können uns anspornen und zu Leistungsgewohnheiten werden. Sie fordern uns heraus, geben Ordnung und Sicherheit, entlasten durch Regeln. Die Gefahr von Ansprüchen ist, dass sie unreflektiert wirken, dass sie uns rastlos und gestresst machen oder uns an unserem eigenen Wert zweifeln lassen.

Ansprüche können hemmend und quälend wirken. Dem können wir begegnen, indem wir auf die inneren Stimmen, den inneren Dialog achten. Wenn notwendig, können wir ihnen entschieden antworten: „Nein, danke, ab ins Museum!" Insbesondere in meditativer Haltung können wir die Kämpfe unserer inneren Antreiber beobachten. Auch indem wir bewusst und genussvoll immer wieder das Gegenteil leben, wenn wir z.B. als Arbeitssüchtige regelmäßig einen Tag lang absolut faul und entspannt genießen, können wir uns von negativen Leitbildern freier machen.

Ziel

Ziele im eigentlichen Sinn sind realistische Projekte. Ziele sind die Ergebnisse klarer Entscheidungen. Je erreichbarer und überprüfbarer Ziele gesteckt sind, desto mehr motivieren sie, d.h. desto mehr Energie rufen sie in uns wach. Realistische Ziele leben wir in der inneren Instanz des Erwachsenen-Ich.

Als Führungskraft

○ achte auf freudvolle, richtungsweisende Visionen,

○ lebe ein Vorbild für Ansprüche an Disziplin und gute Arbeitshaltung,

○ handle realistische gemeinsame Ziele aus und unterstütze andere bei der konkreten Umsetzung.

FOLIE 3
VISION · ANSPRUCH · ZIEL

Motivation **Menschenbild**

MEIN MENSCHENBILD

Mythos Motivation

Das Menschenbild als Grundlage für Führungsverhalten in Teams, Organisationen, Betrieben

Wir führen Menschen jeweils auf dem Hintergrund unseres Menschenbildes. Diese Grundhaltung hat nachhaltige Auswirkungen auf unseren Führungsstil und auf die Motivation aller Beteiligten.

Hier zwei extreme Pole unserer Einstellung zur Leistung.

Manche Personen mit Leitungsverantwortung halten Menschen grundsätzlich für

MisserfolgsvermeiderInnen

- unehrliche Ja-SagerInnen,
- FehlervermeiderInnen,
- gezähmte WiderständlerInnen,
- angepasste MinimalistInnen mit freizeitorientierter Schonhaltung, die
  - Arbeitszeit als „abgekauftes Leben" betrachten,
  - nur unter Druck etwas leisten,
  - ihre Kräfte zurück halten,
  - ihre AuftraggeberInnen betrügen.

Ihr Führungsverhalten basiert auf

Misstrauen

Die Mehrzahl der Manager misstraut den MitarbeiterInnen und stuft die eigene Leistungsbereitschaft und Kreativität wesentlich höher ein. Zugleich fühlen sich Führungskräfte in Arbeitshaltung und Kompetenz oft auch ihren eigenen Vorgesetzten überlegen. (Freilinger u. a. zit. n: Sprenger, Reinhard: Mythos Motivation. 5. Aufl. Hamburg 1993)

"Vorgesetzte misstrauen MitarbeiterInnen, wenn sie sich (tief innerlich) selbst misstrauen. So bringen sie anderen das Betrügen bei, aus Angst, betrogen zu werden." (Morton u. a. zit. n: Sprenger, Reinhard: Mythos Motivation. 5. Aufl. Hamburg 1993)

Der Gegenpol zu diesem negativen Menschenbild hält Menschen von Natur aus für gut und sieht sie als

ErfolgssucherInnen

- mit Freude an der Leistung,
- mit Spaß an der Herausforderung,
- bereit, sich anzustrengen und Verantwortung zu übernehmen,
- orientiert an Qualität,
- selbstkritisch,
- nach Selbstentfaltung strebend,
- kreativ.

Sie leben Sinn- und Werthaltungen und finden körperliche und geistige Leistungsbereitschaft so natürlich wie Ruhe und Spiel.

Das dieser Grundhaltung entspringende Führungsverhalten ist gekennzeichnet durch

Leistungserwartung

- Wenn Menschen einen Sinn in der Arbeit finden, machen sie die Ziele ihrer Aufgaben zu ihren eignen Zielen.
- Wo ein Mindestmaß an Freiheit und Verantwortung besteht, übernehmen sie die Eigenkontrolle.
- Menschen möchten nicht Arbeiten verrichten, sondern etwas leisten, Erfolg und Bedeutung erleben.

DIE LEISTUNGSFREUDE IST EINE SCHWESTER DER LIEBE. BEIDE SIND KINDER DER FREIHEIT.

Die Quelle dieser Atmosphäre ist unsere Haltung als LeiterIn, das Menschenbild, das wir leben.

Motivation **Menschenbild**

Führen heißt Zutrauen

Fordern, verhandeln, Sinn geben

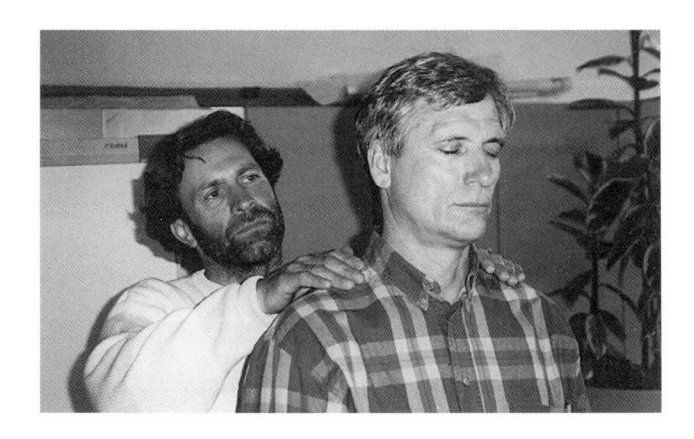

Die Unwirksamkeit betrieblicher Motivierungssysteme

Ein alter Mann wird von Kindern geärgert. Offensichtlich macht das den Kindern Spaß *(Eigenmotivation)*.
Daraufhin fordert der Mann die Kinder auf, ihn zu ärgern und bezahlt sie dafür. *(Fremdmotivation)* Sie tun dies mehrfach, bekommen jedoch jedes Mal weniger Geld dafür bezahlt. Als der Alte nur mehr 50 Groschen Prämie anbietet, damit ihn die Kinder ärgern, weigern sie sich: „Für so wenig Geld tun wir das nicht!"
Sie lassen den Mann fortan in Ruhe: Das äußere, sekundäre Motiv hat das innere, primäre untergraben. - Nicht berücksichtigt wird bei diesem einfachen Beispiel allerdings die Veränderungen in der Beziehung zwischen dem Mann und den Kindern.
(Krech, David/Crutchfield, Richard: Motivations- und Emotionspsychologie, Grundlagen der Psychologie. Weinheim/Basel 1995, S. 29)

Ver-Führungen nennt R. Sprenger die üblichen Versuche, die Leistung derer, denen im Grunde misstraut wird, durch Motivierungssysteme zu steigern. „Der Mensch ist faul und muss angetrieben und kontrolliert werden."
Durch dieses negative Menschenbild und die damit verbundene Abwertung *(Misstrauen)* wird die natürliche Freude des Menschen an der Leistung *(Eigenmotivation)* gestört, eingeengt, entwertet.

"**Tue gerne, was ich möchte!**"
ist die Botschaft hinter den Versuchen, zu

○ bedrohen
○ bestrafen
○ bestechen
○ belohnen
○ belobigen

Die Wirkung dieser Verführungen ist kurzfristig und kontraproduktiv: Der Kopfgeldjäger wartet, bis ihm das Kopfgeld hoch genug ist und handelt erst dann.

Je mehr Anreiz von außen, umso mehr wird sein Eigenantrieb geschwächt. Dort wo Belohnung den Sinn verdrängt oder ersetzt, sinkt die Leistung. Motivierungsversuche stören die Entwicklung von Eigenmotivation. Zu starke Außenreizung macht letztlich unzufrieden. Menschen sind keine Maschinen, auf Knopfdruck „motivierbar".

MOTIVATION EXISTIERT AUSSCHLIEßLICH IN BEDEUTUNGEN UND BEZIEHUNGEN.

Motivation fördern heißt immer, sich mit Persönlichem befassen, der individuellen Bedeutungswelt Raum geben, sich auf Beziehungen einlassen. Jede Nuance der Sprache, jedes Lächeln hat seine Bedeutung und schafft diese Beziehung. Wir alle haben Sehnsucht nach Zuwendung, die von Herzen kommt. Echte Aufmerksamkeit und Zuwendung gegenüber der konkreten Person nährt. Wo Lob zur Leistungssteigerung eingesetzt wird, also manipulativ gebraucht wird, wirkt es beschämend.

© Ökotopia Verlag: Paul Lahninger, leiten - präsentieren - moderieren

Motivation **Menschenbild**

Verdachtstrafe: Bonus-System

Der Verdacht, MitarbeiterInnen würden weniger leisten als vereinbart, äußert sich im Gehaltsbonussystem. Der Bonus für Mehrleistung hingegen bedeutet Doping, Verführung zur Überlastung, zum Arbeiten „im roten Bereich": 80 % der menschlichen Leistungsfähigkeit sind durch normalen Willenseinsatz nutzbar, der Rest ist durch die Ermüdungsgrenze blockiert. Diese restlichen 20 % sind geschützte Reserve, zugänglich im Stress, bei Gefahr, Angst, Wut. Diese gesunde Grenze darf im Arbeitsalltag nicht überschritten werden!

Belohnungen lenken den Blick von der Nutzenorientierung der Arbeit zum Bonuskassieren und stören den Teamgeist. Wenn nur das Gehalt und sonst nichts stimmt, bekomme ich MitarbeiterInnen, die nur Geld wollen. Untersuchungen in erfolgreichen Organisationen zeigen, dass kein direkter Zusammenhang zwischen Leistung und Entlohnung hergestellt werden kann.

Vereinbarungen mündiger PartnerInnen auf der Grundlage des Verantwortungsbewusstseins über Ziele und Spielregeln schaffen Raum für freiwillige = willige Leistungen.

Wir alle suchen die Spannung der Herausforderung. Schulkinder, denen freigestellt wird, in der Schule nur zu spielen, kehren nach wenigen Tagen von selbst in den Unterricht zurück. Stagnation entspricht nicht der Natur des Menschen. Wir sind auf Lernen und Entwicklung hin angelegt. Sogar viele Tiere, die gelernt haben, durch Betätigung eines Mechanismus zum Futter zu kommen, ziehen den schwierigeren Weg zum Futter vor.
(nach Sprenger, Reinhard: Mythos Motivation. 5. Aufl. Hamburg 1993, S. 81)

Fordern heißt ernst nehmen ⇒	Klar, offen, direkt, fair spreche ich meine Erwartungen aus. Viele Autoritäten haben Schwierigkeiten, gewünschte Leistungen positiv zu formulieren!
Ziele vereinbaren ⇒	Individuell verhandle ich die jeweils situativ möglichen Ziele.
Zutrauen heißt respektieren ⇒	Indem ich Verantwortung übertrage, einlade, gemeinsam zu verantworten, vermittle ich Respekt, Würde und Achtung.
Sinn geben ⇒	Ich achte auf Sinnhaftigkeit und einen erfolgreichen Abschluss von Aufgaben. Denn Nutzen zu stiften, macht Freude. Selbstständig, gestalterisch ein Werk zu vollenden, gehört zu den natürlichen Grundbedürfnissen.

Selbstorganisation

Raum zur Entfaltung von Motivationen

"Wer ausschließlich fremdbestimmt, entindividualisiert Tätigkeiten verrichtet, wird gearbeitet, wer wählen, entscheiden kann, findet Leben in der Arbeit."
(Sprenger, Reinhard: Mythos Motivation. 5. Aufl. Hamburg 1993, S. 11)

„Viele unserer Mitarbeiter dürfen nur Nägel einschlagen, aber am Wochenende bauen sie sich selbstständig ein eigenes Haus."
(Beobachtung eines Abteilungsleiters)

Für Menschen in solchen Betrieben bekommt die Freizeit die Funktion kompensatorischer Werterfüllung: Viele Organisationen suchen angepasste GleichdenkerInnen und wirken so als Zerstörer von Initiative und Kreativität!

Aber es gibt auch einzelne Gegenbeispiele:

„Meine Strategie für erfolgreiches Innovationsmanagement: Stelle ein Team aus den Chaoten im Unternehmen zusammen und gib ihnen 100 % Freiheit."
(Ron Sonner, Sony BRD zit. n. Sprenger, Reinhard: Mythos Motivation. 5. Aufl. Hamburg 1993, S. 12)

Die kreativsten Menschen fühlen sich stets angezogen von Organisationen, in denen sie persönliche Ziele verwirklichen können. Indem wir Freiräume für persönlichen Einsatz schaffen, geben wir Raum zur Entfaltung von Motivation. Motivation fördern heißt in vielen Situationen Deregulierung, also Abläufe flexibler, veränderbarer, durchlässiger gestalten.

MOTIVATION IST SACHE DES EINZELNEN. IHR FREIRAUM ZU GEBEN IST AUFGABE DER FÜHRUNG.

„Was der Mensch ist, ist er durch die Sache, die er zu seiner eigenen macht. Dadurch sind wir bei der Sache."
(Karl Jaspers zit. n. Sprenger, Reinhard: Mythos Motivation. 5. Aufl. Hamburg 1993, S. 13)

SELBSTACHTUNG IST DIE WAHRE QUELLE VON MOTIVATION.

Ich führe, indem ich vertraue, dass du freiwillig dein Bestes gibst und dir selbst realistische Ziele setzt. Misstrauische Kontrolle, entmündigende Zielvorgaben, negativ orientierte Vorschriften wirst du als persönliche Abwertung empfinden.

Folgende Möglichkeiten der Selbstorganisation lassen sich unterscheiden:

- **Wahl des Aufgabenbereiches:**
  Wir tendieren dazu, uns „natürlich" die Aufgaben zu suchen, die auch uns selbst weiterbringen.

- **Wahl der Methoden:**
  Selbstbestimmung in der Wahl der Verfahren und Mittel sowie in der zeitlichen Abfolge von Aufgaben.

- **Eigenkontrolle:**
  Reduktion von Vorschriften und Richtlinien auf ein Minimum im Sinne der gemeinsamen Zielvereinbarung.

- **Kreativer Spielraum:**
  Zeitanteile für selbstständige, freie, schöpferische Tätigkeiten.

- **Veränderungs- und Bildungschancen:**
  Lernen und Weiterbildung mit der Möglichkeit Gelerntes umzusetzen und reale Veränderungen durchzuführen.

Diese Grundsätze gelten für den Arbeitsalltag in Organisationen gleichermaßen wie für Situationen der Weiterbildung.

Motivation **Menschenbild**

Leistungsfreude

Grundthesen für förderndes Führungsverhalten

SELBSTACHTUNG IST DIE WAHRE QUELLE VON MOTIVATION.

Wir sind entsprechend unserer Natur grundsätzlich freiwillig zu Leistungen bereit, wenn folgende Bedingungen zutreffen:

○ **Die Anstrengungen bringen einen absehbaren, sichtbaren Erfolg.**

(Das Durchhaltevermögen bis zum Erfolg ist individuell unterschiedlich lang.)

○ **Das Ergebnis wird als sinnvoll, nutzenstiftend erlebt.**

Ziele, die der persönlichen Werthaltung entsprechen, werden erreicht.

○ **Die Herausforderung ist angemessen.**

Sie wird persönlich als Forderung, also nicht als Über- oder Unterforderung erlebt. Wir empfinden es als befriedigend, Forderungen zu erfüllen, gefordert zu werden.

○ **Die persönliche Verantwortung hat Bedeutung.**

Es gibt also keine Fremdsteuerung oder misstrauische Kontrolle.

○ **Arbeitszeiten werden selbst gewählt.**

Ein Minimum an Entscheidungsfreiheit, wann entsprechend den eigenen Energien und Rhythmen welche Leistung erbracht wird, stärkt die Leistungsfreude.

○ **Wertschätzendes, förderndes Arbeitsklima.**

Dies bedeutet vor allem keine Störungen z. B. durch rigide Führung, zu starke Abhängigkeit von finanziellen Anreizen oder durch zu viel Stress.

Motivation **Menschenbild**

Entwicklungsorientierung

Zu einem fördernden Führungsverhalten gehört wesentlich eine Orientierung an Wachstum und Entwicklung. Die Einstellung der Leitung zum Lern- und Leistungszuwachs wirkt auf ihre eigenen Möglichkeiten ebenso wie auf die Gruppe: Als entwicklungsorientierte Führungskraft „kann" ich mit jeder Gruppe! Ich nehme die jeweils konkreten Gegebenheiten an, fördere und fordere realitätsbezogen.

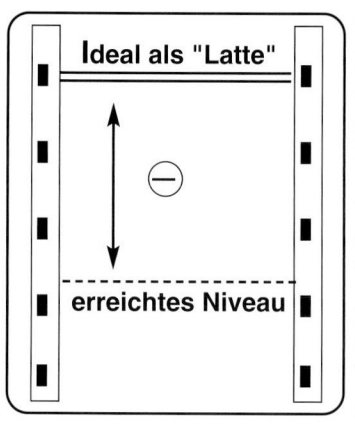

Oft haben wir eine bestimmte Erwartung an die Gruppe. Gerne gehen wir von unseren Idealvorstellungen aus, was in der Arbeit alles möglich sein sollte: Kreativität, Engagement, rege Kommunikation ...
Tritt dies nicht ein, sprechen wir möglicherweise von „Widerstand" oder werten die Gruppe innerlich ab. Wir legen die Latte hoch und messen das Defizit bis zu diesem Ideal.
Dies ist eine **entmutigende Defizitorientierung**.

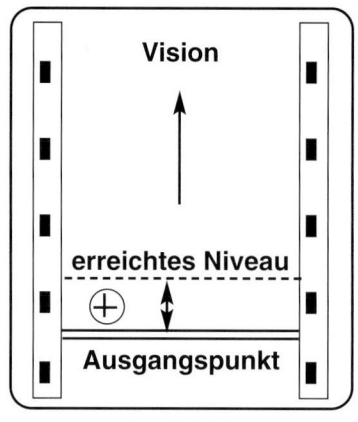

Genauso gut kann ich aber den Ist-Zustand einer Gruppe - so wie er ist - als gegebenen Ausgangspunkt, als Grundlage und Herausforderung annehmen. Ausgehend von diesem Kompetenz- und Leistungsstand nehme ich auch kleinste Veränderungsschritte als willkommener Zuwachs wahr.

Diese Einstellung ist eine **bestärkende „Entwicklungsorientierung"**.

Defizitorientierung findet sich z. B. in den Sätzen:	Entwicklungsorientierung lässt uns z. B. sagen:
„Deine Arbeit ist weit unter dem Durchschnitt."	„Du kannst mehr leisten."
„Zwei Aufträge hast du nicht erledigt."	„Einen Auftrag hast du zufriedenstellend abgeschlossen."
„Ich bin enttäuscht."	„Ich erwarte mir mehr Einsatz von dir."
„Ganz offensichtlich strengst du dich zu wenig an."	„Was brauchst du, um dich engagierter beteiligen zu können?"
„So geht das nicht weiter."	„Ich verlange, dass du dir ein Ziel setzt, das dich weiterbringt."
„Sie brauchen nicht nervös sein!" (So verstärke ich Nervosität)	„Nur ruhig."
„Sie werden schon nicht durchfallen!"	„Ich bin sicher, alles geht gut!"
„Nicht hetzen!"	„Nehmen Sie sich die Zeit, die Sie brauchen!"

○ Überlegen Sie, wie Sie selber Rückmeldungen über schwache und inadäquate Leistungen oder offensichtlich mangelndes Engagement geben!
○ Reagieren Sie auch auf eine gute Leistung?

Bei der schulischen Leistungsbeurteilung wird die Note häufig durch Zählen der Fehler ermittelt. Dabei wird das unerwünschte Verhalten festgeschrieben und verstärkt.
Ich erinnere mich an meine eigene Schulzeit: Der Reihe nach durfte jedes Kind solange vorlesen, bis es einen Fehler machte; dann kam das nächste dran. Die ganze Aufmerksamkeit richtete sich dabei auf die Fehler. Schwache LeserInnen hatten kaum eine Chance zu üben, fühlten sich unter Druck gesetzt oder entmutigt und begannen diese Lesestunden zu hassen.

Demgegenüber geht der entwicklungsorientierte Blick in die Zukunft, hin zum erwünschten Verhalten, hin zur Weiterentwicklung. Ein weiteres Element von Entwicklungsorientierung ist der persönliche Maßstab. Auch in förderndem Umgang mit mir selbst orientiere ich mich - anstatt an meiner Leistung im Vergleich zu anderen - am Besten, das ich selbst konkret und situativ geben kann.

Motivation **Meine Wirksamkeit**

ARBEITSBLATT

MEINE WIRKSAMKEIT

Eigenmotivation als Autorität

Eine Sammlung von Ideen, um Energie zu tanken.

Als LeiterIn bin ich eine der Quellen für Motivation. Bewusstheit über die eigenen Motivationsprozesse in mir selbst ist die Basis für das Verständnis anderer. Als Autorität kenne ich Wege aus der Lustlosigkeit und Möglichkeiten, Energien zu fördern.

Wie gehe ich elbst mit meinem Energiehaushalt um?

Wählen Sie aus dieser Liste zwei vertraute und eine neue Strategie für Ihr persönliches Auftanken aus!

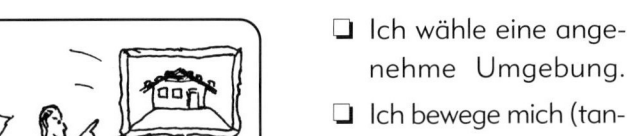

❏ Ich mache mir meine Ziele und den damit verbundenen Gewinn bewusst.

❏ Ich setze Prioritäten, erledige Wichtiges sofort und delegiere weniger Wichtiges.

❏ Ich stelle mir leicht erfüllbare, konkrete Aufgaben, die mir rasche Erfolge sichern.

❏ Ich denke positiv und betone die positiven Seiten einer Aufgabe.

❏ Ich sehe mich in Gedanken schon erfolgreich oder stimme mich mit anderen schönen Gedanken, Bildern, Farben, Musik auf die Arbeit ein.

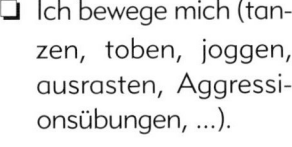

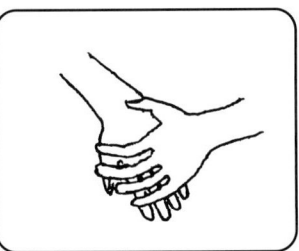

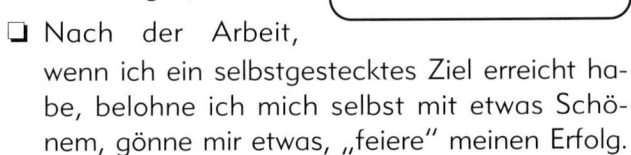

❏ Ich wähle eine angenehme Umgebung.

❏ Ich bewege mich (tanzen, toben, joggen, ausrasten, Aggressionsübungen, ...).

❏ Nach der Arbeit, wenn ich ein selbstgestecktes Ziel erreicht habe, belohne ich mich selbst mit etwas Schönem, gönne mir etwas, „feiere" meinen Erfolg.

❏ Ich suche den Kontakt, um mir Bestätigung zu holen, Anerkennung zu verlangen, mich aussprechen und jammern zu können.

❏ Ich suche Körperkontakt: (kleine Massagen, Reiten, ...)

❏ Ich hole mir Rat und Hilfe.

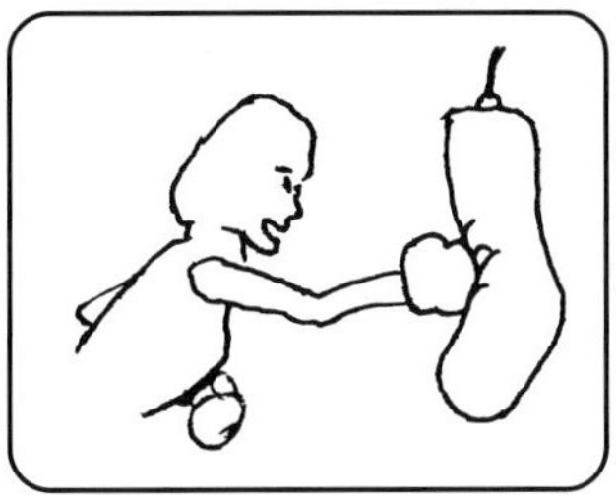

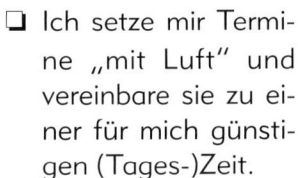

❏ Ich rede mir mit meiner inneren Stimme selbst liebevoll gut zu und appelliere an das freie Kind in mir.

❏ Ich entscheide mich bewusst, allein zu sein: Meditation - Atemübungen - Autogenes Training - Naturerfahrung - ...

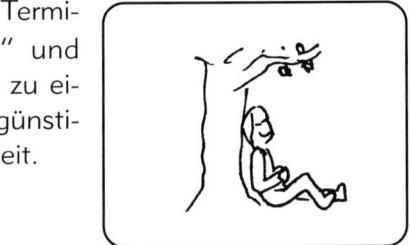

❏ Ich setze mir Termine „mit Luft" und vereinbare sie zu einer für mich günstigen (Tages-)Zeit.

80

© Ökotopia Verlag: Paul Lahninger, leiten - präsentieren - moderieren

Motivation **Meine Wirksamkeit**

Affirmationen entwickeln

Wir können uns einprägsame positive Leitsätze schaffen, die unsere Stimmung und unsere Erfolge unterstützen, uns bejahen und bestärken. Affirmationen sind Stützen auf dem Weg der Entwicklung.

Hier ein Beispiel für die Erarbeitung einer Affirmation:

Mir wird bewusst, dass ich Angst vor Konflikten habe und Auseinandersetzungen aus dem Weg gehe.

1. Formulierungsversuch:
„Ich sehe, ich werde mich mit meiner Angst auseinander setzen müssen."

2. Formulierungsversuch, aktiv, prägnant, in der Gegenwart formuliert:
„Ich setze mich mit meiner Angst auseinander."

3. Formulierungsversuch, weniger stark:
„Ich setze mich behutsam mit meiner Angst auseinander, möchte meine Angst abbauen!"
Hier ist immer noch das negative Bild der Angst. Ich suche daher ein positives Bild von dem, was ich erreichen möchte. Der Blick geht auf das Ziel, weg vom Schwierigen.

4. Formulierungsversuch:
„Behutsam setze ich mich mit meinen Gefühlen auseinander und gewinne Sicherheit."
Diese positiven Leitsätze wirken am stärksten durch konsequente Lernarbeit. Da sie unbewusste Bereiche berühren, ist oftmaliges einprägendes, vertiefendes Wiederholen sinnvoll. Wenn Widerstände gegen diese Sätze auftauchen, innere Stimmen dagegen kämpfen, ist es wichtig, diese Widerstände ernst zu nehmen und zu bearbeiten.

Aktive Techniken des Einprägens können sein:
- sich Affirmationen möglichst oft vorzusprechen,
- sie sich von anderen vorsprechen zu lassen,
- sie schön zu schreiben und zu malen,
- sie in meditativer Entspannung oder beim Einschlafen zu hören.

Spüren Sie die Kraft der folgenden beispielhaften Affirmationen?

Vielleicht ist ein Satz dabei, der Sie besonders anspricht.

- Ich achte darauf, was mir gut tut und sage Nein, wo es besser für mich ist.

- Ich spüre, was ich brauche, und stehe zu meinen Bedürfnissen.

- Ich genieße mein Leben und bin offen für jeden Augenblick.

- Ich bin zufrieden mit mir, bereit mir zu vergeben und betrachte alles, was ich tue, mit liebevollen Augen.

- Ich verwende meine Energien für Wachsen und Austausch und richte meine Liebe auf Menschen, die mir antworten und mich bereichern.

- Ich vertraue meinen Gefühlen und Einsichten und bin offen für Veränderungen.

- Ich sehe meine Kraft, bin bereit Risiken einzugehen und richte meine Energien vereint auf mein Ziel.

- Ich habe den Mut mir selbst Freiheit zu geben.

- Ich lebe tiefe, ehrliche Beziehungen und bin bereit zu geben und zu lieben.

- Ich bin liebenswert, liebe das Leben und das Leben liebt mich.

Motivation **Meine Wirksamkeit**

Die Macht der Gedanken

Meine innere Erwartungshaltung als Führungsperson: ein wichtiger Einflussfaktor

Aus eigener Freude und mit gesammelten Energien leite ich am wirksamsten.

"Die Leistung einer Gruppe wird nachweislich durch die Erwartungshaltung der Führungsperson beeinflusst." (Rosenthal, Robert über den „Pygmalion-Effekt", zit. n. Birkenbihl, Michael: Train the Trainer. 11. Aufl. Landsberg/Lech, S. 97)

Unsere Erwartungen beim Leiten haben Auswirkungen! Das heißt, dass eine Gruppe schneller und besser lernt, wenn ich als Führungsperson die Gruppe als lernfähig einschätze. Dies konnte sogar bei Tierversuchen nachgewiesen werden: Wenn dem Tiertrainer gegenüber glaubhaft behauptet wird, dass seine Versuchstiere intelligent sind, lernen dieselben Tiere schneller, als wenn dem Trainer vorgegeben wird, er hätte unintelligente Tiere. Unsere Einstellung verändert unsere verbale und nonverbale Kommunikation und schafft Atmosphäre.

Besonders deutlich lässt sich dies beobachten, wenn wir einzelne Personen in der Gruppe als besonders willig einstufen, dann fördern wir diese Personen (unbewusst) mehr als die anderen. Und die Betroffenen leisten dann deswegen auch tatsächlich mehr.

Signale unserer Einstellung

Eine **positive Erwartungshaltung** lässt sich durch **fünf** beobachtbare Faktoren kennzeichnen:

1. **wärmeres Klima:**
   - mehr und intensiverer Augenkontakt
   - freundliche Mimik, Lächeln, Humor
   - zustimmende Kopfbewegungen

2. **mehr Rückmeldungen:**
   - stärkeres und eindeutigeres Feedback
   - mehr Anerkennung als Kritik: Positives wird hervorgehoben

3. **mehr Informationen:**
   - mehr Bereitschaft zu geben

4. **höhere Anforderungen:**
   - vermehrte Zuschreibung von Kompetenz

5. **mehr Gelegenheit zur Mitarbeit:**
   - Einsatz von Frage und Antwort
   - mehr Zeit für selbstständige Lösungen

Auch **destruktive Einstellungen** wirken: LehrerInnen belohnen SchülerInnen nachweislich dafür, dass diese Erwartungen erfüllen. Dies gilt auch im negativen Sinn: „Wenn Kinder, die vom Lehrer als unbegabt angesehen werden, gute Leistungen erbringen, so ziehen sie sich den Unmut des Lehrers zu." (Birkenbihl, Michael: Train the Trainer. 11. Aufl. Landsberg/Lech, S. 90)

Ich selbst war einmal Zeuge, als eine Lehrerin in scharfem Ton zu einem schwachen Schüler sagte: „Na, das war ja eine gute Arbeit, ich klopfe auf Holz!"

Identifikationangebot

Meine positive Grundhaltung als TrainerIn ist zugleich eine Voraussetzung für Identifikation; mein Interesse bewirkt Interesse:

„Je mehr sich ein Seminarteilnehmer mit der Person des Seminarleiters identifiziert, desto williger übernimmt er den angebotenen Lehrstoff und desto nachhaltiger wird die dadurch erzielte Verhaltensänderung sein!" (Birkenbihl, Michael: Train the Trainer. 11. Aufl. Landsberg/Lech, S. 92)

Motivation **Meine Wirksamkeit**

GRUNDVORAUSSETZUNG FÜR ERFOLGREICHES LEITEN IST DIE INNERE POSITIVE EINSTELLUNG ZU MEINEN TEILNEHMERINNEN UND TEILNEHMERN. MEIN VERTRAUEN IN IHREN LEISTUNGSWILLEN, IN IHRE LERNBEREITSCHAFT UND ENTWICKLUNGSFÄHIGKEIT TRÄGT WESENTLICH ZUM GELINGEN BEI.

Konkret üben: Macht der Gedanken

Wir entwickeln und leben unsere innere Ganzheit in jeder Begegnung, auch indem wir uns bewusst entscheiden auf Wertschätzung zu achten. In einer neuen Seminargruppe z. B. kann ich meine Wahrnehmung ganz bewusst auf die Stärken der anwesenden Personen richten oder an jeder Person etwas finden, dass ich sympathisch finde. Ich kann mir spielerisch, mit meiner Intuition für jede Person eine Situation vorstellen, in der sie gerne und wirksam ihre Kräfte nutzt: Mit etwas Übung finde ich in Sekundenschnelle ein positives, bestärkendes Bild für Menschen, denen ich zum ersten Mal begegne.

Übung für Fortgeschrittene:

Wenn wir es schaffen, Ärger direkt und wirksam auszudrücken und Konflikte durchzuleben, dann können wir erkennen, was uns Konflikte bringen und was wir dabei lernen. Aus dieser Erfahrung kann ich auch „schwierige" TeilnehmerInnen, die mir Ärger machen, ehrlich willkommen heißen, etwa mit dem Gedanken: „Du bist eine Herausforderung für mich! Für eine starke Autorität gibt es auch starke Herausforderungen. Willkommen mit deinem Widerstandspotenzial. Ganz sicher werden wir beide dabei etwas lernen, vielleicht auch ein Stück wachsen!" In dieser Haltung bejahe ich Schwierigkeiten und Herausforderungen. Ich nehme dabei schon vorher innerlich Kontakt mit meiner Zielgruppe auf und beginne bewusst Beziehungen zu gestalten. Diese „Einstellungsarbeit" findet ihren Ausdruck in meinen nonverbalen Signalen und in meinen ersten Sätzen.

Das Spannungsfeld zwischen den Wünschen und Erwartungen unserer TeilnehmerInnen und der Realität im Workshop/Kurs fordert uns heraus.

Positive Ausstrahlung

Das Vertrauen und die Wertschätzung, die ich anderen entgegenbringe, hängt wesentlich mit der tiefen inneren Einstellung zu mir selbst zusammen; Menschen, die sich selbst kaputt arbeiten, werden in Führungspositionen kaum fördernd und nährend wirken. Wir lieben unsere Nächsten so sehr, wie wir uns selbst lieben! Der lange, manchmal auch mühsame Weg der eigenen Persönlichkeitsentfaltung schafft die Basis für eine positive Ausstrahlung: Ich lerne mich in den Tiefen meiner Seele kennen, mache mich auch mit meinen Schattenseiten vertraut, beginne, mich selbst zu verstehen und gewinne mich lieb. Positive Ausstrahlung ist ein Ausdruck von Ganzheit, von innerer Harmonie. Auch die Fähigkeit sich entschieden abzugrenzen, sich selbst zu schützen, Konflikte zu benennen gehört dazu.

Übung zur Selbsteinschätzung:

Nimm dir Papier und Stift, setz dich bequem hin, atme ein paar Mal tief durch, nimm dir Zeit, Bilder von dir selbst auftauchen zu lassen.

Vervollständige spontan und in Stichworten die beiden Sätze:

○ *Ich bin anziehend durch ...*

○ *Ich schaffe Distanz durch ...*

Rückmeldungen anderer Personen können eine Hilfe sein, ein realistisches klares Bild von dir selbst zu bekommen, deine persönlichen Qualitäten weiterzuentwickeln, dich in manchen Bereichen gezielt zu bestärken, ein realistisches klares Bild von dir selbst zu bekommen. Personen, die dir weniger nahe stehen, haben oft ein ungeschminkteres Bild von dir.

Lass andere erzählen, wie sie dich sehen, was auf sie anziehend und was distanzierend wirkt.

Die Rückmeldungen sollen beschreiben und nicht werten!

Motivation **Meine Wirksamkeit**

Geheime Motive als Autorität

Als Autorität sind wir in unserer Arbeit wesentlich auch von Bedürfnissen motiviert, die wir nicht so gerne zeigen. Unsere Kraft zu führen, vorne zu stehen, wird auch durch narzisstische Motive genährt. Ehrlichkeit uns selbst gegenüber erleichtert faires, selbstkritisches Verhalten. Solche Motive sind im Einzelnen:

Anerkennungsbedürfnisse nach

Konkurrenz:	„Ich bin besser."
Überlegenheit:	„Ich kann mehr."
Selbstbestätigung:	„Hier kann ich zeigen, wie gut ich bin."

Beziehungswünsche nach

Kontakt:	„Ich erlebe viel Kontakt als LeiterIn."
Zugehörigkeit:	„Ich bin Teil einer Gemeinschaft."
Nähe:	„Als LeiterIn erhalte ich Zuwendung, werde manchmal auch geliebt."
Aufmerksamkeit:	„Als LeiterIn stehe ich im Zentrum der Aufmerksamkeit und werde oft auch bewundert."
Anerkennung:	„Ich erlebe Begegnungen, werde wichtig genommen, auch ohne mich auf Beziehungsnähe einzulassen."
	„Ich genieße es, Menschen zu führen."

Streben nach Macht und Einfluss:

Durchsetzen:	„In Gruppen übe ich mich durchzusetzen, weiterzukommen."
Wirksamkeit:	„Ich erlebe mich als positiv wirksam, als gebend und kraftvoll, als väterliche / mütterliche Autorität."
Kontrolle:	„Ich kann kontrollieren und steuern."
Abgrenzung:	„Als LeiterIn bin ich unabhängig, grenze mich leichter ab, kann besser über Nähe und Distanz bestimmen."

Eigenverantwortung:

„Für mich und damit auch für dich ..."
Moralisch motivierte Selbstreflexion führt häufig zu getrübtem Blick: „... es kann nicht sein, was nicht sein darf!" Je strenger die verinnerlichten Ansprüche in uns, desto weniger klar können wir uns selbst sehen: Wer es absolut schrecklich findet egoistisch zu sein, der wird nicht bemerken, wie er/sie selbst auch oft egoistisch handelt. Die Abwertung von Egoismus behindert die Wahrnehmung von eigenem egoistischem Verhalten. Dieser außenorientierten Moral möchte ich eine innengeleitete Haltung gegenüberstellen: In all meinen Handlungen bin ich verantwortlich vor mir selbst und für mich selbst. Indem ich auf mich schaue und für mein eigenes Wohlbefinden sorge, schaffe ich die besten Voraussetzungen für ein wohl tuendes Miteinander. Wenn es mir selbst gut geht und ich mich wohl fühle in meiner Haut, dann kann ich auf andere Menschen positiv wirken, dann kann ich geben und werde für andere Menschen eine Bereicherung sein.

INDEM ICH ZUNÄCHST MAL FÜR MICH SORGE, SORGE ICH DAMIT AUCH FÜR DICH!

Erst durch die Freiheit bewusst für mich zu sorgen, kann ich meine egoistischen, vielleicht auch rücksichtslosen oder gierigen Handlungen als eine ängstliche Form des Für-mich-Sorgens verstehen.
(Schoenebeck, Hubert von: Ich liebe mich, so wie ich bin. München 1989)

Gier und Rücksichtslosigkeit drücken innere Not, Angst, Hunger aus. Diese Not liegt oft tief und bleibt unbewusst. Je mehr ich lerne direkt und bewusst zu nehmen, für mich zu sorgen, meine Bedürfnisse bewusst zu stillen, desto weniger häufig wird mich unbewusste Not zur Gier treiben. So kann ich die Balance finden zwischen meiner Selbstachtung und der Wertschätzung anderer. Je besser ich nehmen lerne, desto mehr werde ich geben können.

ZIELVEREINBARUNGEN

Die TeilnehmerInnen wollen vielleicht die Gemeinschaft einer Gruppe, Neues erleben, Kreativität entwickeln, Aktivitäten mit Unterhaltungswert, mütterliche / väterliche Führung, Entspannung, Erholung, Auftanken, Widerstände und Unlust ausleben können, persönliche Aufmerksamkeit und Wertschätzung, Hilfen bei der Bewältigung ihres beruflichen Alltags ...

Durch methodische Begleitung ermöglichen wir, dass diese Motive transparent werden und mit den Sachzielen in Einklang gebracht werden.

Einem Teilnehmer aber, der zu mir sagt: „Ich selbst will eigentlich nicht, aber du wirst mich schon motivieren!", antworte ich (wenn der Kontext solche Offenheit erlaubt): „Nein, das werde ich sicher nicht!"

Wir können niemals Kreativität, Gruppenatmosphäre, Motivation ... produzieren und verkaufen! Wir können lediglich einen Rahmen schaffen, der dies alles möglich macht. So finden die TeilnehmerInnen das, was sie suchen, in sich selbst. Die gemeinsame Zielvereinbarung ist hierfür ein wichtiger Schritt. Denn Ziele sind ein wesentliches Element von Motivation.

DIE ENTSCHEIDUNG FÜR KLARE, ÜBERSCHAUBARE REALISTISCHE ZIELE MOBILISIERT ENERGIEN.

Prioritäten setzen

Niemand kann alle Möglichkeiten erfüllen, allen Ansprüchen gerecht werden, alles, was anfällt, erledigen. Durch eine bewusste Entscheidung für eindeutige Prioritäten mache ich es möglich, mit gutem Gefühl das Wichtigste zuerst abzuschließen. Irgendwann kommt dann die Grenze des nicht mehr Machbaren: dann bleibt das am wenigsten Wichtige liegen. Diese Klarheit verschafft motivierende Erfolgserlebnisse.

Entschieden an eine Sache heranzugehen befriedigt und schenkt kraftvolle Ausstrahlung. Dies hilft in Einzelarbeit gleichermaßen wie in der Seminarplanung und der Themenpräsentation.

Erwartungen klären

Erwartungen sind eine starke Kraft in uns. Unabhängig davon, ob wir die Realität einer Situation als angenehm oder unangenehm empfinden, beeinflussen Erwartungen unsere Gefühlslage. So werden Erwartungshaltungen zu einer Macht und wirken auf unsere Bereitschaft zu handeln. Durch Klären von Erwartungen im Team/in der Gruppe, durch Überprüfen von Zielen, können wir konstruktiv mit Erwartungen umgehen:

- Krieg' ich hier das, was ich möchte?
- Welche Erwartungen sind erfüllbar?
- Was ist unser gemeinsamer Nenner?
- Welche Prioritäten verbinden uns?

Ziele vereinbaren

Zielvereinbarungen am Beginn der Zusammenarbeit geben uns einen einheitlichen Maßstab Erfolge festzustellen. Je mehr Mitsprache, Auswahlmöglichkeit, Eigenverantwortung bei der Festsetzung der Ziele möglich wird, desto günstiger. In vielen Seminarsituationen genügt es, die im Vorfeld vereinbarten Ziele zu präsentieren, ein Minimum an Verdauungszeit zu geben und die Zustimmung der Gruppe einzuholen.

Minimalkonsens finden

Die Schule ist ein Abschnitt in unserem Leben, in dem wir jahrelang Lernziele zu erreichen versuchen, die andere und nicht wir, die Betroffenen selbst, festgesetzt haben. Sicher können sich viele Schüler für die Schule entscheiden. Doch sie haben keine Alternative. Dies ist einer der Faktoren, warum schulische Bildungsarbeit - gemessen am hohen Aufwand - relativ wenig effektiv ist. Ein möglicher Kompromiss in lehrplanbestimmter (also fremdbestimmter) Bildungsarbeit ist, sich einvernehmlich auf Minimalforderungen festzulegen und damit die Bildungsziele in die konkrete Praxis der Lernenden umzusetzen. So vermittle ich Verständnis, erreiche eine gemeinsame Basis und kann Zeit für selbstbestimmte Ziele gewinnen.

Motivation **Zielvereinbarung**

Zielqualitäten

Ziele fordern heraus und wecken Energien. Diese Wirkung kann ich durch „starke" Formulierung erhöhen:

M IT DER QUALITÄT DER ZIELSETZUNG STEIGT DIE WAHRSCHEINLICHKEIT DER ZIELERREICHUNG.

1 Eindeutig und transparent

Klar definierte, realistische Ziele weisen unmiss verständlich in eine klar erkennbare Richtung. Sie für alle sichtbar festzuhalten fördert die Motivationen und hilft Umwege zu vermeiden.

2 Konkret = überprüfbar

In jedem Team, in jeder Zusammenarbeit geben uns Zielvereinbarungen die Chance einer bewussten Auseinandersetzung mit Ergebnissen. Das Ziel beschreibt eine konkrete beobachtbare Handlung und ist dadurch eindeutig überprüfbar, „operationalisiert". Das Ziel ist Maßstab und Kriterium für Kontrolle und Rückmeldung. Die Zielsetzung schließt das Wann, Wie, Wo ein.

3 Eigenverantwortlich

Ziele beziehen sich auf die eigenen Handlungsmöglichkeiten und den eigenen Einfluss- und Verantwortungsbereich.

4 Anregend = sinnlich

Je mehr Kraft das Zielbild gibt, desto mehr ist die Zielsetzung „im Bauch gut spürbar". Die Ausstrahlungskraft von Zielen kann ich durch positive Formulierungen (keine Negationen!) verstärken. Das Unbewusste kennt keine Negation. Das negative Bild wirkt so, wie es ist. Kaum jemals denken wir an ein Chamäleon. Erhalten wir aber die ausdrückliche Aufforderung, nicht an ein Chamäleon zu denken, so bereitet es uns große Mühe, an etwas anderes zu denken. Es ist schwierig bis unmöglich, nicht doch an ein Chamäleon zu denken!

5 Realistisch

Der Vorteil, den das Ziel bringt; der Gewinn ist eindeutig größer als der Preis; der Einsatz, die Mühe, die es kostet.

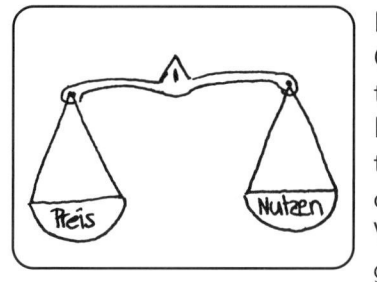

Ein Ziel, bei dem der Gewinn nicht eindeutig größer ist als der Preis, ist unrealistisch. Bei persönlichen, auf die eigene Weiterentwicklung gerichteten Zielen zählt zu den Nachteilen vor allem das Aufgeben bisherigen Verhaltens. Jede Veränderung braucht eine Menge Energie. Gewohnheit ist eine starke Macht. Auch ist mit Widerständen anderer zu rechnen: Veränderungen sind oft beunruhigend für andere. Realistische Verhaltensziele beachten diesen Preis. Dadurch wirkt die Kraft der Zielsetzung stärker.

Diese Qualitäten der Zielformulierung werden in der Psychologie des Neurolinguistischen Programmieren (NLP) beschrieben und genutzt.
(Stahl, Thies: Triffst du 'nen Frosch unterwegs. NLP für die Praxis. 4. Aufl. Paderborn 1991)

ARBEITSBLATT

Motivation **Zielvereinbarung**

Zielmodell

Idee: in Anlehnung an Stahl, Thies: Triffst du 'nen Frosch unterwegs. NLP für die Praxis. 4. Aufl. Paderborn 1991
Absicht: Unterstützung und Klärung persönlicher Anliegen
Arbeitsform: Paarinterview
Dauer: je 20 bis 45 Min.
Material: Papier und Stift

Hinweis: Die interviewte, also aktive Person A ist ohne Schreibzeug, frei für Imagination und Bewegung. Die beratende Person B schreibt in Stichworten für Person A mit.

1. Zielidee:
Was willst du erreichen?

2. Zielhandlung:
Was wirst du tun?
Ignoriere alles, was du nicht selbst beeinflussen kannst und formuliere dein Ziel als eine Handlung, die du selbst tun wirst. („Eigenkontrolle")

3. Zielkontext:
Mit wem, wann, wo wirst du dein Ziel erreichen? Beschreibe ganz konkret!
Zwischencheck: Überlege nochmal, ist es so, wie du es möchtest, stimmt das Ziel so für dich?

4. Zielsatz: griffig, prägnant, positiv
Formuliere deine Zielhandlung in einem kurzen prägnanten Satz als Affirmation.
Grammatikalisch positiv (ohne jedes „nicht"), in der Gegenwart, in Ich-Form als handelnde Person

5. Zielbild:
Stell dir die Situation vor, in der du dein Ziel erreicht hast.
- Zielkriterien: Woran merkst du, dass du dein Ziel erreicht hast?
- Erfolgsgefühl: Nimm die entsprechende Körperhaltung ein: Wie siehst du aus, was empfindest du? (In der Gegenwart grammatikalisch positiv beschreiben!)

Motivation **Zielvereinbarung** — ARBEITSBLATT

6. Zielbilanz:

- Gewinn: Was bringt es dir? Was ist dein Gewinn, dein Vorteil ...?
- Preis: Was kostet es dich? Was ist der Preis, der Einsatz?
  Was gibst du auf / was waren (verborgene) Vorteile deines bisherigen Verhaltens?
- Wie werden andere reagieren - was wären die schlimmsten möglichen Folgen:
- Bilanz: Überprüfe jetzt, wie Preis und Gewinn einander gegenüberstehen? Stimmt dein Ziel noch so oder willst du es neu formulieren?

7. Konkreter Start:

- Fähigkeiten auch aus anderen Situationen, die du dabei nutzen kannst:
- Hilfen, die dir noch zur Verfügung stehen:
- Erster Schritt: wann, wo, mit wem?

Nachspüren: Nimm noch einmal die Körperhaltung: „Ich habe mein Ziel erreicht" ein, sprich den Zielsatz und spüre die Wirkung.

Beispiel:

1. Zielidee: „Ich will mich von neuen SeminarteilnehmerInnen nicht verunsichern lassen."

2. Zielhandlung: „Ich referiere von Anfang an mit Engagement und Überzeugung."

3. Zielkontext: „Am Beginn meines Seminars X am ... mit ..."

4. Zielsatz: „Ich stehe kraftvoll und aufrecht vor der Gruppe und spreche mit Überzeugung und Engagement."

5. Zielbild:
- „Ich habe ein gutes freies Empfinden im Gesicht
- „Im Erfolg spüre ich eine kraftvolle Gestik und guten Bodenkontakt."

6. Zielbilanz:
- „Freude, Sebstvertrauen"
- Ich muss mich vorbereiten, einstimmen und manche Lockerheit aufgeben."
- „Manche könnten mich für überheblich halten."

7. Konkreter Start:
- „Ich kann gut Witze erzählen."
- „Entspannungsübungen"
- „Vor dem Start nehme ich mir Zeit und gehe für mich allein meine Checkliste nochmals in Gedanken durch."

Motivation **Forderungen**

FORDERUNGEN STELLEN
Yin & Yang: Zuhören - Begleiten - Fordern

Unsere menschliche Realität ist oft erklärbar in einem Spannungsfeld von Polaritäten: Die Lösung liegt dabei meist in einer Integration beider Pole, im „sowohl - als auch".
Diese Herausforderung (scheinbare) Gegensätze zu vereinbaren symbolisiert das Modell des Yin und Yang: Das Helle und das Dunkle sind als Gegensätze ineinander verschlungen. Jedes trägt in der Mitte den Keim des anderen in sich. Beide Gemeinsam bilden sie ein rundes Ganzes. (siehe Baustein 1, S. 8)
Als Modell für Motivation steht Yin und Yang für das Polaritätenpaar „fordern - fördern", einfühlsam begleiten und zugleich diszipliniert Forderungen stellen.
(siehe Folie 5: Yin & Yang-Modell) Realistische Herausforderungen sind ein wesentlicher Aspekt von Motivation. Anforderungen schaffen Verbindlichkeit. Kompetent fordern ist eine wichtige Führungsqualität und umfasst drei Aspekte, die idealtypisch als drei Schritte aufeinander folgen.

Yin

○ **Zuhören**
- Echtes persönliches Begegnen schafft die Grundlage der Zusammenarbeit.
- Indem ich echtes Interesse an den TeilnehmerInnen zeige, vermittle ich Wertschätzung.
- Ich kläre die Ziele und Erwartungen der TeilnehmerInnen.

○ **Begleiten**
- Ich stelle mich auf die Ziele der TeilnehmerInnen ein und unterstütze sie nach Möglichkeit bei der Erarbeitung und Umsetzung von eigenen Zielen. Ich beachte ihre Befindlichkeit, ihre Stimmung, ihr derzeitiges Energiepotenzial.
- Ich gebe direkte Rückmeldungen und unterstütze und begleite in kritischen Phasen und bei möglichen Irrwegen.
- Ich sorge für eine konzentrierte Atmosphäre.

Yang

○ **Fordern**
- Ich gebe zuversichtliche, richtungsweisende Vorinformationen und bringe meine eigenen Anliegen ein.
- Ich beachte das Qualifikationsniveau der Angesprochenen und stelle realistische, d. h. erreichbare Forderungen mit klaren Zielvorgaben. Dies ermöglicht Eigenkontrolle.
- Ich plane ausreichend Zeit ein, gebe eindeutige Anleitungen und erläutere die Bedeutung der Aufgabe.
- Ich spreche die Kompetenz der Gruppe an, ermögliche selbstständiges eigenverantwortliches Arbeiten und gebe direkte Rückmeldungen.
- Indem ich möglichst viel Verantwortung übertrage, gebe ich Vertrauen und unterstütze dabei Selbstverwirklichung und Persönlichkeitsentfaltung.

FORDERN BEINHALTET ZUTRAUEN, KONFRONTIEREN UND **V**ERHANDELN.

Methodische Aspekte

Selbstverständlich wirken auch die gewählten Arbeitsmethoden motivierend, vor allem solche, die direkte Freude am Tun, die so genannte primäre Motivation unterstützen.

Wechselnde, aktivierende Methoden
○ kreativer Medieneinsatz
   Spaß am Tun durch kreative Betätigung
○ spielerische Ansätze
   Beteiligung, ausgeglichenes Energieniveau

○ Verwendung von Farben, Symbolen und prägnanten Slogans
   erhöhte Konzentration
○ aktive Kurzpausen mit Körperübungen
   sichtbare Erfolgserlebnisse

➪ FOLIE 5
YIN & YANG -MODELL

Motivation **Forderungen**

Überforderung - Unterforderung:
Herausforderung zwischen Anregung und Widerstand

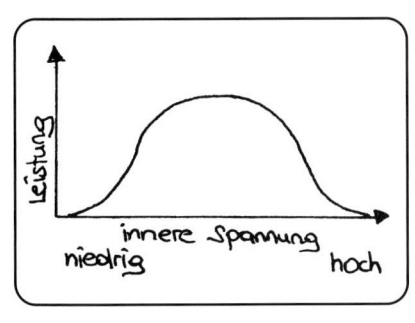

Herausforderungen werden individuell sehr unterschiedlich erlebt: Entscheidend für die Qualität meiner Forderungen ist insbesondere das Anforderungsniveau. Die Motivation hängt zusammen mit dem Ausmaß an innerer Spannung, die subjektiv erlebt wird: Was dem einen gleichgültig ist, fordert einen anderen heraus und überfordert einen dritten.

Bei geringer innerer Spannung ist auch die Motivation gering. Mit der Spannung steigt die Motivation bis zu einem Punkt, an dem die Situation individuell als optimale Herausforderung erlebt wird. Steigt die Spannung weiter an, kommt es wieder zu einem Abfall der Motivation bis hin zu Widerstand.

Unterforderung

- Die Situation wird (subjektiv) nicht als veränderungswürdig angesehen.
- Die emotionale Herausforderung (Spannung) ist zu gering: entweder die Situation hat (subjektiv) keine Bedeutung oder der Schwierigkeitsgrad der Aufgabe ist zu gering.

Auswirkungen:

Desinteresse · Unaufmerksamkeit · Nachlässigkeit · Verantwortungslosigkeit

Überforderung

- Das Problem wird (subjektiv) als unlösbar, die Situation als unabänderlich angesehen.
- Das eigene Handlungsvermögen, die eigene Lösungskompetenz werden als zu gering erachtet.
- Die Situation, die Aufgabe, werden als drückend bedeutsam erlebt.

Auswirkungen:

Widerstand · Angst · Hilflosigkeit · Resignation · Depression

Herausforderung

- Wenn wir eine Situation als Herausforderung erleben, die wir bewältigen können, stimmt der Schwierigkeitsgrad der Aufgabe mit unserer Lösungskompetenz überein.

W<small>ENN DAS </small>B<small>EWUSSTSEIN EIGENER </small>K<small>OMPETENZ MIT DEM </small>W<small>ISSEN ÜBER DIE </small>B<small>EDEUTUNG DER </small>A<small>UFGABE ZUSAMMENTRIFFT, FÜHLEN WIR UNS HERAUSGEFORDERT. </small>D<small>ISZIPLIN IST DABEI EINE WICHTIGE </small>Q<small>UALITÄT.</small>

Motivation **Forderungen**

Disziplin als Ordnungsprinzip

Ziele zu erreichen, ist eine Frage der Disziplin.

Waldefried Pechtl bringt mit dem Begriff Disziplin wesentliche Aspekte im Umgang mit Herausforderungen auf einen Punkt. Disziplin in der Gruppe erfordert vor allem Selbstdisziplin als LeiterIn: Ich achte entschieden auf Grenzen!

Disziplin wirkt

- ordnend
  Sie schafft die Ordnung, die eigene Vorhaben und Zusammenarbeit verwirklichen hilft.
- zielstrebig
  Sie verwirklicht Entscheidungen bewusst und ergebnisorientiert.
- handlungsorientiert
  Sie erfordert Verständnis für strukturierte und logische Prozesse, z.B. durch
  - optimale Vorbereitung,
  - genaue Zielsetzung,
  - zeitlich begrenzte Planung,
  - engagierte Durchführung,
  - Ergebniskontrolle,
  - Reflexion des Prozesses.
- aufgabenorientiert
  Die Haltung der Disziplin ist den situativen Möglichkeiten entsprechend realistisch.
- wertschätzend
  Am Menschen orientierte Disziplin beachtet die Bedürfnisse der Beteiligten und erfordert die Fähigkeit andere Bedürfnisse für eine bestimmte Zeit zurückzustellen.
  Indem wir eigene Kompetenzen und Chancen sowie die der Beteiligten beachten, wirkt Disziplin personenbezogen. Diszipliniertes Tun erlaubt paradoxerweise die Abweichung, aber Disziplin plant nicht von vornherein eine Abweichung ein.

Disziplin heißt nicht, sich mit Ausreden vor Verantwortung zu drücken zwanghaft jede Abweichung zu sanktionieren.

Disziplin äußert sich in einer

- klaren Sprache;
  Worte wie: „wenig, vielleicht, eigentlich, versuchen, schwierig, aber" werden vemieden.
- aktiven Sprache:
  „Ich will .../ich werde ..." statt „Man könnte, würde ..."
- präzisen Sprache:
  z.B. mit genauer Zeitangabe statt „in nächster Zeit ..."
- konkreten Sprache,
  die auf Fragen antwortet. (Oft wird in Teams im Durchschnitt nur jede 3. Frage beantwortet, dafür aber oft auf ungestellte Fragen eingegangen.)

Disziplin wirkt im Teamprozess:

- Vereinbarungen werden eingehalten
- Abweichungen werden mitgeteilt
- Ergebnisse werden festgehalten, gesichert
- Augenkontakt besteht
- Die Zeitstruktur wird eingehalten; speziell die Pausenregelungen werden akzeptiert.

(Pechtl, Waldefried: Zwischen Organismus und Organisation. Linz 1991, S. 216)

Motivation **Forderungen**

Fallbeispiel: Lehrlingsausbildung
im Landhotel Schindlerhof - Nürnberg

Viele Betriebe haben mit Lehrlingsausbildung Schwierigkeiten und jammern über die schlechte Motivation der Lehrlinge. Klaus Kobjoll hat hier ein beispielhaftes Konzept entwickelt, dessen Strategien als Motivationsprinzipien leicht übertragbar sind.

Sein Motto lautet: „Unser Betrieb beschäftigt die besten Mitarbeiter und Mitarbeiterinnen der Branche!"

Und tatsächlich, seine Strategien sind so wirksam, dass es sich Herr Kobjoll leisten kann, aus vielen BewerberInnen die Besten auszuwählen.

Hier seine Prinzipien zur Förderung von Motivation.

○ **Wertschätzung**

Beim Einstieg wird der oder die Auszubildende vom Chef persönlich mit einem Sektfrühstück begrüßt.

Die Botschaft: Schön, dass du hier bist! Willkommen in unserem Team! Der Chef persönlich nimmt sich Zeit. Am Tag nach dem Eintritt des Lehrlings ist dessen Familie für einen Tag zu Gast im Hotel. So wird auch die Familie eingebunden.

○ **Einbindung**

Die Lehrlinge werden in alle Prozesse der Personalentwicklung des Unternehmens einbezogen, auch in die gegenseitige Beurteilung der MitarbeiterInnen sowie die Einschätzung der Führungskräfte. Jede Person ist aufgefordert, die anderen in ihrer Leistungsfähigkeit und ihrer Stärke einzuschätzen und Rückmeldungen zu geben. Auch die Lehrlinge schätzen so Fachkräfte und AusbilderInnen ein.

○ **Mitentscheiden**

Alle MitarbeiterInnen des Betriebes werden zu einer jährlichen Strategienfindung mit zwei ModeratorInnen eingeladen; hier wird ein Motto für das Jahr gefunden, das Leitbild entwickelt und ein gemeinsamer Jahreszielplan erstellt. Auch in diese Entscheidungen sind die Lehrlinge miteinbezogen.

Motivation **Forderungen**

○ **Offenheit und Transparenz**

Alle Gehälter, alle Anteile am Gewinn, alle Kosten im Hotel werden allen MitarbeiterInnen zugänglich gemacht. So weiß jede Person über den Erfolg des Unternehmens und den eigenen Anteil Bescheid.

○ **Teamgeist fördern**

Jährlich veranstaltet die Belegschaft während des Betriebsurlaubs gemeinsame niveauvolle Bildungsreisen. Die MitarbeiterInnen selbst wählen diese aus. Das Fortbildungsbudget für gemeinsame innerbetriebliche Weiterbildung ist hoch: rd. 1100 DM pro Jahr und MitarbeiterIn.

○ **Stärken herausfordern**

In Fortbildungen, durch die gegenseitige Einschätzung und durch zusätzliche psychologische Beratung wird jeder Person im Betrieb bewusst gemacht, welche besonderen Stärken sie hat. In persönlichen Gesprächen mit dem Unternehmer werden diese persönlichen Stärken in Bezug auf die Unternehmensziele besprochen. Persönliche Ziele und Unternehmensziele sollen sich in vielen Bereichen überschneiden.

○ **Aufgaben übertragen**

Den Auszubildenden im Betrieb wurde die Aufgabe gestellt, eine möglichst werbewirksame und möglichst kostengünstige Marketingaktivität durchzuführen. Die Idee entstand, einen skurrilen Flohmarkt mit alten Kuriositäten im Hotel zu veranstalten und möglichst viele Personen aus der Umgebung sowie die Presse und das Fernsehen einzuladen. Die Lehrlinge sammelten eifrig und brachten tatsächlich einen ganz besonderen Flohmarkt mit ungewöhnlichen Gegenständen zustande. Das Fernsehen kam, sehr viele Personen besuchten das Hotel, die Kosten waren minimal, die Wirkung hoch.

○ **Selbstorganisation**

Entscheidungsspielräume für eigenständiges Handeln gehören zu den allerwichtigsten Prinzipien zur Entfaltung von Motivation. Als 1994 ein Wettbewerb für das umweltfreundlichste Hotel in Deutschland durchgeführt wurde, übertrug der Unternehmer Klaus Kobjoll den Lehrlingen die Aufgabe ein Konzept dafür zu erstellen: Jugendliche haben einen starken Bezug zur Umwelt und viele innovative Ideen, ohne die üblichen Vorbehalte, die oft erfahrene Erwachsene haben.

Ohne jeden Eingriff anderer entwickelten die Lehrlinge im Team ein Konzept, das sofort umgesetzt wurde. So gewann das Hotel den Preis. Zur Preisverteilung fuhr nun nicht Klaus Kobjoll mit den Spitzenführungskräften des Unternehmens, sondern er schickte die Lehrlinge allein. Natürlich war auch dies zugleich wieder werbewirksam, denn kein anderes Unternehmen wurde bei der Preisverteilung durch Lehrlinge vertreten. Die Begeisterung und der Stolz der Lehrlinge über ihre Leistung ist gut nachvollziebar.

(Nach einem Vortrag von Klaus Kobjoll, gehalten im März 1996 in Linz, siehe hierzu auch: Altmann, Hans Christian: Motivation der Mitarbeiter: Methoden, Konzepte, Erfolgsbeispiele. Frankfurt/M. 1989)

Motivation **Zielgruppe verstehen**

MEINE ZIELGRUPPE VERSTEHEN

Bedürfnisse

Beim Hineindenken in andere Menschen, bei aufmerksamem Zuhören nehmen wir deren Bedürfnisse wahr, die oft auch verschlüsselt sind. Die folgende Aufzählung versucht die Vielfalt menschlicher Bedürfnisse ansatzweise zu erfassen. Einerseits sind Bedürfnisse eine Voraussetzung für Motivationen. Andererseits führen Defizite leicht zu Konflikten und zu aggressivem Verhalten, auch wenn die Bedürfnisse selbst unbewusst oder unbeachtet bleiben. Das Ausmaß, in dem ich meine Bedürfnisse befriedigen kann, ist ein wesentlicher Aspekt meines Selbstwerts.

ERWACHSENSEIN BEDEUTET AUCH FÜR DIE EIGENEN BEDÜRFNISSE UND DEREN BEFRIEDIGUNG IN EIGENER VERANTWORTUNG SELBST ZU SORGEN.

---

1 Überlebensbedürfnisse:

Essen, Trinken, Hunger, Schlaf, Luft, Sexualität

2 Bedürfnis nach Sicherheit:

Das Gefühl der Sicherheit in der eigenen Existenz hängt mit Kontinuität zusammen. Wir brauchen Halt, Schutz, Verbindlichkeit, Platz, Vertrauen, Struktur, Grenzen, Ordnung, Stabilität, Führung durch Personen, die für uns väterliche und mütterliche Eltern-Funktionen übernehmen, uns fordern, verpflichten, Rückmeldungen geben und schließlich Vorbilder, um uns mit ihnen zu identifizieren, ihnen nachzueifern oder uns von ihnen abzugrenzen.

3 Bedürfnis nach Zugehörigkeit und Geborgenheit:

Wir brauchen Körperkontakt, Zuwendung und Intimität: Wir wollen uns zugehörig fühlen, einer Gruppe angehören, Kontakt zu Gleichgesinnten haben, bejaht werden, Gefühle austauschen und geliebt werden.

4 Bedürfnis nach Anerkennung und Selbstdarstellung:

Wir wollen beachtet werden, erfolgreich sein, für andere Bedeutung haben, uns wichtig fühlen und Wertschätzung erfahren.

5 Bedürfnis nach Selbstentfaltung und Individualität:

Wir wollen uns kreativ betätigen, uns persönlich ausdrücken, uns als einzigartig begreifen, aufgrund eigener Entscheidungen handeln und ein Stück dieser Welt als eigenen Raum gestalten.

Lebensgeschichtlich sind die Bedürfnisse nach Stabilität und Ordnung sowie Zugehörigkeit und Geborgenheit Urbedürfnisse, die sich in enger Bindung („Konfluenz") an die Mutter manifestieren. Die Bedürfnisse nach Anerkennung und Selbstdarstellung sowie Selbstentfaltung und Individualität werden in Loslösung von der Mutter („Individuation") gelebt. Bei dieser Entwicklung spielt väterliche Führung eine große Rolle. (In Anlehnung an Maslow, Abraham: Motivation und Persönlichkeit. Olten 1977, siehe auch Krech, David/Crutchfield Richard: Motivations- und Emotionspsychologie. Weinheim/Basel 1985).

In der hier aufgezählten Reihenfolge kann auch der Weg in einem Seminar vom ersten „Sich-orientieren" bis zum „persönlichen Umsetzen" führen.

(vgl. Baustein 2/ Entwicklungsphasen in Teams und Gruppen)

Motivation **Zielgruppe verstehen**

Stimmungen in der Gruppe
Nonverbale Signale und Interventionen

Die folgenden Stichworte vermitteln dieses Wissen und schärfen gleichzeitig die Wahrnehmung. Sie sind aber keinesfalls als Wörterbuch nonverbaler Kommunikation zu verstehen, in dem ich nur jedes Signal nachzuschauen brauche. Der Bedeutungsgehalt von Botschaften erschließt sich immer aus dem konkreten Kontext im Zusammenspiel von Persönlichkeiten mit individueller und gemeinsamer Geschichte. Immer bleibt noch ein Teil verborgen, unbewusst, geheimnisvoll.

Insbesondere wenn ich als TrainerIn in eine neue Gruppe oder ein neues Team komme, brauche ich feine Antennen. Wir klären unsere Beziehungen vor allem über nonverbale Kommunikation. Unbewusst senden und empfangen wir Botschaften. Sobald wir Menschen wahrnehmen, kommunizieren wir. Auch Kontaktvermeidung (wegsehen, unbewegt bleiben) ist Kommunikation. Jeder Mensch bewegt sich auf Grund von Gefühlen, Haltungen, inneren und äußeren Erlebnissen und erzählt dabei über sich. Als TrainerIn verstehe ich diese Botschaften durch Intuition, Einfühlungsvermögen, Achtsamkeit für eigene Gefühle und Stimmungen, Wissen um nonverbale Signale.

Ebenso begrenzt sind meine Interventionsmöglichkeiten: Ich wirke, so wie ich bin und zu mir selbst stehe, und erreiche die Gruppe in meiner Eigenart mehr oder weniger.

Motivation **Zielgruppe verstehen**

ARBEITSBLATT

Stimmungssignale registrieren und darauf reagieren

- Lassen Sie aus diesen Stichworten und Tipps Bilder von Gruppensituationen entstehen.
- Wählen Sie ein Stimmungsbild, das Sie als TrainerIn fordert.
- Stellen Sie sich vor, wie Sie darauf reagieren und gestalten Sie konkrete Lösungsbilder in Ihrer Imagination.

nonverbale Ausdrucksformen in Gruppen	mögliche Interventionen als TrainerIn
neugierig: offene Mimik · körperlich zugewandt · eher aufrecht und beweglich · Blicke folgen der Aktivität	*Ich stelle mich innerlich ganz auf diese Stimmung ein, schwinge mit, lade ein Erwartungen und Ziele zu klären.*
kooperativ: nicken, ähnliche Körperhaltung einnehmen, handlungsbereit (z.B. Unterlagen griffbereit)	*Die fruchtbare Arbeitsatmosphäre kann ich noch verstärken, indem ich sie benenne oder von TeilnehmerInnen in einem „Blitzlicht" kurz ansprechen lasse.*
gesellig: einander zugewandt · viel Bewegung · lockere Muskulatur · Körperkontakt: freundlich-offene Mimik	*Ich lenke und konzentriere die Aufmerksamkeit durch kurze kooperative Arbeitsaufträge, gebe einen einladenden anschaulichen „Input", fordere dazu auf, die Motivation zu deklarieren (z. B. mit der Frage: Ich bin hier, um zu ...)*
erotisch: Hinwendung (vorgebeugt) · Körperliche Vorzüge/ erogene Zonen · insbesondere auch die eigenen Haare präsentieren/berühren · Innenhand zeigen · weit offener Blick · Augenbrauen hochgezogen · Körperspannung	*Ich bleibe betont sachlich, distanziere mich nonverbal z. B. durch leichten aber deutlichen Rückzug, verteile die Aufmerksamkeit bewusst gleichmäßig auf alle Anwesenden, stelle humorvoll klar: „Unser Thema heute ist ... und nicht die Spannung zwischen Mann und Frau." Erotische Spannungen können enorme Energien mobilisieren: dies kann ich nutzen.*
missmutig/distanziert: geschlossene Haltung · schlaff · gebeugt · abgewandt · nach hinten bewegen · wegdrehen · zurückhaltende, verlangsamte Bewegungen · banale Verrichtungen (z. B. kratzen) · hüsteln · schräge Haltung · geneigter Kopf · angespannte bis harte Mimik	*Ich suche Verbündete, setze mich hin (gehe auf eine Ebene), bin zugewandt, spreche direkt an und höre aktiv zu. Ich erzähle von mir, präsentiere Arbeitsaufträge nutzenorientiert und einladend.* *Ich wähle aktivierende Methoden, biete Bewegungsimpulse (Körper ausschütteln), knüpfe an Vertrautes an, lasse in klaren kraftvollen Vorgaben die eigene Energie wirken.* *Ich betone Gemeinsamkeiten und versuche einen gemeinsamen Nenner zu finden.*

ARBEITSBLATT

Motivation Zielgruppe verstehen

nonverbale Ausdrucksformen in Gruppen	mögliche Interventionen als TrainerIn
aggressiv: heftige, evtl. peitschende Bewegungen · barscher, schriller Tonfall · Kieferspannung · Zähne zusammengebissen · Fäuste geballt · „auf dem Sprung" · vorgebeugt und zugewandt · wegwerfende Bewegung · Barriere aus Körperteilen (z. B. Ellbogen) · Augen gleiten nach oben weg	*Bei Aggressionen zwischen den Gruppenmitgliedern* ○ *fordere ich Klärung und räume dafür Zeit ein, wirke dabei unterstützend, evtl. durch positive Umformulierung, beziehe die Gruppe in die Konfliktlösung ein.* ○ *verweise ich auf die Arbeitsvereinbarung und verhandle sie ggf. neu.* ○ *rege ich ein klärendes Gespräch zwischen den Konfliktparteien an und biete hierfür meine Unterstützung an.* *Ist die Aggression gegen mich gerichtet, so spreche ich sie an, grenze mich deutlich ab, höre danach aktiv zu, beziehe Stellung, zeige auch eigene Gefühle, stehe offen zu Fehlern.*
gestresst / überaktiv: hohe Muskelspannung · Mimik eher verschlossen bis verbissen · schnelle, fahrige, unkoordinierte Bewegungen · kleine Augen · Kopf halten, betasten · schneller, ggf. unregelmäßiger Atem	*Ich biete Entspannungs-, Atem-, Körperübungen an. Ich vermittle mein Anliegen in kleinen „Häppchen" und gebe für kleinste Teilerfolge eine positive Rückmeldung. Ich gehe auf die überforderte Person zu, spreche sie persönlich und mit einer wertschätzenden Haltung an. Ich strahle durch Sprache und Mimik Ruhe und Zuversicht aus. Ich gebe klare eindeutige Aufträge.*
müde: verlangsamte Bewegungen · langsamer Blick · gestützte / schlaffe Haltung · starke Selbstberührungen	*Ich gehe mit den TeilnehmerInnen und passe mich ihrem Tempo an, signalisiere Entgegenkommen, frage: „Was braucht ihr, um arbeiten zu können?", biete Übungen zur Entspannung bzw. Aktivierung, lege eine Minipause ein.*
ängstlich: Muskelanspannung · unruhige, unkoordinierte Bewegungen · verschlossene Mimik · sich klein machen / zusammenziehen · wenig Raum einnehmen · leise werden · flach atmen · schützende Selbstberührungen · sich bedecken · sich fest halten · von anderen abrücken	*Ich ziehe Bilanz, betone Erreichtes, suche und verstärke Gemeinsamkeiten, mache ein konkretes Angebot: „Was kann ich für euch tun?", biete Raum für Bewegung; denn Angst sitzt in den Muskeln!*
betroffen / traurig: Selbstberührungen · langsame Bewegungen · gesenkter Kopf · „geknickte" Haltung · gesenkter Blick · Blick ins Leere · Mund geschlossen, evtl. zusammengepresst · Mimik verschlossen · Schluckbewegungen · plötzliches Innehalten · Erstarren · Abwenden	*Ich setze mich, gehe auf eine Ebene mit den TeilnehmerInnen, spreche die Stimmung an, gebe ggf. Raum, Zeit und Unterstützung für Trauerarbeit, Abschied.*

Motivation **Zielgruppe verstehen**

Persönlichkeitsentfaltung
Widerstand und Mut sich einzulassen

Die Stimmungen in der Gruppe haben eine besondere Bedeutung in Seminaren, die sehr persönliche Lernchancen bieten: Rhetorik, Teamtraining, Kommunikation, MultiplikatorInnenausbildung, Führungskräftetraining. Sie werden oft verhaltensorientierte Seminare genannt. Ich nenne diese Angebote „persönlichkeitsorientiert", denn

VERHALTENSÄNDERUNGEN SIND NUR DANN NACHHALTIG, WENN SIE MIT PERSÖNLICHEM WACHSTUM VERBUNDEN SIND.

Persönlichkeitsentwicklung ist aber nur aufgrund eines tiefen Gefühls von Sicherheit und Vertrauen möglich.
Dazu ein Beispiel: In Verkaufsschulungen ernsthaft am Thema „Freundlichkeit" zu arbeiten, berührt die persönliche Haltung gegenüber Mitmenschen, die Freude an der Arbeit, die Qualität des Teams, das Betriebsklima, die persönliche Lebensfreude …
Die TeilnehmerInnen werden bereit sein, diese Themen und damit sich selbst zu hinterfragen, wenn sie ein Mindestmaß an Sicherheit empfinden:
○ Vertrauen in die Gruppe
○ Vertrauen in die Trainerperson
○ Vertrauen in die Methode
○ Vertrauen zu sich selbst.

Oft erlebe ich, dass TeilnehmerInnen in meinen Train-the-Trainer-Lehrgängen, die schon zu Beginn hohe Kompetenzen zeigen, aus dem Verlauf der Veranstaltung großen Nutzen ziehen. Als Lernende zu nehmen bedeutet sich zu öffnen, auch sich angreifbar zu machen. Dies wird nur zu oft durch das (unbewusste) Bedürfnis der TeilnehmerInnen verhindert, im Seminar zu zeigen, wie gut sie sind.
Wenn z.B. VerkäuferInnen auf der Sachebene über erfolgreiche Angebotsstrategien diskutieren, heißt das geheime Thema dahinter: „Wer ist der Beste / die Beste unter uns?" Die kollegiale Konkurrenz, das Bedürfnis der Selbstdarstellung und Selbstbestätigung, kann so leicht das Lernen behindern. Manche TeilnehmerInnen mit starkem Selbstdarstellungsbedürfnis versuchen sich in der Rolle des Co-Referenten oder machen sich zum Seminarkritiker. Wenn TeilnehmerInnen mit mir als LeiterIn konkurrieren, ist meist eine große Spannung spürbar, die die ganze Gruppe beeinträchtigt. Ich meine hier nicht die gesunde Selbstdarstellung und konstruktive, kritische Rückmeldungen, sondern ein Vermeidungsverhalten. Solche Personen können kaum Rückmeldungen entgegennehmen, ohne mit Rationalisierungen, Beschwichtigungen oder sonstiger Abwehr zu antworten.

Hier ist die Kraft der Leitung gefordert:

○ **Rollenklarheit bewahren**
Ich gebe Unterstützung, indem ich nicht mitspiele, wenn TeilnehmerInnen mit mir konkurrieren! Gerade in persönlichkeitsorientierten Seminaren gebe ich Halt durch klare Rollendefinition: hier bin ich TrainerIn, du bist TeilnehmerIn. Dies in passender Form anzusprechen und Grenzen zu ziehen, ist eine der besonderen Herausforderungen.

○ **Annehmen**
Auch durch besondere Zuwendung kann ich Sicherheit geben: Manche Personen kann ich weniger durch Worte erreichen, als durch meine innere Anteilnahme, die sich im Blick und in der Ausstrahlung ausdrückt, sofern ich mich selbst sicher fühle und diese Person ehrlich bejahen kann.

○ **Fordern**
Sicherheit gebe ich oft gerade durch verstärkte, entschiedene Aufgabenstellungen und Forderungen.

Fallbeispiel:
Am ersten Tag eines Rhetorikseminars betonten mehrere TeilnehmerInnen im freien Gruppengespräch technische Details in belehrendem Tonfall. Die Spannung in der Gruppe war deutlich zu spüren. Nach der Pause sprach ich die Situation an:
„Wir hatten soeben eine Diskussion um technische Aspekte. Manche Aussagen klangen für mich perfektionistisch. Ich möchte jetzt die andere Seite des Themas betonen: Die persönliche Ausstrahlung."
Entschieden forderte ich auf, einander in wechselnden Paargesprächen Rückmeldungen zu geben. Der Auftrag dafür war auch zugleich schriftlich auf dem Flipchart vorgegeben. Nach erstem Zögern kamen interessante Gespräche in Gang. Dies veränderte wesentlich die Atmosphäre und die Beteiligung.

Motivation **Zielgruppe verstehen**

Teamwork
Gruppendynamischer Regelkreis

Die verschiedenen Bedürfnisse in uns bilden in einer Gruppe ein spannendes Kraftfeld. Leistungsmotivation nährt sich aus einem Bündel von Variablen. In einer Gruppe wirken all diese Faktoren aufeinander ein und bedingen sich gegenseitig: Erfolgserlebnisse etwa stärken den Selbstwert und dieser wieder die Gruppenmoral, also die Bereitschaft Ziele zu verwirklichen. Umgekehrt verringert schwache Leistung den Zusammenhalt, dies wiederum verschlechtert die Beziehungsqualität, wodurch die gemeinsamen Ziele an Kraft verlieren ...

Gruppenleistung
Erfolgserlebnisse durch Entfaltung der Kompetenz

herausfordern

Führungsstil — wertschätzen

Selbstwert
Niveau der Gruppe

beachten

Einstellung zu Führung

Zusammenhalt
Erlebnis der Zugehörigkeit

Vertrauen und Akzeptanz der Führungsperson

Führung
Als TrainerIn stehe ich im Zentrum und wirke auf diese Aspekte ein

thematisieren

Ziele & Werte
"Gruppenmoral"
"Standards"

kooperative Aufgaben

bewusst machen

fördern & strukturieren

gruppeninterne

Kommunikation
Beziehungsqualität
Bedürfnisbefriedigung

(Angeregt durch Antons, Praxis der Gruppendynamik. Zürich 1993, S 211)

Motivation **Methoden**

ARBEITSBLATT

Methoden
MOTIVATION THEMATISIEREN

Motivationszwiebel

Idee: Paul Lahninger, Reinhold Rabenstein
Absicht: anregende Einführung ins Thema „Motivation"
Arbeitsform: wechselnde Paare in 2 konzentrischen Kreisen
Dauer: beliebig, max. 60 Min.
Material: Dialogblätter (s. u.)

Es finden sich Paare und beide PartnerInnen stellen sich vis-à-vis auf einer Kreisbahn auf. So ergibt sich ein Innen- und ein Außenkreis. Die PartnerInnen begrüßen einander, erhalten einen Impuls, den alle Paare gleichzeitig umsetzen. Danach verabschieden sich die jeweiligen PartnerInnen voneinander; die Person im Innenkreis geht weiter, sodass sich neue Paare bilden, die wieder einen neuen Impuls erhalten.

Impulse zum Thema Motivation

1 Findet 3 gemeinsame und 3 unterschiedliche Interessen!

2 „Was tue ich, wenn ich lustlos bin?"

3 „Was kann ich tun, um meine Lustlosigkeit zu vermehren?"
Bildet jeweils eine Statue (Körperstandbild) für eine „erfolgreiche" Lustlosigkeitsstrategie.

4 Veranstaltet einen spielerischen Ziehkampf: Die äußere Person A übernimmt die Rolle des Antreibers, zieht und ruft: „du musst!" Die innere Person B leistet Widerstand und ruft: „Ich will nicht!" Es geht ums Kräftespiel, um Ausdruck, ums Schreien, nicht darum, einander wegzuziehen. Rollentausch: B zieht und A leistet Widerstand. Reflexion: „Was, in welcher Rolle, war lustvoll?"

5 Findet Situationen in den letzten Tagen, in denen euch „Motivation" als Thema bewusst wurde. Findet eine Gemeinsamkeit, ein gemeinsames Motivationsthema.

6 Einigt euch auf eine euch bekannte Situation mit einem inneren Konflikt z.B.: „Ich muss aufstehen, will aber nicht." Person A spielt nun den „inneren Schweinehund", Person B die Initiative. z. B. A: „Jetzt steh' ich auf, sonst komm' ich zu spät!" B: „Ich drehe mich noch ein bisschen um, es ist so fein im Bett." Was ist der Gewinn jeder Position? (z. B.: A bringt Leistung, Erfolg; B Gemütlichkeit, Genuss, Wohlbefinden.)

7 Bleibt in dieser Paarkonstellation. Ihr erhaltet ein Dialogblatt, auf dem ihr bitte die wichtigste Botschaft der Initiative und des Widerstands jeweils in einem Satz zusammenfasst.

8 Bleibt weiterhin zusammen und stellt nun die gespielte Situation als Standbild dar, dazu sprechen die Initiative und der Widerstand ihre Sätze.

Im Anschluss daran kann mit dem folgenden Interviewleitfaden in Einzel- oder Partnerarbeit weitergearbeitet werden. Möglich wäre auch ein Rollenspiel, in dem Widerstand und Initiative ihre widerstreitenden Interessen verhandeln und zu einem Kompromiss finden. Vielleicht spielt auch eine dritte Person die Entscheidung.

DIALOGBLATT

Motivation **Methoden**

Motivationskonflikt: „2 Seelen ach in meiner Brust ..." Gib ihnen Stimmen!

Der Widerstand sagt:

Die Initiative sagt:

Motivationskonflikt: 2 Seelen in meiner Brust.
© Guido Gubert

© Ökotopia Verlag: Paul Lahninger, leiten - präsentieren - moderieren

Motivation **Methoden**　　　　　　　　　　　　　　　　　　　　　　　ARBEITSBLATT

Interviewleitfaden:
Initiative stärken

Idee: Paul Lahninger
Absicht: persönliche Motivationskonflikte verstehen und bearbeiten
Arbeitsform: Einzelarbeit
Dauer: 20 - 45 Min.
Variante: Wird die Übung als Paarinterview durchgeführt, so hört der Interviewer aktiv zu, bietet eigene Ideen an begleitet und schreibt mit. Möglich ist auch, dem Widerstand und der Initiative jeweils einen Stuhl/Sessel zuzuweisen und den Interviewten aus der jeweiligen Position auf dem entsprechenden Sitzplatz antworten zu lassen.

JEDE UNLUST ENTHÄLT EINE WICHTIGE BOTSCHAFT! ALLE REGUNGEN IN EINEM MENSCHEN SIND SINNVOLL UND WOLLEN EIGENTLICH ETWAS GUTES.

1 Konkrete Situation
Wähle eine Situation, in der du dich hin und hergerissen fühlst: „Zwei Seelen wohnen, ach, in meiner Brust!"

2 Widerstand
Zähle Motive auf, die dich hindern in dieser Situation etwas zu tun. Was sagt der „innere Schweinehund", der Widerstand?

3 Initiative
Welche Motive sprechen dafür zu handeln, etwas in Angriff zu nehmen. Was sagt der „gute Wille"?

4 Positiv umformulieren
Welche positiven Bedürfnisse stehen hinter dem Widerstand?

5 Bewerten und entscheiden
Wie viel Gewicht gibst du einzelnen dieser Bedürfnisse. Entscheidest du dich für die Initiative oder folgst du dem Widerstand?

6 Lösungsideen
Solltest du dich für die Initiative entschieden haben, überlege, wie du die Bedürfnisse hinter dem Widerstand ehren und befriedigen kannst.

7 Bestärken
Wie kannst du die Motive der Initiative stärken und ihnen mehr Kraft geben?
Beispiel: Ein Arbeitsteam einer Sozialorganisation muss jährlich einen Bericht schreiben. Der Widerstand taucht auf, dass dieser Bericht rein bürokratische Verpflichtung ist. Eine Mitarbeiterin nimmt dieses Widerstandsmotiv ernst und gestaltet einen kreativen witzigen Bericht, der für das Team selbst neue Impulse beinhaltet.

➪ FOLIE 5
YIN & YANG-MODELL

ARBEITSBLATT   Motivation **Methoden**

Widerstände nutzen

Idee: Paul Lahninger
Absicht: Handlungsalternativen bei Motivationskonflikten in der Gruppe finden
Arbeitsform: Einzelarbeit, Paarinterview
Dauer: 30 bis 60 Min.

Jeder Widerstand zeigt ein menschliches Bedürfnis, will etwas Gutes. Meist reagieren wir in Leitungs- und Führungsrollen mit Verstärkung der Initiative: werben, setzen Ziele, fordern ... Es kann sein, dass auf diese meine verstärkte Initiative der Widestand der Gruppe zunimmt. Hier eine wichtige Alternative:

M<small>IT DEM</small> W<small>IDESTAND ARBEITEN HEIßT,</small>
<small>DIESEN EHREN, ACHTEN UND IHM</small> R<small>AUM GEBEN.</small>

Widerstände analysieren

○ **Als TrainerIn nehme ich Widerstand wahr.**
Mein Praxisbeispiel: In einer betrieblichen Umschulung für ältere MitarbeiterInnen über neue Technologien, merkt die Kursleitung nach einer Stunde, dass die Gruppe starr und abwehrend reagiert.

Ihr Praxisbeispiel:
....
....
....

○ **In welchen auch unausgesprochenen Worten und Sätzen äußert sich der Widerstand?**
Mein Praxisbeispiel: Die Kursleitung fordert die TeilnehmerInnen auf auszusprechen, was gegen die Schulung spricht. Es wird geäußert: „Jetzt hab' ich mein ganzes Leben gerackert, und das soll jetzt auf einmal nichts mehr wert sein, wie ich das gemacht hab'!"

Ihr Praxisbeispiel:
....
....
....
....
....

○ **Welche Bedürfnisse stecken dahinter? Was ist das Gute, das der Widerstand erreichen möchte?**
Mein Praxisbeispiel: Die TeilnehmerInnen wünschen sich Wertschätzung ihrer bisherigen Leistung.

Ihr Praxisbeispiel:
....
....
....

Mit dem Widerstand arbeiten

○ **Wie kann ich diese Bedürfnisse ehren und achten, ihnen Raum geben?**
Mein Praxisbeispiel: Die Kursleitung gibt daraufhin den TeilnehmerInnen den Auftrag, Erfolge ihrer beruflichen Karriere darzustellen. So können sie sich präsentieren und erhalten Aufmerksamkeit und Anerkennung für ihre bisherige Arbeit.

Ihr Praxisbeispiel:
....
....
....
....

○ **Mit welchen Impulsen kann ich danach die Initiative stärken?**
Mein Praxisbeispiel: Danach betont die Kursleitung, dass neue Entwicklungen auch Abschied bedeuten und es wehtut, sich von Vertrautem zu lösen. Sie lädt die TeilnehmerInnen ein, die Chancen und den Gewinn der Schulungsmaßnahme aufzulisten.

Ihr Praxisbeispiel:
....
....
....
....

⇨ FOLIE 5
Y<small>IN</small> & Y<small>ANG</small>-M<small>ODELL</small>

103

Motivation **Methoden** — ARBEITSBLATT

Stärke gewinnen

Idee: in Anlehnung an Methoden aus dem Neurolinguistischen Programmieren NLP
Absicht: umformulieren von Ängsten („Reframing")
Arbeitsform: Gruppenarbeit
Dauer: 20 bis 45 Min.
Material: Plakate

Oft neigen wir dazu unseren Ängste mit Sachlogik zu begegnen. Wir finden rationale Gegenargumente, um uns selbst und anderen gegenüber unsere Angst nicht eingestehen zu müssen. Besonders bei neuen Entscheidungen und bei den ersten Versuchen mit einer bisher noch nicht vertrauten Vorgehensweise treten Ängste auf. Diese zu bearbeiten kann ein wichtiger Beitrag dazu sein, sich davon zu befreien und neues Verhalten auszuprobieren. Hierfür eignet sich das folgende einfache Verfahren.

1. **Ängste sammeln**   Die TeilnehmerInnen sammeln zu einem konkreten Anliegen alle nur denkbaren Befürchtungen. Diese werden auf der linken Seite eines Plakates Punkt für Punkt gesammelt.

2. **Ängste umformulieren**   Jetzt wird jede Person eingeladen aufzustehen und den Platz und damit die Perspektive zu wechseln. Auf der rechten Seite des Plakats wird jedem einzelnen Punkt von links ein verstärkender, positiver Gedanke gegenübergestellt im Sinne von „Eine Person, die in der betreffenden Situation erfolgreich ist, kann folgende Gedanken und Empfindungen haben..." Diese Gegenüberstellungen sollen möglichst von den TeilnehmerInnen selbst formuliert werden.

3. **Persönliche Bilanz**   Welche der positiven Sätze tun besonders gut? Diese werden gekennzeichnet. Wie kann ich mir diese „erfolgreichen Gedanken" noch mehr zu Eigen machen, ihre Bedeutung verstärken, ihre Wirkung visualisieren, das bestärkende Bild „verankern"?

4. **Entscheidung**   Auf dieser Grundlage nehme ich mir, vielleicht zunächst symbolisch, erste konkrete Schritte vor. Was kann ich noch tun, um mich dabei zu unterstützen? Welchen ersten kleinen Schritt setze ich? Angst ist gewissermaßen der Gegenpol zur Motivation: Angst ist der Antrieb, etwas zu vermeiden, Motivation der Antrieb, etwas zu tun.

Beispiel: Telefonische Stellenbewerbung

Ängste und Befürchtungen:	erfolgsorientierte Sichtweise:
Ich könnte aufdringlich wirken.	Ich wirke mutig.
Der Gesprächspartner könnte sich ärgern.	Mein Gesprächspartner ist interessiert.
Ich könnte mich blamieren.	Ich nehme meine Chance wahr.

(Ein weiteres Beispiel zur Arbeit mit dieser Methode finden Sie unter Konflikte managen/Fallbeispiele: „Selbstherrlicher Teilnehmer" & „Ruhe bewahren in Konflikten".)

ARBEITSBLATT

Motivation **Methoden**

Motivation fördern

Idee: nach Friedrich Glasl
Absicht: Selbstreflexion und kollegiale Beratung
Arbeitsform: am besten als Gruppenarbeit
Dauer: 30 - 60 Min.
Material: Papier und Stifte, evtl. Plakate

Thema:

konkrete Situation (Fallbeispiel):

1. Ziele
○ Meine Ziele als LeiterIn:

○ Ziele der TeilnehmerInnen/MitarbeiterInnen:

2. Werte und Einstellungen
○ Meine Werte als LeiterIn:

○ Werte der TeilnehmerInnen/MitarbeiterInnen:

3. Widerstände
○ Was in mir hindert / hemmt mich:

○ Welche Widerstände erlebe ich bei den TeilnehmerInnen/MitarbeiterInnen:

7. Entscheidung
Welchen ersten konkreten Schritt plane ich:

6. Strategien
Welche Wege, Ideen, Unterstützung gibt es, um gemeinsame Ziele auszuhandeln:

5. Bewusstheit
Welche Möglichkeiten kann ich bieten, Werte bewusst zu leben, zu entwickeln:

4. Chancen
Was kann ich tun, Widerständen Raum zu geben, sie zu nutzen, „abzuarbeiten:"

Für die Präsentation der Gruppenarbeit im Plenum bitte die wichtigsten, mitteilenswerten Stichworte auswählen und damit ein Plakat gestalten! Beispiele siehe nächste Seite.

105

Motivation **Methoden** — ARBEITSBLATT

Lösungsbeispiel:
Motivation fördern

Thema: *Ärger abfangen*

konkrete Situation (Fallbeispiel):

Als Moderatorin begrüße ich die Gruppe. Der Referent hat sich verspätet. Die Gruppe ist reserviert und verärgert.

1. Ziele

○ Meine Ziele als LeiterIn:

gute Laune verbreiten, Beziehung herstellen, als guter Organisator dastehen

○ Ziele der TeilnehmerInnen/MitarbeiterInnen:

umsorgt werden, Sicherheit über den weiteren Ablauf gewinnen

2. Werte und Einstellungen

○ Meine Werte als LeiterIn:

Qualitätsbewusstsein, Beziehungsorientierung, Verantwortlichkeit, Ordnung

○ Werte der TeilnehmerInnen/MitarbeiterInnen:

Sicherheit, Ordnung, Verantwortung abgeben, Wertschätzung bekommen

3. Widerstände

○ Was in mir hindert / hemmt mich:

mein eigener Ärger, meine Nervosität, Unlust, Unsicherheit, Demotivation

○ Welche Widerstände erlebe ich bei den TeilnehmerInnen/MitarbeiterInnen:

Ärger, Unsicherheit, Fremdheit, Demotivation, Enttäuschung

7. Entscheidung

Welchen ersten konkreten Schritt plane ich:

Vorbereitung eines solchen Ersatzangebots, einer Arbeitseinheit für derartige Notfälle

6. Strategien

Welche Wege, Ideen, Unterstützung gibt es, um gemeinsame Ziele auszuhandeln:

Aufträge für Gespräche in der Gruppe erteilen: z. B. „Welche guten Ausreden könnte der verspätete Referent vorbringen?", kleine Aufmerksamkeiten (Süßigkeiten) anbieten (Wertschätzung), Ersatzangebot machen

5. Bewusstheit

Welche Möglichkeiten kann ich bieten, Werte bewusst zu leben, zu entwickeln:

direkte Ansprache: „Die Anfangssituation ist sehr wichtig ... Ich möchte die Situation klären ..." Zeit für eine ausführliche Vorstellungsrunde einräumen

4. Chancen

Was kann ich tun, Widerständen Raum zu geben, sie zu nutzen, „abzuarbeiten:"

Ärger ansprechen und zulassen, Fragen sammeln, neue Anfangszeit vereinbaren, Struktur vorgeben, den Auftrag geben, sich über das mitgebrachte Vorwissen zu verständigen

ARBEITSBLATT

Motivation **Methoden**

3 Begriffe – 3 Gefühle

Idee: in Anlehnung an Methoden des Neurolinguistischen Programmierens, NLP
Absicht: Motive bewusst machen, den Wurzeln dieser Motive auf der Gefühlsebene nachspüren und diese in Körperhaltung und Bewegung ausdrücken und verstärken.
Arbeitsform: Plenum
Dauer: 10 bis 30 Min.
Material: Plakate, aktivierende Instrumentalmusik
Vorbereitung Drei oder mehr Begriffe werden gesucht ; jeweils ein Begriff wird auf ein Plakat geschrieben. Die Begriffe können auch aus einer Diskussion direkt in der Gruppe entstehen und spontan aufgeschrieben werden. Der Raum muss genügend Bewegungsspielraum für alle TeilnehmerInnen bieten.

Die drei (oder mehr) Blätter liegen im Raum verteilt am Boden. Alle TeilnehmerInnen bewegen sich zur Musik frei im Raum und werden eingeladen, zu den einzelnen Blättern mit den Begriffen hinzugehen, sich auf diesen Begriff einzustellen und wahrzunehmen, was für Gedanken, Regungen und Gefühle dabei auftreten.

Nach ein paar Minuten kommt der zusätzliche Impuls, mit verschiedenen Körperhaltungen und Bewegungen zu experimentieren, um dabei die Bewegung oder Haltung zu finden, die dem persönlichen Empfinden bei diesem Begriff entspricht.

Abschluss:

❍ Kleingruppen finden sich zu je einem der Begriffe zusammen und erarbeiten gemeinsam eine Kurzpantomime, die dann dem Plenum vorgestellt wird.

❍ Die TeilnehmerInnen tauschen sich in Kleingruppen über ihre Gefühle bei den betreffenden Begriffen aus.

❍ Blitzlicht zur Frage: „Was motiviert mich?"

Beispiele

Beispiel 1: Prüfungsangst
- Verwirrende Lernstoff-Fülle
- Zielstrebige Lernarbeit
- Prüfungs-Erfolg: „geschafft"

Beispiel 2: Stellenbewerbung
- Arbeitslos
- Arbeitssuche
- Arbeiten

Beispiel 3: Sprachunterricht
- Fremdsprache
- Vokabeln Lernen
- Verständigung

Motivation **Literatur**

Literaturempfehlungen

Altmann, Hans Christian: Motivation der Mitarbeiter. Methoden, Konzepte, Erfolgsbeispiele. 4. Aufl. Frankfurt 1992
Vielseitige Darstellung der Notwendigkeit eines neuen, flexiblen zukunftsorientierten Führungsstils: Motivation durch Verantwortung, die Bedeutung der Unternehmenskultur, totales Qualitätsmanagement, Globalisierung.

Ballnik, Peter u.a.: Lernmotivation. Wien 1990
Knappe Darstellung von Lernmotiven mit konkreten Anregungen.

Bundesministerium für Unterricht, Kunst und Sport: Ideen die Schule machen. Wien 1990
Katalog zum Projektwettbewerb an Österreichs Schulen unter dem Motto „Denken, Organisieren, Gestalten". 28 konkrete Beispiele von Unterrichtsprojekten mit hoher Schülerbeteiligung und spannenden Ergebnissen von der 1. bis zur 13. Schulstufe, bildhaft plakativ dargestellt.

Herber, Hans Jörg: Motivationsanalyse. Theorie und Praxis. Tübingen 1985
Detaillierte, einfache Auflistung von Bedürfnissen und deren Bedeutung als Motive.

Krech, David/Crutchfield, Richard: Motivations- und Emotionspsychologie Grundlagen der Psychologie. Weinheim/Basel 1985

Nagel, Clint van u.a.: Megateaching. Neurolinguistisches Programmieren in Unterricht und Erziehung. Freiburg/Brsg. 1989
Informationen und Methoden zur Förderung der Lernbereitschaft, Lernstrategien entsprechend dem persönlichen Lernstil, eine Lernhaltung für erfolgreiche SchülerInnen.

Rabenstein, Reinhold/Reichel, René: Teamarbeit und Mitarbeiterberatung. Linz 1994
Praktische Methoden und persönliche Beispiele.

Sprenger, Reinhard: Mythos Motivation. 5. Aufl. Hamburg 1993
Engagierte Darstellung (mit vielen Negativbeispielen) des Leitbildes: „Motivation ist Sache des Individuums und entfaltet sich aus natürlicher Leistungsfreude."

Tepperwein, Kurt: Die Kunst mühelosen Lernens. 4. Aufl. Genf 1995
Methoden und Gedanken zur persönlichen Anwendung für Lernvorbereitung, Motivation, Zielbestimmung u.a.

Vopel, Klaus W.: Die 10 Minuten Pause. Mini - Trancen gegen Stress. Hamburg 1992
Viele sofort umsetzbare Beispiele für Entspannung, Fantasie und Bestärkung.

Wack Otto G. u.a.: Kreativ sein kann jeder. Hamburg 1993
Kreativitätstechniken für LeiterInnyen von Projektgruppen, Arbeitsteams, Workshops und von Seminaren.

Baustein 4

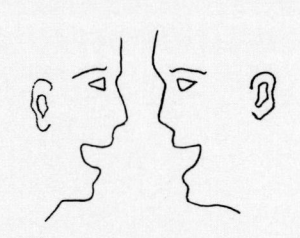

Konflikte managen

Aggression 109
Leben bringt Konflikte 109
Aggression: ein Begriff mit vielen Bedeutungen 110
Erscheinungsformen der Aggression 111
Konflikte können uns verändern 112
Eskalationsstufen 113
Auslöser von Wut 114
Ärger und Wut abreagieren (Methoden) 115

Lösungskompetenz 116
Selbstbehauptung und prozessorientiertes Durchsetzen 116
Konflikte moderieren 118
4 Positionen sozialer Kompetenz (Methode) 120

Herausforderungen an die Autorität .. 123
Angriffe durch TeilnehmerInnen 123
Disziplin im Seminar 125
Sanktionen 127
Handlungsspielraum 128

Kommunikationsregel für Konflikte 131
Ich-Botschaften: Auswirkungen beschreiben 131
Folie 6: Kommunikationsregel
Vorwürfe innerhalb der Gruppe 134
Teilnehmerrückzug (Übung) 136
Aggressive Vorwürfe (Übung) 137
Selbstherrliche TeilnehmerInnen (Übung) 138
Kollegin platzt herein (Übung) 139
Ruhe bewahren in Konfliktsituationen (Übung) 140

Methoden 141
Konfliktanalyse 141
Konfliktbearbeitung: ABC-Rollenspiel 142
Konfusionstechnik 143
Stimme des „Gegners" 144

Literaturempfehlungen 146

Konfliktmanagement **Aggression**

AGGRESSION

Leben bringt Konflikte
Konfliktvermeidung macht krank

Konflikte sind die Herausforderungen des Lebens: Was uns weiterbringt sind: Entscheidungen. Das Wort „entscheiden" bedeutet, das Schwert zu „ent-scheiden", es aus der Scheide zu ziehen, um eine der beiden Entscheidungsmöglichkeiten sterben zu lassen. Jede Entscheidung bedingt Abschied und damit ein gewisses Ausmaß an Trauer und Schmerz. Wenn wir Entscheidungen vermeiden, bleibt etwas offen und wir sind unserer Entwicklung etwas schuldig.

Wer es vermeidet, sich auf schwierige Herausforderungen einzulassen und sich ernsthaft mit dem Partner oder der Partnerin auseinander zu setzen, bleibt sich selbst und dem oder der Anderen etwas schuldig. Oft sind es dann Krankheitssymptome, die uns auf solche ungelösten Konflikte hinweisen.

Die Alltagssprache gibt uns viele Hinweise auf Botschaften, die sich hinter Krankheistsbildern verbergen:

(nach Dahlke, Rüdiger/Hößl, Robert: Verdauungsprobleme. München 1990)

Die Aufgabe sich Konflikten zu stellen, gilt für jede Form von Beziehung:
in Gruppen, Teams, Geschäftsbeziehungen.

In der Konsumorientierung der westlichen Welt gibt es eine starke Tendenz schwierige, leidvolle Lernherausforderungen des Lebens zu vermeiden, Themen, die mit Anstrengung und Schmerz verbunden sind, wegzuschieben: „Wer Schmerz meidet, der leidet!" (Dethlefsen, Thorwald/Dahlke, Rüdiger: Krankheit als Weg. München 1988) Wir weichen Konflikten aus, das Thema bleibt „offen" und stellt sich früher oder später erneut. Am einfachsten ist, sich einem Konfliktthema bei der ersten Begegnung zu stellen und die Lösung zu erarbeiten.

Das bedeutet, ich muss

○ die Herausforderung des Konfliktes bejahen,
○ die Notwendigkeit akzeptieren, dass Entscheidungen auch wehtun
○ und sehen, dass in leidvollen Erfahrungen auch Lernchancen liegen.

Was ist ein Konflikt?

Als Konflikt bezeichnen wir das Aufeinandertreffen unterschiedlicher Ziele.

Die Ziele werden als unvereinbar erlebt, wie zwei Züge die nebeneinander durch einen eingleisigen Tunnel fahren sollen: die Realisierung des einen Zieles bedeutet eine Beeinträchtigung des anderen. (Vgl. die Definition des sozialen Konflikts in: Glasl, Friedrich: Konfliktmanagement. Stuttgart 1990) Manchmal gehen wir dieser Herausforderung aus dem Weg, indem wir uns scheinbar gar nicht entscheiden. Die Vermeidung sich zu entscheiden ist auch eine Entscheidung – aber meist unbefriedigend und nicht effektiv.

WER KEINE **Z**IELE FORMULIERT,
WÄHLT **U**NZUFRIEDENHEIT

(Pechtl, Waldefried: Zwischen Organismus und Organisation. Linz 1991).

109

Konfliktmanagement **Aggression**

Energie als Widerstand
Energie als Bewegung

Die Herausforderung zu wählen, Position zu beziehen, ist Teil des Lebens, Teil unserer Kraft. Ein Konflikt ist so wie das Meer, das gegen einen Felsen brandet. Meist empfinden beide Konfliktparteien jeweils das Wirken der anderen Partei als Fels, der ihrem Weiterkommen im Weg steht: Es treffen zwei Formen von Energien aufeinander und jede von ihnen ist wichtig und berechtigt, die Energie, das Bestehende zu bewahren und Widerstand zu leisten, ebenso wie die Energie, die etwas in Bewegung bringt und auch Bestehendes beiseite räumt.

Oft erleben wir Konflikte, die bis zur Destruktivität eskalieren. Dies macht es uns schwer, den Konflikt positiv zu sehen.

Aggression: ein Begriff mit vielen Bedeutungen

Aggression ist ein vielseitig verwendeter Begriff. Die Spannweite reicht von „aggressivem Fahrstil" bei SkirennläuferInnen bis zum „Aggressor" als vernichtender Angreifer im Krieg. Ich möchte hier zur Spannweite des Begriffes Zusammenhänge herausarbeiten. Die einzelnen Aspekte von Aggression können auch als Stufenskala mit zunehmender Verdichtung verstanden werden. Die Übergänge sind fließend und die Aspekte überschneiden sich.

So wie das Raubtier tötet um zu leben, dienen grundsätzlich alle Kräfte im Menschen seinem Überleben, auch wenn sie zum Schaden anderer wirken. Die Fähigkeit des Menschen, diese seine biologisch vererbten Kräfte zu kontrollieren oder umzuleiten, steht in starkem Zusammenhang mit der persönlichen Lerngeschichte, mit der inneren Reife und dem Selbstwert. Wichtig ist mir eine Haltung geworden, die Aggression als wertvolle Urkraft des Lebens bejaht.

Mir ist diese Haltung so wichtig geworden, weil in unserem Kulturkreis Aggression so oft abgewertet, verteufelt, verboten wird. Ich selbst bin in einem extrem aggressionsfeindlichen Klima aufgewachsen: laut sein, sich durchsetzen, konkurrieren, zornig werden, streiten, Konflikte leben war verboten.

Mit Gewalt, Schlägen und Abwertung wurde eine Kraft bekämpft, die so grundlegend zum Leben gehört, wie das Beißen und Zupacken. Nach wie vor begegne ich überall Menschen, die Angst vor aggressiver Vitalität haben und jede Form von kämpferischer Aggression verneinen.

Diese Haltung beraubt uns einer unserer Quellen, lähmt und behindert. Das Kind wird gleichsam mit dem Bad ausgeschüttet: So wie die Kraft eines Autos benutzt werden kann Schweres zu befördern, schnell zu sein oder aber zu rasen, zu gefährden und zu töten. Mahatma Gandhi, der gewaltlos, bis zur Selbstschädigung im Hungerstreik kämpfte, benutzte dieselbe Kraft der Aggression wie ein Attentäter, der Bomben legt. Aggression an sich zu verteufeln, ist als ob jemand die Erfindung von Motoren verurteilte, weil es Verkehrsunfälle, Geisterfahrer und Unfalltragödien gibt.

Die grundsätzliche Ablehnung von Aggression ist Nährboden für Feindseligkeit, strukturelle Gewalt, aggressiven Stau und erschwert den konstruktiven Umgang mit dieser Urkraft.

ANGST VOR **A**GGRESSION VERSTÄRKT UND VERLÄNGERT **K**ONFLIKTE.

Konflikten auszuweichen, verhindert, dass wir diese lösen. (nach Watzlawick, Paul: Anleitung zum Unglücklichsein. Bern/Stuttgart 1974)

JA ZUR **A**GGRESSION ALS **L**EBENSKRAFT IN **V**ERANTWORTUNG FÜR DIE **A**USWIRKUNGEN.

Konfliktmanagement **Aggression**

Erscheinungsformen der Aggression

Formen	Aspekte	Analogien
Vitale Energie: bejahen und nutzen		
• auf etwas zugehen, • Initiative zeigen, (lateinisch „aggredere")	etwas anpacken, angehen, mir nehmen. Aggression als Kraft, die wir brauchen, um etwas zu schaffen, auch um Sexualität zu leben.	Raubtiere jagen, um zu leben, ohne Wut oder Destruktivität!!
• sich durchsetzen	gegen Widerstände, ungünstige Bedingungen kämpfen · Aggressionen auch als Härte gegen sich selbst · mitreißend argumentieren in harten Diskussionen, speziell bei Jugendlichen: Austesten von Grenzen · Extremform: Gier, („gefräßig" für sich sorgen) und Machtstreben	Überlebenskampf unter harten Bedingungen
• Kampf proben:	spielerisch raufen · Lust an der eigenen Kraft · Kräfte messen und erproben · Grenzen suchen	Kampf der Jungtiere untereinander, Katz-und- Maus-Spiel
• sich präsentieren, konkurrieren:	Imponiergehabe, wirtschaftlicher Wettbewerb, „aggressive" Werbung, Konkurrenz bei sexueller Annäherung: andere „Bewerber" überbieten, Freude am Siegen	Balzverhalten, Kampf mit Artgenossen um stärkstes Weibchen
• sich wehren, abgrenzen:	Aggression als Kraft, Nein zu sagen, sich zu schützen, für sich und seine Grenzen einzustehen, Bedrohungen abzuwehren. Gegenwehr steigert sich oft in Feindseligkeit.	Revier verteidigen, Hund verteidigt Haus
Gefühlsreaktion: ernstnehmen und zeigen		
• Wut & Ärger	Aggression als Reaktion auf Schmerz und Angst, Energiereserven werden zugänglich, auch als schmerzhaft entstellte Liebessehnsucht, „Schrei" nach Zuwendung.	bedrohte Tiere werden gefährlich, getretener Hund beißt
Feindseligkeit: Rahmenbedingungen hinterfragen, therapeutisch intervenieren		
• explosive Haltung, • Frustration, Hass, • extremer Stress, • Feindbild	Aggressionen aus Anspannung, Gefühlsstau, Zwang • Ausgleich für gestaute Wutgefühle, tiefe, alte Wunden, Demütigungen • Feindselige Grundhaltung: Abwertung, Diskriminierung, Militarismus. • Gewalt durch Lebensbedingungen, Institutionen • Trennung der Welt in Gut und Böse • Verstrickung in Schuld	knurrender Kettenhund, eingesperrtes Raubtier
Destruktive Gewalt: entschieden eingreifen, Stellung beziehen, Grenzen (durch)setzen		
• direkt schädigen, • beabsichtigt stören, • zerstören: (als stärkste Verdichtungen von Wut oder Feindseligkeit)	• Zerstörung von Dingen. Verletzen, Töten, • Gewalt gegen sich selbst, Selbstmord Die ursprünglich lebenserhaltende Kraft der Aggression wird in dieser Ausprägung lebenszerstörend.	das bissige Tier, dass viel geschlagen wurde

Konfliktmanagement **Aggression**

Konflikte können uns verändern

WER SICH BEDROHT FÜHLT, STEHT MEIST IN „PSYCHOLOGISCHEM NEBEL".

Konflikte bedeuten Stress; das bedeutet vermehrte Energiebereitstellung. Biologisch ist der Mensch programmiert auf die stammesgeschichtlichen Verhaltensweisen: körperlicher Kampf oder Flucht. Dabei werden unsere Denkvorgänge beeinträchtigt, Schaltstellen im Gehirn blockiert, Kreativität eingeschränkt. Wir greifen auf „Stressprogramme" zurück, die Kommunikation wird weniger effektiv.

Folgende Tendenzen lassen sich beobachten:

❍ **Wahrnehmung, Vorstellungsvermögen und Denken werden eingeschränkt:**

Die Aufmerksamkeit wird enger, selektiver; das eigene Verhalten wird z.T. übersehen, ausgeblendet und das Bild von der Gegnerpartei wird verzerrt. Das Gefühl für Raum und Zeit, der Überblick geht verloren.

Ergebnis: Kampf der inneren Bilder gegeneinander

❍ **Gefühle und Werte werden verzerrt:**

In erhöhter Empfindsamkeit treten widersprüchliche extreme Gefühle auf. Parteien kapseln sich gegenseitig ab. Verlust des Einfühlungsvermögens; „sozialer Autismus", Fundamentalismus

Ergebnis: Gefangenschaft in sich selbst

❍ **Ziele und Absichten werden verzerrt:**

Ziele und Mittel werden verknüpft: Der Zweck heilige die Mittel. Seelische Verletzungen führen zu Entrüstung, Zorn, Wut, sodass die Motive unseres Handelns sich verändern. Gewalttätige Triebe und Begierden werden wach. Im Extremfall tendieren wir zuletzt nur noch zur Absicht, den anderen zu schädigen; „dämonisierte Zone", Erstarrung und Fixierung; „jetzt erst recht"

Ergebnis: Der Konflikt eskaliert.

Bedeutungen des Konfliktverhaltens

Das Konfliktverhalten kann, verbal oder nonverbal, in Handlungen, wie in Unterlassungen verschiedene Ebenen tangieren:

Erscheinungsbild
1. **Selbst-Image:** Ich drücke aus, welches Bild ich von mir habe (z.B. ich bin mächtig).
2. **Gegner-Image:** Ich drücke zugleich aus, welches Bild ich vom Gegner habe.

Gefühlsebene
3. **Selbstverstärkung:** Ich tue etwas, um mir selbst zu beweisen, dass ich mich stelle.
4. **Ventilfunktion:** Ich will meine aufgestauten Gefühle entladen, Dampf ablassen.
5. **Signalwirkung:** Ich will bewirken, dass der Gegner oder Dritte endlich zur Kenntnis nehmen, dass ich ein Problem habe (Appell).

Zielebene
6. **Erreichungsziel:** Ich will mein eigenes Ziel verwirklichen.
7. **Behinderungsziel:** Ich will verhindern, dass der Gegner sein Ziel erreicht.

In ein und demselben Verhalten können auch mehrere dieser Funktionen wirksam werden. Dies kann bewusst oder unbewusst, gewollt oder ungewollt geschehen.

Person A, möchte z.B. Ärger ausdrücken und auf sich aufmerksam machen (Ventilfunktion und Signalwirkung). Person B fühlt sich durch A eingeschränkt und abgewertet (Behinderungsziel oder die Botschaft bezüglich des Gegner-Images). Ihre Reaktion wird deshalb an den Absichten oder Anliegen der Person A vorbeigehen.

Je weniger sich Absicht von A und die Wirkung auf B decken, desto mehr trägt dies zur weiteren Konflikteskalation bei. (n. Glasl, Fritz: Konfliktmanagement. Stuttgart 1990)

Die Debatte unterbrechen, Pause vereinbaren, Abstand und Übersicht gewinnen erleichtern konstruktives Verhandeln und wirkt der Eskalation entgegen.

Konfliktmanagement **Aggression**

Eskalationsstufen

Die Eskalationsstufen zeigen die Dynamik des Konfliktgeschehens: Konflikte eskalieren stufenweise. In jeder Stufe werden andere Verhaltensweisen gewählt und auch erwartet. Für jede Stufe braucht es eine andere Form von Konfliktmanagement. Mit zunehmender Konflikteskalation tendieren wir zunehmend auch zu unmenschlichen Fantasien und Taten und erschweren die Lösung aus Not/Verzweiflung.

Hauptphase I

Lösungsversuche
Die Konfliktparteien bemühen sich um eine rationale Lösung.

Der Konflikt kann durch Moderation bearbeitet werden.

1. Spannung und Kristallisation:
Standpunkte verhärten sich, „kristallisieren". Gespräche kommen zeitweilig zum Stillstand, werden jedoch (z.T. krampfhaft) fortgesetzt. Die Parteien hören einander nur noch selektiv zu.

2. Debatte:
In eher mechanischer Auseinandersetzung spricht jeder nur in der eigenen Sprache. Konkurrenz prägt die Auseinandersetzung. Mögliche Kooperation wird nicht wahrgenommen.

3. Konfrontation:
Die Parteien schließen sich gegeneinander ab und stellen die anderen vor vollendete Tatsachen. Innerhalb der Partei entsteht enormer Konformitätsdruck. Die Handlungen der GegnerInnen werden mit Misstrauen interpretiert.

Hauptphase II

Gewinnen oder Verlieren!
Die Parteien entfernen sich immer mehr voneinander; das Vertrauen in die Lösbarkeit des Konflikts nimmt ab.

Konfliktbearbeitung ist durch soziotherapeutische Prozessbegleitung möglich.

4. Vorurteilsbilder & Koalitionen:
Jede Partei fixiert sich auf ein besonders positives Bild der eigenen und auf ein besonders negatives Bild der Gegner. In der Umgebung werden Koalitionen gesucht.

5. Offener Gesichts-Angriff:
Die Parteien versuchen erbittert, die jeweils andere abzuwerten und öffentlich als schlecht zu entlarven. Sie isolieren sich dadurch und streben verbissen nach Rehabilitation.

6. Drohstrategien:
Forderungen werden gestellt und mit Sanktionen gedroht. Durch Ultimatum und Gegenultimatum nimmt der Druck zu. Auch Sanktionen, die selbstschädigend wirken, werden zunehmend in Kauf genommen.

Hauptphase III

Verlieren gegen Verlieren!
Es gibt nichts mehr zu gewinnen, auf beiden Seiten nur noch Verlierer, die einander als quantitatives „Ding" ohne menschliche Würde sehen.

Ein Einschreiten ist von außen nur mehr durch eine Machtinstanz möglich.

7. Begrenzte Vernichtungsschläge:
Zunächst werden die Mittel der anderen Seite zerstört; moralische Werte verkehren sich ins Gegenteil: Lüge z.B. wird zur (Kriegs-) Tugend erhoben.

8. Zerstörung des Gegners:
Es erfolgen Angriffe auf die vitalen Organe des Gegners, seinen Zusammenhalt.

9. Selbstvernichtung:
Die totale Konfrontation zielt auf die endgültige Vernichtung des Gegners, auch wenn dies Selbstvernichtung mit sich bringt. (Den Feind mit in den Abgrund reißen!)

(n. Glasl, Friedrich: Konfliktmanagement. Stuttgart 1990)

Der Mensch hat die Freiheit, sich über das Arterhaltungsprinzip hinwegzusetzen und Leben, auch das eigene zu vernichten. Diese Gewalt hängt wesentlich mehr mit tiefer innerer Angst zusammen, als mit Zorn. Frühkindliche Erlebnisse spielen hierbei eine große Rolle: wer viel geschlagen wurde, schlägt wesentlich schneller zu. **Gewalt ist oft ein Ausdruck der Sprachlosigkeit.** Als reife Persönlichkeit entwickeln wir die Fähigkeit aus der Dynamik der Konflikteskalation auszusteigen, Abstand, Überblick, Selbstkritik zurück zu gewinnen, uns zu versöhnen:

„Versöhnen bedeutet zu akzeptieren, dass Vergangenes nicht mehr verändert werden kann."
(Richard Rohr in einem im Januar 98 gehaltenen Vortrag in Salzburg).

Die Ideen und Methoden dieses Kapitels beziehen sich im Wesentlichen auf die moderierende Begleitung von Konflikten der ersten drei Eskalationsstufen Spannung, Debatte und Konfrontation.

Konfliktmanagement **Aggression**

Auslöser von Wut

JE KONSTRUKTIVER WIR WUTGEFÜHLE LEBEN KÖNNEN, DESTO WENIGER ESKALIERT EIN KONFLIKT RICHTUNG DESTRUKTIVITÄT

Ein wichtiger Aspekt von Aggression ist Wut: Die Skala reicht von Verstimmtheit bis Hass und ist eine natürliche Reaktion auf Schmerz und Verletzung. Menschliches Handeln ist vielschichtig und der Zusammenhang mit der Verletzung oft keineswegs erkennbar. So kann z.B. ein Erwachsener aufgrund von Wunden in seiner Kindheit destruktiv reagieren. Das Verständnis solcher Zusammenhänge hat nichts mit einer Bewertung oder Befürwortung zu tun. Psychoanalytisch betrachtet wird auffälliges destruktives menschliches Handeln als ein Versuch verstanden, eine Geschichte zu erzählen oder diese in umgekehrter Rolle nochmals durchzuspielen. So kann Destruktivität ein Hilferuf sein, der auf tiefe seelische Verletzungen hinweist: Der Täter lebt die panische, ohnmächtige, verschlingende Wut eines verletzten Kindes!

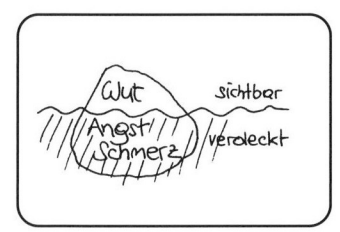

Große Defizite, Grundbedürfnisse, die unerfüllt geblieben sind, können ebenfalls zu einer kämpferischen Grundhaltung führen.

Insbesondere die Pubertät bietet Entwicklungschancen im Umgang mit Zorn: Je mehr Konfliktlösungsmöglichkeiten wir in dieser Zeit lernen und reflektieren, desto weniger tendieren wir zu destruktivem Verhalten: wir können das Verhalten wählen, mit Aggressionen konstruktiv umgehen.

Mögliche Ursachen von Ärger, Wut, Zorn sind im Einzelnen:

Bedrohter Selbstwert
- Kränkung
- Bloßstellung, Demütigung
- Unsicherheit
- Bedeutungslosigkeit
- fortwährende Konkurrenz
- Beschuldigung, Anklage, Moralisieren
- Niederlage (insbesondere, wenn damit eine Abwertung verbunden ist oder der Sieg eine große soziale Bedeutung hat)

Überforderung / Stress
- Reizüberflutung
- Unruhe, Nervosität
- permanente Störungen
- zu viele Kontakte
- Angst, nicht bestehen zu können
- Leistungsdruck
- schneller Wechsel verschiedenartiger Anforderungen

Einschränkungen
- Platzmangel
- eingeschränkte Intimsphäre
- keine Möglichkeit für sich allein zu sein
- Strafen
- Willkür
- starke Kontrolle / Fremdbeurteilung

Beziehungsdefizite
- Kontaktsuche
- Suche nach Anerkennung
- Haltlosigkeit
- Gefühlskälte
- Beziehungslosigkeit
- Ablehnung
- starke Konflikte anderer
- sexuelle Spannungen

Individuell unterschiedlich sind unsere Reaktionen auf diese Auslöser. Keineswegs dürfen Menschen eindimensional mit Reiz-Reaktions-Schemata erklärt werden.

Destruktive Handlungen sind nur eine der möglichen Formen von Selbstausdruck.

KONFLIKTFÄHIGKEIT IST EIN ASPEKT VON PERSÖNLICHER REIFE.

Konfliktmanagement **Aggression**

Ärger und Wut abreagieren
Den gesunden Umgang mit aggressiven Gefühlen lernen

Ärger und Wut sind wichtige körperliche Reaktionen. Häufiges Unterdrücken und Zurückhalten dieser Gefühle kann viele unangenehme Auswirkungen auf das eigene Wohlbefinden, die Gesundheit und die betroffenen Beziehungen haben.

Manche Situationen und Beziehungen erschweren unseren authentischen Ausdruck oder ein ehrliches Gespräch: Nicht in jeder Situation ist es sinnvoll Ärger direkt zu zeigen.

In einer weiterführenden Schule wurde den SchülerInnen ermöglicht, für ein sportliches Training täglich 15 Minuten joggen zu gehen. Die LehrerInnen beobachteten, dass dadurch die Atmosphäre im Klassenraum ruhiger und konstruktiver wurde.

Die folgenden Ideen können eine Hilfe sein Ärger „umweltschonend" auszuleben, sich zu „reinigen", für die eigene Psychohygiene zu sorgen.

"Watschenmann"
- ein Schaumgummipolster mit einem Gesicht bemalen und ohrfeigen
- Tonfiguren (zer)kneten
- in ein Polster boxen
- nach einem Fußball treten
- einen Sandsack aufhängen und boxen

Stimme und Töne
- Lärm machen
- Schreien, z.B. bei lauter Musik oder im fahrenden Auto
- vor sich hin schimpfen, laute Selbstgespräche
- laut Vokale singen und dabei auf die Brust trommeln („Tarzan")

Sport und Bewegung
- 5 x ums Haus rennen
- Tennis, Golf ohne Wettkampf, Strategie und Konzentration: einfach reinhauen!
- 40 Min. Joggen
- Holz hacken (spielen)

Gefühle mitteilen
- Zu einer Person sprechen, die bereit ist, ausreichend lange aufmerksam und mit Achtung zuzuhören, ohne Ratschläge zu erteilen oder eigene Geschichten loswerden zu wollen.

Kreativer Ausdruck
- tanzen und toben
- mit Farbe schmieren
- Grässliches malen
- töpfern, kneten
- eine Gitarre „schlagen", in ein Klavier „hämmern"
- schreiben und fantasieren
- Zeitung bekritzeln, zerknüllen, wegwerfen

mit PartnerIn toben
- faire Kämpfe mit strengen Regeln
- Zieh- und Schiebeübungen
- Zeitungs-, Kissenschlacht
- Schimpfrituale: am besten gleichzeitig, so hört jeder nur sich selbst
- Wasser-Spritz-Schlacht, Schlammschlacht, Schneeballschlacht

Eine der häufigsten Ursachen für miese Stimmung ist aufgestaute Aggression!

Konfliktmanagement **Lösungskompetenz**

LÖSUNGSKOMPETENZ

Selbstbehauptung und prozessorientiertes Durchsetzen

"Hart in der Sache – weich in der Person"

Oft einigen wir uns bei einem Konflikt nicht auf der Sachebene: Erst wenn wir nach langem Streiten das Gefühl haben, der andere habe genug gegeben oder gelitten, sind wir zu einer Lösung bereit.

Aggressive Selbstbehauptung, direktes Durchsetzen, Ausspielen von Macht und Überlegenheit kann Beziehungen genauso gefährden wie halbherzige Zugeständnisse „um des lieben Friedens willen". Das Gefühl schwächer, unterlegen zu sein, verloren zu haben, aus Angst nachgegeben zu haben, kann zu Rachegedanken führen. Dies ist der Keim für den nächsten Konflikt.

Kurzfristig können sinnvolle Strategien der Selbstbehauptung auch manipulativ erfolgreich sein. VertreterInnen für englischsprachige Enzyklopädien arbeiteten eine Zeit lang erfolgreich mit den drei Strategien:
○ ein positives Grundgefühl vermitteln
○ das Selbstwertgefühl stärken
○ eine Logik entfalten, der sich die KundInnen nur schwer entziehen können.

Die KundInnen wurden von den VertreterInnen als gebildet, interessiert, modern und aufgeschlossen angesprochen. Diese Wertschätzung diente aber nur dem schnellen Geschäft. Solche Geschäfte können meist nur einmal gemacht werden, da, wenn kein wirklicher Bedarf für dieses Produkt besteht, die Beziehung zum Kunden geopfert wird. Wer sich hinterher ärgert, fühlt sich betrogen. Ehrliche Wertschätzung beinhaltet immer die Achtsamkeit für die Bedürfnisse anderer. Auf dieser Basis ist faires Aushandeln und konstruktives Durchsetzen möglich.

Das Wahrnehmen unterschiedlicher Standpunkte braucht seine Zeit. Diese Standpunkte so wahrzunehmen, wie sie sind, sie als Ausgangspunkt zu verstehen und sie als berechtigt zu bejahen, all das ist Basis für Annäherung:

○ einen gemeinsamen Nenner finden,
○ neue kreative Lösungen erarbeiten,
○ Teilziele abwägen und umsetzen.

DURCHSETZEN IST EINE FRAGE DER ENERGIE UND NICHT DER MORAL ODER HIERARCHIE; DIES SIND LEDIGLICH MÖGLICHE ENERGIEQUELLEN.

Konfliktmanagement **Lösungskompetenz**

Mich konstruktiv durchsetzen

Energie wird spürbar in diesen Qualitäten:

Für Kritik offen

○ Ich gebe gegenüber KonfliktpartnerInnen ruhig zu, dass ich ihre Kritik verstehe, ohne deshalb mein Anliegen aufzugeben. Ich gebe Fehler und Irrtümer offen zu und akzeptiere den Ärger der Anderen.

Persönlich

○ Ich zeige eigene Gefühle in ehrlichem Selbstausdruck; diese meine Ehrlichkeit ist Basis für Vertrauen.

Einfühlend

○ Ich wiederhole wichtige Aussagen des/der GesprächspartnerIn kurz, um eigene (Fehl)Interpretationen zu vermeiden.
○ Ich formuliere unklare negative oder aufgebauschte Aussagen des/der GesprächspartnerIn positiv und realistisch um. Dadurch helfe ich der anderen Person, ihren Standpunkt zu klären. Diese wird dadurch veranlasst, sich deutlicher auszudrücken und eventuell manipulative Spielchen aufzugeben.

Wertschätzend

○ Ich nehme die Situation ernst, bejahe die Herausforderung und stehe zu meinem Anliegen.
○ Ich spreche der anderen Person Kompetenz, Macht und Einfluss zu und schätze sie als LösungspartnerIn.

Ergebnisoffen

○ Ich fordere meine jeweiligen PartnerInnen auf eigene konstruktive Lösungen vorzuschlagen und bin bereit, gemeinsam einen Konsens zu finden.

Initiativ

○ Wer zuerst laut und deutlich sagt, was er oder sie will, hat Vorsprung; wer reagieren muss, ist Zweiter: Ich führe, indem ich die Aufmerksamkeit auf Ziele hinlenke.
○ Die Regeln, die von Anfang an wirken, werden bald zur Gewohnheit. Und Gewohnheiten haben Macht.

Kraftvoll

○ Ich spreche in „Ich-Botschaften", stehe als leibliche konkrete Person mit meiner ganzen Energie entschieden hinter meinen Aussagen.
○ Zum ganzkörperlichen Ausdruck gehört auch die Stimme und deren Lautstärke: Standfestigkeit ist spürbar und vermittelt auch anderen Sicherheit.

Prägnant

○ Sich klar, eindeutig, verständlich, begründet auszudrücken, lädt ein sich anzuschließen. Auch eine bildhaft-konkrete Ausdrucksweise unterstützt dies.
○ Sinnvoll ist auch ein stimmiger Schlusspunkt mit einer klaren Stellungnahme: Die Klarheit schwingt nach und wirkt. Je pointierter, knapper ein Anliegen formuliert wird, umso mehr Kraft strahlt es aus.
○ In einem Konfliktgespräch sind Diskussionsbeiträge nur bis ca. 30 Sek. Sprechdauer sinnvoll: Bei emotionalen Spannungen sind wir beim Zuhören schnell überfordert, schalten ab oder formulieren ein Gegenargument gegen einen Teilaspekt. Ich spreche daher immer nur jeweils einen Aspekt an und vermeide Aufzählungen.

Zielstrebig

○ Ich bin bereit mein Anliegen zielstrebig zu vertreten und bleibe diszipliniert beim Thema. Je sicherer ich mir meiner Ziele bin, desto ruhiger kann ich anderen zuhören und sie verstehen. Bedürfnisse und Werte, Spielregeln und Beurteilungskriterien können wir im Hinblick auf das konkrete Ziel klären.

Beharrlich

○ Während ich „wie eine Schallplatte mit Sprung" konsequent mein Anliegen vertrete, es ruhig wiederhole, kann ich manipulative Fallen, bissige Argumente, Pseudologik etc. ignorieren, ohne das gewünschte Ziel aufzugeben. Um Ruhe zu gewinnen kann ich unterscheiden, welche Aspekte der Situation mich persönlich betreffen und was Sachthemen sind.

Konfliktmanagement **Lösungskompetenz**

Konflikte moderieren

Meine Haltung und Kompetenz

Als ModeratorIn von Konflikten brauche ich meist ein beachtliches Durchsetzungsvermögen: eine gewisse Distanz und gute kommunikative Kompetenz. Ich verteile und beschränke die Wortmeldungen, fordere auf Gesagtes und Gehörtes zu wiederholen, formuliere selbst manche Botschaften um und ziehe Grenzen.

Gesprächsregeln kann ich gemeinsam mit den Betroffenen vereinbaren. Meine Aufgabe beim Moderieren ist, auf die Einhaltung zu achten. Keinesfalls bin ich jedoch Schiedsrichter! Wenn ich selbst Rückmeldungen gebe, dann wohlüberlegt und deutlich deklariert: „Jetzt nehme ich Stellung und bin dadurch nicht mehr neutrale Prozessbegleitung." Dies erfordert viel Erfahrung und eine klare Akzeptanz meiner Rolle durch die Konfliktparteien.

Fast immer ist es zielführender, außerhalb zu bleiben und das Gespräch zu leiten, auf Form und Ebene der Botschaften zu achten und eine konstruktive Atmosphäre zu unterstützen. Dabei kann ich beim Einfordern von klaren, persönlichen Botschaften sehr bestimmt sein.

Manchmal kann es sehr wirksam sein, wenn nach jedem Beitrag eines Betroffenen ein kurzes klärendes Gespräch zwischen dieser Person und mir als ModeratorIn eingeschoben wird, bevor die andere Konfliktpartei antwortet. In diesem Zwischengespräch höre ich aktiv zu: „Sie meinen also...", „Damit sagst du...?" Manche Beiträge formuliere ich bewusst um z.B. indem ich aus Beschuldigungen die Ich-Botschaft herausarbeite und anbiete. Diese umformulierten Beiträge der Parteien kann ich für alle sichtbar auf Plakaten mitschreiben. Hierdurch bekommt die eigentliche Botschaft (Ziel, Forderung oder Selbstdarstellung) der Beteiligten noch mehr Gewicht. Zugleich unterstützt der visuelle Überblick die Lösungsfindung.

Ein wichtiges Instrument ist auch meine Frage an die angesprochene Person: „Wie kommt das bei Ihnen an...?", „Was hörst du...?".

Auch eine abwehrende Formulierung eines Betroffenen wie „Darüber möchte ich gar nicht erst reden!", kann ich einbeziehen: „Da ist ein besonders kritischer Punkt?" oder

„Sie fühlen sich jetzt nicht bereit, Ihrem Gegenüber von diesem Ärger zu erzählen?" oder

„Das heißt, du sagst jetzt nicht, wie es dir damit geht." Dies erleichtert, es dann doch zu sagen.

Oder ich wende mich an die Person B: „Was bedeutet das für Sie, wenn Person A nichts dazu sagt?"

Auf der Meta-Ebene kann ich beispielsweise fragen: „Wie wollen Sie damit umgehen, dass...?"
„Welche Regel kann solche Situationen entlasten?"
„Was könnt ihr aushandeln, um klarzukommen mit...?"

Oder um zur Außensicht zu kommen:
„Wer könnte Ihnen jetzt am ehesten eine Lösungsidee anbieten?"

Konfliktmanagement **Lösungskompetenz**

Bei der Moderation von Konflikten ist auf die Ausgewogenheit zwischen den folgenden Polen zu achten. Die Gesprächsführung ist gewissermaßen eine kunstvolle Pendelbewegung, die all diese **8 Positionen** einschließt.

Konflikte moderieren

Spezifizieren ⟷ Generalisieren

Einzelne Streitpunkte überschaubar, konkret und überprüfbar auflisten, begründen und analysieren.

Z. B: „Was bedeutet diese Forderung im Detail?"

Die dem Konflikt zugrunde liegenden umfassenden Haltungen und generellen Anliegen untersuchen.

Z. B. „Wie sieht Ihre Vision einer idealen Gesamtlösung aus?"

Polarisieren ⟷ Harmonisieren

Durch Spielregeln kontrollierte Darstellung der beiden Standpunkte, aber niemals das Gespräch in der Polarisierung beenden!

Z. B. „Wodurch unterscheiden sich diese Ziele von A und B?"

Das Gemeinsame, Verbindende herausarbeiten, als Abschluss eines Konfliktgesrpächs besonders wichtig!

Z. B. „Was ist der gemeinsame Nenner? Worin sind Sie sich einig?"

Identifizieren ⟷ Distanzieren

Die Parteien auffordern, sich mit ihren Standpunkten und Absichten zu identifizieren, in Ich-Botschaften zu sprechen.

Z. B. „Formulieren Sie Ihr Anliegen ganz persönlich?"

Bewusst Abstand schaffen, von außen (aus der Meta-Position) den Konflikt betrachten lassen.

Z. B. „Was halten andere von Ihrem Streit? Was würde Person X dazu sagen?"

nach innen orientieren ⟷ nach außen orientieren

Auf die Beteiligten und deren Denken, Fühlen, Wollen eingehen.

Z. B. „Wie geht es Ihnen gefühlsmäßig bei diesem Gedanken?"

Auf das soziale Umfeld eingehen, die Außenwirkung in Betracht ziehen.

Z. B. „Welche Veränderungen wird Ihr Vorschlag für andere bewirken?"

Diese Gesprächspositionen sind wesentliche Aspekte sozialer Kompetenz. Ich nutze diese auch zur Klärung von Konflikten, die mich selbst betreffen.

(Glasl, Friedrich: Konfliktmanagement. Stuttgart 1990 - siehe hierzu auch: Methodisch gestalten / Moderieren)

Konfliktmanagement **Lösungskompetenz**

4 Positionen sozialer Kompetenz

Neue Perspektiven gewinnen: Technik für kreative Lösungen

Idee: erarbeitet gemeinsam mit Reinhold Rabenstein

In der Moderation von Konflikten achte ich auf die Qualität der Beiträge. Bei Bedarf biete ich Methoden an um die kreative Lösungsfindung zu unterstützen.

Jede Person hat aufgrund ihrer persönlichen Geschichte ihren ureigenen Konflikt, den sie als übermächtige Herausforderung empfindet und der sie ängstlich, wütend oder hilflos macht, während andere Personen bei derselben Herausforderung aktiv und kraftvoll handeln.

Die Frage, warum uns persönlich eine ganz bestimmte Art von Konflikten in „Problemhypnose" versetzt, lässt sich meist nur psychotherapeutisch beantworten.

Wichtig für die Lösungsfindung ist aus dieser Verhaftung im Problem („Problemhypnose") herauszufinden, die Distanz und den Überblick zurückzugewinnen und somit wieder handlungsfähig zu werden. Hierzu bedarf es der sozialen und kommunikativen Kompetenz, unterschiedliche Perspektiven einnehmen zu können: die assoziierte „Drinnen"-Position der Identifikation und des Mitgefühls und die dissoziierte „Draußen"-Position der Distanz und Neutralität.

Zwei „Drinnen"-Positionen

○ **Ich-Position:**
Selbstwahrnehmung ist die Fähigkeit, etwas über sich selbst auszudrücken. Diese Kompetenz zeige ich in Ich-Botschaften: z. B. anstatt einem „Na, heute geht's wieder zu ..." äußere ich „Ich fühle mich gestört und bitte euch ..."

○ **Du-Position:**
Ich fühle mich in die andere Person ein und identifiziere mich mit ihr. Das bedeutet: Ich höre aktiv zu, bin aufmerksam für alle ihre Botschaften, empfange auch Körpersignale. (siehe auch Baustein „Kommunikation verbessern")

Zwei „Draußen"-Positionen

○ **Meta-Position:**
Ich kann über die Situation, mit Überblick und in der Gesamtwahrnehmung etwas sagen: z. B. in einem „heißen" Gespräch: „Wir haben uns jetzt beide sehr geärgert. Für konstruktive Lösungsansätze brauchen wir wohl beide eine Verschnaufpause ..."

○ **Ressourcen-Position:**
Der kreative Ideenreichtum wird gerade in heißen Auseinandersetzungen eingeengt. Die Ressourcen-Position bedeutet, mit ausreichendem Abstand zum Problem mir meiner kreativen, schöpferischen Qualitäten bewusst zu werden. So kann ich gerade in der Enge eines Konflikts die eingefahrenen und oft gewohnheitsmäßig erfolglosen Denkrichtungen verlassen, indem ich gezielt an etwas denke, das ich gut kann und gerne tue, z. B. kochen, musizieren, sportel, tanzen, spielen. Wichtig ist dabei, die Verbindung von Kompetenz mit Spaß, weg von der Hypnotisierung durch den Konflikt, weg vom Grübeln („Problemtrance"): Wenn ich sehr lange im selben Badewasser liege, kann ich irgendwann nicht mehr zwischen meiner eigenen Temperatur und der des Wassers unterscheiden. In einer neuen Position kann ich wieder differenziert spüren. In der Ressourcen-Position besinne ich mich ganz bewusst auf die eigenen Kräfte, auf meine Kreativität, mein Selbstwertgefühl.

Diese Technik der Ressourcen-Position können wir in der Selbstreflexion und in der gemeinsamen Bearbeitung von Fallbeispielen üben und uns zu Eigen machen: In der Betrachtung von Konflikten und Herausforderungen denke ich intensiv an etwas, was ich gut kann und gerne tue, beschreibe und fühle die eigene Stärke. In der bildhaften Erinnerung lernt der Körper das Gefühl der Stärke, der Anregung.

Aus diesem Gefühl betrachte ich die Herausforderung und finde so leichter Lösungsideen. Dadurch kann ich den eigenen Anteil an der Situation verändern. Dies wirkt als "Lösungstrance" (statt „Problemtrance") und ist besonders hilfreich, wenn ich mich selbst angegriffen fühle.

Wirkung der Ressourcen-Position

Fallbeispiel: KollegInnen-Konkurrenz

In einem heftigen Konflikt mit einer Kollegin wurde die Spannung so groß, dass kein Gespräch mehr ohne „Schlagabtausch" möglich war. Verwundet und gekränkt gingen wir auseinander. Ich quälte mich, was ich nächstes Mal zu ihr sagen oder ob ich ihr schreiben sollte. Dann probierte ich diese Technik:

In der Imagination einer meiner Stärken sah ich mich als Schmetterling, der frisch geschlüpft voll Leichtigkeit in der Sonne segelt und freundlich herunterschaut. In diesem Gefühl kam mir die Idee, die Kollegin einzuladen, gemeinsam Essen zu gehen und ich vereinbarte mit ihr, an diesem Abend nicht über den Konflikt zu sprechen, sondern nur Belangloses zu plaudern.

Bei der nächsten Begegnung nach diesem Abend war die ganze Schwere der Auseinandersetzung wie weggeblasen und wir spürten beide, dass wir einander trotz aller Kämpfe schätzten, die Verständigung wurde leicht und die Beziehung tiefer.

Fallbeispiel: Partnerschaftskonflikt

Ein Freund erzählte mir, dass er gerade überlegte, sich ein neues Auto zu kaufen, und dass ihn immer wieder ein roter Sportwagen in den Sinn käme - obwohl so ein Auto für ihn nicht in Frage käme.

Unabhängig davon erzählte er mir wenig später von einer unangenehmen Verstrickung mit seiner Frau, in der er nicht wüsste, wie er sich entscheiden sollte. Mehr provokativ als wohl überlegt fragte ich ihn, wie er denn als Sportwagenfahrer in dieser Situation reagieren würde.

Sofort antwortete mein Freund: „...rasant vorfahren, die Tür aufmachen und sagen: Komm, steig ein!" Er wusste sofort, was das für ihn bedeutete: „Das heißt, meiner Frau eine bestimmte Einladung machen." Tatsächlich löste er die Situation für beide zufriedenstellend. Noch Monate später freute er sich über die witzige Lösungsidee mit dem roten Sportwagen. (Übrigens kaufte er sich ein völlig anderes Auto.)

Die Ressourcen-Position: konstruktive Kreativität

Ganz gleich, ob wir uns in dieser Technik als Schmetterling, als Sportwagenfahrer, als Surfer oder als Geigenspieler spüren, in dieser Position der Stärke und Freude lösen wir uns aus der Verstrickung. Wenn wir z.B. bloß denken oder geraten bekommen: „Probiere etwas Versöhnliches!", wirkt dies nicht annähernd so, als wenn wir im Kontakt mit eigenen Quellen einen bildhaft kreativen, konstruktiven Lösungsansatz schaffen. In dieser Position der innerlichen Stärke wirke ich dem Sog der Konflikteskalation entgegen.

Indem sich der Blick weitet, kann ich Möglichkeiten wahrnehmen, insbesondere solche, die ich durch den psychologischen Nebel der Konfliktdynamik nicht wahrgenommen habe. So finde ich eine Botschaft, mit der ich die andere Konfliktpartei erreiche, oder schaffe eine versöhnliche Geste. Das Empfinden von Stärke hilft, uns und damit den Konflikt zu lösen.

Leider passiert uns oft genau das Gegenteil: Ein belastender offener Konflikt lässt uns nicht zur Ruhe kommen, unsere Gedanken kreisen darum, wir bleiben im Problembewusstsein, auch wenn wir aktuell gerade nichts damit zu tun haben. Wir nehmen das Gefühl von Verstrickung, Schwere, Bedrohung des Konflikts mit in andere Situationen.

Die Technik der Resourcen-Position geht den umgekehrten Weg: Wir nehmen Entspannung, Freude, Stärke mit in die Herausforderung.

Konfliktmanagement Lösungskompetenz

ARBEITSBLATT

4-Positionen-Beratung

Absicht: aus neuer Perspektive und dem Gefühl eigener Stärke Konfliktlösungen finden
Arbeitsform: Paare, Beratungsgespräch, Stuhlarbeit
Dauer: 15 - 30 Min./Durchgang
Material: 4 Sessel o.Ä.

Person A bringt ein Problem, eine Situation ein, in der sie mit jemandem in einen Konflikt verstrickt ist.

Person B ist BeraterIn, stellt die Fragen, fasst Gehörtes zusammmen, fragt eventuell nach, spielt aber nicht mit.

1 Raumgestaltung/Einführung: A erzählt einleitend die Situation, den Konflikt, das Ereignis und stellt je einen Sessel auf: für sich selbst (Ich-Position), für die eigene Stärke (Ressourcen-Position), für die Außenansicht (Meta-Position) und als KonfliktpartnerIn (Du-Positon).
Beispiel: Monika erzählt: „Der Mitarbeiter Michael stört das Team, das ich als die Moderatorin leite. Hier der Sessel für mich, hier sitzt Michael ..."

2 Ich-Position einnehmen: B: „Setze dich auf den Ich-Sessel und erzähle die Situation aus der eigenen Position."
Beispiel: Monika: „Michael nervt mich. Er macht spitze Bemerkungen und verunsichert mich dadurch. Ich bin doch hier beauftragt, zu moderieren!"

3 Du-Position einnehmen: B: „Setze dich auf den Du-Sessel, identifiziere dich mit der KonfliktpartnerIn und erzähle aus deren Position.
Beispiel: Monika (auf Michaels Sessel): „Monika geht mir viel zu schnell vor. Außerdem wird sie uns nichts Neues zeigen können. Wenn ich das leiten würde, wär's gescheiter!"

4 Meta-Position einnehmen: B: „Beschreibe aus einem gewissen Abstand, vielleicht aus der Vogelperspektive die Beziehung, das Geschehen.
Beispiel: Monika (auf dem Meta- Sessel): „Hier sehe ich eine Konkurrenzsituation. Michael akzeptiert Monika nicht als Moderatorin, spricht seine Zweifel aber nicht direkt aus. Monika reagiert gekränkt, wird schneller."

5 Ressourcen-Position einnehmen: B: „Beschreibe eine deiner besonderen Qualitäten und erzähle, wie das ist, was du gut kannst: z.B. schifahren, singen, kochen. Jedes Beispiel ist o. k.!"
Beispiel: Monika (auf dem Ressourcen-Sessel): „Ich kann sehr gut Geige spielen. Das macht mir viel Spaß. Die Musik wird eins mit der Bewegungen meiner Arme."

6 B: „Wie würdest du in dieser Metapher (mit den Worten der Skifahrerin, der Köchin, des Musikers) die Konfliktsituation beschreiben?"
Beispiel: Monika beschreibt den Konflikt als Metapher: „Hier harmonisieren zwei Musiker nicht. Monika spielt lauter, sobald sie Misstöne hört."

7 B: Gib dir selbst einen metaphorischen Tipp, sprich zum Sessel der Ich-Position, als würdest du dort sitzen."
Beispiel: Monika: „Halt mal inne und achte, ob die Instrumente zusammen gestimmt sind."

8 Rückkehr zur Ich-Position: B: „Du hast diesen Tipp gehört. Wie wär's, wenn du diesen Tipp umsetzt, was würde das - übersetzt - bedeuten?"
Beispiel: Monika: „Innehalten, neu stimmen. - Das heißt, die Moderation unterbrechen. Dann könnte ich sagen: Ich fühle mich jetzt verunsichert. Bitte klären wir nochmals das Ziel und den Auftrag an mich ... Ich bitte jede Person, zum Verlauf unseres heutigen Teamtages Stellung zu nehmen!"

9 (nochmal) die Du-Position einnehmen: B: „Was verändert sich, wie geht's damit, dass dein Gegenüber den Tipp umsetzt?"
Beispiel: Monika (auf dem Michael-Sessel): „Wenn Monika die Moderation unterbricht und mich fragt, wie's mir geht, macht es mir meine Zweifel bewusster. Ich denke, so kann ich ihre Leitungsrolle besser akzeptieren."

10 Bewusst abschließen: Die Rollen werden abgeschüttelt, die neue Lösungsidee zusammengefasst, ohne dabei wieder zur Problemsicht der Anfangsphase zurückzugehen.
Beispiel: Person A sagt, was ihr in der Begleitung durch Person B gut getan hat. Die beratende Person B sagt, was ihr jetzt an A wertvoll geworden ist.

Konfliktmanagement **Herausforderungen**

HERAUSFORDERUNGEN AN DIE AUTORITÄT

Angriffe durch TeilnehmerInnen

Entschiedene Abgrenzung gegen Feindseligkeit und Abwertung

Idee: *gemeinsam erarbeitet mit Dr. Bernhard Weiser und Ralf Dollweber*

Angriffe von TeilnehmerInnen bringen mich in Versuchung, die Leitungsrolle zu verlassen und mich aufs Kampffeld zu begeben. Vor allem, wenn dabei die TeilnehmerInnen einen „Treffer" verbuchen konnten, ich mich also getroffen fühle, fällt es schwer, sich nicht auf einen Streit einzulassen. Denn wir geraten in Stress und unbewusst werden Reaktionsmuster aktiviert, die wir bereits in frühester Kindheit erworben haben. Um dennoch in der Lage zu sein, erwachsen zu reagieren und auf Angriffe zu antworten, ohne in ein Gerangel der gegenseitigen Abwertungen gezogen zu werden, ist es sinnvoll, sich das Kampffeld genauer anzuschauen. Es hat die Form eines Dreiecks:

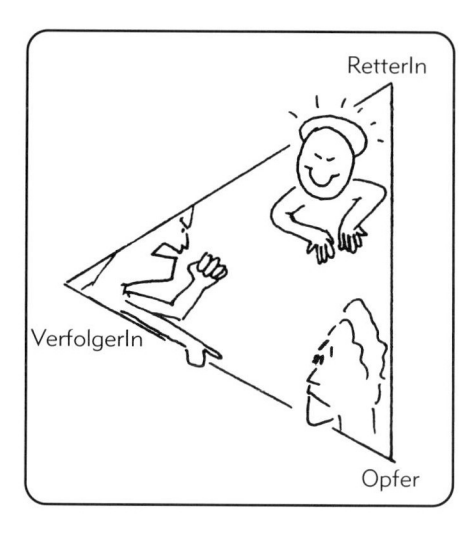

[Abbildung: Dramadreieck mit RetterIn, VerfolgerIn, Opfer]

Da sich die einzelnen Rollen auf dem Kampffeld in Märchen, Mythen und vor allem in den klassischen Dramen finden, entstand in der Transaktonsanalyse die Bezeichnung Dramadreieck. Greifen TeilnehmerInnen mich in einem Seminar an, so übernehmen sie dabei die Rolle des Verfolgers:

Der Verfolger fühlt sich überlegen, weiß, wo es langgeht, macht Vorschriften, kritisiert und stellt bloß, schüchtert andere mit rhetorischen und inquisitorischen Fragen ein und wertet die andere Person und ihre Fähigkeiten ab. Sein Verhalten ist eine Einladung an andere, in die Opferrolle zu gehen: Ohne **das Opfer** würde der Verfolger ins Leere laufen. Gehen wir als Leitungsperson auf diese Einladung ein und spielen mit, so fühlen wir uns hilflos, voller Selbstmitleid, ungerecht behandelt. Wir reagieren wie ein trotzig-bockiges Kind und gehen zum Gegenangriff über („springen im Dreieck" selbst in die Rolle des Verfolgers) oder begeben uns auf die Suche nach einem Retter. Damit werten wir unsere eigenen Fähigkeiten ab. Die Person, die uns soeben angegriffen hat, kann nun in die Retterposition wechseln. Oder andere TeilnehmerInnen versuchen, uns zu „retten".

Der Retter erteilt ungefragt gut gemeinte Ratschläge, erwartet, dass sich andere danach richten und dankbar zeigen, und entmündigt sie (wertet ihre Fähigkeiten der Problembewältigung ab). Kommt aus dem Kreis der TeilnehmerInnen noch ein solcher Retter ins Spiel oder wechselt der Angreifer aus der ersten „Runde" in diese Rolle, so kann das Spiel beliebig lange ausgedehnt werden, ohne dass sich auch nur irgendetwas klärt. Zurück bleibt bei allen Beteiligten das „schale" Gefühl, die Zeit tot geschlagen zu haben.

(Karpman, Steven: Fairy Tales and Script Drama Analysis. In: Transactional Analysis Bulletin 7, S. 39 ff.)

Konfliktmanagement **Herausforderungen**

Selbstwert schützen

Will ich als TrainerIn nicht zum Spielball der TeilnehmerInnen werden, so ist meine grundlegende Aufgabe den eigenen Selbstwert zu schützen. Nur aus eigenem Selbstwertgefühl kann ich andere stützen und verstehen. TrainerInnen, die es nötig haben, durch Entwertung anderer als Verfolger den eigenen Selbstwert zu steigern, können kaum deren Wachstum und Weiterentwicklung fördern. Den eigenen Selbstwert zu schützen bedeutet auch, auf alle abwertenden Angriffe gegen mich als TrainerIn entschieden zu reagieren.

Wenn mich TeilnehmerInnen entwerten und ich wehre mich nicht, verliere ich in deren Augen an Wert. Wenn ich ausschließlich Verständnis für einen abwertenden Angriff zeige oder ihn unbeachtet lasse, dann ist auch mein Verständnis nichts mehr wert. Daher muss ich mich zunächst behaupten und Angriffe abwehren und kann erst in dieser Stärke Verständnis zeigen. Wenn ich mich abgrenze und schütze, ohne im Gegenzug abzuwerten, zu vernichten, dann kann meine Stärke und mein Verständnis heilend wirken. Wenn die angreifende Person erfährt, dass ich den Angriff „überlebe" und dass sie selbst „überlebt", ohne von Rache zerstört zu werden, dann entsteht die Basis für faire Auseinandersetzung. Auf dieser Basis verhandeln wir die Regeln unseres Zusammenlebens.

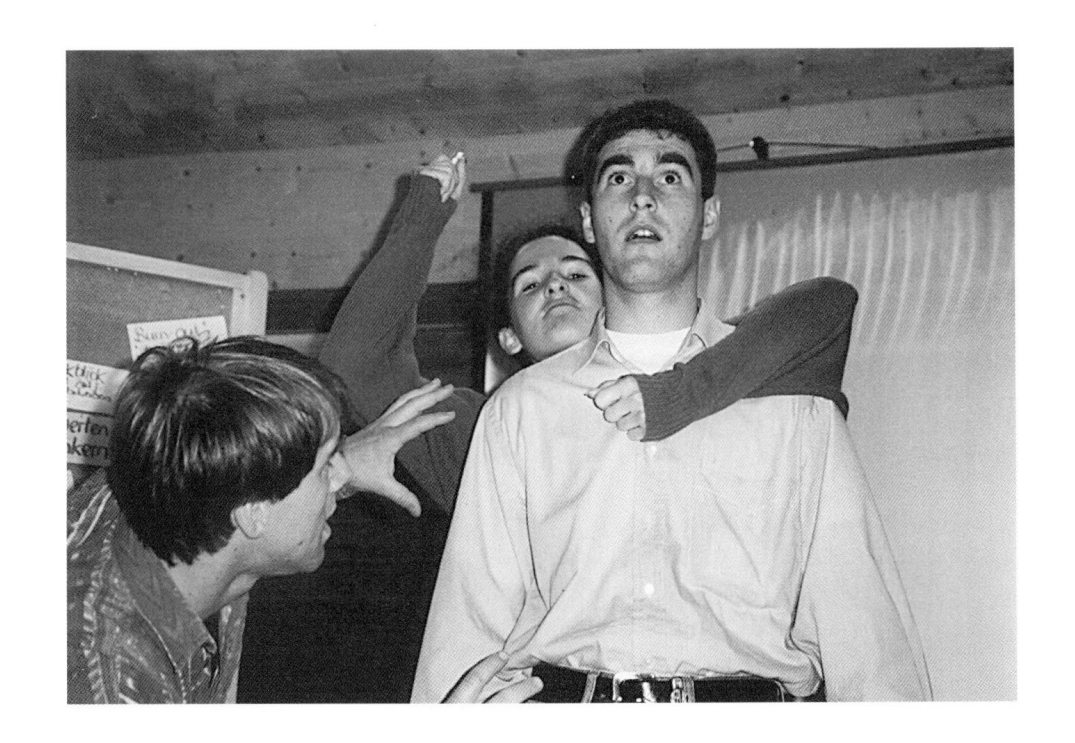

Konfliktmanagement **Herausforderungen**

Disziplin im Seminar

Lernziel: Eigenverantwortung

Als Jugendliche finden wir den eigenen Standpunkt, das eigene Selbstverständnis, kurz: unsere Identität, dadurch, dass wir Regeln austesten, Grenzen überschreiten, gegen Bestehendes kämpfen. Autoritäten geben, sozusagen als „Reibebaum", Orientierung. Auseinandersetzungen um Regeln und Formen des Zusammenlebens finden mehr oder weniger bewusst auch in jeder Gruppe statt. Auch Gruppen haben also so etwas wie eine „Pubertät". Ein typisches Kampfthema in Seminargruppen ist beispielsweise die Pünktlichkeit.

Nach Pechtl verstehe ich Disziplin als geradlinige Zielstrebigkeit, die Abweichungen rasch korrigiert. In diesem Sinne bedeutet Disziplin das exakte Einhalten von Vereinbarungen. (Pechtl, Waldefried: Zwischen Organismus und Organisation. Linz 1991) Manchmal bin ich als LeiterIn zunächst die einzige Person, die Vereinbarungen etwa zu den Arbeitszeiten, schützt. Dies gehört zum Entwicklungsprozess der Gruppe. So stehe ich vor der Entscheidung, die Gruppe dies selbst regeln zu lassen oder selbst einzuschreiten. Ich sehe mich hier in folgendem Spannungsfeld:

Spannungsfeld

Eigenverantwortung der Gruppe ⟷ **Forderung der Leitung**

Ich überlasse es der Gruppe, Regelungen zu finden.

Die Gruppe lernt durch Verhandlung und gewinnt Einsicht durch eigenständige Klärung. Einzelne Gruppenmitglieder profilieren sich. Kompetenzen der Konfliktlösung bilden sich heraus. Dieser gruppendynamische Prozess braucht Zeit.

Ich entlaste die Gruppe durch die Vorgabe meiner Regeln.

Als RepräsentantIn der Ordnung stelle ich klare Forderungen. Energien bleiben frei für andere Aufgaben.

Je nach Gruppensituation und Rahmenbedingungen entscheide ich mich zwischen diesen beiden Polen. Ich achte dabei auf meine eigenen Bedürfnisse und meinen Ärger (z. B. über latente Abwertungen).

Für manche von uns ist Disziplin ein heikles Thema: Wir assoziieren Starrheit Abwertung und Beziehungsverlust, denken an Eltern, die signalisierten: „Ein unordentliches Kind lieben wir nicht." Daher lasse ich Zeit, diese Themen zu verdauen, anstatt sie wegzusanktionieren. Aber es kann nicht bei jedem Detail um Verständnis und Einsicht gehen. Oftmals ist Klarheit und Entschiedenheit wichtiger.

Wenn ich selbst mich betroffen fühle, etwa wenn Arbeitsaufträge nicht wie besprochen ausgeführt werden oder eben wenn ich nach jeder Pause auf die TeilnehmerInnen warten muss, nehme ich entschieden Stellung und schütze dadurch meine Leitungsrolle.

Ich leite nicht nur durch nachvollziehbare Argumente, sondern auch durch klare Forderungen.
Dies verlangt auch von mir als LeiterIn Disziplin: die Selbst-Disziplin, meinen eigenen Zielen treu zu bleiben und auf Abweichungen konsequent zu reagieren.

Konfliktmanagement **Herausforderungen**

Lernziel: Ordnungen beachten
Unpünktliche TeilnehmerInnen ignorieren oder einbeziehen?

Pünktlichkeit erlebe ich in vielen Situationen als „Reibebaum". Tatsächlich geht es dabei um Wertschätzung. Das Zugeständnis an zu spät Kommende, später zu beginnen, also zu warten bis alle da sind, gibt diesen Macht, die ihnen nicht zusteht: Dadurch bestimmt der Letzte der kommt, über den Zeitpunkt des Beginnes. Zugleich werden flexible Grenzen meist noch mehr ausgeweitet, weil die Gruppe lernt, dass ohnedies nicht pünktlich begonnen wird.

Im gemeinsamen Prozess einer Gruppe oder eines Teams zu beginnen, bedeutet zu starten, so, wie ein Zug abfährt. Reagiere ich auf NachzüglerInnen, indem ich alles nochmal erkläre, was schon abgelaufen ist, bedeutet dies gewissermaßen: „zurück an den Start!" Dies ist ein Umweg, der Aufmerksamkeit und Energie kostet.

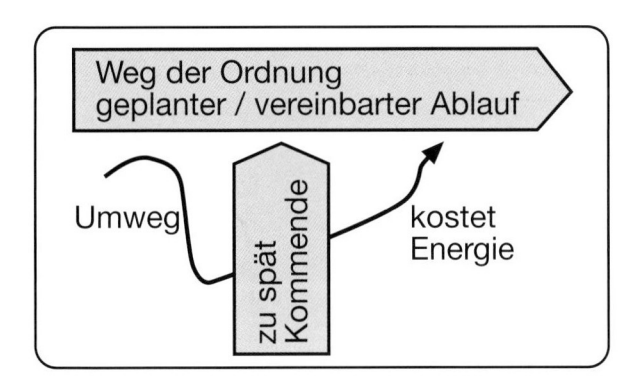

```
┌─────────────────────────────────────┐
│  Weg der Ordnung                    │
│  geplanter / vereinbarter Ablauf →  │
│                  ┌──┐               │
│         ╱╲      │zu│     kostet     │
│   Umweg   ╲____│spät│___→ Energie   │
│                │Kom-│               │
│                │mende│              │
│                └──┘                 │
└─────────────────────────────────────┘
```

Dies ist abzuwägen, wenn ich auf zu spät Kommende reagiere: Auch ein kurzes Unterbrechen und Begrüßen dieser Person ist eine Störung des Ablaufs, ein Verlassen der ursprünglichen Ordnung. Zudem fühlen sich zu spät Kommende meist genötigt, Entschuldigungen vorzubringen. Dies ist für die Beziehungsebene wichtig, lenkt jedoch oft unpassend viel Aufmerksamkeit auf dieses Zuspätkommen.

Ich ziehe es meist vor, Zuspätkommende durch einen kurzen Blick zu begrüßen, zugleich möglichst zielstrebig weiterzuarbeiten und bei nächster Gelegenheit (in einer Kurzpause oder nach einem Arbeitsschritt) diese Person anzusprechen und mit ein paar Worten zu begrüßen. Dadurch signalisiere ich, dass mir die Ordnung, die Pünktlichkeit wichtig ist, dass die vereinbarte Zeit Priorität hat und dass jene, die diese Vereinbarung einhalten, ein Vorrecht haben.

ORDNUNGEN ERFINDEN WIR

Auch zu warten, bis alle da sind, ist eine Ordnung. Auch die meist unbewusste Regel, dass Mächtige später kommen dürfen und dadurch ihren Anspruch auf besondere Aufmerksamkeit oder ihre persönliche Bedeutsamkeit signalisieren, auch das ist eine Form von Ordnung.

Dieses Erfinden, Einhalten und Verändern von Ordnungen berührt mich in meiner Leitungsrolle wesentlich. Auch auf dieser Ebene werden unbewusste Kämpfe ausgetragen: Manches Zuspätkommen gilt mir als LeiterIn. Aus diesem Grund beachte ich diese Vorgänge, spreche meine Regeln bewusst an, stelle, wenn möglich diese Zusammenhänge dar. Einer meiner typischen Sätze am Beginn der ersten Pause ist: „Bitte beachtet die Zeit und kommt zwei Minuten vor dem Ende der Pause in den Seminarraum. Es ist mir sehr wichtig, die vereinbarte Zeit einzuhalten."

Konfliktmanagement **Herausforderungen**

Sanktionen

Jede Art von Störung und Abweichung fordert mich als LeiterIn heraus. Mein Handlungsspielraum, darauf zu reagieren, ist vielfältig.

Sanktionen
haben 2 Grundbedeutungen

Die Abschreckung
(z.B. das Strafmandat beim Falschparken):
- ist im zwischenmenschlichen Bereich eine Notlösung.
- ist nur wirksam und möglich, wenn auch Kontrollen durchgeführt werden.
- kann ggf. die Motivation zerstören (etwa bei zusätzlichen Schulaufgaben).

Die Wiedergutmachung
(z. B. als Schadensersatz)
- ist eine faire Lösung, um einen Ausgleich zu schaffen.
- führt den Täter eher zur Einsicht als Strafen, die unabhängig vom Tatzusammenhang verhängt werden.
- macht TäterIn und Opfer zu gleichberechtigten PartnerInnen: Das Opfer darf fordern und fühlt sich nicht moralisch überlegen, der Täter erbringt ein Opfer, ohne sich schuldig zu fühlen.

(nach Bert Hellinger: Ordnungen der Liebe. Heidelberg 1995)

Sanktionen oder Interventionen?

Es ist wichtig, bei abweichendem störendem Verhalten einzuschreiten und es zu korrigieren. Indem ich Stellung beziehe, schütze ich die Ordnung. Besser ist es aber, schon vorher gezielt gegenzusteuern.

Unerwünschtes Verhalten in Gruppen und Teams entschieden zu verhindern, ist viel wirksamer als hinterher Sanktionen zu verhängen.

Sich mit Vitalität durchzusetzen: („initiativ leiten") ist wesentlich effektiver, als reaktiv zu strafen. Dazu gehört auch mit der Gruppe die Ursachen zu ergründen und gemeinsam präventive Maßnahmen auszuhandeln.

In der Leitung von Teams und Gruppen ist dieses Einschreiten, „Intervenieren", eine Schlüsselqualifikation.

JE ZAHLREICHER UND UNTERSCHIEDLICHER MEINE ERWORBENEN INTERVENTIONSMÖGLICHKEITEN SIND, DESTO BESSER KANN ICH SITUATIONSBEZOGEN WIRKSAM REAGIEREN UND DESTO GRÖSSER IST MEIN HANDLUNGSSPIELRAUM.

Konfliktmanagement **Herausforderungen**

Handlungsspielraum

Interventionen bei Konflikten und Störungen

Unser Handeln steht im Spannungsfeld zwischen Einfühlen und Abgrenzen. Oft sehen wir tatsächlich nur das „Entweder - Oder": meine Bedürfnisse oder deine, ich oder du. Dieser scheinbare Gegensatz widersprüchlicher Interessen ist das Wesen jedes Konfliktes. Wichtig ist eine gewisse innere Distanz, die Fähigkeit auf die Situation von außen herabzuschauen. Dies ermöglicht mir mich von Verstrickungen zu lösen und die Situation zu sehen. Ebenso wichtig ist es, allen in der Situation beteiligten wertschätzend und nicht bewertend zu begegnen. Alle menschlichen Verhaltensweisen machen jeweils subjektiv Sinn und sind berechtigt.

E S GEHT NICHT UM DICH ODER MICH - ES GEHT UM DAS GEMEINSAME AUSHANDELN VON SITUATIVEN ARRANGEMENTS, IN DENEN ALLE BETEILIGTEN EIN HOHES MAß IHRER BEDÜRFNISSE BEFRIEDIGEN KÖNNEN.

3 grundsätzliche Positionen
Beispiel: Zuspätkommen nach der Pause

Versachlichen:
Metakommunikation

Ich spreche das Thema an, beziehe mich auf die

SACHE

„Unsere Arbeitsvereinbarungen dürften nicht ganz eindeutig sein. Offensichtlich haben wir unterschiedliche Bedürfnisse. Was schlagen Sie vor?"

Einfühlen:
„JA" sagen

Im Mittelpunkt meiner Aussage steht die andere Person, das

DU

„Ich verstehe, Sie haben ein großes Pausenbedürfnis. 15 Min. für die Kaffeepause dürften für Sie zu kurz gewesen sein."

Abgrenzen:
„NEIN" sagen

Ich schütze meine Rechte und drücke deutlich aus: Hier geht's auch um mein

ICH

„Ich brauche eindeutige Anfangszeiten, ein schleichender Beginn ist mir sehr unangenehm."

Oft ist es sinnvoll alle drei Positionen anzusprechen. Die Beispielsätze wären dann gleichermaßen Teile eines Gesprächs.

Konfliktmanagement **Herausforderungen**

Interventionstechniken

Die folgende Übersicht stellt Interventionstechniken im Detail dar. Jede Technik zeigt eine Möglichkeit, auf die beschriebene Situation zu reagieren. Dies sind die Register meines Handelns.

Beispiel: In einem Kommunikationstraining werden die TeilnehmerInnen in Paaren aufgefordert, über ihre Stimmung zu sprechen. Ein Teilnehmer reagiert unwillig:

"**Müssen wir immer sagen, wie es uns geht?**"

versachlichen

Die **SACHE** steht im Mittelpunkt der Botschaft:

○ **thematisieren**
"Das heißt also, ich hab jetzt eine Übung vorgeschlagen, die nicht bei allen ankommt."

○ **verhandeln**
"Wie geht es anderen mit diesem Auftrag? Wir können den weiteren Verlauf gemeinsam entscheiden. Meine persönliche Einschätzung ist....."

○ **delegieren**
"OK. Ich bitte euch als Gruppe zu entscheiden, wie ihr weitermachen wollt."

einfühlen

Das **DU** steht im Mittelpunkt der Botschaft:

○ **aktiv zuhören** ("spiegeln")
"Du möchtest nicht darüber sprechen, wie's dir geht."

○ **umformulieren**
"Du fragst, wieso ich diese Aufgabe stelle?"

○ **fokussieren**
"Diese Aufgabenstellung ist dir jetzt offensichtlich unangenehm. Ich höre heraus, dass du schon länger unzufrieden bist."

○ **zirkulär fragen** (das Umfeld, andere Personen gedanklich einbeziehen)
"Was könnten andere TeilnehmerInnen jetzt möglicherweise besprechen wollen?"
„Was würdest du als TrainerIn dir darauf antworten?

abgrenzen

Das **ICH** steht im Mittelpunkt der Botschaft:

○ **eigene Gefühle ansprechen**
„Ich empfinde diese Bemerkung als harte Kritik. Das beunruhigt mich."

○ **konfrontieren**
„Die Entscheidung über den methodischen Ablauf ist meine Sache. Wenn du dich in dieser Übung nicht einbringen willst, ist das deine Entscheidung."

○ **fordern**
„Ich möchte / Ich schlage vor, dass du dich erstmal auf das Gespräch einlässt, und hinterher überlegst, was es dir gebracht hat."

○ **Bedingungen stellen**
„Ich kann nur leiten, wenn du dich einlässt. Sprich einfach über deinen Ärger mit deinem Partner."

○ **provokativ intervenieren**
„Ich an deiner Stelle würde mich auch schon die ganze Zeit ärgern. Wahrscheinlich ist es besser du gehst."

○ **paradox intervenieren**
„O. k. Vereinbaren wir, dass du in diesem Seminar nie mehr sagst, wie es dir geht."

Konfliktmanagement Herausforderungen — ARBEITSBLATT

Interventionstechniken – Fallbeispiel:

TeilnehmerIn wehrt ab - Verweigerung

Wenn eine TeilnehmerIn sich weigert mitzuarbeiten, kann mich das als TrainerIn stark verunsichern. Schnell fühle ich mich als Person abgelehnt. Tatsächlich kann eine Verweigerung mich als Person oder meine Leitungsrolle meinen, Machtkampf bedeuten und meine Arbeitsfähigkeit behindern. Wird eine Methode verweigert, so kann ich das gemeinsame Ziel klären und eventuell eine andere Methode wählen. Im folgenden realen Fallbeispiel gilt die Verweigerung den Rahmenbedingungen.

Die Situation:

In einer großen Dienstleistungsorganisation wird ein internes Seminar zum Thema „Effektiv telefonieren" angeboten. Manche TeilnehmerInnen kommen auf nachdrückliche Empfehlung ihres Vorgesetzten. Die Trainerin beginnt mit einer Vorstellungsrunde. Ein Teilnehmer meldet sich sofort mit der Bemerkung:

„Mein Name steht auf der Teilnehmerliste. Außerdem wird das sowieso nichts bringen, ich telefoniere ja richtig, die anderen müssten lernen, wie man richtig telefoniert!"

Formulieren Sie eigene Ideen für mögliche Interventionen in dieser Situation!

Mögliche Interventionen:

○ „Ich nehme an, Sie sind unfreiwillig hier und sehen keinen Sinn in diesem Seminar. Das ist immer wieder so eine schwierige Sache, wenn jemand zu einem Seminar geschickt wird, ohne selbst zu wollen."

○ „Sie sprechen ein wichtiges Thema an: Wie kann ich in der Praxis mit jemandem telefonieren, der keine Gesprächstechnik kennt? Genau darum geht's in diesem Seminar."

○ „Sie sagen, Sie können schon effektiv telefonieren. Wenn Sie hier nichts mehr lernen können, tut's mir Leid. Meine Bedingung für die Zusammenarbeit ist, dass Sie bereit sind Ihr eigenes Gesprächsverhalten zu optimieren!"

○ „Sie sagen, dass Sie das alles schon können. Dann ist es für uns alle das Beste, Sie beobachten, ob wir alles richtig machen. Rutschen Sie gleich mal einen Meter raus aus der Gruppe, damit Ihr Beobachterstatus noch deutlicher ist."

Um welche Arten von Interventionen handelt es sich jeweils?

Kommunikationsregel für Konflikte

Ich-Botschaften: Auswirkungen beschreiben

Ein Aspekt der Konflikteskalation besteht darin, dass wir uns im Ärger oft übermäßig viel mit der Konfliktpartei beschäftigen. In unseren Gefühlen, Regungen, in unserem inneren Film wird diese Person übermächtig bedeutsam. Viel Energie wird dazu verbraucht, die andere Partei schwarz zu färben, im Zwielicht zu sehen, insgeheim oder öffentlich zu verteufeln. Dieser Mechanismus, der oft wie ein automatischer Pilot mit uns abfährt, kann das Entwickeln von Lösungsstrategien und die konstruktive Auseinandersetzung erschweren und blockieren.

Der erste Schritt zur Lösung des Konflikts ist sich selbst von den Gedanken, die um die andere Partei kreisen, zu lösen und zu sich selbst zurückkehren, seine Gefühle, Absichten, Bedürfnisse, Ziele, Botschaften und Unterlassungen wahrzunehmen.

Mich lösen: Ein Schritt zur Lösung

Es gilt die Chancen zu sehen, mit der anderen Person, so wie sie ist, zurechtzukommen. Dies mag viel Selbstdisziplin erfordern. Oft ist eine Aggressionsübung zum Abreagieren von Ärger hilfreich. Beim Mitteilen meiner Wahrnehmungen und Anliegen hilft folgende Regel: Ich spreche über mich selbst und über die Auswirkung des Verhaltens der anderen auf mich. Hierfür gibt es eine griffige Vorstellungshilfe:

Das Schichtmodell:

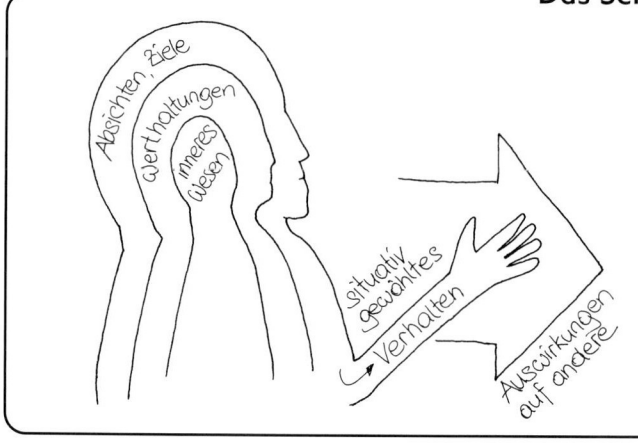

1. Im Innersten ist jede Person sie selbst, einzigartig in ihrem Wesen, wertvoll in ihrem Menschsein. Dies ist ein Bereich, den wir respektvoll und achtsam erahnen können.

2. Nahe diesem inneren Wesen bilden wir unsere Haltungen, Einstellungen aufgrund unserer persönlichen Lebens- und Lerngeschichte aus.

3. Aufgrund bewusster und unbewusster Haltungen wählen wir unsere Ziele und Absichten.

Der Angriff auf das Wesen einer Person verletzt am tiefsten, z.B. „Du bist unmöglich!" Wer sich so persönlich angegriffen fühlt, schaltet auf Notprogramme (ineffektive Kommunikations-/ „Stressmuster").

Häufig neigen wir in Konflikten dazu, einander Haltungen zu unterstellen: „Du denkst asozial!" Dies verletzt und fördert die Konflikteskalation. So drehen sich die Konfliktparteien im Kreis gegenseitiger Anschuldigungen und Rechtfertigungen, streiten über Haltungen, anstatt Lösungen zu verhandeln.

Auch der Bereich der Absichten und Ziele gehört zum Bereich der autonomen Persönlichkeit; auch Anschuldigungen auf dieser Ebene bringen uns nicht weiter: „Du wolltest mich ärgern!" Konstruktiv wirken demgegenüber Ich-Botschaften.

➡ FOLIE 6
KOMMUNIKATIONSREGEL

Konfliktmanagement **Kommunikationsregeln** | ARBEITSBLATT

Beispiele:

Ich-Botschaften

	Überlegen Sie, auf welcher Ebene des Schichtmodells die folgenden Sätze beschuldigend wirken. Angriffsbotschaft der Person A (Beschuldigung):	Wie würden Sie diesen Satz durch konstruktive Ich-Botschaften der Person A ersetzen? Konstruktive Ich-Botschaft der Person A	Wie können Sie als GesprächspartnerIn „B" dennoch konstruktiv auf die Anschuldigung antworten, indem Sie diese umformulieren. Mögliche Antworten von GesprächspartnerIn B auf die Angriffsbotschaft
1. Eine Führungskraft A zu Mitarbeiter B: „Das gehört einfach zu seriösem Arbeiten!"			
2. Der Vereinskassierer A wird von B kritisiert, er sei zu genau: „Für meine schwierige Kontrollaufgabe muss ich mich auch noch anfeinden lassen!"			
3. Lehrer A zu SchülerInnen B: „Ihr habt keine Disziplin, so werdet ihr nie weit kommen!"			
4. Erwachsene Frau A zu ihrer Mutter B: „Du bist nicht echt, du weinst ja nur um mich unter Druck zu setzen!"			
5. SeminarteilnehmerIn A zum Trainer B: „Von einem Trainer hätte ich mir mehr Verständnis erwartet!"			

LÖSUNGSBLATT

Konfliktmanagement **Kommunikationsregeln**

Lösungsvorschläge:

Ich-Botschaften

	Überlegen Sie, auf welcher Ebene des Schichtmodells die folgenden Sätze beschuldigend Wirken: Angriffsbotschaft der Person A (Beschuldigung):	Wie würden Sie diesen Satz durch konstruktive Ich-Botschaften der Person A ersetzen? Konstruktive Ich-Botschaft der Person A	Wie können Sie als GesprächspartnerIn „B" dennoch konstruktiv auf die Anschuldigung antworten, indem Sie diese umformulieren. Mögliche Antworten von GesprächspartnerIn B auf die Angriffsbotschaft
1. Eine Führungskraft A zu einem Mitarbeiter: „Das gehört einfach zu seriösem Arbeiten!"	B: Dieser Satz bezieht sich auf Haltungen und drückt indirekt aus, Person B arbeite nicht seriös.	A: „So wie Sie diese Arbeit ausgeführt haben, kenne ich mich nicht aus. Ich erwarte..."	B: „Ich sehe, dass Sie unzufrieden sind. Was erwarten Sie sich?"
2. Der Vereinskassierer A wird von B kritisiert, er sei zu genau: „Für meine schwierige Kontrollaufgabe muss ich mich auch noch anfeinden lassen!"	A unterstellt B feindselige Absichten.	A: „Was du eben gesagt hast, trifft mich sehr. Ich möchte meine Kontrollaufgabe durchführen und brauche ..."	B: „Ihre Kontrollarbeit ist oft schwierig und bietet Reibungsflächen. Ich schlage vor: ..."
3. Lehrer A zu SchülerInnen B: „Ihr habt keine Disziplin, so werdet ihr nie weit kommen!"	A greift die Konfliktpartei persönlich an und misstraut ihrer Zukunft.	A: Ich bin unzufrieden. Ich erwarte exaktes Einhalten unserer Regeln."	B: „Offensichtlich erfüllen wir nicht Ihre Vorstellung von Disziplin. Wir möchten die Schulordnung neu diskutieren"
4. Erwachsene Frau A zu ihrer Mutter B: „Du bist nicht echt, du weinst ja nur um mich unter Druck zu setzen!"	A greift das Wesen der Person an und unterstellt ihr eine manipulative Absicht.	A: „Dein Weinen ist mir unangenehm, verunsichert mich. Da bekomme ich das Gefühl, dass ich nachgeben muss."	B: „Es kann sein, dass mein Weinen auf dich unecht wirkt. Was ich möchte, ist....."
5. SeminarteilnehmerIn A zum Trainer B: „Von einem Trainer hätte ich mir mehr Verständnis erwartet!"	Dies ist ein Angriff auf die Haltung und unterstellt B wäre nicht verständnisvoll.	A: „Ich fühle mich nicht verstanden. Mein Anliegen ist ..."	B: „Du fühlst dich nicht verstanden?"

Konfliktmanagement **Fallbeispiele**

ARBEITSBLATT

Konflikt zwischen TeilnehmerInnen
Vorwürfe innerhalb der Gruppe

Konkrete Situation:

In einem Seminar für Drogenberatung waren Polizisten, Lehrkräfte und Eltern geladen. Die Leiterin dieses Arbeitsblocks hatte innerhalb des Gesamtseminars drei Stunden Zeit, um mit den beteiligten Berufsgruppen ein gemeinsames Papier auszuarbeiten, in dem Ideen möglicher Zusammenarbeit zwischen den Berufsgruppen bei Drogenfragen aufgelistet sind.

Die Leiterin fühlte sich von Anfang an mit diesem Auftrag, innerhalb von drei Stunden ein Arbeitspapier zu erarbeiten, stark gefordert.

Nachdem jede der Berufsgruppen ihre Erfahrungen mit Drogenmissbrauch bei Jugendlichen berichtet hatte, reagierte ein Polizist auf die Lehrkräfte mit folgender Wortmeldung in abwertendem Tonfall:

„Welches Problem können schon Lehrer mit Drogen haben, die arbeiten ohnedies nur am Vormittag." In der Gruppe reagierte niemand, die Spannung war deutlich spürbar.

Konfliktbearbeitung:

Überlegen Sie, welche Gefühle die betroffenen Konfliktparteien bewegen und welche Ziele sie verfolgen.

Dann erst sammeln Sie Ideen, um diese Situation zu bereinigen. Sammeln Sie frei drauflos und überlegen Sie erst danach, welche Wirkung die einzelnen Lösungsideen haben werden.

Gefühle	Ziele
Lösungsideen	vermutete Wirkung

134

ARBEITSBLATT

Konfliktmanagement **Fallbeispiele**

Lösungsvorschläge:

Gefühle	Ziele
Polizist: Unsicherheit, Ärger, Trotz, Neid	Provokation, Angriff als Verteidigung, Abreagieren von Unmut.
Leiterin: Erschrecken, Traurigkeit, Hilflosigkeit	gute Arbeitsatmosphäre schaffen, jeder der beteiligten Berufsgruppen Wertschätzung vermitteln, möglichst schnell zum Sachthema zurückkehren.

Lösungsideen	Vermutete Wirkung
○ Ordnungsruf. „Bitte jetzt wieder zum Thema zurückkehren. Ich möchte, dass wir das sachlich bearbeiten."	○ Die TeilnehmerInnen werden sich mit solchen Bemerkungen mehr zurückhalten, der eigentliche Konflikt bleibt ungelöst.
○ Offene Fragen vormerken: „Hier steht eine Frage im Raum, die uns jetzt nicht direkt betrifft. Ich möchte gerne solche Fragen für eine offene Diskussion später sammeln. Mir scheint hier die Frage nach dem Berufsbild der Lehrer gestellt zu sein."	○ Wenn Zeit bleibt bis zur Auseinandersetzung wird diese möglicherweise sachlicher. Die Spannung bleibt zunächst im Raum.
○ Rückfragen - konkretisieren: „Können Sie uns das bitte genauer erklären?"	○ Der Polizist könnte sich zurückziehen, aber auch noch massiver angreifen.
○ Gefühle ansprechen - verdeutlichen: „Uh, das war aber ein sehr massiver Angriff. Wenn ich jetzt Lehrer wäre, ich würde mich sehr abgewertet fühlen" oder: „Mir scheint, dass Sie mit diesem Vorwurf eine Grundfrage der Zusammenarbeit der verschiedenen Berufsgruppen ansprechen. Ich finde das ein sehr wichtiges Thema: Was brauchen Sie, um füreinander mehr Verständnis aufzubringen? Wie können Sie eine Basis für eine gute Zusammenarbeit schaffen?"	○ Die Leiterin spricht aus, was jetzt im Raum steht. Dies ist die beste Voraussetzung für den Einstieg in dieses Thema.

An diesem Punkt des Kurzseminars stellt sich die Frage der Zielsetzung neu. Ein Arbeitspapier über Ideen der Zusammenarbeit zu erstellen, wenn die Basis und Bereitschaft für Zusammenarbeit nicht gegeben ist, dürfte fragwürdig sein. Wenn das Seminar Begegnung und Verständnis füreinander bewirken kann, so ist dies sicher eine bessere Basis für Zusammenarbeit als ein noch so gut formuliertes Papier. Eine Gedankensammlung über Ideen zur Zusammenarbeit lässt sich nach einer intensiven Begegnungsphase auch in 10 Minuten durchführen.

Konfliktmanagement **Fallbeispiele**

ARBEITSBLATT

Konflikt zwischen TrainerIn und TeilnehmerInnen:
Teilnehmerrückzug

Konkrete Situation:

In einer betrieblichen Fortbildung zieht sich ein Teilnehmer aus der Kleingruppenarbeit zurück, wird merklich stiller und verschlossener. Sein Gesichtsausdruck wirkt sehr unzufrieden.

In der Pause spricht die Leitung den Teilnehmer an, worauf dieser in verärgertem Tonfall sagt: „Ist schon alles in Ordnung, ich werde schon zurechtkommen."

Konfliktbearbeitung:

Überlegen Sie, welche Gefühle die betroffenen Konfliktparteien bewegen und welche Ziele sie verfolgen.

Dann erst sammeln Sie Ideen, um diese Situation zu bereinigen. Wie würden Sie diesen Mann ansprechen? Sammeln Sie frei drauflos und überlegen Sie erst danach, welche Wirkung die einzelnen Lösungsideen haben werden.

Lösungsvorschläge:

Gefühle	Ziele
TeilnehmerIn: überfordert, unsicher, einsam	auf sich aufmerksam machen, den Stress bewältigen, eventuell Verantwortung abgeben.
Leitung: besorgt, fürsorglich, verärgert	den Teilnehmer einbeziehen - „gewinnen"

Lösungsideen	Vermutete Wirkung
○ Behutsam Gefühle ansprechen: „Ich fühle mich jetzt unsicher, weil ich nicht weiß, wie ich das einordnen soll. Ich habe den Eindruck, ich kann Sie nicht erreichen, würde aber auch gerne für Sie da sein." (Auch wenn der Teilnehmer keine Antwort gibt:) „Es ist mir ganz wichtig, Ihnen zu sagen, dass ich mich über jede Art von Frage freue und dass ich in jedem Fall für Sie da bin."	○ Auch wenn der Teilnehmer in dieser Situation nicht direkt reagieren oder sich deutlicher ausdrücken kann, so wird dieses Angebot ihn bestärken und ein bisschen mehr Sicherheit geben.
○ Methodische Ansätze: Kleingruppengespräche oder Paargespräche für Erfahrungsaustausch und Feedback.	○ Der Teilnehmer wird im Paargespräch wesentlich eher bereit sein, seine offenen Fragen anzusprechen, als vor der ganzen Gruppe.

VIELE ERWACHSENE HABEN IN DER SCHULE ERFAHREN, DASS FRAGEN STELLEN EIN ZEICHEN VON SCHWÄCHE IST. SO IST DAS ENTWICKELN EINER SELBSTVERANTWORTETEN ARBEITSHALTUNG EINE NEUE HERAUSFORDERUNG.

ARBEITSBLATT

Konfliktmanagement **Fallbeispiele**

Konflikt zwischen TrainerIn und TeilnehmerInnen:
Aggressive Vorwürfe

Konkrete Situation:

In einem Ausbildungslehrgang zur Geburtsvorbereiterin kommt eine Teilnehmerin zur Leiterin und wirft ihr in aggressivem Ton vor, dass das Gelernte wohl nicht in die Praxis umgesetzt werden kann, dass diese Ausbildung in der gegebenen Art nicht zielgerichtet ist, dass wohl einige nach der Ausbildung keine Stellung bekommen würden.

Die Leiterin fühlt sich persönlich angegriffen. Sie reagiert sehr schnell mit dem Gefühl, alles klären und managen zu müssen.

Konfliktbearbeitung:

Überlegen Sie, welche Gefühle und Ziele die betroffenen Konfliktparteien bewegen.

Dann erst sammeln Sie Ihre Ideen, um diese Situation zu lösen. Wie würden Sie reagieren? Sammeln Sie frei drauflos und überlegen Sie erst danach, welche Wirkung die einzelnen Ideen haben werden.

Lösungsvorschläge:

Gefühle	Ziele
Teilnehmerin: Ärger, Unzufriedenheit, Angst	den Stau loswerden, eventuell Verantwortung abgeben
Leiterin: Hilflosigkeit, Überforderung	beschwichtigen, klären

Lösungsideen	Vermutete Wirkung
Abgrenzen, Zeit gewinnen, klären: die Leiterin könnte sagen: „Ich habe so viel Unzufriedenheit nicht erwartet und weiß im Augenblick überhaupt nicht, was ich dazu sagen soll. Ich schreibe mir einmal alle ihre Anliegen auf und werde mir diese einzeln durch den Kopf gehen lassen." So hat die Leiterin die Möglichkeit, sich selbst zu sammeln, ihren Standpunkt zu festigen und das Thema der Unzufriedenheit auch methodisch aufbereitet, z.B. mit einer Moderationsmethode, zu bearbeiten. Wesentlich zu klären ist dabei, welche Unzufriedenheit eindeutig die Person, ihren Unterricht und welche die Rahmenbedingungen und die Situation in einem neuen Lehrgang betrifft.	Die Teilnehmerin mag vielleicht noch eine Zeit lang verärgert sein, wird sich jedoch durch das schriftliche Sammeln der kritischen Punkte verstanden fühlen. Durch die Offenheit der Leiterin wird eine Klärung wahrscheinlich.

Konfliktmanagement **Fallbeispiele**

ARBEITSBLATT

Konflikt zwischen TrainerIn und TeilnehmerInnen:
Selbstherrliche TeilnehmerInnen

Konkrete Situation:

Ein Teilnehmer in einem Sprachkurs ist bereits fortgeschritten und äußert sich oft mit viel Überzeugung, macht dabei jedoch auch viele Fehler. Er ignoriert die Korrekturen der Kursleiterin und schüchtert durch Besserwisserei andere KursteilnehmerInnen ein. Die Dozentin hat bisher eher hilflos reagiert.

Konflikbearbeitung:

Sammeln Sie mögliche Ängste der KursleiterIn und formulieren Sie diese in persönliche Stärken um!

Ängste (der Kursleiterin) →	(umformuliert als) **Stärken**

Lösungsvorschläge:

Ängste (der Kursleiterin)	(umformuliert als) **Stärken**
○ „Der selbstherrliche Teilnehmer könnte meine Initiativen ablehnen und mich als Person gering schätzen." →	"Dieser Teilnehmer sucht meine Anerkennung. Ich bin ihm wichtig."
○ „Wenn ich sein Verhalten anspreche, könnte er beleidigt reagieren und abschalten." →	"Entschieden spreche ich ihn auf sein Verhalten an und lebe dadurch meine Autorität."
○ "Durch die unangenehme Konfrontation könnte die Atmosphäre leiden und ich komisch dastehen." →	"Durch mein Eingreifen wird aus dem Kurs auch ein soziales Lernfeld. Für diese zusätzliche Kompetenz schätzen mich die TeilnehmerInnen."

Mit dem bestärkenden Bild der eigenen Kompetenz wird die Dozentin klare Grenzen ziehen, gleichzeitig aber dem Teilnehmer im sinnvollen Rahmen die Möglichkeit zur Selbstdarstellung bieten. Indem sie die Situation besser im Griff hat, wird sie vielleicht auch sympathische Züge an ihm entdecken.
(Weitere Einzelheiten zu dieser Methode siehe Motivation fördern/ Methoden)

ARBEITSBLATT

Konfliktmanagement **Fallbeispiele**

Konflikt zwischen KollegInnen:
Kollegin platzt herein

Konkrete Situation

Im Sprachunterricht wird ein Rollenspiel durchgeführt, bei dem es kurzfristig etwas lauter wird. Es wird gelacht und viele Stimmen sind gleichzeitig im Raum zu hören. Die Wände des Bildungshauses sind dünn und plötzlich geht die Türe auf.

Eine erboste Kollegin betritt den Raum und sagt in ironisch anklagendem Tonfall: „Könnten Sie bitte etwas leiser sein? Es ist unmöglich, hier neben Ihnen zu arbeiten!"

Konfliktbearbeitung

Überlegen Sie, welche Gefühle und Ziele die betroffenen Konfliktparteien bewegen.

Dann erst sammeln Sie Ihre Ideen, um diese Situation zu lösen. Wie würden Sie reagieren? Sammeln Sie frei drauflos und überlegen Sie erst danach, welche Wirkung die einzelnen Ideen haben werden.

Lösungsvorschläge

Gefühle	Ziele
Sprachlehrerin: Überraschung, Hilflosigkeit, Überrumpelung, Unterlegenheit	Die Situation klären, den eigenen Ärger mitteilen, ein sachliches Gespräch finden
Störende Kollegin: Neid, Konkurrenz, Ärger: Überlegenheit	Ärger ausleben, bloßstellen, sich selbst darstellen, Macht zeigen

Lösungsideen	Vermutete Wirkung
○ Ein Gespräch zu einem späteren Zeitpunkt suchen z.B.: „Tut mir Leid, wenn wir gestört haben, wir machen unser Spiel jetzt fertig, ich würde gerne am Ende des Abends mit Ihnen über die Raumsituation sprechen und eine Lösung suchen."	○ Sachlicher Ansatz, die Kollegin fühlt sich verstanden
○ Sofort unter vier Augen ins Gespräch einsteigen: „Einen Augenblick bitte, ich komme sofort." Und zur Gruppe: „Machen Sie bitte weiter, ich bin gleich wieder da." Die Kollegin aus dem Raum schieben und dahinter die Türe zumachen, am Gang ein Gespräch beginnen, z.B.: „Wir haben Sie jetzt gestört ..." Und nachdem sich die Kollegin beklagt hat: „Es war für mich sehr unangenehm, wie Sie jetzt plötzlich hereingekommen sind und ich habe mich bloßgestellt gefühlt."	○ Durch das Aussprechen der eigenen Gefühle und das schnelle Reagieren wird der Ärger gleich bearbeitet - kein Stau! Die Sprachlehrerin kann somit auch freier in den eigenen Kurs zurückkehren. Gute Chance für eine Klärung.

Konfliktmanagement **Fallbeispiele**

ARBEITSBLATT

Konflikt zwischen KollegInnen:
Ruhe bewahren in Konfliktsituationen

Konkrete Situation

Eine Kollegin erlebt in ihrem Arbeitsteam häufig Konflikte. Es fällt ihr dabei schwer, eigene Standpunkte ruhig zu vertreten und sich klar abzugrenzen.

Sie explodiert schnell und lässt sich auf sinnloses Streiten ein, das sie nachher bereut.

Konflikbearbeitung

Sammeln Sie mögliche Ängste der Mitarbeiterin und formulieren sie diese in persönliche Stärken um!

Ängste (der Mitarbeiterin) →	(umformuliert in) **Stärken**

Lösungsvorschläge

Ängste (der Mitarbeiterin)	(umformuliert in) **Stärken**
o „Ich könnte nicht ernst genommen werden." →	o "In meiner Ruhe komme ich besonders gut an und werde mehr ernst genommen."
o „Ich könnte meinen Standpunkt nicht einbringen." →	o "Ich bringe meinen Standpunkt dann ein, wenn er auf fruchtbaren Boden fällt."
o „Ich werde nicht wahrgenommen, zähle nicht, werde überfahren." →	o "In meiner Klarheit wirke ich stark und als Ruhepol für andere. Daher bekommen meine Worte noch mehr Gehör."
o „Ich schlucke zu viel, schaffe eine innere Müllhalde." →	o "Zur „Mülltrennung" grenze ich mich ab, weise persönliche Angriffe entschieden zurück und achte auf meine Gefühle."
o „Ich werde manchmal zum Sündenbock und fordere andere zum Hinhacken heraus." →	o "Ich gebe Denkanstöße, zeige durch meine Haltung Achtsamkeit, fordere persönliche Werschätzung bei sachbezogener Auseinandersetzung."

Die bestärkenden Sätze geben neue Sicherheit auf dem Weg zu mehr Ruhe und Durchsetzungsvermögen in Konfliktsituationen.
(Weitere Einzelheiten zu dieser Methode siehe Motivation fördern / Methoden)

ARBEITSBLATT

Konfliktmanagement **Methoden**

METHODEN

Konfliktanalyse

Absicht: differenzierte Betrachtung von Konflikten, in die man involviert ist, Bearbeitung von Fallbeispielen, kollegiale Beratung
Arbeitsform: Einzel-, Gruppen- oder Paararbeit
Dauer: 20 bis 45 Min.

Hinweis: Aus diesem umfangreichen Frageschema können Sie - analog der vorangegangenen Fallbearbeitungen - auch einzelne Aspekte für eine knappere Analyse auswählen. Sie können aber auch mit diesem Analysebogen die Fallbeispiele in diesem Baustein einer detaillierteren Betrachtung unterziehen.

Thema:
(Die Benennung der Situation gibt bereits einen Hinweis auf die Sichtweise.)

Situationsbeschreibung (konkret und eindeutig):

	Person / Konfliktpartei 1	Person / Konfliktpartei 2
Parteien beteiligte Personen		
Verhalten der beteiligten Personen		
Ziele/Absichten der Personen		
Auswirkung des Verhaltens der Gegenpartei		
Gefühle		
Gewinn - auch indirekter, sekundärer Nutzen aus der Situation		
Chancen Möglichkeiten Unterstützung zu bekommen, Quellen / Ressourcen zur Stärkung, Handlungsalternativen		

Entscheidung
Welche Schritte plane ich konkret?

141

Konfliktmanagement **Methoden**

ARBEITSBLATT

Konfliktbearbeitung
ABC-Rollenspiel

Idee: nach Reinhald Rabenstein u. a.: Das Methoden Set, Münster 1988, S. 2 A40
Absicht: spielerisch neue Verhaltensmöglichkeiten erproben, Erleben aus neuer Perspektive
Arbeitsform: Dreiergruppen
Dauer: 30 - 45 Min.

Die Kleingruppen setzen sich zusammen, wählen und beschreiben eine konkrete Konfliktsituation und benennen zwei Konfliktparteien.

Der Konflikt wird dann dreimal hintereinander jeweils 5 Min. lang gespielt, wobei die zwei Rollen erhalten bleiben, ihre Besetzung und Ausgestaltung aber immer anders ist.

Eine Person fungiert jeweils als BeobachterIn.

Zwischen den Durchgängen erfolgt keine Auswertung. Jeweils ein bestimmter Sessel steht für eine Rolle bzw. Funktion. Nach jedem Durchgang wechseln die MitspielerInnen „im Radl" jeweils auf den nächsten Sessel, sodass nach 3 Runden jede Person einmal jede Rolle/Funktion besetzt hat.

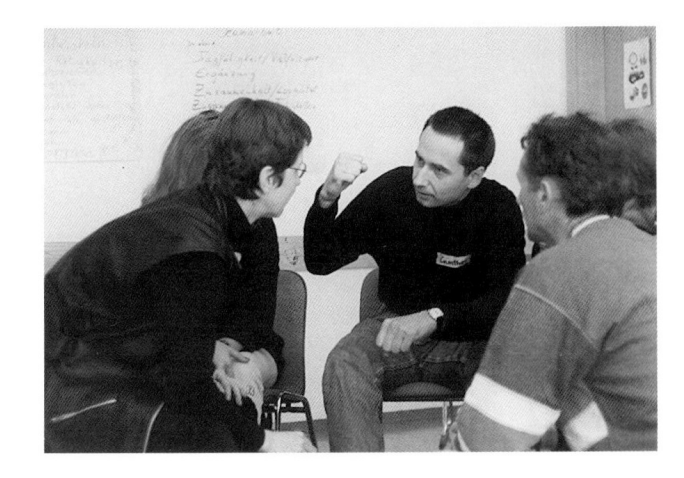

Die BeobachterInnen achten vor allem auch auf Körpersignale, machen sich Notizen und wachen über die Einhaltung der Zeiten.

Person	spielt im / ist im		
	1. Durchgang	2. Durchgang	3. Durchgang
A	Rolle 1	BeobachterIn	Rolle 2
B	Rolle 2	Rolle 1	BeobachterIn
C	BeobachterIn	Rolle 2	Rolle 1

Reflexion: 5 Arbeitsschritte, die deutlich voneinander getrennt sein sollen.

1. Jede Person in der Kleingruppe spricht zunächst nur über sich selbst und beschreibt die eignen Gefühle.
2. Die BeobachterInnen geben Feedback. (Achtung: Selbstbild und Feedback-Prozess nicht vermischen!)
3. Gemeinsam werden für beide Parteien die Ziele analysiert: Was wollte jede Seite - auch unbewusst - erreichen?
4. Gemeinsam werden möglichst kreativ, frei und ohne zu werten Lösungsansätze gesammelt.
5. Jede Person wählt für sich eine stimmige Lösung und bedenkt die mögliche Wirkung auf die Konfliktpartei.

ARBEITSBLATT

Konfliktmanagement **Methoden**

Konfusionstechnik

Absicht: Es geht darum, einer unangenehmen Situation die drückende Schwere zu nehmen,. Distanz zu gewinnen, neue Kraft zu tanken, sich von Fixierungen zu befreien. Zugleich wirkt die Tranceübung erfrischend und wohl tuend. Trance nutzt das Potential des Unbewussten. Das Bewusstsein lässt los, gibt auf und damit dem Unbewussten die Möglichkeit, neuen Sinn, Ordnung, Kreative Ideen zu finden.

Arbeitsform: hypnotherapeutische Paarübung zur Bestärkung, Person A ist aktiv, Person B berät
Dauer: 40 - 60 Min.
Material: ruhige Musik, Papier und Stifte

1. Interview

Person A denkt an eine angenehme, erfolgreiche, gute Situation und beschreibt diese Person B fragt detailliert nach:

"Wann, wo, mit wem hast du die Situation erlebt?"
„Was hast du dabei gefühlt?
„Was siehst du in dieser Situation?"
„Schmeckst oder riechst du etwas oder erinnert dich das Erlebnis an einen bestimmten Geruch oder Geschmack?
„Was tust du?"
„Finde einen bildhaften Vergleich, eine Metapher für diese angenehme Situation (z. B. das ist wie Planschen im Meer)."
B. fordert dabei auf, die Qualitäten zu beschreiben, z. B.: konkret und sinnlich
A: „Ich bin offen,"
B: „Woran erkennst du das? Wie ist das ...?"
A: „Offene Augen, freier Blick."

B schreibt die sinnlichen Qualitäten auf die linke Seite eines DIN-A4-Blattes.

Danach erinnert sich A an eine unangenehme, schwierige, ungute Situation. B fragt wieder nach und schreibt auf der rechten Seite des Blattes die sinnlichen Wahrnehmungen mit. („Spannung im Kiefer, Druck im Bauch ... das ist wie eingesperrt sein ...")

2. Lockern

Oft bleiben wir in der negativen Wahrnehmung, in unguter Erinnerung hängen. Das Unbewusste „kiefelt" weiter daran. Deshalb stehen A und B auf, gehen um den Sessel, strecken sich, atmen tief, seufzen, atmen mit Ton aus, schütteln, streifen einander ab.
A sagt B, an welcher Körperstelle er/sie während der folgenden Übung berührt werden möchte (z. B. am Rücken, Schulter, Arm).

3. Entspannung

A setzt sich entspannt hin, nimmt sich Zeit, um eine gute Sitzposition zu finden, konzentriert sich auf das Atmen und schließt die Augen. B berührt A an vereinbarter Stelle und einigt sich mit A auf ein Zeichen, bei dem die Berührung beendet werden soll, sobald A es möchte. Die Berührung schafft Sicherheit und vermittelt das Gefühl, begleitet zu werden.
B liest mit ruhiger Stimme mehrmals langsam die Qualitäten der guten Situation in Ich-Form vor: z.B. *"Ich bin offen, mein Blick ist weit, das ist wie ..."*
Immer wieder mischt er ein, zwei Wahrnehmungen der unguten Situation darunter.
Mehr und mehr mischt B die Qualitäten, liest auch angenehme Qualitäten mit unangenehmer Stimme vor und umgekehrt.
Dabei ist unbedingt darauf zu achten, dass A in Trance bleibt. Notfalls muss B wieder längere Zeit bei der angenehmen Seite bleiben.

4. Abschließen

Mit dem Nennen von angenehmen Qualitäten schließt B ab und fordert A auf, durch tiefes Atmen, strecken, schlucken, Augen öffnen in den Wachzustand zurückzukehren.
A erzählt von seinen/ihren Empfindungen.
Danach können die Rollen getauscht werden.

Konfliktmanagement **Methoden** — ARBEITSBLATT

Stimme des „Gegners"

erläutert am Fallbeispiel: Destruktiver Kollege

(Konflikt zwischen TrainerIn und TeilnehmerInnen)

Idee: Paul Lahninger, Reinhold Rabenstein, Variante nach Schwäbisch, Lutz/Siems, Werner: Anleitung zum sozialen Lernen für Paare, Gruppen und Erzieher. Reinbek 1974

Absicht: Vorbereitung auf eine anstehende Konfrontation oder eine sonst wie herausfordernde Situation, sich dazu in die Rolle der „Gegenpartei" hineindenken und aus diesem Blickwinkel zu neuen Strategien und Lösungen finden; Interessen benennen und Lösungen aushandeln

Arbeitsform: Kollegiale Beratung, Stuhlarbeit, ggf. Paargespräch mit Rollentausch

Rollen: Rat suchende Person A, Gegenpartei/KonfliktpartnerIn K, Gruppe der BeraterInnen, ModeratorIn

Dauer: 30 - 45 Min.

Raumgestaltung: Die BeraterInnen sitzen im Kreis. In der Kreismitte stehen drei Sessel: ein Sessel für die (nicht real anwesende) Gegenpartei K, ein Sessel für die Rat suchende Person A und ein Sessel als „guter Platz" (Ressourcen-Position,) außerhalb dieser Konfliktsituation.

1 ICH-POSITION (5 Min.)

A setzt sich auf seinen Stuhl und erzählt aus seiner Sicht vom Konflikt/von der Herausforderung. Die BeraterInnen hören zu und machen sich Notizen. Der/die ModeratorIn achtet auf den Gesprächsablauf und auf die Zeit.

Frau A erzählt: „Ich nahm gemeinsam mit Herrn K an einer innerbetrieblichen Schulung mit einer externen Trainerin teil. Wir arbeiten in unterschiedlichen Abteilungen und kannten uns bisher nicht. Schon bei der Eröffnungsrunde erklärten Herr K und einer seiner Kollegen, sie wären unfreiwillig hier. Im weiteren Seminarverlauf stellen die beiden mehr und mehr kritische Zwischenfragen, diskutieren über Begriffsklärungen und unwichtige Details. Sie bringen die Seminararbeit fast völlig zum Stillstand.

In der folgenden Woche werde ich eine Projektarbeit mit KollegInnen aus verschiedenen Abteilungen leiten. Herr K und sein Kollege werden daran teilnehmen. Ich befürchte, dass sie die Arbeit stören und das Ergebnis gefährden werden."

Variante: Sind die Konfliktparteien A und K beide real anwesend, so schildern sie nacheinander aus ihrer subjektiven Sicht den Konflikt. Die/der ModeratorIn achtet darauf, dass keine Streitgespräche entstehen und nichts kommentiert wird.

2 DU-POSITION (3 Min.)

A nimmt auf dem Sessel der Gegenpartei Platz und fühlt sich in die Rolle des/der KonfliktpartnerIn K ein, indem A eine für K typische Körperhaltung einnimmt und das Aussehen, das Selbstbild, das Alter, die Kleidung dieser Person in Ich-Form beschreibt. „Ich bin...., ich halte mich für ... ich trage am liebsten ..."

Frau A identifiziert sich mit Herrn K: „Ich, K, bin 47 Jahre alt, erfolgreich in meiner Arbeit und ich ärgere mich über die vielen Veränderungen in letzter Zeit... Ich bin im Anzug gekommen und mit einer schönen Krawatte und ich bin mir sicher, bei diesem Seminar wird wieder nichts herauskommen. ..."

Variante: Sind die Konfliktparteien A und K beide real anwesend, so können sie auch real die Rollen und Plätze tauschen und sich in ihren Konfliktpartner einfühlen.

3 INTERVIEW (5 Min.)

Die BeraterInnen stellen nun Fragen an A, als wäre sie die Person K und real anwesend: „Wie kamen Sie dazu, A zu begegnen?" - „Was wollen Sie hier erreichen?" - „Was fühlen Sie in dieser Situation?"

A, auf dem Sessel von K und in der Identifikation mit dieser Person, beantwortet die Fragen möglichst spontan und intuitiv.

Variante: Sind die Konfliktparteien A und K beide real anwesend, so richtet die BeraterInnenrunde Fragen an beide, die diese jeweils aus der Sicht und in Identifikation mit der anderen Person(engruppe) beantworten.

Steht kein Beratungsteam zur Verfügung, so gehen die KontrahentInnen wieder zurück in die eigene Rolle und klären selbstständig Hintergründe und äußern Gefühle, suchen aber keinesfalls schon Lösungen. Es spricht nur jeweils eine Person, die andere hört aktiv zu und umgekehrt.

144

ARBEITSBLATT Konfliktmanagement **Methoden**

4 Ressourcen: BeraterInnenbesprechung (10 Min.)

Die BeraterInnen tauschen in der Runde ihre Sichtweise des Konfliktes/der Situation aus und überlegen Lösungsansätze.
A setzt sich derweil auf den Ressourcen-Sessel, hört zu und achtet auf eigene Gefühle, Fantasien und körperliche Reaktionen.
Folgende Ideen wurden angesprochen:

- Mit den beiden vorher reden.
- Vorgesetzte informieren und eine neue Teamzusammenstellung verlangen.
- Am Beginn der Besprechung Regeln vereinbaren.
- Sich darauf einstellen, die Sitzung notfalls abzubrechen.
- Detaildiskussionen auch entschieden eingrenzen und Einzel-/ Partnerarbeitsaufträge geben.
- Knappe Zeitlimits vorgeben und mit einem für alle sichtbaren Wecker arbeiten

Variante: Steht kein Beratungsteam zur Verfügung, mobilisieren die Konfliktparteien eigene Ressourcen: Nach einer längeren Pause, ggf. erst am nächsten Tag, suchen sich die PartnerInnen einen Platz im Raum und wechseln so die Perspektive. In einem Brainstorming werden möglichst kreative Lösungsideen gesammelt, die möglichst vielen Bedürfnissen der Beteiligten Rechnung tragen. Alle Ideen werden ohne Diskussion aufgelistet.

5 Du-Position (5 Min.)

A nimmt wieder die Rolle und den Sessel von K ein. Der/die ModeratorIn wendet sich an A und fragt,
- welche Reaktionen die Diskussion der BeraterInnen ausgelöst hat.
- welche der Lösungsideen aus Sicht von K sinnvoll/wirksam sind.
- welche weiteren Möglichkeiten die Person A hat, K zu erreichen und den Konflikt zu entschärfen und/oder zu lösen.

A antwortet in Ich Form aus der K-Rolle heraus.
Frau A als Herr K: „Wenn da Vorgesetzte davon erfahren, würde ich versuchen, mich zu rächen. Mir geht's vor allem darum, dass ich bei diesen Teamsitzungen so wenig mitbekomme, was meine Arbeit leichter macht. Das ist es, was ich brauche, Erleichterung in meiner Arbeit. Klare Regeln für die Teamarbeit sind wirkungsvoll. Wenn ich spüre, dass die Moderatorin voll dahinter steht, halte ich mich an die Regeln. Ich erwarte mir aber in jedem Fall Wertschätzung, vor allem für meine Arbeit. Wenn die Moderatorin ein klares „Stopp" sagt, dann hör ich sicher auf dreinzureden. Das war es, was bei diesem letzten Seminar fehlte: ein klares „Stopp".

Variante: Sind die Konfliktparteien A und K beide real anwesend, werden sie nacheinander von der/dem ModeratorIn befragt.
Steht kein Beratungsteam zur Verfügung, unterbreiten die Beteiligten sich gegenseitig Angebote zur Lösung des Konflikts und verhandeln diese, indem sie den jeweils individuellen Nutzen für jede Seite abwägen.

6 Rollenrückgabe (2 Min.)

A wechselt wieder auf den Ressourcen- Sessel, beschreibt, was sich verändert hat und bedankt sich für die Beratung. Alle stehen auf, bewegen sich im Raum und schütteln ihre Rolle ab. Es gibt keine weiteren Diskussionen! Das Unbewusste kann so am besten an Lösungen weiterarbeiten.

Frau A fühlt sich gestärkt und zuversichtlich. Durch die Bearbeitung hatte sie eine neue Perspektive gewonnen. 2 Monate später berichtet Frau A: „Das Seminar mit Herrn K und seinen Kollegen ist mir gut gelungen. Ich war gut auf diese Herausforderung vorbereitet: Etwas Raum zur Selbstdarstellung geben, klare Grenzen ziehen und nutzenorientiert zum Thema zurückkehren.

LITERATUREMPFEHLUNGEN

Artho, Esther u. a.: Heißer Stoff: Aggression. Meilen 1993

Bach, George /Goldberg, Herb: Keine Angst vor Aggression. Die Kunst der Selbstbehauptung. Frankfurt/M. 1987
Umfassender Überblick über verschiedene Formen fehlgeleiteter Aggression, viele anschauliche Fallbeispiele, praktische Übungen. Leicht lesbar.

Bücken, Hajo: Das Fremde überwinden. Offenbach 1991

Dethlefsen, Thorwald/Dalke, Rüdiger: Krankheit als Weg. Deutung und Be-Deutung der Krankheitsbilder. München 1988
Sehr umfassende, auch philosophische Darstellung des Menschseins mit einem tiefen Verständnis für die Bedeutung von Krankheit auf dem Weg der Entwicklung. Klare und übersichtliche Hinweise und Fragestellungen zu allen wesentlichen Symptomen, Nachschlageteil.

Fritz, Jürgen: Methoden sozialen Lernens. Weinheim 1993

Fromm, Erich: Vom Haben und Sein. Wege und Irrwege der Selbsterfahrung. Freiburg 1993

Glasl, Friedrich: Konfliktmanagement. Stuttgart 1994.
Ein Handbuch für Führungskräfte und BeraterInnen.- Visionär fordert Glasl originelle Lösungen für Konflikte in allen Geschäftsbereichen.

Lair, J/Lechler, H.: Von mir aus nennt es Wahnsinn. Protokoll einer Heilung. Stuttgart 1986
Zum Teil sehr mitreißender tagebuchartiger Bericht einer schwer psychosomatisch erkrankten Amerikanerin über ihre Heilung in einer deutschen Klinik, nach jedem Kapitel Kommentare des Arztes. Grundbotschaft: wir sind alle sehr bedürftig und oft auf der Flucht davor. Beziehungen scheitern, weil die Kraft für die Konfliktlösung fehlt.

Miller, Alice: Du sollst nicht merken. Frankfurt/M. 1983
Die Wahrheit darüber, was Kindern angetan wird, welch tiefe Schmerzen in jedem von uns versteckt sind, welche abgrundtiefen Erlebnisse uns prägen, ohne dass wir uns dessen bewusst sind. Viele klare Beispiele aus Psychoanalysen, Literatur usw. Ein Buch, das Betroffenheit, auch Entsetzen auslösen kann und öfters missverstanden wird.

Notling, Hans-Peter: Lernfall Aggression. Reinbek 1985

Palmowski, Winfried: Der Anstoß des Steines. Dortmund 1995
Empfehlenswerte gute Einführung in systemisches Denken, zunächst im schulischen Kontext und dann weit über Schule hinaus.

Preuschoff, Axel/Preuschoff, Gisela: Gewalt an Schulen. Köln 1994

Schoenbeck, Hubertus von: Ich liebe mich, so wie ich bin. München 1989
Sehr persönlich und engagiert vertretene Thesen für eine „neue Beziehung" - zu sich selbst und zu anderen - frei von den alten Mustern des oben und unten, die tief in uns stecken. Klar und verständlich, zum Teil einseitig.

Weber, Gunthart (Hrsg.): Zweierlei Glück. Die Systemische Psychotherapie Bert Hellingers, 9. Aufl. Heidelberg 1997.
Engagiert, lyrisch und kraftvoll bis autoritär fordert der Psychotherapeut Hellinger seine SeminarteilnehmerInnen. Er mutet ihnen zu, der Wahrheit ins Gesicht zu schauen, die sich in Konflikten, Beziehungsschwierigkeiten und der Neigung zur Gewalt äußert. Er zeigt Wirkungsweisen sozialer Systeme auf.

Baustein 5

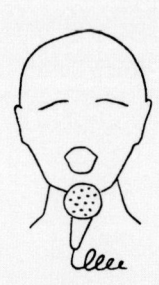

Rhetorik entfalten

Meine Ausstrahlung 147
Folie 7: Authentizität
Echtsein und Rolle 148
Positiv denken und wirken 149
Pannen dürfen sein 151
Was tun, wenn … 152
Innere Stimmen (Methode) 153
Ausstrahlung stärken (Methode) 154

Meine Stimme erheben 155
Atem und Stimme (Methode) 155
Mimik und Gestik (Methode) 157

Das Präsentationsraster 158
Folie 8: Präsentationsraster
Der Einstieg 159
Das Kernstück 162
Die Verstärkung 162

Gestaltungstipps 163
Gestaltung mit visuellen Medien 163
Folie 9: Overheadfolien
Das Info-Mosaik (Methode) 165
Praxisbeispiel: Präsentation 166
Das Manuskript 168
   Skripten-Puzzle (Methode) 169
   Praxisbeispiel: Teilnehmerskript (Methode) 170
Die Sprachgestaltung (Methode) 172
   Ineffektive Sprechgewohnheiten .. 172
   Akademische Sprache 173
   7 Qualitäten lebendiger Sprache .. 174
Praxisbeispiele 175

Feedback/ Selbsteinschätzung 177
Rhetorische Kompetenzen (Methode) ... 177

Literaturempfehlungen 178

MEINE AUSSTRAHLUNG

Das Anliegen von Rhetorik ist Informationen vor einer Gruppe so zu präsentieren, dass ich meine ZuhörerInnen erreiche, sie gewinne. Rhetorik (vom griechisch: rhe-in = fließen) ist die Kunst, etwas zwischen mir und den ZuhörerInnen zum Fließen zu bringen. Rhetorische Situationen sind eine spezielle Konstellation eines kommunikativen Prozesses. So gesehen ordnet sich Rhetorik dem Thema Kommunikation unter. Die Unterscheidung in Rhetorik und Kommunikation ist willkürlich und orientiert sich an konkreten Anliegen der Praxis. Auch Methoden anzuleiten, gleich welcher Art, basiert auf rhetorischen Qualitäten: Gerade das Erklären und Demonstrieren einer für die Gruppe neuen Methode stellt hohe Anforderungen an die rhetorische Kompetenz der Leitung.

Die Kunst, meine ZuhörerInnen zu erreichen, hat viel mit meiner Persönlichkeit zu tun: Indem ich vor Menschen stehe und zu ihnen spreche, zeige ich mich in meiner Eigenart, zeige weit mehr als ich möchte oder mir bewusst wird. Die bewusste Arbeit an meinen rhetorischen Qualitäten berührt tiefste Bereiche meiner Persönlichkeit, meinen Selbstwert, meine Ängste und meine Unsicherheit. Meine Strategien mit Stress umzugehen sowie meine Fähigkeit andere wahrzunehmen und zugleich - oft intuitiv - die richtigen Worte zu finden, um persönlich und engagiert Anliegen auszudrücken, werden dabei kritisch hinterfragt.

Der Lernbereich Rhetorik beinhaltet vor allem die Arbeit an der persönlichen Ausstrahlung. Ziel ist, echt zu sein. Der Weg zu erfolgreicher Rhetorik ist der Weg zu sich selbst.

WIRKSAME RHETORIK IST DIE SUMME VON SELBSTWERT, KOMMUNIKATIVER KOMPETENZ, MOTIVIERENDER GRUNDHALTUNG UND EINER AUTORITÄT, DIE SICH IM KONKRETEN BEZUG ZUR GRUPPE ENTFALTET.

Gesamtbild der Aspekte von Rhetorik

Die klassische Rhetorik befasst sich seit der Antike vor allem mit den beiden Aspekten Aufbau und Sprache. Viele RhetoriktrainerInnen bezeichnen die Inhalte und den Aufbau einer Rede als die Tiefenstruktur und die nonverbalen Aspekte als Oberfläche. Ich sehe dies aber eher umgekehrt:

Der Inhalt und der Text sind die rationale (mitschreibbare) Ebene, die unsere bewusste Aufmerksamkeit lenkt. Diese äußere Realität der Kommunikation wird getragen von der inneren Qualität, die wir nonverbal und meist unbewusst oder unbeachtet leben. Rhetoriktraining ist demnach nur zu einem kleinen Teil ein Training von Redetechniken. Das Wesentliche im Lernprozess zu wirksamer Rhetorik lässt sich kaum in Worte fassen, weil dies so umfassende persönliche Bereiche mit einbezieht. Die Ausstrahlung und Wirkung einer Rede lässt sich nur ansatzweise beschreiben, so wie sich die Schönheit einer Blume nur umschreiben und sicher nicht erklären lässt.

Wirksam werden meine Worte durch meine persönliche Ausstrahlung.

- Je mehr Freude ich habe, jemandem etwas mitzuteilen (Ausstrahlung),
- je mehr es mein Anliegen ist, dies mitzuteilen (Motivation) und
- je mehr ich überzeugt bin von dem was ich sage (Echtheit), umso wahrscheinlicher werde ich meine ZuhörerInnen ansprechen, erreichen, gewinnen.

Im Folgenden rege ich dazu an, die eigene Ausstrahlung zu verbessern, am persönlichen Ausdruck zu feilen.

Die eigene Persönlichkeit weiterzuentwickeln bedeutet auch, sich in der eigenen Haut wohler zu fühlen.

⇨ FOLIE 7
AUTHENTIZITÄT

Rhetorik **Ausstrahlung**

Echtsein und Rolle

Je nach sozialem Umfeld übernehmen wir Rollen. Das heißt: Wir schöpfen aus unserem Verhaltensrepertoire und wählen ein der Situation angemessenes Verhalten.

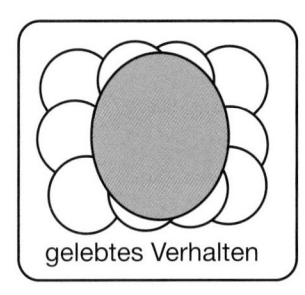

gelebtes Verhalten

Wenn das gewählte Verhalten in einer Gruppe einen guten Teil unserer Gesamtpersönlichkeit abdeckt, fühlen wir uns in Harmonie, in gutem Kontakt mit unserer Identität, mit uns selbst.

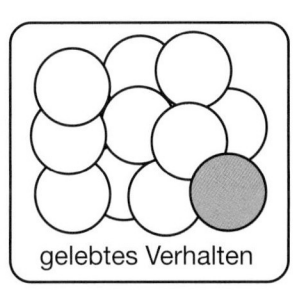

gelebtes Verhalten

Wenn wir nur einen kleinen Teil unserer Möglichkeiten leben, und dabei viele andere Impulse, Regungen, Eigenarten ausklammern, diese vielleicht sogar bekämpfen, dann kommen wir aus unserer Mitte.

Meist ist uns dieser Vorgang nicht bewusst und wir neigen dazu, den situativ gewählten Verhaltensbereich mit unserer Persönlichkeit gleichzusetzen.

Hierbei können Rückmeldungen anderer eine hilfreiche Unterstützung sein:

Die Ausstrahlung einer Person, die aus ihrem Wesen heraus handelt, ist eine spürbare Qualität. Je „echter" eine Person handelt, umso wahrscheinlicher wird sie gehört werden, ankommen, Beziehungen schaffen können. Virginia Satir nennt diese Qualität der Übereinstimmung „Kongruenz" (Satir, Virginia: Selbstwert, Kommunikation und Kongruenz. München 1993).

Im Laufe unserer persönlichen Entwicklung haben wir gelernt, dass manche unserer Verhaltensweisen, Gefühle, Regungen erfolgreicher sind als andere. So entwickeln wir, je nach Anregung unseres Umfelds, bestimmte Verhaltensformen, lernen unsere Rollen im Wechselspiel zu konkreten Bezugsgruppen. Meist ist das Erfolgskriterium unbewusst, bleibt an der Oberfläche und wirkt nur kurzfristig.

○ Wer gelernt hat, sich extrem in den Mittelpunkt zu stellen, um Aufmerksamkeit zu bekommen, wird diese oberflächlich erreichen, langfristig jedoch meist wenig Sympathien bekommen.

○ Wer gelernt hat sich zurückzuziehen, zu verschließen, um nicht angreifbar zu sein, wird viele Konflikte erfolgreich vermeiden, damit jedoch auch viele Chancen für tiefe Begegnungen.

○ Wer gelernt hat, immer nur die freundliche Sonnenseite zu zeigen, wird wenig sagen, was er/sie wirklich denkt! Echtheit hängt daher mit Konfliktfähigkeit zusammen, mit der Bereitschaft, meine Wahrheit anderen auch dann zuzumuten, wenn diese nicht unseren erlernten Ansprüchen einer freundlichen, pflegeleichten, braven Idealperson entsprechen.

Unser Verhalten als Erwachsene hat eine lange und intensive Lerngeschichte. Prägend sind insbesondere die ersten Lebensjahre. So stellt sich uns die Herausforderung, unser Verhaltensrepertoire auszuweiten, ungelebte Möglichkeiten wahrzunehmen, um mehr und mehr aus der eigenen Mitte zu leben:

IN GUTEM KONTAKT MIT DER FÜLLE DESSEN, WAS ICH BIN, WÄHLE ICH SITUATIV VERHALTENSWEISEN, DIE MEINER INNEREN WAHRHEIT ENTSPRECHEN. ICH WIRKE ECHT.

Dies gibt meiner Kommunikation Kraft: ich selbst stehe dahinter, bin spürbar, werde persönlich zum Gesprächspartner.

Die äußeren Aspekte rhetorischer Wirksamkeit (Blickkontakt, Gestik, Sprechpausen) lassen sich zum Teil trainieren. Einstudierte Bewegungen wirken jedoch leicht gekünstelt. Immer wieder erlebe ich in Rhetorikseminaren Personen, die schon mit vielen eintrainierten rhetorischen Qualitäten kommen und die dann mit Rückmeldungen konfrontiert werden: „perfekt, aber irgendetwas fehlt!", „toll, aber ich hab mich schwer getan, zuzuhören!", „zu geschliffen!" Rein äußerlich perfektionistisches Auftreten, scheinbar gelungene Kommunikation hinterlässt ein Gefühl der Leere und Distanz.

Andererseits kommen zurückhaltende, ruhige Menschen oft sehr gut an, auch wenn sie nach den üblichen rhetorischen Kriterien wie kraftvolle Stimme, lebendige Gestik, klarer Aufbau wenig punkten. Die Qualität einer Präsentation, eines Vortrages schließt viele Gefühlsaspekte ein: Fühle ich mich als ZuhörerIn angesprochen oder spüre ich Distanz. Die wirkliche Kontaktaufnahme gelingt nur in Authentizität. Diese besondere Qualität der Ausstrahlung wächst im Weg zu sich selbst, zu den eigenen inneren Quellen, im Ja zur eigenen Identität in der Versöhnung mit der eigenen Lebensgeschichte: das innere Wachsen stärkt unsere kommunikativen Fähigkeiten, unsere Echtheit, unsere Wirksamkeit als Autorität.

Ein wesentlicher Aspekt der Kraft und Ausstrahlung in meiner Präsentation ist mein inneres Engagement. Ich beteilige meine ZuhörerInnen, indem ich selbst beteiligt bin. Es geht darum, dass ich selbst „Feuer und Flamme" bin: Ich identifiziere mich so sehr mit meinen Worten, dass ich das Gesagte erlebe. Ein großes Hindernis für dieses gefühlsmäßige Aufgehen im Thema ist die ständige quälende Frage, ob man dabei gut ankommt. Meine klare Vorbereitung, Zeit zum Einstimmen, entschiedene Zielorientierung und vor allem meine Bewusstheit: „Ich bin, wie ich bin!" helfen mir dabei, voll bei der Sache zu sein.

⇨ FOLIE 7
AUTHENTIZITÄT

Positiv denken und wirken

Wenn ich zu Menschen spreche, mein Anliegen vortrage, wird jedes meiner Worte getragen von der Energiequelle meiner Einstellung. Eine positive Einstellung zu meinen ZuhöherInnen wird genährt von einer lebensbejahenden, positiven Einstellung zu mir selbst: meinem Selbstwertgefühl. Einen hohen Selbstwert zu empfinden, bedeutet aber nicht, sich für besser, wichtiger, wertvoller als andere zu halten. Denn dies wäre nur die Abwehr eines eigenen tiefen Gefühls, klein und unwichtig zu sein. Ein guter Selbstwert bedingt immer eine förderliche, entwicklungsorientierte Grundhaltung.

Diese können Sie in jeder kleinen Alltagssituation üben:

- Ist Ihr Glas halb leer oder halb voll?
- Haben Sie nach 7 Tagen eines 14-tägigen Urlaubs nur mehr eine Woche oder noch eine ganze Woche vor sich?
- Begegnen Ihnen in Ihrer Arbeit schwierige Probleme oder besondere Herausforderungen?
- Geben Sie einem unzufriedenen Seminarteilnehmer mehr Bedeutung als einem begeisterten?
- Beunruhigt Sie ein Fehler mehr als Sie ein gleichwertiger Erfolg freut?

In unseren Köpfen bilden wir die Wirklichkeit ab. Wir selbst konstruieren unsere persönliche Realität. Wir färben diese Welt von düster und grau bis farbenfroh.

Ein Kollege erzählte seine Lebensgeschichte: eine Geschichte voller Erfolge und geradezu außergewöhnlicher Fähigkeiten. Daraufhin wurde er gefragt, ob das realistisch sei, in so vielen Lebensbereichen so erstaunlich erfolgreich zu sein.
Seine Antwort: „Ich wundere mich selbst über so viel Glück und warte schon darauf, dass mal etwas schief geht!"
Zu dieser Denkweise passt auch eine 3000 Jahre alte Geschichte:

Der Ring des Polykrates

Polykrates, der mächtige Herrscher von Samos, war reich gesegnet mit Erfolgen. Sein Freund, der ägyptische Pharao, riet ihm, ein Opfer zu bringen, das ihm wehtue, denn so viel Glück sei zu viel für einen Menschen.

So trennte sich Polykrates von einem lieben, wertvollen Ring an seiner Hand und warf diesen ins Meer. Am Abend desselben Tages brachte ihm ein Fischer ein Geschenk: einen riesengroßen

Rhetorik **Ausstrahlung**

Fisch. Als Polykrates den Fisch verzehrte, fand er in dessen Magen seinen Ring!

Der Pharao, der von dieser Geschichte erfuhr, wandte sich von seinem Freund ab, denn jetzt - so meinte er - könne nur mehr Unglück folgen. Wenig später ließ sich Polykrates von den Türken an Land locken, ging ihnen in die Falle und wurde getötet.

Offensichtlich hatte er den Glauben seines ägyptischen Freundes übernommen, dass sein Glück vorbei sei und sich unbewusst fürs Scheitern entschieden.

„Es geht mir viel zu gut, jetzt muss mal etwas schief gehen!", ist eine gelernte Haltung, die Erfolg und Glück misstraut, vielleicht aufgrund tiefer, alter Wunden. Diese können in Selbsterfahrung und Psychotherapie bearbeitet werden.

Positives Denken bedeutet nicht das Dunkle zu leugnen. Wenn jemand angesichts überwältigender Schwierigkeiten und vielleicht voll innerer Wut und Verzweiflung uns einredet, alles sei okay und es gehe ihm gut, dann ist das Schönfärberei. Auch Verwirrung, Trauer, Verzweiflung müssen ihren Platz haben. Der Weg durch die Dunkelheit ist eine wichtige Wegstrecke!

Dabei kann ich mich bestärken, indem ich das Licht wahrnehme und mich an diesem orientiere.

Wir denken positiv, wenn wir

○ uns einer Herausforderung stellen,
○ uns unsere Ängste eingestehen,
○ bereit sind diese Ängste zu bearbeiten,
○ uns jede denkbare Unterstützung holen

und dazu sagen:

„Ich mache das Beste aus meiner Situation, ich nütze neue Chancen und vertraue auf meine Kraft, Herausforderungen zu bewältigen."

Unsere Gedanken sind eine Möglichkeit, auf das Unterbewusstsein einzuwirken. Der positive Gehalt unserer Gedanken und eine Grundhaltung, die es zur Gewohnheit werden lässt, auf diese Gedanken zurückzugreifen, bestimmen über unseren Erfolg: Jeder Gedanke ist ein Tropfen und steter Tropfen wirkt!

Im Kontakt mit anderen Menschen ist positives Denken eine Kraft, die ausstrahlt und wärmt. Rhetorische Tipps sind zweitrangig.

(Peale, Norman Vincent: Die Kraft des positiven Denkens. Zürich 1952 - Butollo, Willi: Die Angst ist eine Kraft. Über die konstruktive Bewältigung von Alltagsängsten. 4. Aufl. München 1990)

Rhetorik **Ausstrahlung**

... wenn ich im Vortrag hängen bleibe:
Pannen dürfen sein

Absolute Perfektion ist nicht menschlich. Fehler gehören zum Handeln - nur wer nichts tut, macht keine Fehler. Die Vermeidung von Fehlern führt auch dazu, dass wir Risiken aus dem Weg gehen. Das Resultat ist Mittelmäßigkeit! Wenn die Beziehung zur Gruppe stimmt, wirken Schwächen und Holprigkeiten oft auch sympathisch. Das allzu Geschliffene, einwandfrei Routinierte, unangreifbar Perfektionistische wirkt leicht unnahbar, kann Distanz schaffen.

Haben Sie Mut zum Fehler!

Eine wichtige Erfahrung war für mich, dass ich in einer ungewöhnlichen und stressigen Präsentation tatsächlich nicht mehr weiterreden konnte, weil mein Mund so trocken war. Nachdem ich mir erlaubte zu sagen: „Ich muss jetzt kurz unterbrechen, ich brauche dringend ein Glas Wasser!", konnte ich meine Sicherheit wieder finden. Ich habe dabei gelernt, dass ich die absolute „Panne", die katastrophale Vorstellung von Hilflosigkeit vor der Gruppe überlebt habe. Und die Feedbacks danach waren zufriedenstellend.

Auch das „Ähh" und „Ja?" in den Sprechpausen ist meist ein Ausdruck des Anspruchs, keine Pausen zu machen, perfekt und flüssig zu reden, nonstop Laute von sich zu geben!

Haben Sie Mut zur Sekundenpause zwischen den Worten, Sätzen, Gedanken!

Die meisten Menschen haben eine übertriebene Vorstellung davon, wie schrecklich es wäre, wenn mitten in der Präsentation ...
Die katastrophalen Vorstellungen sind individuell verschieden und spiegeln unsere persönliche Geschichte. Ängste dieser Art sind gelernt: Es hat erste Erfahrungen meist schon in der frühen Kindheit gegeben, in denen wir uns im Mittelpunkt der Aufmerksamkeit der Situation nicht gewachsen fühlten: Scham, unterdrückte Wut, Hilflosigkeit, der Bewertung anderer (übermächtiger) Personen ausgeliefert - all das sind mögliche Kindheitserlebnisse, die ihre Spuren hinterlassen haben.

In psychotherapeutischer Selbsterfahrung ist es uns im Erwachsenenalter möglich, alte Wunden zu heilen und die Ängste der Kindheit aufzulösen. Oft kann aber schon das tatsächliche Erleben dieser vermeintlichen Katastrophen diese entschärfen.

Wir können lernen, mit den eigenen inneren Stimmen, die uns Stress machen, uns überfordern, einschüchtern, anders umzugehen und neue Ruhe in uns zu gewinnen. Zugleich hilft uns die ausdrückliche Erlaubnis, Fehler machen und Schwächen zeigen zu dürfen ebenso wie die bewusste Vorbereitung auf Pannen.

Fehler zu machen kann effektiv und kreativ sein. Perfektionismus vergeudet viele wertvolle Energien.
Zu Fehlern zu stehen, macht diese leichter korrigierbar und schafft Sympathien.

Unangenehm, sogar lähmend kann es sein, wenn wir versuchen Fehler zu verbergen, zu vertuschen oder zu überspielen. Fehler sind okay, was zählt, ist die Korrektur!

Rhetorik **Ausstrahlung** — ARBEITSBLATT

Was tun, wenn ich während des Vortrags stocke ...

○ Sprechen Sie Ihre Gefühle an:

"Tut mir Leid, ich weiß jetzt nicht weiter, das ist mir unangenehm ..."

○ Beziehen Sie die Gruppe mit ein:

"... kann mir jemand helfen?" - "Was ist eurer Meinung nach der nächste Schritt?" - "Denken wir bitte gemeinsam weiter..."

○ Halten Sie ein humorvolles Zitat oder eine Anekdote bereit:

"... jetzt geht's mir so wie damals mit 6 Jahren, als ich vor allen Tanten im Muttertagsgedicht nicht weiter wusste..."

○ Wechseln Sie auf die Metaebene:

"... Ich frag mich des Öfteren, wie wir am besten mit Fehlern umgehen können. Ich hänge jetzt gerade im Vortrag. Welche Lösungsideen gibt's für solche Situationen? Wie gehen Sie mit Schwächen um?"

○ Machen Sie eine Minipause:

Halten Sie ein Glas Wasser bereit. Legen Sie eine Folie, etwa mit dem Text „Entschuldigen Sie die Störung...!", sozusagen als Bildschirmschoner auf den Overheadprojektor.
Lüften Sie den Raum, schaffen Sie sich und anderen Bewegung.

○ Rekapitulieren Sie:

"Gut, also damit ich zum nächsten Schritt komme, wir haben jetzt 5 Punkte bearbeitet. Nochmal von vorne ..."
(Auch mit Unterstützung der Gruppe laut wiederholen!)

Übung:

Absicht: Anregung zur Selbstreflexion
Arbeitsform: Einzelarbeit
Dauer: nach individuellem Bedarf

○ Was ist Ihr Katastrophenbild beim Vortrag?
○ Welche Erinnerungen tauchen bei diesem Bild auf?
○ Wie können Sie freundlich mit sich selbst auf so eine Panne reagieren?
○ Machen Sie sich ein freundliches Bild davon, wie Sie reagieren, wenn Sie vor einer Gruppe stehen und einen Fehler machen oder hängen bleiben.
○ Üben Sie spielerisch, diese wie selbstverständlich zu meistern. Das gibt Ihnen Sicherheit.

ARBEITSBLATT | Rhetorik **Ausstrahlung**

Innere Stimmen

Absicht: Auseinandersetzung mit Ansprüchen
Arbeitsform: Dreiergruppe (Person A ist aktiv, B u. C unterstützen) oder Einzelarbeit
Dauer: je 5 bis 10 Min.
Material: Schreibutensilien
Hinweis: Diese Übung wirkt durch ihre Symbolkraft auf das Unbewusste. Zugleich können wir lernen, mit unseren inneren Antreibern anders umzugehen, den inneren Dialog bewusster zu gestalten, in Ausgeglichenheit wir selbst zu sein.

Eingehend beschäftigt sich die Transaktionsanalyse mit Antreibern
(vgl. Rautenberg, Werner/ Rogoll, Rüdiger: Werde, der du werden kannst. Freiburg/Brsg. 1980 - Hennig, Gudrun/ Pelz, Georg: Transaktionsanalyse. Freiburg/Brsg. 1997 - Brown, Michael u. a.: Abriss der Transaktionsanalyse. 3. Aufl. 1993). Siehe auch Baustein 3 „Motivation": Vision - Anspruch - Ziel!

Unsere eigenen, gelernten Ansprüche an uns selbst behindern uns:

Wir möchten gerne auf eine bestimmte Weise wirken, setzen uns selbst unter Druck, wollen einem übernommenen Bild entsprechen. Der Weg zur Authentizität beinhaltet immer die Auseinandersetzung mit den eigenen inneren Ansprüchen.

1 Dreiergruppen stellen sich im Raum auf, Person A in der Mitte, B und C links und rechts daneben.

Person A überlegt,

○ welche Sätze für ihre eigenen inneren Antreiber stehen können (z.B. „Du musst perfekt sein!", „Streng dich an!")

○ und welche Sätze zu einer Haltung innerer Ruhe und Gelassenheit passen (z.B. „Ist schon in Ordnung. Du machst das schon!").

2 Diese Sätze „übergibt" A an die beiden PartnerInnen.

B spricht die Sätze des Anspruchs auf einer Seite und zugleich spricht C die Sätze der Ruhe auf der anderen Seite.

Beide Stimmen sprechen gleichzeitig auf A ein und symbolisieren dadurch eine Stresssituation, wobei die sonst innerlichen Dialoge nun äußerlich hörbar dargestellt und mehrmals wiederholt werden.

A lässt diese Situation kurz auf sich wirken und achtet auf die eigenen Gefühle und Körperregungen.

3 Nach etwa 1-2 Min. bricht die Person A dieses Ritual ab und experimentiert nun, indem sie die Position von B und C nach Belieben verändert, z.B.: B zwei Meter vor sich aufstellt oder hinsetzt, C hinter sich stellt, ihnen vorgibt, lauter oder leiser zu sprechen oder sich von ihnen zugleich berühren lässt.

Ohne dass die Sätze des Anspruchs und der Ruhe verändert werden, findet Person A durch Probieren eine Position zu den beiden DarstellerInnen, die für sie selbst stimmig ist.

4 Nachdem A diese Aufstellung in Achtsamkeit für ihre innere Wahrnehmung gefunden hat, schließt sie ab, indem sie jeder der beiden Stimmen mit ein paar wertschätzenden Worten dankt, z.B. „Danke, mein Stress, du hast mich oft zu Leistungen angetrieben. Ich möchte dich vor mir in meinem Blickfeld haben, um mich jeweils entscheiden zu können, wie viel ich mir von dir sagen lasse."

Variante:

Als Einzelübung stellen Sie sich die inneren Stimmen des Anspruchs und der Ruhe als Personen vor, die auf Sie einsprechen. Sie können dabei prüfen, wie sehr die Sätze dieser Stimmen positivem Selbstwert, förderndem Denken entsprechen und ihnen antworten.

Machen Sie sich ein konkretes Bild dieser personalisierten inneren Stimmen, stellen Sie sie in einem Abstand zu sich auf, der Ihnen gut tut und antworten Sie. Sie können diese Übung beim Spazierengehen, in Entspannung oder spielerisch in lautem Selbstgespräch durchführen.

Rhetorik **Ausstrahlung**

Ausstrahlung stärken - Energie tanken

GUTER KONTAKT ZU SICH SELBST IST VORAUSSETZUNG FÜR KRAFTVOLLES WIRKEN.

Machen Sie sich die Quellen bewusst, aus denen Sie schöpfen. Sorgen Sie für sich selbst. Die folgenden Übungen sind einfach und schnell - zum Teil auch unmittelbar bevor Sie vor eine Gruppe treten - möglich.

Atem

Insbesondere in einer angespannten Situation oder bei Unruhe ist es sinnvoll, zunächst mal tief durch- und vor allem auszuatmen; konzentrieren Sie sich dabei wie im Autogenen Training auf die eigene Körpermitte, auf das Energiezentrum unter dem Nabel, auf das Gewicht und die Wärme von Armen und Beinen. Dies wirkt beruhigend und bestärkend.

Selbstmassage

Ebenso beruhigend wirkt, wenn Sie

- unterm Nabel sanft kreisend drücken,
- eine Hand aufs Herz legen,
- die Ohren mit hohlen Händen bedecken,
- Ihren Puls abkühlen, indem Sie die Handgelenke unter fließendes Wasser halten oder einfach nur sanft Ihre Hände streicheln,
- mit der Zunge den Gaumen massieren,
- Wasser im Mund halten. (Ein Glas Wasser gehört zu jedem Vortrag!)

Bestärkende Orientierung

Dabei können Sie sich positive Leitsätze (Affirmationen) innerlich vorsagen: z.B. „Ich bin okay, so wie ich bin!" (siehe Baustein 3, Motivation).
Besonders wirksam ist sich in Entspannung, vor dem Einschlafen oder beim Autogenen Training diese formelhaften Gedanken vorzusagen. Am besten geeignet sind solche Sätze, wenn Sie diese mit der Erinnerung an eine konkrete Situation verbinden, in der Sie sich in Ihrer Mitte fühlten und mit einem guten Selbstwertgefühl entschieden bei der Sache waren. Sie können diese bestärkende Orientierung trainieren und die Erinnerung mit einem bestimmten Musikstück und einem Bild unterstützen. Nehmen Sie sich Zeit, Erfolge zu genießen, nachwirken zu lassen, auch innerlich zu „feiern".

Schwächen relativieren

Arbeitsform: Einzel- oder Kleingruppenarbeit
Dauer: 5 - 10 Min./Person
Material: Schreibutensilien

Wohl tuend wirkt auch, eine Ihrer Schwächen in einem anderen Licht zu betrachten:

Sie wählen eine ungeliebte Eigenschaft und sammeln auf verschiedensten Ebenen möglichst viele positive Auswirkungen derselben und schreiben diese auf. Für die Eigenschaft „nachtragend" könnte z. B. gelten: „Ich nehme Verletzungen ernst. Freunde merken nachdrücklich, wenn ich mich gekränkt fühle. Ich denke lange an eine Person, mit der ich etwas Unangenehmes erlebt habe."

Wählen Sie sodann eine der positiven Auswirkungen, mit der Sie sich gut identifizieren können und formulieren Sie diese zu einem stimmigen Satz in Ich-Form. Für das Beispiel „nachtragend" könnte er lauten: „Ich zeige meinen Freunden rasch und deutlich, wenn ich mich gekränkt fühle." Dabei stellen Sie sich bewusst vor, wie Sie sich damit selbst etwas Gutes tun.

Variante: Person A benennt eine ungeliebte Eigenschaft und die anderen in der Gruppe sammeln die positiven Auswirkungen. A schreibt wortlos mit und wählt danach eine der guten Wirkungen aus.

Realitätsbewusstsein

Förderlich für die innere Ruhe ist auch die Bewusstheit meiner Ziele: Ich habe einen klar definierten Auftrag und möchte etwas Bestimmtes mitteilen. Darüber hinaus bin ich einfach nur da, mit all meinen Grenzen, so wertvoll und wichtig wie alle anderen auch.

Rhetorik **Ausstrahlung**

MEINE STIMME ERHEBEN

Der Klang der Stimme drückt Gefühle aus

Tagesplanung und Prioritäten

Nicht immer fällt es uns leicht, Ruhephasen für uns selbst einzuplanen, um Zeit zum Abschalten und Entspannen, für Spaziergänge und ermutigende Gespräche zu haben. Was auch immer Ihre persönlichen Quellen sein mögen, eine achtsame Freizeitgestaltung bedarf der bewussten (Termin-) Planung. Sie können Orte und Situationen bewusst wählen, wo Sie ganz Sie selbst sein können, wo Sie sich angenommen fühlen, wo Sie herzliche, ehrliche und unterstützende Atmosphäre empfinden.

○ Beobachten Sie, wie sich Ihre Stimme verändert, je nachdem ob Sie gestresst oder ob Sie entspannt und zufrieden sind.

Körperübungen

Der Körperausdruck zeigt Sicherheit, Offenheit, Nähe, Ernsthaftigkeit. Körperübungen helfen, diese Qualitäten zu verbessern. Die Übungen sind als „Konditionstraining" von Stimme und Körperausdruck gemeint und nicht als Schauspielschule:

Eine Unterstützung, um natürlich und echt in der persönlichen Eigenart zu wirken!
(nach Gersbacher, Ursula: Rhetorik: Körpersprache im Beruf, Stimmschulung. München 1992)

Atem und Stimme

Freies volles Atmen ist eine wichtige Lebensquelle. Es versorgt das Gehirn mit Sauerstoff, schafft die Energie für mein Handeln, unterstützt Ruhe und Wohlbefinden, gibt der Stimme Resonanz und Fülle.

Wir sind es in der Regel nicht gewohnt, unser ganzes Atemvolumen auszuschöpfen. Insbesondere in Stresssituationen und bei Unsicherheit atmen viele Menschen flacher, oberflächlicher: Wer nur mit der Brust atmet, braucht mehr Kraft für das Atmen, wird schnell verspannt, die Stimme wirkt gepresst und ist bald heiser. Wer nach dem Vortragen müde und ausgepumpt ist, hat meist eine ungünstige Atmung. Probieren Sie einmal nur in die Brust und in die Schultern rasch ein- und auszuatmen ohne den Bauch zu bewegen: Sie werden bald Stress empfinden.

Rhetorik **Stimme erheben** — ARBEITSBLATT

Atem- und Stimmübungen

Bauchatmung

Langsames, gleichmäßiges Einatmen und etwas längeres, aber ebenso gleichmäßiges Ausatmen beruhigt und lockert. Dabei bewusst auf den Atem zu achten, verstärkt die Wirkung.

Legen Sie die Hände auf den Bauch, schließen Sie die Augen und achten Sie 2 Min. lang auf Ihren Atem.

Üben Sie dieses freie Atmen zuerst im Liegen, dann im Stehen, entspannen Sie den ganzen Körper, denken Sie an schöne wohl tuende Situationen. Sie beginnen tief in den Bauch zu atmen und nutzen so Ihr ganzes Atemvolumen. Dadurch weiten Sie die Resonanzräume und Ihre Stimme kann sich entfalten.

Wenn Sie nun zu sprechen beginnen, wird Ihre Stimme freier und voller klingen.

Sie können Ihre Bauchatmung verbessern:

- Während die Schultern locker bleiben, atmen Sie langsam durch die Nase ein, bis der Bauch rund wie ein Faschingskrapfen ist. Schnüffeln Sie dann wie an einer Blume; dabei hüpft die Bauchdecke. Schnüffeln Sie einmal im Wechsel aus und ein und atmen anschließend tief und ruhig ein und aus. Wiederholen Sie die Übung und schnüffeln dabei zweimal ein und aus.
- Pusten Sie eine fiktive Kerze aus und entspannen Sie sich unmittelbar danach mit einem tonlosen A-Laut.
- Blasen Sie die fiktive Kerze mehrmals hintereinander aus, ohne zwischendurch Luft zu holen; spüren Sie dabei den Bauch.
- Blasen Sie einen gleichermaßen imaginären Luftballon so weit auf, bis die Bauchdecke völlig eingezogen ist; husten Sie mehrmals kurz und spüren, wie der Bauch springt.
- Atmen Sie auf „t", als wollten Sie spucken. Dabei hüpft das Zwerchfell und Luft strömt ohne bewusstes Einatmen in die Lungen.

    Denselben Effekt üben Sie, wenn Sie „ooob" mit betontem „b" sprechen oder „aaaA!!", mit starkem Nachdruck aufs letzte „A" singen.

Atempausen

In Sprechpausen ist es wichtig, völlig auszuatmen, „loszulassen", den Bauch zu entspannen. Üben Sie nur wenige Wörter in einem Atemzug zu sprechen, so dass keine tiefen Atemzüge notwendig sind.

Wählen Sie in einem Text bewusst Atempausen; zur Übung können Sie diese Atempausen markieren und den Text mehrmals in diesen Phrasierungsbögen lesen. Machen Sie bei jedem Satzzeichen eine deutlich hörbare Pause am Satzende.

Stimmvariationen

Eine Fülle nonverbaler Aspekte sind mit der Stimme verbunden und machen Stimmung:
- der Umfang des Resonanzraumes (freie klare oder gepresste Stimme),
- die Dynamik (Wechel von lauter und leiser Stimme),
- die Klangfarbe (mild/scharf, weich/hart, warm/kalt, samtig/kratzig) sowie
- das Sprechtempo.

Üben Sie Ihre Stimme zu variieren.
Erweitern Sie Ihre Register, indem Sie gezielt alle Variablen durchspielen und auf die Wirkung achten, die die Veränderung Ihrer Stimme auf Sie selbst ausübt. Sie können dabei auch in einer Fantasiesprache reden oder einfach zählen, um sich voll auf die Stimme zu konzentrieren.

Experimentieren Sie (z.B. beim Autofahren auf ruhiger Landstraße), um Ihr Stimmvolumen auszuschöpfen.

Beginnen Sie bewusst langsam und ruhig zu sprechen, werden Sie schneller, heftiger, lauter und lassen Sie dies wieder ausklingen, kommen Sie zur Ruhe.

Artikulieren Sie Texte übertrieben deutlich mit extremen Mundbewegungen und theatralischem Gefühlsausdruck.

Klare Aussprache

Eine sehr wirksame Übung für gute Artikulation wird aus der Antike vom Griechischen Redner Demosthenes überliefert. Er übte, einen Stein im Mund, die Meeresbrandung mit seinen Reden zu übertönen. Nehmen Sie einen Flaschenkorken zwischen die Zähne und versuchen damit ein paar Minuten lang, möglichst deutlich zu sprechen.

Rhetorik **Stimme erheben**

Mimik und Gestik

EINSTUDIERTE ODER GEPLANTE MIMIK UND GESTIK MACHT MISSTRAUISCH.

Bei den folgenden Übungen geht es daher darum, den Körperausdruck zu beleben. Die Verständigung durch Mimik und Gestik gehört zu unseren natürlichen und ursprünglichen Ausdrucksformen. Auch hier sind es unangenehme Lernerfahrungen, die unsere Lebendigkeit eingeschränkt haben: Ich denke z.B. an das steife Stehen vor der Schulklasse, um ein Gedicht aufzusagen. Solche Erlebnisse lassen unseren ursprünglich freien Ausdruck verarmen. Viele Menschen sprechen im Alltagsgespräch mit lebendiger Mimik und Gestik. Sobald sie aber vor einem größeren Publikum stehen, wird ihr Gesicht starr und die Arme hängen wie leblos neben dem Körper.

Erstens: lockern

Lockern und befreien Sie Ihren Körperausdruck, üben Sie in Übertreibungen und auch in theatralischen, pantomimischen Übungen, Ihre Anliegen nicht nur über Worte zu vermitteln, sondern zugleich in Arme, Gesicht, Körper fließen zu lassen.

Schütteln Sie den Kopf aus, schneiden Sie Grimassen, fletschen Sie die Zähne. Spannen Sie die Gesichtsmuskeln mehrmals an und entspannen wieder. Massieren Sie das Gesicht. Bewegen und lockern Sie den Kiefer.

Gestik

Der Bereich angenehmer Gestik ist zwischen Augen- und Brusthöhe und unterstützt die Verständigung. Durch pantomimisches Training lassen sich die Bewegungsrichtungen erweitern: Lassen Sie Ihre Bewegungen aus dem Schultergelenk, vom Körper weg, eher in Richtung Zuhörer kommen. Die Hände sind aktiv und zeigen eine gewisse Grundspannung. Sie sollten jedoch **nie** die ZuhörerInnen mit Fingern oder Stiften aufspießen!

Sie können den Ausdruck Ihrer Gestik trainieren, indem Sie

○ die Schultern kreisen und fallen lassen,
○ die Hände bewegen und mit den Fingern spielen
○ mit weit ausgestreckten Armen Musik dirigieren,
○ Wasserbälle unterschiedlicher Größe pantomimisch untertauchen und umarmen,
○ große imaginäre Felsen beidhändig, kleinere Steine einhändig tragen,
○ aggressive Peitschbewegungen der Arme üben.

Rhetorik **Präsentationsraster**

3 Schritte, um mein Anliegen zu vermitteln:

DAS PRÄSENTATIONSRASTER

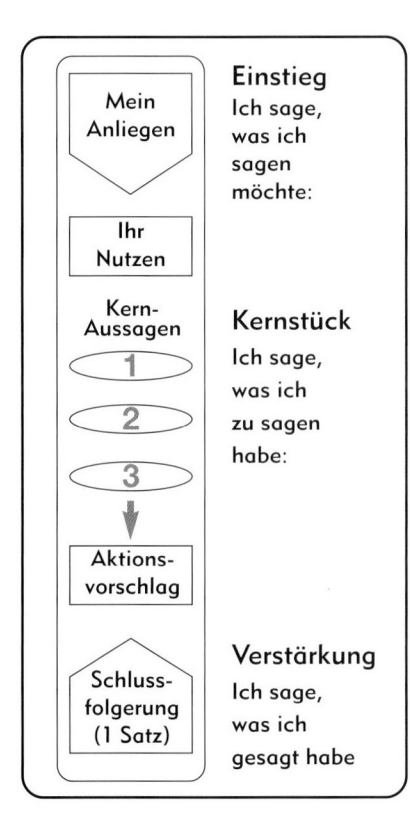

Mein Anliegen	**Einstieg** – Ich sage, was ich sagen möchte:
Ihr Nutzen	
Kern-Aussagen 1, 2, 3	**Kernstück** – Ich sage, was ich zu sagen habe:
Aktionsvorschlag	
Schlussfolgerung (1 Satz)	**Verstärkung** – Ich sage, was ich gesagt habe

Die gute Gliederung einer Präsentation ist eine der Grundqualitäten für Informationsangebote. Die Bezeichnung „Präsentation" wird meist für Situationen gewählt, in denen es um Entscheidungen und weniger um Bildungsarbeit im engeren Sinn geht: z.B. Informationen für Entscheidungsträger in einer Organisation. Die kompakte Gestaltung und die klare Nutzenorientierung ist aber eine Qualität für jede rhetorische Situation, also auch für Lehrvorträge.

Der Aufbau einer Präsentation folgt der Logik menschlicher Kommunikation. Auch rhetorisch völlig ungeschulte Menschen wählen intuitiv diesen Aufbau:

- Einstieg
- Kernstück
- Verstärkung

↳ **FOLIE 8**
PRÄSENTATIONSRASTER

Rhetorik **Präsentationsraster**

Der Einstieg

Die ersten Minuten

Mit der Aufregung umgehen - die Energien nutzen

Die Aufregung, wenn wir vor vielen Menschen im Mittelpunkt der Aufmerksamkeit stehen, ist ganz natürlich.

Aber was passiert dabei mit uns?

Wir nehmen wahr: „Viele Menschen", „Fremde Situation!"

Die Präsentationssituation wird - bewusst oder unbewusst - meist als „gefährlich" empfunden, weil wir im Mittelpunkt der Aufmerksamkeit (zunächst) fremder Menschen stehen. Dadurch wird Adrenalin frei, das auf Befehl des Gehirns immer dann produziert wird, wenn wir eine herausfordernde Situation erleben. Es sichert die Energieversorgung für hohe körperliche Aktivität, insbesondere für die biologischen Impulse: Angriff und Flucht. Der körperliche Bewegungsdrang wird aber nicht ausgeführt. Dies verstärkt die innere Unruhe. Dieses „Lampenfieber" zeigt einfach an, dass ungewöhnlich viel Körperenergie vorhanden ist.

Die zusätzliche Körperenergie ist grundsätzlich positiv, da sie Höchstleistungen ermöglicht. Sie zeigt, dass uns die Situation wichtig ist: Je höher die Herausforderung ist, umso mehr Energie steht bereit. Oft können wie diese Energie jedoch nicht angemessen abbauen. Bei Aufgeregtheit ist es aber wichtig, diese Körperenergie nutzbringend einzusetzen. „Schon beim Start gewinnen!" So lautet der Grundgedanke vieler SportlerInnen. Auch Sie können vom ersten Augenblick an gewinnen: beim ersten Blickkontakt - noch vor dem ersten Wort.

Trainieren Sie bewusst und körperorientiert zu beginnen, sich hinzuwenden. Die Formel **A-B-C-D-E** hilft dabei:

A tmen

B lickkontakt in Ruhe

C oming: entgegen gehen

D irigieren: Gestik

E rste Sätze sprechen

Die ersten Sätze - richtungsweisend

Es hilft Ihnen, Sätze für den Anfang der Zusammenarbeit gezielt vorzubereiten, um mehr von Ihrer eigenen Haltung, Ihrer inneren Einstellung auszudrücken. Im Sinne Ihrer Absichten können Sie wohl tuende, richtungsweisende Formulierungen einfließen lassen. Achten Sie auf Ihren persönlichen Stil, auf Ihre Anliegen. Überprüfen Sie einfach das, was Sie üblicherweise am Anfang sagen, und entwickeln Sie Ihre Eigenart weiter. Wenn Sie fremde Sätze einfach übernehmen, wirkt das gekünstelt. Ihre Ehrlichkeit kommt besser an. Es geht jeweils um Ihr Beziehungsangebot an eine konkrete ZuhörerInnengruppe in einem konkreten Kontext.

159

Rhetorik **Präsentationsraster**

Die ersten Sekunden

A Atmen:

Kontakt herzustellen, ist immer die erste Aufgabe, noch vor dem eigentlichen Beginn. Suchen Sie Nähe, sprechen sie informell einzelne TeilnehmerInnen an.

Atmen Sie bewusst, ruhig und tief und warten Sie, bis alle Aufmerksamkeit bei Ihnen ist.

B Blickkontakt in Ruhe

Unsere eigenen Sinneswahrnehmungen bewirken den Energieschub: Je mehr optische Eindrücke auf uns einwirken, desto mehr Energie wird produziert. Schauen Sie daher jede einzelne Person nach der anderen jeweils 5 Sek. lang an. Achten Sie schon beim Hereinkommen der ZuhörerInnen besonders auf sympathische, wohlwollende Personen. Suchen Sie beim Vortrag den Blickkontakt zu einer dieser Personen in der Gruppe und sprechen Sie nur zu ihr - einen ganzen Gedanken oder ca. 5 Sekunden lang. Danach suchen Sie sich eine andere Person als „AnsprechspartnerIn" (aber nicht die direkt daneben!). Damit kontrollieren Sie Menge und Art der Reize, die an Ihr Gehirn geleitet werden.
Insbesondere wenn Sie auf Flipchart-Texte hinweisen, achten Sie auf Blickkontakt vor dem Sprechen (nie zur Wand reden)!

Der Blickkontakt kommt vor dem Wort!

C „Coming": entgegen gehen

Unsere entwicklungsgeschichtlichen Vorfahren hatten für bedrohliche Situationen eine erfolgreiche Standardreaktion: die Flucht. Dazu werden vor allem die Beine gebraucht. Ein Übermaß an Körperenergie entlädt sich daher unkontrolliert zuerst dort: Wippen, Gewichtsverlagerung, Tänzeln, Auf- und Abgehen, unpassendes zurückweichen. Versuchen Sie nicht solche Bewegungen zu unterdrücken, sondern verschaffen Sie Ihrer Energie nützliche Ventile: Überlegen Sie schon vor der Präsentation, welche „Wege" Sie einbauen können. Zwar wird von Ihnen als PräsentatorIn erwartet, dass Sie einen „Standpunkt beziehen". Deshalb müssen Sie aber nicht 20 Min. auf der Stelle kleben!
Wege vorbereiten:
○ Gehen Sie vorab auf einzelne Personen zu, um diese persönlich zu begrüßen.
○ Gehen Sie Richtung Pinnwand, auf der ein Zitat zum Thema hängt.
○ Bewegen Sie sich hinüber zum Flipchart, um dort eine Zielsetzung aufzuschreiben.
○ Laufen Sie quer durch den Raum, um Skripten oder Material zu verteilen.
Zwischen diesen „Wegen" stehen Sie ruhig und fest. Es macht Sinn, sich schon vor einem Vortrag „gute Plätze" auszuwählen und das ruhige Stehen an diesem Standorten zu proben. Wenn Sie sich dann in der realen Präsentation wieder dorthin stellen, kommt als beruhigendes inneres Signal die Erinnerung an die Körperwahrnehmung in der Vorbereitung.

Machen Sie freundlich ein paar Schritte auf ihr Publikum zu und bleiben Sie in der Mitte stehen: beidbeinig standfest.

D „Dirigieren": Gestik

Eine weitere Möglichkeit, Ihre „Fluchtimpulse" in nutzbringende Bahnen zu bringen, besteht darin, einen Teil der Energien von den Beinen in die Arme umzulenken. Dazu haben Sie zwei Möglichkeiten: Blickführung (z.B. am Flipchart) und Gesten. Reiche Gestik ist nicht nur ein „Ventil" für Ihre Körperenergie, sondern weist auf einen Gedanken hin, unterstützt, erklärt.

Bewegen Sie von der ersten Sekunde an energievoll Hände und Arme - und zwar oberhalb der Hüfthöhe.

E Erste Sätze sprechen

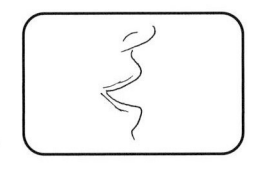

Indem Sie sich innerlich auf TeilnehmerInnen, deren Situation und Stimmung einstellen, gewinnen Sie Aufmerksamkeit, Sympathie und erreichen Bereitschaft.

Beginnen Sie zu sprechen: langsam, ruhig, kräftig.

Rhetorik **Präsentationsraster**

Grundlegende Möglichkeiten zu starten:
Beispiele für erste Sätze

○ **locker/humorvoll**

Ich mache Smalltalk und spreche die Situation und die Bedürfnisse der TeilnehmerInnen einladend an.

"War Ihre Anreise auch so kurvenreich?"
„Müde nach einem langen Arbeitstag?"
„Mal das Wichtigste zuerst - wann brauchen Sie eine Pause?"

○ **persönlich**

Ich erzähle von eigenen Erfahrungen und Gefühlen; wohl überlegte Details zur eigenen Person signalisieren ein Beziehungsangebot.

„Als ich zum ersten Mal von dem Thema x hörte, war ich sehr beunruhigt ..."
„Ich freue mich über Ihr Interesse an diesem Thema, das mir selbst ein großes Anliegen ist. Ich wünsche uns eine spannende Zusammenarbeit."

○ **wertschätzend**

Ich würdige das Interesse, die Vorerfahrungen der TeilnehmerInnen und ihre Entscheidung für die Weiterbildung.

"Ich finde Ihre Entscheidung toll, dass ..."
„Meine Hochachtung für Ihre Motivation, nach dem Arbeitstag noch hierher zu kommen - ich weiß, was das bedeutet. Ich verstehe das als Wertschätzung unserer gemeinsamen Initiative."

○ **zielorientiert**

Das Zusammensein aus Bildungsinteressen bedeutet eine - meist unausgesprochene - Arbeitsvereinbarung. Diese anzusprechen, gibt Klarheit.

"Was waren Ihre Gedanken und inneren Bilder, als Sie sich für diesen Kurs angemeldet haben?"
„Entsprechend meiner Einladung geht's in der ersten Phase darum, ..."

○ **ermutigend**

Ich beginne klar, einfach, verständlich, frei von Fachausdrücken, „hole die ZuhörerInnen ab" und spreche den persönlichen Nutzen für sie an.

"Eines meiner Anliegen ist, dass dieses Seminar Sie bestärkt. Sie werden Ihre persönlichen Qualitäten entdecken und weiterentwickeln."
„Verabschieden Sie sich mal vom Alltag und nehmen Sie sich Zeit, ganz hier anzukommen. Die nächsten Stunden sind für Sie da."

○ **positiver Ausblick**

Ich nehme ein besonders anschauliches Beispiel vorweg, stelle den ZuhörerInnen eine vergrößerte Kompetenz in Aussicht, locke mit spannenden Arbeitsphasen. Ich wähle positive Formulierungen, vermeide Negationen und negative Hinweise.

"Unser Thema x finde ich selbst wichtig und spannend. Ich freue mich besonders auf die Arbeitsgruppen, in denen wir neue Ansätze ... ausarbeiten werden."
„Ich habe Ideen gesammelt und Methoden überlegt, wie Sie hier am effektivsten lernen können."
„Die ersten Erfolge werden Sie sofort selbst feststellen können."

Ich kann eine voraussichtliche Schwierigkeit im Sinne eines positiven Ausblicks auch so ansprechen:

"Der Inhalt x lädt uns ein zum Abenteuer einer intensiven Herausforderung. Ich zeige Ihnen eine angenehme Entspannungsübung, bevor wir mit vollem Einsatz all unserer Gehirnzellen in diese wichtige Thematik reisen."

„Wenn Sie persönlich mich zu irgendeinem Zeitpunkt nicht verstehen sollten, ein Begriff nicht klar ist - bitte werden Sie aktiv! Warten Sie nicht, ob andere verstehen oder nicht, sondern starten Sie selbst sofort eine Revolution. Ich bin da, um Ihre Fragen zu beantworten - so gut ich kann. Ihre Aufgabe ist es zu sagen, was Sie wissen wollen und was Sie brauchen."

Rhetorik **Präsentationsraster**

Das Kernstück

○ **Überblick:**

Am Beginn des Kernstücks gebe ich den ZuhörerInnen ziel- und nutzenorientiert einen Überblick, verbunden mit einem Hinweis auf die Dauer meines rhetorischen Angebots. Diesen Überblick kann ich auch in Form von Frage- und Problemstellungen aktivierend gestalten. Wenn ich Fragen stelle, gebe ich Zeit, eigene Lösungen, Gedanken, Vermutungen zu finden und auch auszutauschen.

○ **Ablauf:**

Die klar strukturierte Gliederung soll schnell aufgenommen werden können: eine überschaubare Größe sind 4 bis 7 Unterpunkte. Stellen Sie Ihre Gliederung auch grafisch dar!

○ **Dauer:**

Kurzvorträge von 5-15 Min. sind am effektivsten! Die Aufmerksamkeits- und Behaltensleistung ist dabei am höchsten. Eine durchschnittliche Grenze für die Aufnahmekapazität bei Vorträgen liegt bei 20 bis 30 Minuten! Wenn danach kein Methodenwechsel, kein bildhafter, erlebnisreicher Input kommt, schaltet ein Teil der ZuhörerInnen zumindest kurzfristig ab.

Die Zeit kann zwar durch das Engagement des/der Vortragenden als anregend empfunden werden, der Lerneffekt wird jedoch viel kleiner sein, als subjektiv empfunden. Daher lautet Ihre erste Aufgabe: Kürzen, konzentrieren, auswählen! (didaktische Reduktion)

○ **Dramaturgie:**

Durch kontrastreiche Gegenüberstellung von Aspekten, durch unerwartete Elemente, wie auch durch eine handlungsorientierte Darstellungsweise erhöhen Sie die Spannung. Ihr Sprechtempo können Sie als Spannungsbogen gestalten: Sie beginnen langsam, nehmen das innere Tempo der ZuhörerInnen wahr (nicht wie ein Schnellzug, der abfährt, noch bevor alle eingestiegen sind!). Dann steigern Sie Ihr Tempo und Engagement und kommen gegen Ende wieder langsam zur Ruhe.

○ **Schwerpunkte:**

Überlegen Sie in der Vorbereitung, wie Sie das Allerwichtigste auch in 30 Sekunden oder 3 bis 5 Sätzen sagen könnten. Diesen Schwerpunkt können Sie wie einen Brennpunkt positionieren. Wiederholen sie das Wesentliche mehrmals von verschiedenen Zugängen her. Die Rangordnung der Bedeutsamkeit Ihrer Informationen/Botschaften gibt Ihnen selbst Klarheit, auch für spontane Veränderungen im Aufbau.

Die Verstärkung

Treffen Sie eine stimmige Auswahl von Elementen zum Abschluss z.B.

○ **Zusammenfassen:**

Ich verstärke die Kernaussagen und Schwerpunkte in prägnanter Formulierung.

○ **Schlusspointe:**

Mit einem bildhaften Vergleich, einem Zitat, einer witzigen Aussage, einem herausfordernden Appell, einer bildhaften, praxisbezogenen Darstellung schließe ich kraftvoll (ohne Schlussfloskeln oder Dankesworte fürs Zuhören!).

Ausblick:

Ich leite über, gebe einen Ausblick auf die weitere Bearbeitung, runde die Gedankengänge ab.

Ein Hinweis auf die erfolgreiche Umsetzung des Gesagten regt an. Achten Sie speziell am Ende auf wohlwollende, ermutigende, entwicklungsorientierte Formulierungen.

GESTALTUNGSTIPPS

Gestaltung mit visuellen Medien

Die Informationsaufnahme erfolgt durchschnittlich zu rund

80 %   über das Auge
15 %   über das Ohr
5 %   über andere Sinnesorgane.

Der Mensch merkt sich ca.

10 %   von dem, was er liest oder hört
30 %   von dem, was er sieht
50 %   von dem, was er sieht und hört
90 %   von dem, was er selber tut.

Dies sind grobe Durchschnittswerte ohne Beachtung der Individualität und des Trainings. (nach Ganser, Dr. Albert: Lehren und Lernen in der Erwachsenenbildung, Wien 1991)

Wenn wir uns mit einem unserer Sinne auf einen Inhalt konzentrieren, so ergibt sich nach einer gewissen Zeit eine Sättigung: Die Aufmerksamkeit wird automatisch abgelenkt. Ganz einfach lässt sich dieses Phänomen beobachten:

Wenn wir uns auf das Ticken einer Uhr konzentrieren, das sehr leise, aber gerade noch hörbar ist, so gibt es bald Phasen, in denen wir das Ticken nicht mehr hören. Die laufenden Wahrnehmungsprozesse im Gehirn werden offensichtlich gehemmt, sodass etwas anderes, bisher nicht Beachtetes wahrgenommen wird.

KONZENTRIERT SEIN HEIẞT, DIE WAHRNEHMUNG EINGRENZEN.

Der biologische Sättigungsmechanismus bewirkt, dass diese Eingrenzung punktuell wieder ausgeweitet wird. Diese natürlichen Aufmerksamkeitsschwankungen unserer bewussten Konzentration können wir durch Kurzpausen und durch wechselnden Einsatz unserer Sinne ausgleichen. Dies erreichen wir durch Medien.

Medien

○ **aktivieren:**
Sie sprechen mehrere Sinne an und setzen neue Impulse.

○ **veranschaulichen:**
Sie visualisieren logische Zusammenhänge und stellen erlebnishafte Bezüge zur Alltagspraxis her.

○ **strukturieren:**
Sie geben Zusatzinformationen und heben Schwerpunkte und Zusammenfassungen hervor.

○ **fördern das Behalten:**
Sie verbessern das Verständnis und hinterlassen tiefere „mehrkanälige" Gedächtnisspuren.

○ **beleben:**
Sie sprechen Gefühle wesentlich stärker an und laden zur Identifikation ein.
Alle (audio)visuellen Medien, z. B. Kurzvideos bieten wertvolle Unterstützung. Bilder sind erlebnisintensiv und können auch schon vor dem Überblick und der Zielangabe sinnvoll sein, Spannung wecken. Zugleich sind Medien vertraut und symbolisieren, dass ich Interessantes zu bieten habe: Das gemeinsame Erleben eines kurzen Filmes kann auch in reservierten Gruppen helfen, eine Basis zu schaffen.

Rhetorik **Gestaltungstipps**

Visualisierung mit Overhead und Dia

Von Dias, Bildern u. dgl. lassen sich in guten Copyshops farbige Overheadfolien anfertigen. Umgekehrt können verkleinerte Kopien von Vorlagen auf Overheadfolie, in Diarähmchen eingespannt werden. Außerdem können Sie Ihre Folien am PC erstellen und auf Folie ausdrucken. (Computergestützte Präsentationen bieten eindrucksvolle Möglichkeiten, können aber auch Distanz schaffen!) Auch Kurzvideos können die Beteiligung wirksam erhöhen.

Diapositiv
Vorteil: Durch die Verdunkelung wirken Dias eindrucksvoller, kraftvoller und emotionaler.
Nachteile: Der starke Lichtreiz ermüdet mehr. Gleichzeitiges Mitschreiben ist nicht möglich.

Overheadfolie
Vorteile:
- Mitzeigen auf der Folie und gleichzeitiger Blickkontakt sind möglich.
- Sie können Folien parallel zur inhaltlichen Entwicklung im Vortrag fertig stellen: Auf eine vorbereitete Folie (Grundlagenbild) legen Sie eine zweite (Blanko-)Folie, die Sie weiter beschriften, ergänzen, unterstreichen. (Das Grundlagenbild bleibt dabei unverändert.)
- Schriftzüge, Bilder, Textteile - abgedeckt und schrittweise enthüllt („Striptease") lenken die Aufmerksamkeit.
- Auf mehreren Folien sind Bild- und Textteile vorbereitet; durch Aufeinanderlegen („Overlay") entsteht das Gesamtbild: So werden Vorgänge in einzelnen Schritten nachvollziehbar.
- Minifolien - nacheinander aufgelegt - können als „Folienpuzzle" eine ähnliche Wirkung entfalten.

Nachteile: Projektionsgröße und Lichtstärke sind meist beschränkt. Lange, „Folien-zentrierte" Vorträge können überfordern und Distanz bewirken.

Umgang mit Overhead und Dia

- Je dunkler der Raum, desto brillanter wirken die Bilder, je größer, desto emotionaler.
- Das erste Bild ist das wichtigste, das letzte das zweitwichtigste.
  Vom Überblick, der „Totalen" gehen Sie über zu Details und kehren am Schluss zu einer „Großaufnahme" zurück. Das erste Bild bieten Sie länger dar.
- Betrachten Sie die Mediensequenz auch innerhalb eines Gesamtvortrags als abgeschlossenes Ganzes mit logischem Aufbau und schaffen Sie eine Gliederung durch prägnante Überschriften, die Sie auch jeweils visuell darbieten.
- Die wesentlichen Botschaften und Begriffe bieten Sie im Bild und als gesprochenen und geschriebenen Text an.
- Ein Bild spricht als Bild zunächst für sich selbst. Insbesondere die emotionale Wirkung von Fotos kann durch gleichzeitiges Sprechen auch gestört werden. Streichen Sie unnötige Worte.
- Den Sprechfluss begleiten Sie mit Pfeilen am Bild. Bei der Arbeit mit Overheadfolien zeigen Sie auf der Folie (nicht auf der Wand) mit, um den Lichtkegel nicht zu stören.
- Unterschiedliche Gestaltung der Folien und Bilder hält wach und erhöht die Aufmerksamkeit. Karikaturen, Übertreibungen, Witze, unerwartete Bilder vertiefen den Einprägungsvorgang. Ein Übermaß kann jedoch auch ablenken. Grafik soll Ihre Worte unterstützen und nicht umgekehrt.
- Nachdem ein neues Bild erscheint, warten Sie einige Sekunden, bevor Sie zu sprechen beginnen. Sie zeigen aufs Bild, nehmen Blickkontakt mit der Gruppe auf und sprechen erst dann.
- Die Nebengeräusche der technischen Mittel, die Konzentration auf die helle Projektionsfläche können auch ablenken und ermüden. Ein gezielter sparsamer Einsatz (15 - 20 Min. für bis zu ca. 20 Bilder) und auch das Abschalten des Projektors zwischendurch erhöht die Aufmerksamkeit. Danach muss Raum für die Entspannung der Sinnesorgane gegeben sein. Erst dann können Sie evtl. einen zweiten Infoblock mit Projektion anbieten.
- Ein eigenes Schlussbild mit humorvoller Angabe der Hauptdarsteller (der Inhalte!) wirkt!
- Eine Reservelampe oder besser noch ein 2. Projektor können vor technischen Pannen bewahren.

FOLIE 9
OVERHEADFOLIEN

Rhetorik **Gestaltungstipps**

Präsentieren mit Pinnwand:

Das Info-Mosaik

Der Inhalt wächst sicht- und nachvollziehbar, indem ich im Vortragsverlauf Stichworte, Zitate und Thesen übersichtlich aufhänge.

Wo keine Pinnwand vorhanden ist, können visuelle Bausteine auch auf Flipchart, Plakate, eine Schultafel geklebt werden. Günstig sind dafür Haftklebestifte. Die Blätter und Kärtchen sind wieder ablösbar, die klebende Rückseite haftet immer wieder auf beliebiger Unterlage. Diese Technik ist auch auf der Pinnwand eleganter als das Fixieren mit Nadeln.

Nehmen Sie sich ausreichend Zeit für technische Handgriffe (Stichworte notieren und anpinnen oder, falls Sie mit einem Flipchart arbeiten, Plakate umblättern). Dabei machen Sie eine Sprechpause.

Wenn Sie auf einen Text am Flipchart oder auf der Pinnwand hinweisen, sprechen Sie nie zur Wand hin, sondern immer mit Blickkontakt zu den ZuhörerInnen! Diese verdienen Ihre ungeteilte Aufmerksamkeit.

Plakate, Info-Mosaik, Thesenkärtchen können im Raum sichtbar hängen bleiben und wirken als zusätzliche Merkhilfe („peripheres Lernen").

Praxisbeispiel: Info-Mosaik

Präsentation 1: „Berufsorientierung und Laufbahnentwicklung"

In der Personalabteilung eines großen Konzerns präsentiert ein externer Berater. Im Laufe der Präsentation entsteht dieses Mosaik auf der Pinnwand. (Siehe Praxisbeispiel S. 170ff)

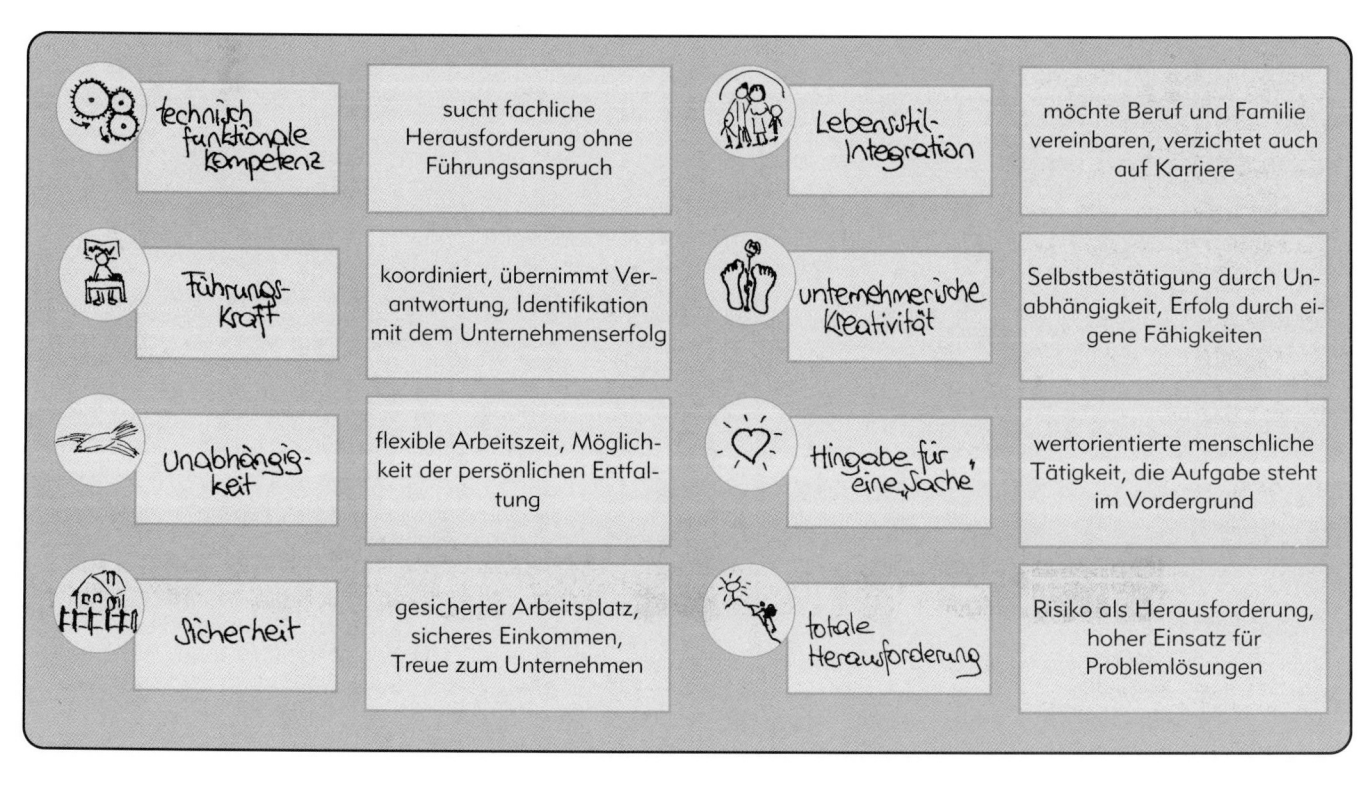

technisch funktionale kompetenz	sucht fachliche Herausforderung ohne Führungsanspruch	Lebensstil-Integration	möchte Beruf und Familie vereinbaren, verzichtet auch auf Karriere
Führungskraft	koordiniert, übernimmt Verantwortung, Identifikation mit dem Unternehmenserfolg	unternehmerische Kreativität	Selbstbestätigung durch Unabhängigkeit, Erfolg durch eigene Fähigkeiten
Unabhängigkeit	flexible Arbeitszeit, Möglichkeit der persönlichen Entfaltung	Hingabe für eine „Sache"	wertorientierte menschliche Tätigkeit, die Aufgabe steht im Vordergrund
Sicherheit	gesicherter Arbeitsplatz, sicheres Einkommen, Treue zum Unternehmen	totale Herausforderung	Risiko als Herausforderung, hoher Einsatz für Problemlösungen

© Ökotopia Verlag: Paul Lahninger, leiten - präsentieren - moderieren

Rhetorik **Gestaltungstipps**

Praxisbeispiel: Präsentation 1

Einstieg

"Eine Grundfrage im beruflichen Werdegang jedes Menschen ist: Welche Motive bringen uns weiter?"

→ Sach- und zielorientierter Start als Fragestellung

"Jeder von uns hat eine tiefe innere Orientierung an Werten. Auf Grund dieser Werthaltung sind wir, was wir sind: Sie sind Führungskräfte mit hoher Verantwortung, ich bin selbstständig, andere sind Fachexperten, andere im Ideenmanagement."

→ Persönlicher Bezug und Einladung die Inhalte auf sich selbst zu beziehen. Zugleich inhaltlicher Ausblick

1. Plakat

Innere Werte sind die Grundlage der persönlichen beruflichen Entwicklung

Kernstück

"Innere Werte sind die Grundlage der persönlichen beruflichen Entwicklung." (Sprechpause: Wirken lassen!)

Kernaussage, zugleich schriftlich präsentiert als Schlagzeile, auf einem Plakat.

"Wenn Sie diese Wertorientierungen gemeinsam mit Ihren MitarbeiterInnen diskutieren, können Sie persönliche Karrierepläne leichter erstellen und Bildungsangebote entsprechend auswählen."

→ Nutzen und Ziel des Themas

"Ich präsentiere Ihnen jetzt 8 Karriereorientierungen". (Pause: Spannung erhöhen) *"Kombinationen sind selbstverständlich möglich."*

→ Überblick geben, Einstieg ins Info-Mosaik

(Die Kärtchen werden im Verlauf der Präsentation aufgepinnt.)

Das Pinnwand-Mosaik

*"Viele MitarbeiterInnen in Ihrem Unternehmen zeigen 'Liebe zur Sache'. Sie schätzen die fachliche Herausforderung, ohne eine Führungsposition anzustreben. Ihre Kompetenz ist primär **technisch funktional**."*

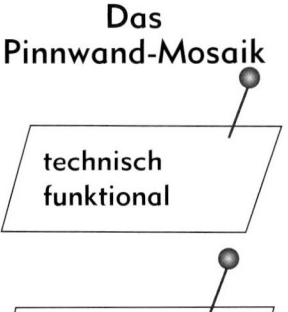

technisch funktional

Der direkte Bezug zu den ZuhörerInnen wirkt als Einladung mitzudenken.

*"Ihre eigene Wertvorstellung liegt vermutlich in der Freude an Gesamtverantwortung und im Koordinieren. Als ManagerInnen identifizieren Sie sich mit dem Unternehmenserfolg. Das sind wichtige Qualitäten einer **Führungskraft**."*

Führungskraft

Nochmals werden die ZuhörerInnen selbst angesprochen.

*"Andere Personen suchen vor allem **Selbstständigkeit und Unabhängigkeit**: (So auch ich). Diese Menschen brauchen auch in einem Unternehmen flexible Arbeitszeiten, Freiräume, Möglichkeiten der persönlichen Entfaltung.*

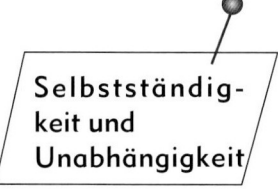

Selbstständigkeit und Unabhängigkeit

Die weiteren Aspekte werden, jeweils mit Bild und Stichwort auf der Pinnwand unterstützt, kompakt und konzentriert vorgestellt. 8 Details sind eine beachtliche Zahl! Wichtiger ist hier (zunächst) der Überblick, die Gesamtsicht. Mehrmals wird der konkrete Bezug zum Unternehmen angesprochen.

166

Rhetorik **Gestaltungstipps**

*Deutlich gegensätzlich orientiert sind Menschen, die **Sicherheit und Beständigkeit** suchen. Dies sind auch sehr treue MitarbeiterInnen.*

*Wenig karriereorientiert sind Menschen, die vor allem den Beruf und Familie vereinbaren wollen. Ihr Hauptwert: „**Lebensstilintegration**".*

Als Gegenpol suchen andere Selbstbestätigung im Erfolg durch Ihre unternehmerische Kreativität.

Der Dienst, die Hingabe für eine Idee ist der Grundwert z.B. für karitative Menschen. Sie stellen die Aufgabe in den Vordergrund.

Zuletzt gibt es noch die Orientierung an der totalen Herausforderung, quasi Bergsteigertypen. Diese Menschen geben gerne vollen Einsatz, freuen sich über den Erfolg bei kniffligen Problemlösungen." (Pause: Zeit, das fertige Mosaik zu betrachten!)

- Sicherheit und Beständigkeit
- Lebensstilintegration
- unternehmerische Kreativität
- Hingabe für eine Idee
- Totale Herausforderung

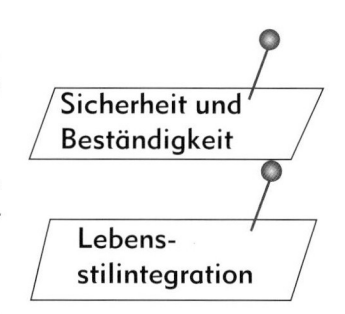

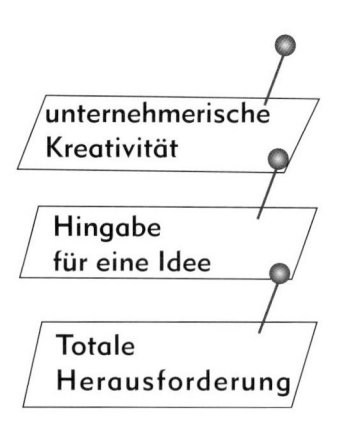

2. Plakat

Innere Werte sind Teil unserer Identität

Verstärkung

Schlussphase, Zusammenfassung der Kernaussagen

"Diese 8 Wertorientierungen bilden die Grundlage für unsere Berufswahl und unsere berufliche Entwicklung: Jeder Mensch sucht eine bestimmte Qualität in der Arbeit. Diese inneren Werte sind Teil unseres Selbstverständnisses, Teil unserer Identität."

"Sie können sich selbst und anderen diese Haltungen bewusst machen."

"Dadurch können Sie Entscheidungen zur persönlichen Weiterentwicklung treffen."

"Ich wünsche Ihnen alles Gute dabei!"

→ Verstärkung des Ziels

→ Nutzenorientierter Appell

→ Persönliches Schlusswort

Variante:

Der Referent zählt nach dem Einstieg alle 8 Wertvorstellungen ohne Kommentar auf und lässt die ZuhörerInnen spontan einschätzen, welche Werte Ihnen selbst wichtig sind, indem sie z.B. je 3 Werte auf dem Plakat markieren. Er Spricht die einzelnen Wertorientierungen und deren Auswirkungen jeweils mit Bezug zur konkreten Organisation an und verbindet dies mit der Einladung, an konkrete Personen zu denken, die jeweils diese Haltung leben.

Je nach Situation ist als weitere **methodische Bearbeitung** möglich:
- Sammeln von Maßnahmen der betrieblichen Personalentwicklung
- Gemeinsames Zuordnen dieser Maßnahmen zu den 8 Wertorientierungen
- Erarbeiten von Leitfäden für Beratungsgespräche mit den MitarbeiterInnen
- Schlussfeedback: *„Wie sehr habe ich neue Sichtweisen der eigenen beruflichen Laufbahn (...ein neues Instrument) für meine Führungsaufgabe gewonnen."*

Rhetorik **Gestaltungstipps**

Das Manuskript: Gestaltung und Umgang

Zielorientiert

Ich kläre, was und wen ich erreichen will. Ich identifiziere mich mit meiner Zielgruppe, versetze mich in deren Sichtweise, sammle deren Fragen und Anliegen, halte fest, was sie vermutlich bewegt. Ich mache mir ein Bild der Rahmenbedingungen. Nach diesen Information überprüfe ich, ob mein Ziel noch stimmig ist und modifiziere es bei Bedarf. Ich sammle inhaltliche Details meiner Darbietung sowie kreative und vielseitige Ideen für die konkrete Darstellung und erarbeite ein Präsentationsraster.

Aus diesen Elementen formuliere und gestalte ich mein Manuskript.

MÜNDLICHE REDEN HABEN IHRE EIGENGESETZLICHKEITEN. SIE IN SCHRIFTLICHEN SÄTZEN FESTZUHALTEN IST SCHWIERIG.

Vorbereiten

Wenn Sie sich eingehender vorbereiten wollen, dann sprechen Sie sich Ihre Rede möglichst laut vor. Stellen Sie sich dabei die ZuhörerInnen, mit denen Sie in Kontakt treten werden, möglichst konkret vor.

Prioritäten setzen

Mit einem Textmarker können Sie im Manuskript Wesentliches hervorheben. Diese Markierungen sind die Stichworte für Ihre Präsentation. Ein kurzer Blick ins Konzept und ein etwa doppelt so langer Blick ins Publikum hält den Kontakt aufrecht.

DAS REINE VORLESEN IST NUR IN EINER MINIDOSIS EFFEKTIV, ETWA BEI ZITATEN UND DEFINITIONEN.

Das Kärtchenmanuskript

Sie können auch lediglich eine Stichwortgliederung verwenden oder mit einem Kärtchenmanuskript arbeiten: Jedes Kärtchen steht für einen Gedankengang (ca. 3 Stichworte) und ist Teil eines Stapels von nummerierten Vortragsbausteinen. (Dies kann zugleich auch ein Info-Mosaik zum Aufpinnen sein!) Nur die ersten Sätze formulieren Sie vorher aus und notieren sie auf Kärtchen. Der weitere Ablauf ergibt sich aus dem kommunikativen Prozess des Augenblicks:

INDEM ICH DIE ZUHÖRERINNEN WAHRNEHME, DOSIERE ICH MEINE SÄTZE, WIEDERHOLUNGEN, PAUSEN.

Dadurch wird Kommunikation einzigartig in dieser konkreten Situation (und nicht wie ein Tonband abgespult).

Sprechpausen planen

Wesentlich ist in den Pausen den Blickkontakt zu halten und das Gesagte nackwirken zu lassen. Wenn sich die vortragende Person in Sprechpausen rasch abwendet oder im Manuskript blättert, sinkt die Spannung und damit die vertiefende Wirkung.

SPRECHPAUSEN GEZIELT EINGESETZT, ERHÖHEN DIE AUFMERKSAMKEIT.

ARBEITSBLATT

Rhetorik **Gestaltungstipps**

Das Skripten-Puzzle

Idee: Paul Lahninger, unter Mitarbeit von Reinhold Rabenstein
Absicht: aktives Zuhören, intensive Bearbeitung eines vorgetragenen Inhalts, hohe Aufmerksamkeit, Verknüpfung von akustischer und visueller Wahrnehmung
Arbeitsform: Dreiergruppe vor, während und nach dem Vortrag
Hinweis: Geeignet für ein kompaktes Stoffgebiet, komprimiert auf 3 -5 Skriptseiten.
Dauer: 20 - 60 Min..
Material: für jede Kleingruppe eine Kopie der aufgelisteten Überschriften, ein Bogen Packpapier, Moderationskärtchen, Klebestift und Filzstifte

Vorbereitung:

Die Überschriften eines Stoffgebietes werden in großer und klarer Schrift auf eine Seite geschrieben. Je nach Detailgliederung können Sie weitere Stichworte hinzufügen. Diese Überschriften platzieren Sie so, dass das Blatt in Streifen geschnitten oder gerissen werden kann und jeweils ein Stichwort auf einem Streifen steht. Dies sind die Puzzleteile. Die Dreierteams erhalten das Material und reißen oder schneiden die einzelnen Stichworte auseinander.

Ablauf:

Während des Vortrags ordnen die Kleingruppen die Stichworte gemeinsam entsprechend der inhaltlichen Abfolge. Zu jeder Überschrift / jedem Stichwort schreiben die TeilnehmerInnen ein Beispiel oder eine Bemerkung auf Kärtchen bzw. fertigen Illustrationen. So entsteht während des Vortrages ein gemeinsames Skript jeder Kleingruppe, das diese vor sich Stück für Stück auslegt. Nach Abschluss des Vortrages kleben sie die Stichworte, ihre notierten Beispiele und Illustrationen auf ein Plakat. Alle Plakate werden ausgestellt und können betrachtet, evtl. auch kommentiert werden.

Hinweis: Machen Sie beim Vortrag ausreichend lange Sprechpausen zum Auffinden des jeweils nächsten Stichworts! Koordination und Absprache in der Gruppe brauchen Zeit!

Varianten:

1 Zusätzlich (oder auch anstatt der Notizen der TeilnehmerInnen) kann der gesamte Inhalt (als Skriptum) nach dem Vortrag in Streifen geschnitten ausgegeben werden. Dies hat den Vorteil, dass der Vortrag ohne Mitschreiben als Ganzes erlebt wird. Die Kleingruppen ordnen diese Skriptstreifen den Stichworten / Überschriften zu und gestalten sie.

2 Bereiten Sie zu jedem Informationsteil ein Bild oder ein grafisches Symbol (Pictogramm) vor. Diese Bildgeschichte soll den Stichworten zugeordnet werden.

3 Nacharbeit: Paare sammeln frei die Informationen, die sie sich merken konnten, tauschen diese aus und notieren Lücken und Fragen. Danach beantworten sie sich die Fragen mit Hilfe der Plakate.

Rhetorik **Gestaltungstipps**

Praxisbeispiel: Teilnehmerskript

Zur Präsentation 1: „Berufsorientierung und Laufbahnentwicklung"

In der Personalabteilung eines großen Konzerns präsentiert ein externer Berater. Die ZuhörerInnen erhalten das folgende Teilnehmerskript:

Erkennen Ihrer persönlichen Wertorientierung für die berufliche Identität: Ihr „Karriereanker"

1 Technisch/funktionale Kompetenz

Ist Ihr Karriereanker eine spezielle Kompetenz in einem technischen oder funktionalen Bereich, dann beruht Ihr Gefühl für die eigene Identität auf der Umsetzung dieser Fachkompetenzen. Sie sind dann zufrieden, wenn Ihre Tätigkeit Ihnen fachliche Herausforderungen stellt. Sie sind unter Umständen zur Führung von MitarbeiterInnen in Ihrem technischen oder funktionalen Bereich bereit. Management als solches reizt Sie nicht.

2 Befähigung zur Führungskraft als „General Manager"

Sie suchen die Möglichkeit, innerhalb eines Unternehmens auf eine Hierarchieebene zu gelangen, auf der Sie MitarbeiterInnen über verschiedene Abteilungen hinweg koordinieren können. Sie wollen für das Gesamtergebnis verantwortlich sein. Sie identifizieren sich mit dem Erfolg Ihres Unternehmens.

3 Selbstständigkeit / Unabhängigkeit

Sie wollen Ihre eigene Arbeit auf Ihre eigene Art und Weise tun. Sind Sie in einem Unternehmen tätig, so werden Sie versuchen, solche Funktionen auszuüben, die Ihnen die nötige Flexibilität im Hinblick auf Ihre Arbeitszeiten und die Durchführung Ihrer Aufgabe ermöglichen: z.B.: in der Lehrtätigkeit oder in einer beratenden Tätigkeit. Um Ihre Selbstständigkeit nicht zu verlieren, verzichten Sie sogar auf Beförderungen. Unter Umständen eröffnen Sie auch einen eigenen Betrieb um selbstständig und unabhängig zu sein.

4 Sicherheit / Beständigkeit

Sie wählen einen sicheren Arbeitsplatz. Ihr Hauptanliegen ist es, das Gefühl zu bekommen, „es geschafft zu haben". Streben nach finanzieller Sicherheit, „Beständigkeit" kann beinhalten, dass Sie besondere Loyalität zur Organisation entwickeln. Der Inhalt Ihrer Tätigkeit oder das Erreichen einer bestimmten Position innerhalb des Unternehmens ist Ihnen nicht so wichtig, obwohl Sie durch Ihre Beständigkeit unter Umständen auch eine höhere Ebene der Hierarchie erklimmen können.

Rhetorik **Gestaltungstipps**

5 Unternehmerische Kreativität

Sie suchen die Möglichkeit zur Gründung eines eigenen Unternehmens. Sie vertrauen dabei auf Ihre persönlichen Fähigkeiten und sind bereit, Risiken einzugehen, Chancen zu nutzen und Hindernisse zu überwinden. Sie wollen Ihre schöpferischen Fähigkeiten beweisen. Möglicherweise sind Sie jetzt noch für andere in einem Unternehmen tätig, Sie werden aber den Versuch unternehmen, auf eigenen Füßen zu stehen, sobald Sie das Gefühl haben, es alleine schaffen zu können.

6 Hingabe für eine Idee

Sie wollen eine „wertvolle" Aufgabe für die „Verbesserung der Welt", die Lösung von Umweltproblemen, Mitmenschlichkeit. Sie werden Ihr Ziel auch dann weiterverfolgen, wenn dies einen Wechsel des Arbeitgebers mit sich bringt. Sie sind nicht gewillt Versetzungen oder Beförderungen anzunehmen, die Sie von den Aufgaben entfernen, für die Sie leben.

7 Totale Herausforderung

Sie suchen nach Möglichkeiten, Lösungen für scheinbar unlösbare Probleme zu finden, überlegene Gegner zu besiegen oder das Unmögliche möglich zu machen. Es gibt Berufstätige, deren Hunger nach Herausforderungen durch intellektuelle Aufgaben gestillt wird, durch komplexe Situationen oder durch Wettstreit wie z.B. der Profisportler. Wenn Ihnen etwas zu einfach ist, wird es Ihnen langweilig.

8 Lebensstilintegration

Sie wollen Ihre persönlichen Bedürfnisse mit denen Ihrer Familie und den Anforderungen Ihres Berufs zu einem Ganzen integrieren und Sie brauchen aus diesem Grund einen Beruf, der Ihnen ausreichende Flexibilität bietet. Möglicherweise müssen Sie deshalb auf bestimmte Aspekte Ihrer beruflichen Entwicklung verzichten (z.B. eine mit einem Umzug verbundene Versetzung, auch wenn diese eine Beförderung bedeutet). Sie definieren Erfolg anhand weiter gesteckter Kriterien als Erfolg im Beruf, nämlich damit, wie Sie Ihr gesamtes Leben verbringen, wie Sie Ihre familiäre Situation handhaben und wie Sie sich selbst weiterentwickeln.

(nach Lanzenberger/Stadelmann/Looss: Karriereentwicklung. In. Biehal, Franz: Personalentwicklungswerkstatt. Wien 1994)

Das **Teilnehmerskript** - zu Beginn verteilt - bietet die Möglichkeit, die Zuhörerschaft aktiv einzubeziehen. Anhand des Inhaltsverzeichnisses geben Sie zunächst einen Überblick über das Thema, erarbeiten dann frei und ohne Skript ein Stoffgebiet und verweisen danach auf das Skript: Sie lassen Kernaussagen anstreichen, Zusatzbemerkungen einfügen, wichtige Absätze markieren. Wichtig ist, dass das Teilnehmermanuskript Raum für eigene Notizen und Illustrationen der LeserInnen lässt (z. B. extrabreiter Rand). Arbeitsaufgaben wie das Sammeln von Anwendungsbeispielen können darüber hinaus das Skript beleben.

Rhetorik **Gestaltungstipps**

Die Sprachgestaltung

Ineffektive Sprechgewohnheiten

Es gibt weit verbreitete Sprechgewohnheiten, die nicht effektiv sind:
Hier eine Auswahl mit Alternativvorschlägen.

−	+
"Ich begrüße Sie sehr sehr herzlich" (Ist das echt?)	*"Willkommen!"*
"Ich freue mich, dass Sie so zahlreich erschienen sind!" (Die einzelne Person kommt nie zahlreich!)	*"Schön, dass Sie da sind."* (Besser noch, Sie sagen gar nichts und freuen sich einfach!)
"Meine sehr geehrten Damen und Herren! Ich werde mich kurz fassen. Ich darf zunächst erwähnen...."	Fangen Sie endlich an!
"Man sollte doch..."	*"Ich schlage vor..."*
"Es wäre angebracht..."	*"Ich verlange..."*
"...ohne Umschweife, ganz aufrichtig gesagt..."	Sagen Sie es einfach!
"Wie allen bekannt sein dürfte..."	*"Sie kennen...."*
"Wie sie sich leicht vorstellen können..."	*"Stellen Sie sich vor..."*
"Ich würde sagen..."	Sagen Sie es einfach!
"wirklich schön", „eigentlich schön", „irgendwie schön"	*"schön"*
"Wir werden es sicherlich schaffen."	*"Wir schaffen es."* (Gegenwart!)
"Wir kommen heute zur Entscheidungsfindung."	*"Wir (Sie) entscheiden jetzt."*
"Vielen lieben herzlichen Dank!" (echt?)	*"Danke!"*
"Danke für Ihre Aufmerksamkeit"	Hören Sie einfach auf!
"Mit diesen Worten beende ich meine Erläuterungen. Ich danke Ihnen!"	*"Bitte um Applaus!!!"*
"Gewissermaßen sind wir uns heute ein Stück näher gekommen und ...."	*"Ich will von Ihnen ....!"*

© Ökotopia Verlag: Paul Lahninger, leiten - präsentieren - moderieren

Rhetorik **Gestaltungstipps**

Akademische Sprache

Vor allem wissenschaftliche Vorträge haben meist eigene ritualisierte Abläufe und eine besondere Rhetorik. Eine Raumanordnung, die den ZuhörerInnen keine, dem Vortragenden übermäßig viel Bewegungsfreiheit gibt, starre Begrüßungsfloskeln sowie die Ausklammerung belebender und aktivierender Methoden schaffen viel Distanz. Wissenschaftlichkeit kann auch entfremden und lediglich den Selbstdarstellungswünschen der Vortragenden dienen. Dies wird durch eine akademische Sprache verstärkt: lange Sätze, viele Fremdworte, überaus gewählte Sprechweise, die sich stark von direkter persönlicher Kommunikation unterscheidet: Die ZuhörerInnen müssen sich das Gesagte selbst wieder in Bilder und Vorstellungen übersetzen. Direkter Kontakt, Begegnungsqualität, Betroffenheit wird erschwert - vielleicht auch bewusst vermieden.

Lebendige Rhetorik ist demgegenüber wie ein Regenbogen: strahlend und farbig; als Spannungsbogen mit einem Höhepunkt verbindet er Anfang und Ende.

Lebendige Sprache

Rhetorik **Gestaltungstipps**

7 Qualitäten lebendiger Sprache

1 Positiv:

Grammatikalisch positive Formulierungen: „Bitte um volle Konzentration!", ist zielorientiert. „Bitte keine Seitengespräche!", ist auf Defizite fixiert.

2 Aktiv:

Aktive Formulierungen in der Gegenwart: „Ziel dieses Abends ist"... oder „Ich möchte ..." sind kraftvolle Formulierungen im Gegensatz zum passiven „Wir wurden hier zusammengeführt, um ..."oder „Ich würde..."

3 Prägnant:

Kurze Hauptsätze (und nicht lange Schachtelsätze) geben Klarheit und erleichtern das Verständnis.

4 Lebendig:

Handlungsorientierung erreichen Sie durch Zeitwörter wie „durchführen" (und nicht: „zur Durchführung gelangen"). Dies wirkt energievoll und aktivierend.

5 Bildhaft:

Erklären Sie Abstraktes konkret und anschaulich, Allgemeines beispielhaft und situationsbezogen. Verwenden Sie „bunte" Eigenschaftswörter. Dadurch wird Ihr Input auch persönlicher und spricht Gefühle stärker an.

6 Anregend:

Zitate in direkter Rede, Überleitungen mit rhetorischen Fragen, Personalisierungen (als könnten Dinge sprechen) und Identifikationen bewirken zusätzliche Stimulans.

7 Einfach:

Wählen Sie im Zweifelsfall immer die einfachere, für jede Person verständliche Formulierung. Worte wie „begeistern" und „fördern" sind kraftvoller und anschaulicher als „motivieren". Verwenden Sie wenige, bekannte oder erklärte Fremdwörter/Fachbegriffe. Erklären Sie Inhalte immer zuerst in Alltagssprache, um dann erst das Fremdwort, den Fachausdruck einzuführen, diesen aufschreiben und sichtbar stehen zu lassen.

Übung: Präzise formulieren

Die Klarheit und Nachvollziehbarkeit Ihrer sprachlichen Formulierungen können Sie mit einfachen Anleitungen üben:

Sie zeichnen einfache geometrische Formen und Linien auf ein Blatt und leiten eine Person an, diese Formen zu zeichnen, ohne dass Sie ihr dabei zusehen können und ohne visuelle Unterstützung. Am Besten setzen Sie sich Rücken an Rücken zueinander. Erst nach Abschluss vergleichen Sie Ihre Vorlage und das Ergebnis.

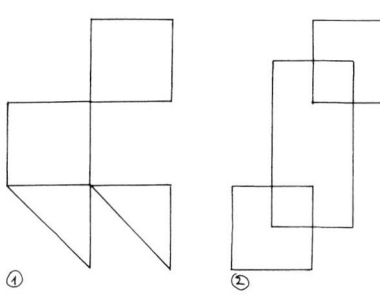

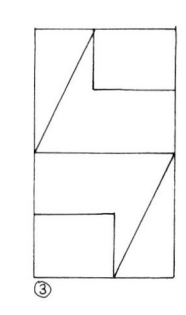

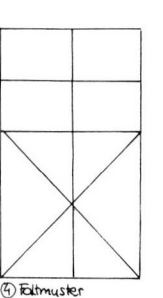

Rhetorik **Gestaltungstipps**

Praxisbeispiele: Sprachgestaltung und persönliche Grundeinstellung

Eine Schuldirektorin hält auf einem Elternabend zum Thema „Medienerziehung" eine Eröffnungsrede.

Beispiel 1: Distanzierte, problemorientierte Rede, geprägt durch negatives Denken

"Meine sehr geehrten Damen und Herren! Unser Hauptproblem, das wir heute besprechen wollen ist:"	Diese Rede beginnt mit einer förmlichen Anrede ohne Kontaktaufnahme. Es fehlt Anliegen und Nutzen für die ZuhörerInnen.
"Die Kinder sitzen zu viel vor dem Fernseher! Die Kinder sind dadurch aggressiv und unkonzentriert: Wir Lehrer haben schwer damit zu kämpfen."	Die Kerninformation wird einseitig aus der Rednerperspektive betrachtet und negativ formuliert.
"Ich werde Sie nicht lange mit Details strapazieren, sondern..."	Eine ausgrenzende Negativformulierung: die Details könnten Interesse wecken!
"Wir möchten Sie nur bitten, sich einmal zu überlegen, was man da besser machen könnte."	distanziert, fern (im Konjunktiv) und belastend (scheint sehr schwierig!)
"Wenn wir nun die Problematik differenzierter analysieren, dann ergeben sich daraus ganz oberflächlich betrachtet fünf widerstreitende Faktoren: Erstens die Wünsche unserer Kinder fernzusehen, dagegen zweitens unser erzieherisches Wissen, dass Kontrolle nötig wäre, drittens stehen dagegen unsere eigenen Wünsche nach wohlverdienter Ruhe und viertens unser dennoch schlechtes Gewissen, fünftens die Möglichkeiten der Bereicherung der Kinder durch gute Fernsehfilme. Wenn wir diese komplexe Problemlage ordnen, ergeben sich daraus folgende zwei Extrempositionen im Erziehungsstil:"	Themenanalyse, eingeleitet durch zwei „leere Floskeln". Die Aufzählung mit Zahlen bringt nichts, die Aspekte bleiben ohne bildhaft konkrete Darstellung: der Satz ist sehr lang. Die Formulierung „wir" ist nicht glaubhaft: die Rednerin stellt ihre eigene Meinung dar.
"Erstens, wenn die Kinder gar nicht fernsehen dürfen. Das bringt nichts! Aber noch schlechter ist, wenn sie sich alles anschauen dürfen und das womöglich noch allein."	Die negativen Alternativen sind verbunden mit extremer Bewertung, dies ist keine Einladung zur Identifikation.
"Unsere Meinung ist: Es gibt nur eine richtige Methode: Sie entscheiden sich am Wochenende, welche Sendungen Ihre Kinder sehen dürfen."	Die unvermittelte Lösungsthese, sehr eng formuliert, wirkt autoritär.
"Ich weiß ja, dass viele von Ihnen unter dem Problem leiden, wie schlecht die Kinder das viele Fernsehen verarbeiten und daher in der Schule unaufmerksam sind."	Themenansicht aus der Perspektive der ZuhörerInnen, jedoch als reine Behauptung negativ formuliert.
"Helfen Sie uns also bitte!"	Unvermittelter Schlussappell ohne Nutzen und Zielorientierung.
"Danke für Ihre Aufmerksamkeit."	leere Schlussfloskel.

175

Rhetorik **Gestaltungstipps**

Beispiel 2: Entgegenkommende, lösungsorientierte Präsentation

Einstieg

*"Liebe Eltern!
Willkommen zu unserem Spezial-Elternabend für bewussten Medienkonsum:"*
→ Freundliche und möglichst persönliche Begrüßung mit Zielsetzung (zugleich auf einem Plakat präsentiert), positiv formuliert.

"Wir haben heute Abend einen starken Konkurrenten: Semi-Finale der Fußball-WM in unserem Lieblingsmedium Fernsehen."
→ Aufhänger, ein konkretes Tagesereignis, zugleich mit thematischem Bezug.

"Schön, dass Sie trotzdem da sind! - Mein Mann ruft in einer Stunde an und teilt uns dann mit, wie es nach der ersten Halbzeit steht.... Wer von Ihnen möchte das erfahren?"
→ Freundliche Worte auf der Beziehungsebene gestalten die Atmosphäre und bringen eine humorvolle Miniaktivierung: (inneres Nicken, Handzeichen, ein JA!)

Kernstück

"Ich bin schon mitten im Thema: Fernsehen! Mein Anliegen ist es, mit Ihnen zu besprechen, wie Sie den Fernsehkonsum Ihrer Kinder sinnvoll und befriedigend gestalten können."
→ Die Zielrichtung, nutzenorientiert für die ZuhörerInnen.

"Kinder brauchen Unterstützung bei der Auswahl von Fernsehfilmen! Kinder brauchen Gesprächspartner, um Filme zu verarbeiten!"
→ Die Kernbotschaft als Schlagzeile (zugleich auf Plakat präsentiert).

"Ich selbst bin Mutter, meine Kinder sind 8 und 11 Jahre alt. Ich kenne die Faszination, die Fernsehfilme auf Kinder ausüben. Und ich erlebe, wie stark diese Filme die Kinder beschäftigen."
→ Persönlicher Bezug als konkretes Beispiel

"Wichtig ist mir vor allem, dass Kinder nicht alleine fernsehen, sondern aufregende Filme nur gemeinsam mit Erwachsenen sehen. Wir haben in unserer Familie klare Regeln fürs Fernsehen: die Auswahl der Filme besprechen wir immer gemeinsam mit den Kindern."
→ Lösungsthesen, persönlich und positiv formuliert, zugleich auf Plakat.

Verstärkung

"Ich möchte Sie einladen, heute Erfahrungen mit dem Fernsehen in Ihrer Familie auszutauschen. Es geht um die Konzentrationsfähigkeit Ihrer Kinder beim Lernen! Fernsehfilme können Kinder stark belasten! Auch die Aggressivität der Kinder wird von den Medien beeinflusst."
→ Schlussfolgerung und Zusammenfassung als nutzenorientierter Appell.

"Ich freue mich, wenn Sie heute Neuansätze finden, den Fernsehkonsum Ihrer Kinder bewusster mitzugestalten."
→ Ermutigende Ergebnisorientierung

"Wir zeigen Ihnen zuerst die Ausstellung, die unsere Schüler zu diesem Thema erarbeitet haben. Die Kinder sind sehr stolz darauf! Danach haben wir Arbeitsgruppen vorbereitet in denen Sie sich persönlich besprechen können."
→ Einladender Ausblick

"Unser Ziel ist es, Sie zu unterstützen: Sie als Eltern finden Ihre persönliche Form, wie Sie Ihre Kinder im Umgang mit dem Fernseher begleiten können."
→ Schlussappell mit Wiederholung des Anliegens als Angebot formuliert

"Ich wünsche uns einen guten gemeinsamen Abend, zwar ohne Fußball-WM, dafür ein Abend für unsere und Ihre Erziehungsaufgabe zu bewusstem Medienkonsum!"
→ Der wohlwollende Schlusssatz verstärkt das Ziel. Zugleich kann die Vortragende hier nochmal auf das Begrüßungsplakat zeigen: Der Bogen schließt sich.

Anmerkung: Auch diese Worte können distanziert gesprochen werden, unecht, einstudiert wirken. Die Qualität des Kontakts, der Beziehungsebene findet sich nicht in den Worten selbst: diese sind nur die äußere Ebene des Beziehungsgeschehens. (angeregt durch: Bartsch, Elmar: Rhetorik der Rede. Wien 1985)

ARBEITSBLATT

Rhetorik **Feedback**

FEEDBACK/SELBSTEINSCHÄTZUNG
Rhetorische Kompetenzen

Mit diesem Arbeitsblatt können Sie selbst Ihre rhetorischen Qualitäten einschätzen oder KollegInnen um Rückmeldung bitten.

Bitte persönlich in der Ich-Form formulieren und an konkreten Situationen festmachen.

Rückmeldung für............................	von..	
	Stärken	**Tipps, Anregungen**
optisch — **Körperhaltung** z.B. ruhig, beweglich, zentriert, zugewandt, offen, steif		
Augenkontakt z.B. fixiert auf Einzelne, wechselnd, vermeidend		
Mimik z.B. lebendig, ansprechend, ausdrucksvoll, gefühlvoll, versteinert		
Gestik z.B. anschaulich, kraftvoll, gewinnend, stimmig, unkoordiniert, leblos		
akustisch — **Stimme** z.B. frei, angenehm, flexibel, unsicher, gepresst, klar, heiser		
Sprechtempo z.B. variabel, mitreißend, angenehm, mit Pausen, hektisch		
Lautstärke z.B. auf- und abschwellend, angemessen, kraftvoll, dünn		
sprachlich — **Satzbau** z.B. verständlich, einfach, kurz, langatmig, geschraubt, umständlich		
Sprachgestaltung z. B. artikuliert, witzig, metaphorisch, beispielhaft, anschaulich, abstrakt, akademisch		
methodisch — **Logik** z.B. klare Themenbearbeitung, griffige Argumente, zielführend, nutzenorientiert		
Beteiligung/Aktivierung z.B. Einladung zur Identifikation, kleine Aufgabenstellungen, Fragetechnik, Medieneinsatz z. B. wohl dosiert, übertrieben, pannenreich, abwechslungsreich, distanzierend		
Gesamteindruck/Ausstrahlung z.B. echt, kooperativ, engagiert, persönlich, gefühlsbetont, wertschätzend, autoritär		

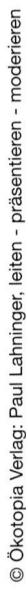

Literaturempfehlungen

Kia, Mario A. u.a.: Stimme, Spiegel meines Selbst. Braunschweig 1991
Reichhaltige Übungen zur Stimmbildung.

Ashauer, Günther (Hg.): Audiovisuelle Medien. Düsseldorf 1980

Ballstaedt, Steffen-Peter: Lerntexte und Teilnehmerunterlagen. Weinheim 1991
Praktische Gestaltungshinweise für die Vortragstätigkeit

Bartussek, Walter: Pantomime und darstellendes Spiel. Mainz 1990
Körperausdruck und Selbsterfahrung, mit vielen konkreten Methoden und Übungen.

Bredemeier, Karsten u.a.: Die Kunst der Visualisierung. Zürich/Wiesbaden 1991
Beispiele und Hilfen für den Medieneinsatz

Gersbacher, Ursula: Rhetorik, Körpersprache im Beruf, Stimmschulung. München 1992
Grundlagenwerk mit vielen praktischen Übungen

Heller, Eva: Wie Farben wirken. Hamburg 1989
Farbpsychologie, auch für die Seminargestaltung einsetzbar.

Hamman, Claudia: Stimme - Mehr Ausdruck und Persönlichkeit. München 1997

Hierold, Emil: Sicher präsentieren - wirksam vortragen. Wien 1990
Bewährte Tipps für Praktiker

Scheler, Uwe: Information präsentieren. Offenbach 1994
Folienprogramme mit konkreten Beispielen und fertigen Arbeitsblättern

Schiff, Michael: Redetraining. München 1980
Lehrbuch der modernen Rhetorik mit Übungen zu Atem- und Vortragstechnik mit umfassenden praktischen Tipps und Hilfen.

Schrader, Einhard u.a.: Optische Sprache. Hamburg 1991
Arbeitsbuch zum Medieneinsatz

Talman, Michael: Besser präsentieren mit dem PC. Düsseldorf 1991
Anleitungen für computergestütztes Präsentieren

Will, Hermann: Vortrag und Präsentation. Weinheim 1994
Minihandbuch zum Einsteigen

Baustein 6

Gezielt vorbereiten

Grundsätze 179
Effektiv vorbereiten 179
„Zitrus"-Methode 181

**Lernpsychologische Aspekte
von Bildungsarrangements** 183
Vergessen als Überlastungsschutz 183
Gehirn und Computer – ein Vergleich............ 184
Stress 186
Erwachsene lernen 188
Wahrnehmungskanäle 189
    Minitest: Wahrnehmungskanäle................ 190
    Folie 4: Sinnlose Silben
Lern- und Prüfungssituationen gestalten 192
    Effektiv lernen 192
    „Lernbiologische" Stoffaufbereitung.......... 193
    Superlearning 194
    Entspannt vertiefen 195
    Entspannt lernen 196
    Edu-Kinesthetik 197
    Verständnishilfe Metapher 198
    Effektiv prüfen 199
Den Körper beachten: aktivieren 201
    Augenmassage 203
    Aktivierende Massage............................... 204

**Gruppendynamische Aspekte
von Bildungsarrangements** 205
Ergebnis und Erlebnis..................................... 205
Gruppeneinschätzung: Situatives Führen........ 206
    Folie 10: Gruppeneinschätzung
Lehrplan- und TeilnehmerInnenorientierung ... 207
    Teilnehmerorientiertes Phasenmodell......... 208
    Lehrplanorientiertes Phasenmodell 210
    Inhomogene Gruppen 211
    Fragebogen zur Seminarplanung................ 212
    Studienzirkel... 213

Methodensammlung 214
    Analyse-Blatt 215

Literaturempfehlungen 216

GRUNDSÄTZE

Effektiv vorbereiten -
zwei Ansätze ergänzen einander

Meine Vorbereitungsarbeit als TrainerIn besteht in der Klärung von Zielen, der Auswahl von Inhalten und Methoden sowie dem Einholen von Informationen über die Gruppe und den situativen Kontext. Sie berücksichtigt lernpsychologische Grundlagen ebenso wie gruppendynamische Prozesse. Effektiv vorbereiten bedeutet, sowohl die kreative Fülle - möglicherweise sogar das kreative Chaos, wie auch die logisch lineare Planungsarbeit zu nutzen.

Yin	Yang
Intuition und kreative Fülle	Checkliste als logisch lineare Abfolge
Gruppeneinschätzung, Gefühl für Prozesse, Bilder von Gesamtgestalt, Vernetzung von Synergien.	Fach- und Sachthemen bearbeiten, Einzelaspekte beachten, schrittweises Zusammenstellen, zielstrebige Vorbereitungsarbeit.
Spontane, impulsive Ansätze bereichern.	Planung gibt Klarheit und Sicherheit.

Vorbereiten **Grundsätze**

Die Effizienz der persönlichen Vorbereitungsarbeit zu steigern, kann für die eine Person bedeuten, mehr mit Checklisten zu arbeiten, für eine andere, mehr frei und intuitiv zu assoziieren. Das Anliegen, möglichst viele Zugänge zu aktivieren und zu integrieren, kann z.B. folgende Gestalt annehmen:

1 Ziele, Anliegen und Kontext klären:
Möglichst detaillierte Vorinformationen zur Gruppe (Vorwissen und Motivation der TeilnehmerInnen, Gruppenzusammensetzung), zu Rahmenbedingungen (z. B. Einbettung des Angebots) und zum Arbeitsauftrag erleichtern die Planung. Die Zielgruppe kann ich durch Vorinterviews, Gespräche mit dem Veranstalter, durch einen Fragebogen an die TeilnehmerInnen einschätzen.
(s. „Fragebogen davor")

2 Freies Sammeln von Ideen:
Auch über Wochen hinweg halte ich, was immer zu diesem Thema passen kann, fest. Diese Gedanken und Assoziationen vernetze und gewichte ich. Dabei kann ich sinnvollerweise mit Mindmaps oder der Pinnwandtechnik arbeiten.
(siehe Baustein „Methodisch gestalten")

3 Fachliche Themenbearbeitung:
z.B. durch Literaturstudium, aus eigener Fortbildung und Erfahrung. Oft braucht es hier ein bewusstes Zeitlimit, da die Stofffülle endlos sein kann.

4 Intuitive Imagination:
Ich stelle mir die Zielgruppe vor, ihr Vorwissen, mögliche Interessensschwerpunkte, ihre Anwendungsgebiete und Erfahrungsbereiche.

5 Inhaltliche Schwerpunkte setzen („didaktische Reduktion"):
Festlegung von Hintergrundinformationen, Kerninhalten (Mindestinput), möglichen Ausweitungsthemen, persönlichen Lieblingsthemen und Anliegen für die konkrete Zielgruppe.

6 Methodischen Ablauf flexibel planen:
Unter Beachtung von gruppendynamischen Aspekten, der Zielsetzung und dem Kontext erstelle ich eine Grobplanung: Jeder Detailschritt ist wohl durchdacht - der genaue Ablauf jedoch offen. Wichtig ist, einen gewissen Freiraum, flexible Teile, „Luft" einzuplanen. Auch ein Reserve- bzw. Notprogramm sollte ich mir bereitlegen. Den Abschluss der methodischen Vorbereitung bildet das Durchdenken und Überprüfen klarer Anleitungen und eindeutiger Arbeitsaufträge. Für komplexere Methoden sind schriftliche Anleitungen auf einem Arbeitsblatt oder Plakat hilfreich. Ebenso sind noch der Material- und Medienbedarf zu klären und Überlegungen zur Raumgestaltung anzustellen.

7 Korrektur/Feinabstimmung:
Nach dem ersten Kontakt mit der Gruppe, nach dem Sammeln von Erwartungen und Zielen, stimme ich Inhalte und Methoden ab. In vielen Seminaren entwickelt und verändert sich die Detailplanung laufend im Kontakt mit den Lernenden:

Das Seminar gleicht dabei einem Schiff, das durch ständige Kurskorrektur sein Ziel erreicht. Die jeweils aktuelle Anpassung des Programms berücksichtigt die folgenden Kriterien:

○ eigene Werte und Anliegen
○ eigene Sicherheit
○ Vertrauen in die Gruppe:
   Konfliktlösungskompetenz - Gruppengefühl
○ Homogenität der Erwartungen
○ Rahmenbedingungen:
   Auftrag, Stoffmenge, Zeit

8 Nachbereitung:
Die effektivste Zeit des Vorbereitens ist die Zeit nach dem letzten Seminar. Gefühlsmäßig noch im Geschehen kann ich mich besonders gut auf eine konkrete Zielgruppe einstellen: Durch Auswerten, Überarbeiten, Sammeln von Neuansätzen erhalte ich viel Input für das nächste Seminar.

Dieser Ablauf der Vorbereitung ist gleichsam eine Pendelbewegung zwischen Yin und Yang. Je nach Erfahrung und Auftrag wird dieser Gesamtablauf verkürzt. Auch in Minischritten und in der Abstimmung eines fertigen Seminarkonzeptes auf eine konkrete Zielgruppe bewege ich mich in diesem Schema.

Vorbereiten **Grundsätze**

"Zitrus"-Methode

Kriterien für die Methodenwahl

Idee: Paul Lahninger

Auf die konkrete Herausforderung, Prozesse zu gestalten und Ergebnisse zu erreichen, antworten wir mit Methoden. Die methodische Struktur ist das Ufer des Prozessflusses, der den Inhalt trägt. Die Entscheidung für eine bestimmte Methode treffen wir bewusst oder intuitiv auf Grund folgender Kriterien:

Z → **Ziele**
- inhaltlich/stofflich
- gruppenbezogen (z.B. Begegnung fördern)
- institutionell vorgegeben oder teilnehmerorientiert

I → **Ich selbst**
- eigene Sicherheit (vertraut mit der Methode und der Gruppe)
- persönliche Anliegen
- eigene Verfassung
- eigener Spaß an dieser Methode

T → **TeilnehmerInnen**
- Vorwissen und Erfahrungen
- Stimmung
- Motivation

R → **Raum**
- Platzbedarf
- Lärmentwicklung
- Material & Gerätebedarf

U → **Uhr**
- Zeitbedarf
- Vorbereitungsaufwand
- Tageszeit

S → **Systematik**
- logischer Aufbau der Bildungseinheit (Stimmigkeit im Ablauf)
- Methodenwechsel und Vielfalt (Bedürfnis nach Abwechslung)

Vorbereiten **Grundsätze**

Einführung der Methoden

Aber nicht nur bei der Wahl der Methoden, sondern auch bei der Einführung dieser Methoden in der konkreten Gruppensituation orientiere ich mich an dieser Systematik; dies gilt vor allem beim Angebot neuer, für eine bestimmte Gruppe ungewohnter kreativer oder kommunikativer Methoden.

ZIELTRANSPARENZ

Nutzen:
Je unsicherer sich TeilnehmerInnen mit kommunikativen, kreativen Methoden fühlen, desto klarer vermittle ich den Nutzen dieser Methoden.

Methodenmarketing:
Meine Kompetenz als TrainerIn ist vor allem auch eine methodische Kompetenz: Ich „verkaufe" meine Methoden, indem ich deutlich mache, dass meine Angebote den vereinbarten Zielen entsprechen.

ICH SELBST

Entschiedenheit:
Meine eigene Entschiedenheit, meine positiven Erwartungen unterstützen die Gruppe.

Spaß:
Bei der Anwendung neuer Methoden gibt meine eigene freudige Ausstrahlung den TeilnehmerInnen Sicherheit.

TEILNEHMERINNEN

Methodische Erwartungen:
Die Erwartungen der TeilnehmerInnen können als Motor wirken oder aber Widerstände mobilisieren. Daher hole ich die TeilnehmerInnen methodisch dort ab, wo sie stehen und beginne eventuell mit vertrauten Methoden.

Zielgruppenorientierung:
Je nach Gruppe variiere ich meine methodischen Angebote.

Freiwilligkeit:
Bei manchen Angeboten kann Freiwilligkeit die Akzeptanz erhöhen: Eine Einladung an die, die sich gerne einlassen. Meine Energien als TrainerIn sind dann dort mit dabei - das strahlt aus.

RAUM

Setting:
Manche Räume laden mehr zum Experimentieren ein als der gewohnte, vielleicht karge Schulungsraum. Ein Ortswechsel oder eine Veränderung der Anordnung im Raum erleichtert das Gewinnen neuer Perspektiven.

UHR

Ablauf:
Viele TeilnehmerInnen brauchen eine klare Vorstellung über Ablauf und Zeitumfang.

Timing:
Gerade für meine kreativen Highlights wähle ich einen besonderen Zeitpunkt, zu dem die Energie gesammelt und die Neugierde geweckt ist.

SYSTEMATIK

Schritt für Schritt:
Der Weg zu Neuem geht zunächst über vertraute Stufen.

Vorbereiten **Lernpsychologie**

LERNPSYCHOLOGISCHE ASPEKTE VON BILDUNGSARRANGEMENTS
Vergessen als Überlastungsschutz

Im Alltag sind wir einer übergroßen Fülle an Reizen/Informationen ausgesetzt. 3 Mill. bit/Sek. können auf die Sinnesorgane eintreffen. Diese Informationsflut wird niemals vollständig bewusst verarbeitet. Manchmal bleibt nur der „vorbewusste" Eindruck („Da war etwas!") oder ein Gefühl von Fülle. Je schneller verschiedenartige Eindrücke aufeinander folgen, umso weniger können wir diese sinnvoll „archivieren". Als Selbstschutz vor Überforderung müssen wir das, was wir aufnehmen, stark ausfiltern. Dieses Ausfiltern wird hauptsächlich unbewusst gesteuert. Alles Wahrgenommene wird in folgenden 3 Stufen verarbeitet und dabei zunehmend reduziert.

Gedächtnisstufen: 3 Filter - 3fache Auslese

Biologische Grundlagen der Verarbeitung:

Das Ultra-Kurzzeit-Gedächtnis („sensorischer Speicher") speichert die Wahrnehmung ca. 20 Sek. lang. Elektrische Impulse in den Nervenbahnen leiten die Informationen weiter; es erfolgt eine erste Zuordnung in „Schubladen" (z.B. nach Gesicht, Wort, Farbe, Form, Bewegung).

Das Kurzzeit-Gedächtnis speichert die Wahrnehmung ca. 30 Min. Durch die Ausformung von Ribonukleinsäureketten in den Gehirnzellen verfestigen sich die Informationen.

Das Langzeit-Gedächtnis setzt nach ca. 30 Min. ein; es kommt zur Bildung und Ablagerung von Proteinkopien. Informationen werden zerlegt, katalogisiert, „eingraviert". Dies braucht Zeit und schafft unsere bleibende Erinnerung.

3 Engstellen („Flaschenhälse")

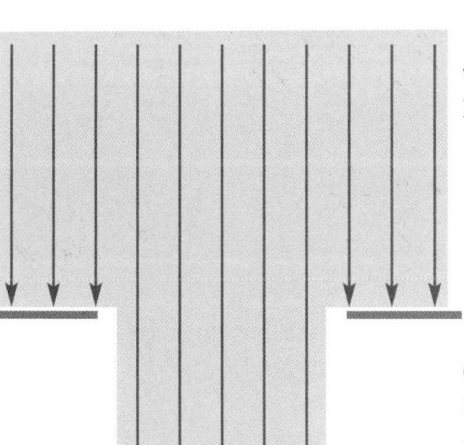

Die so **verdichtete Information** bleibt erhalten. 0,3 % = 1/320 der bewusst wahrgenommenen Information wird dauerhaft gespeichert.

Diese Prozesse werden gesteuert durch:

bewusste Aufmerksamkeit
160 bit/Sek. werden bewusst wahrgenommen: Das sind etwa 20 Buchstaben.

Motivation
0,7 bit/Sek. „bewegen" das Gehirn entsprechend unserer Einstellung, dem erkennbaren subjektiven Wert, Sinn und Nutzen.

Energie und Ruheniveau
Der Speichervorgang braucht Energie, neue Reize stören den Vorgang. 1/20 bit (0,05) pro Sek. werden gespeichert.

Die angegebenen Werte sind Durchschnittswerte, die je nach Individuum und Person stark variieren können.
(n. Vester, Frederic: Denken, Lernen, Vergessen. München 1993, S. 43 - 65).

Vorbereiten **Lernpsychologie**

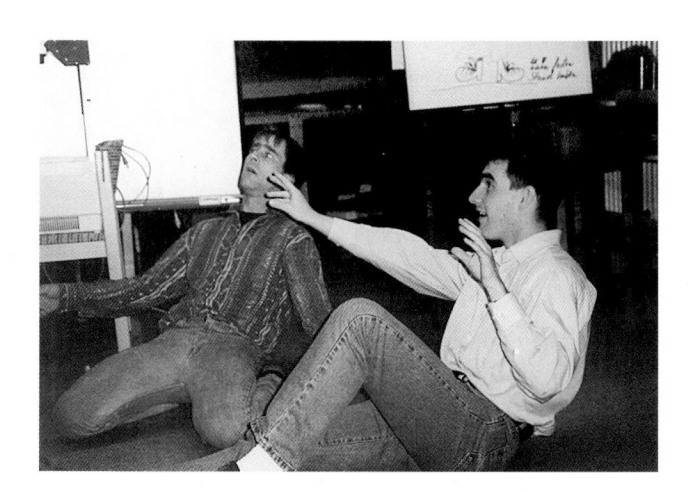

Nur zu einem kleinen Teil können wir Informationen durch eine bewusste Entscheidung dauerhaft im Gehirn verankern. Eine günstige Voraussetzung dafür ist die bewusste Suche nach einer bestimmten Information.

Das gezielte Suchen nach dem, was gebraucht wird, bedarf wesentlich weniger Energien als der Auswahlvorgang ohne klares Ziel. Dies ist vergleichbar mit dem Einkauf im Supermarkt: Mit einer Einkaufsliste geht dies effektiver, als wenn wir in der Überfülle attraktiver Angebote bei jedem Artikel überlegen, ob wir ihn nötig haben. Muss eine Fülle von Daten gelernt werden, schaltet das Gehirn ab einer individuellen Grenze der Aufnahmefähigkeit ab, oder es kommt zu Fehlschaltungen in den Nervenbahnen: Gelerntes ist nicht mehr auffindbar, „vergessen".

Nur was wir in sinnvollen Gestalten, Bildern und Zusammenhängen vernetzen und ordnen können, behalten wir: Jede neue Information wird überall dort an Vorhandenes „angehängt" und in die eigene Speicherstruktur eingeordnet, wo ein Zusammenhang hergestellt werden kann. So kann ein und dieselbe Information durch unterschiedliche Zugänge („Reize") abgerufen werden. Dann wird - laut Drehbuch - der Film der Erinnerung abgespult. So ist Information verfügbar. Inselwissen, Einzelinformationen werden schnell vergessen.

Gehirn und Computer - ein Vergleich

Das Gehirn ist in vielen Anforderungen jedem Großrechner weit überlegen. Das Gehirn erfasst ganze Gestalten. So sehen wir z.B. sofort, dass „Tavola" kein deutsches Wort ist, oder erkennen alte Bekannte nach Jahren auf 50 m Entfernung von hinten.

Der Computer arbeitet zwar wesentlich schneller, „versteht sich" aber nur auf „lineares" systematisches Aneinanderfügen/Durchchecken von Details. Er muss erst alle eingespeicherten Zeichen abrufen und vergleichen.

Je mehr Wissen im Gehirn gespeichert ist, desto effizienter wird gearbeitet.

Beim Computer ist dies genau umgekehrt.

Das Gehirn ist in der Lage, Sinnzusammenhänge herzustellen, während ein Computer keinen Sinn, sondern nur Ergebnisse kennt.

Vor allem aber ist unser Gehirn durch Funktion und Arbeitsweise der rechten Gehirnhälfte dem Computer deutlich überlegen.

Unsere Gehirnhälften

Links — **Rechts**

analysiert
reaktiv
folgert rational
realistisch
dominiert
objektiv

stellt Regeln auf
kontrolliert
vermeidet Fehler

spricht
erinnert sich an
Namen und Begriffe
denkt logisch
analytisch
linear

Gefühl
subjektiv
intuitiv
Ton
musisch Rhythmus
Reflex
überfliegt
spekuliert
riskiert
neugierig
spielt
räumlich
synthetisch
liebt Symbole
nonverbal

digital — **analog**

184

Vorbereiten **Lernpsychologie**

In vielen herkömmlichen Lernsituationen nutzen wir nur einen kleinen Teil unserer Möglichkeiten: Die linke, begrifflich denkende, reaktive, „sachliche" Gehirnhälfte hat einen Berg Arbeit" während die rechte, kreative, bildhaft denkende „persönliche" Gehirnhälfte unterfordert ist.

Das Zusammenspiel beider Gehirnhälften wird gefördert, wenn wir in persönlicher Atmosphäre mit Musik, in bildhafte, konkrete Zusammenhänge einsteigen (rechts) und diese dann benennen, analysieren, abstrahieren (links).

Leistungsschwankungen

Während die Leistungsfähigkeit eines Computers immer die gleiche ist, unterliegt die Aufnahmefähigkeit des Gehirns periodischen Schwankungen. Das ungefähre Mittelmaß der Aufmerksamkeit in einer Gruppe liegt bei ca. 1/4 Stunde. Das Limit der Aufnahmefähigkeit auch bei konzentriertem Zuhören und Zusehen ist nach durchschnittlich ca. 1 Stunde erreicht. Dieses Zeitmaß hängt stark ab von Faktoren wie Identifikation, Training und Aktivität (z.B. Mitschreiben). Als TrainerIn kann ich die Aufmerksamkeit durch Methoden- und Medienwechsel wesentlich beeinflussen. Nach ca. 20 Minuten (Faustregel) wechsle ich das Medium, z.B. vom Vortrag mit Overheadfolien zur Besprechung eines Arbeitsblatts und sorge dabei auch für eine kurze Verschnaufpause.

Die Berücksichtigung der Tagesleistungskurve ist gleichfalls ein wichtiger Aspekt für die methodische Planung eines Seminartags.

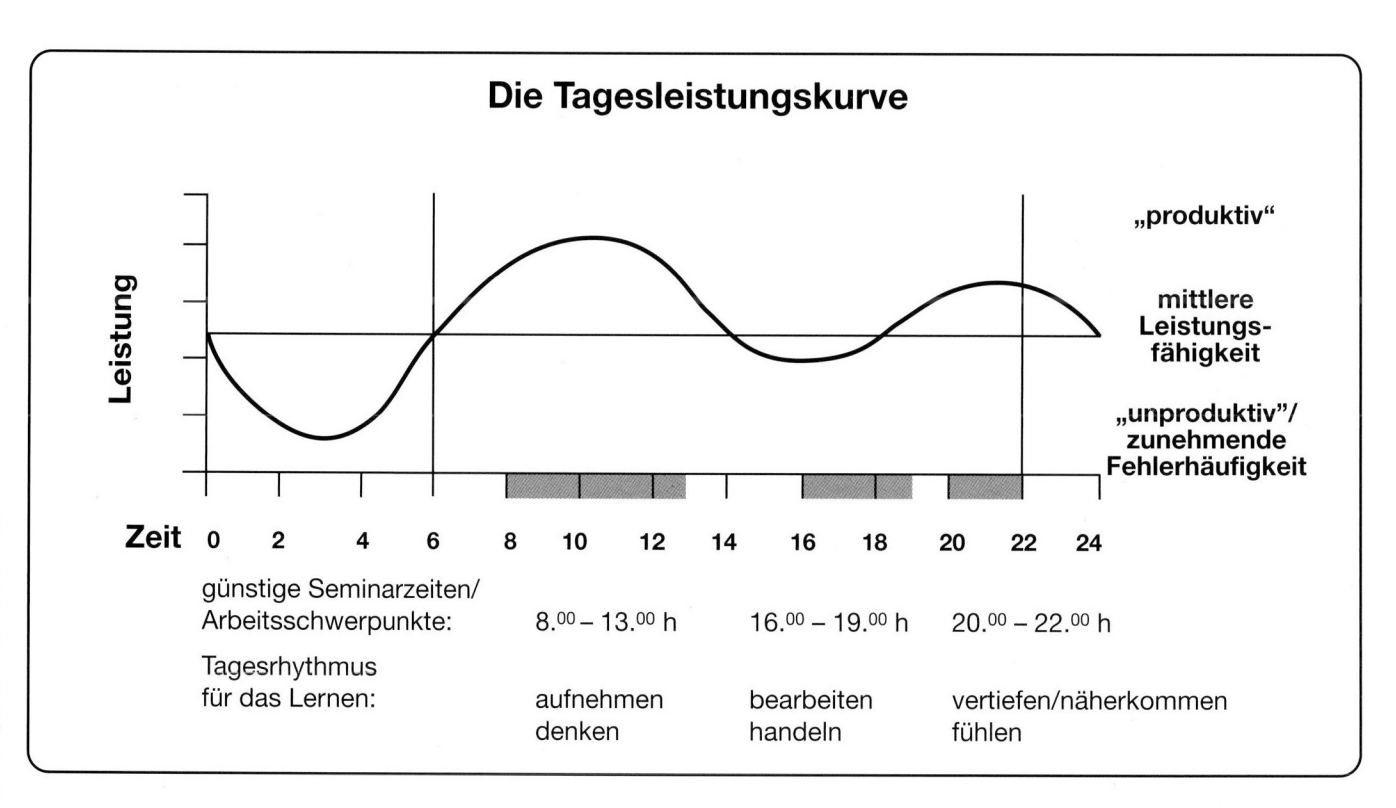

Die Tagesleistungskurve

Zeit	8.00 – 13.00 h	16.00 – 19.00 h	20.00 – 22.00 h
günstige Seminarzeiten/ Arbeitsschwerpunkte			
Tagesrhythmus für das Lernen	aufnehmen denken	bearbeiten handeln	vertiefen/näherkommen fühlen

Die günstigste Tagesplanung eines Seminars folgt also den folgenden Regeln:

Am Vormittag schaffen Sie Orientierung, aktivieren und präsentieren Informationen.

Am Nachmittag moderieren Sie die Bearbeitung und Umsetzung.

Am Abend geben Sie Zeit zum Verdichten, persönlichen Verdauen, zum Intensivieren von Beziehungen und zum Abschließen.

Vorbereiten **Lernpsychologie**

ARBEITSBLATT

Übung:
Die persönliche Tagesleistungskurve

Idee: Ganser, Albert: Lehren und Lernen in der Erwachsenenbildung, Wien 1991
Absicht: ermitteln und reflektieren der individuellen Tagesleistungskurve
Arbeitsform: Einzelarbeit mit möglicher Gruppenauswertung

In die folgende Übersicht können Sie Ihre persönliche Tagesleistungskurve eintragen. Schätzen Sie zunächst Ihre durchschnittliche Leistungsfähigkeit und tragen Sie diese als Kurve ein. Beobachten Sie dann die Schwankungen über 10, 20 Tage hinweg und korrigieren Sie die Kurve entsprechend. Sie können diese Tagesleistungskurve auch für eine Überprüfung Ihrer Aufgabenverteilung im Team verwenden.

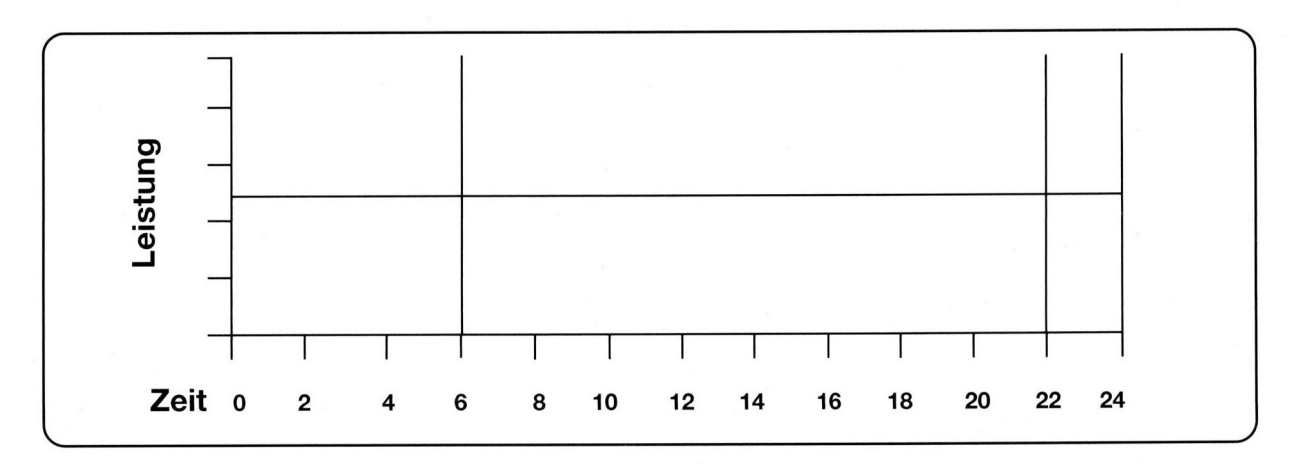

- ❍ Entspricht die Leistungskurve der Verteilung von Aufgaben und der bewussten Platzierung wichtiger Prioritäten?
- ❍ Sind produktive Phasen „geschützt", d. h. störungsfrei?
- ❍ Wann sind Routinearbeiten sinnvoll, wann Entspannungs- und Fitnessübungen notwendig.

Stress

Für körperliche (sportliche) Leistungen sowie für logisches Denken und Verstehen ist ein gewisses Aktivierungsniveau eine grundlegende Voraussetzung. Wenn am Leistungshöhepunkt weitere Reize verarbeitet werden müssen, sinkt die Leistung.

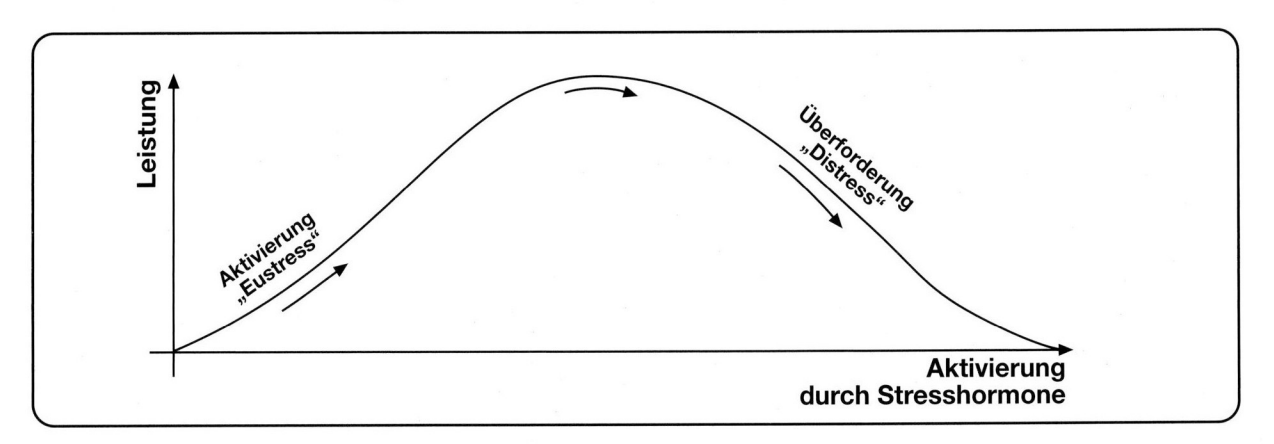

186

Vorbereiten **Lernpsychologie**

Das Aktivierungsniveau lässt sich durch ein EEG (Elektroencephalogramm) messen und darstellen.
(n. Vester, Frederic: Denken, Lernen, Vergessen. München 1993)

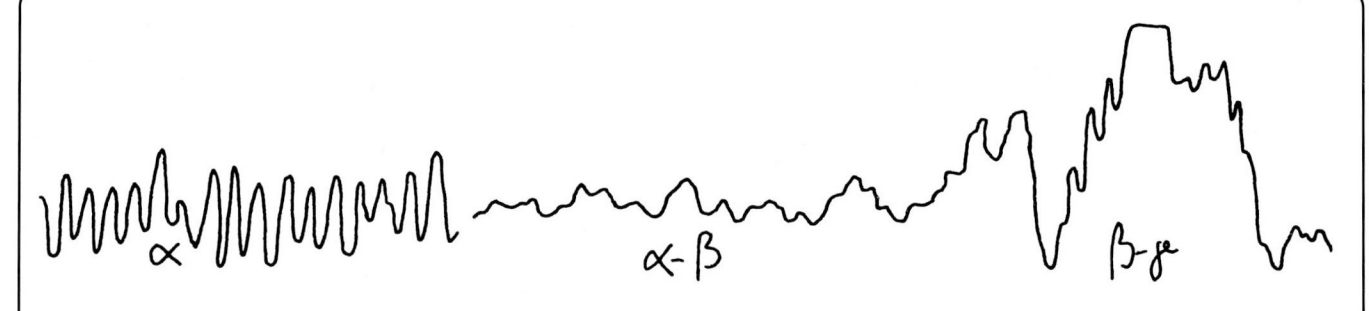

α-Wellen

schlapp, passiv bzw. entspannt: weite unspezifische Aufmerksamkeit

⬇

z. T. gute Aufnahmefähigkeit für passives Lernen

Belebende Musik, rasche Bewegungsübungen, wechselnde Kontakte wirken anregend.

α-β-Wellen

mittlerer Aktivierungszustand: konzentrierte Aufmerksamkeit

⬇

beste Leistungsbereitschaft

Gemeinsame Übungen in der Gruppe bewirken einen Ausgleich des Energieniveaus: „Wir schwingen uns aufeinander ein."

β-γ-Wellen

ärgerlich, überaktiv, „gestresst": punktuelle Aufmerksamkeit (Scheuklappen)

⬇

Aktivierung von Energiereserven (führt auf Dauer zu Krankheit)

Ruhige Musik, Entspannungsübungen, Zeit für Begegnung und Beziehung wirken beruhigend.

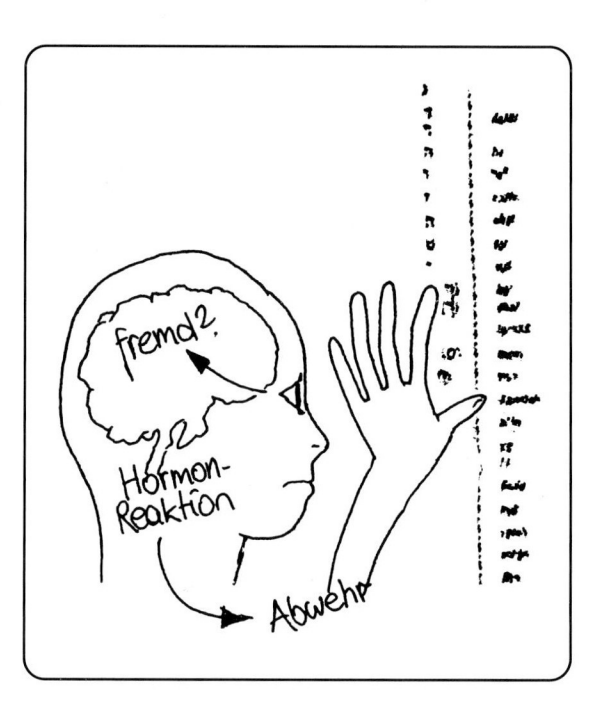

Lernen ist auch von Instinkten beeinflusst. Alle auf uns eintreffenden Informationen werden im Gehirn zunächst nach dem Kriterium: „bekannt/unbekannt" unterschieden. Wird ein bestimmtes Maß an Fremdheit überschritten, führt dies zu Stress. Dies gilt für die Begegnung mit Menschen gleichermaßen wie für neuen Lehrstoff. Gesteuert durch das unbewusste, „sympathische" Nervensystem werden Stresshormone (Adrenalin und Noradrenalin) ausgeschüttet. Diese Hormone unterbrechen die Verbindung zwischen den Gehirnzellen (leitfähige Flüssigkeit zwischen den Nervenbahnen fehlt). Verstehen, Merken und Erinnern sind gehemmt, Wahrnehmung und Kreativität sind eingeschränkt, Denkblockaden möglich. Die Kommunikation wird „verflacht".

Ähnliche Folgen haben Zeitdruck und Abwertung. Auch hier wird die Situation als Bedrohung empfunden.
(n. Ganser, Albert: Lehren in der Erwachsenenbildung. Wien 1991)

Vorbereiten **Lernpsychologie**

Erwachsene lernen

Lebenssituation und Lernerfahrung beachten

Die Menschheit produziert eine stets wachsende Flut von Informationen und damit Wissen: Während die Bergpredigt aus 312 und die Unabhängigkeitserklärung der USA aus 12.000 Worten besteht, umfasst die Verordnung der Europäischen Union zum Vertrieb von Kaugummis: 250.000 Worte! Vor ca. 200 Jahren konnten sich noch „Universalgenies" das Wissen der gesamten Menschheit merken. Heute ist ein Einzelner überfordert, sich das Fachwissen anzueignen, das in einem Spezialbereich, wie z.B. in der Medizin in einem einzigen Jahr publiziert wird. Das Wissen der Menschheit verdoppelt sich derzeit in 8 bis 12 Jahren! Das Lebenskonzept einer Berufsausbildung und daran sich anschließender lebenslanger Ausübung des einmal erlernten Berufs ist längst überholt. Zu jeder Zeit und in jedem Lebensalter sind wir herausgefordert, weiterzulernen. Dabei werden Techniken der Wissenserarbeitung und -bearbeitung gegenüber traditionellen Lerntechniken immer bedeutungsvoller.

Erwartungen

Weil sie kaum andere Arbeitsformen kennen, erwarten viele Interessenten an Kursen der Erwachsenenbildung aber vor allem einen Vortrag. Möglicherweise steckt jedoch auch Passivität dahinter, der Wunsch berieselt zu werden, vielleicht sogar Angst vor inhaltlicher Auseinandersetzung und der damit verbundenen persönlichen Begegnung. So wünschen sich manche TeilnehmerInnen einen „Fernsehabend" im Kursraum: Reize fließen auf sie ein, sie bleiben in der Zuschauerhaltung und das Ganze geht sozusagen von selbst wieder vorbei. Genau an diesem Punkt anzusetzen, diese Erwartungshaltung zum Thema zu machen, den Bildungsbegriff in Frage zu stellen, ermöglicht nachhaltige Veränderung. Die TeilnehmerInnen werden eingeladen, selbstverantwortlich und selbsttätig zu handeln und sich in der Auseinandersetzung mit Inhalten zu profilieren. Innerhalb dieser emanzipatorischen Bildungsarbeit wird dann der Lehrvortrag, sparsam eingesetzt als „Kurzinput", durch persönliches Engagement und die Freude, etwas mitzuteilen, wieder wertvoll.

Aufnahmekapazität

Die Menge an Lernstoff, die eine Person aufnehmen kann, ist trainingsabhängig. Wenn Erwachsene ohne Training wieder gezielt zu lernen beginnen, sind sie oft zunächst einmal entmutigt. Je abstrakter der Inhalt und je knapper die Zeit, umso schwerer tun sich ungeübte Personen.

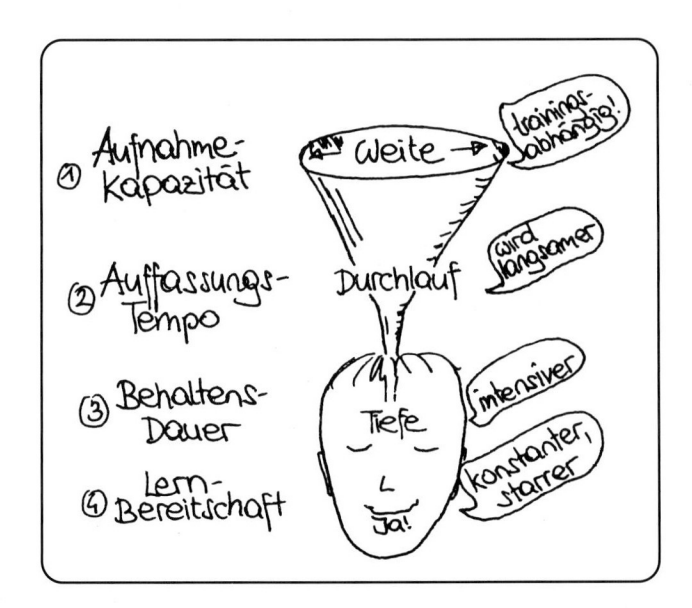

Auffassungstempo

Der Grad der Aufmerksamkeit und die Leichtigkeit des Lernens, also die Schnelligkeit, in der Informationen aufgenommen werden, nehmen mit dem Alter ab. Die elektrochemischen Vorgänge im Gehirn und die Reaktionsgeschwindigkeit werden langsamer, das Kurzzeitgedächtnis wird weniger leistungsfähig.

Erwachsene brauchen ihre Zeit, um sich auf neue Arbeitsweisen einzustellen und in ein Thema einzuarbeiten. Ein zu häufiger Methoden- und Medienwechsel kann diesen Prozess stören. Persönlich vertraute Methoden geben zu Beginn Sicherheit. Je abstrakter der Inhalt, je passiver die Lernform, desto größer die Schwierigkeiten.

Behaltensdauer

Bei Erwachsenen geht das Lernen tendenziell „tiefer": Wenn Erwachsene einen Inhalt als bedeutungsvoll und praxisrelevant erleben, bleibt das Gelernte tiefer im Gedächtnis verankert.

Lern-Motivation

Viele Erwachsene haben die Neugierde und Lernfreude des Kindes verloren. Trotz guter Absicht zu lernen, entwickeln sie - oft unbewusst - Abwehrreaktionen gegen neuen Lehrstoff, wenn dieser als fremdartig empfunden wird. Oft entwickelt sich erst aus Krisen und Leid eine Veränderungsbereitschaft: Konflikte, Leid und Krisen bieten wichtige Entwicklungschancen.

Die Motivation ist bei Erwachsenen tendenziell konstanter und starrer. Für die Motivation ist der Einfluss sozialer und wirtschaftlicher Umstände sehr stark. Viele Erwachsen entwickeln ein geschlossenes Weltbild und ein „Berufsgedächtnis", tun sich schwer, flexibel zu denken, und suchen nach Bestätigung bisheriger Erfahrungen und Einstellungen.

(erweitert und überarbeitet n. Ganser, Albert: Lehren in der Erwachsenenbildung. Wien 1992 - s. auch Löwe; Hans: Zum Problem der Lernfähigkeit. In: Knoll, Jürgen: Lebenslanges Lernen. Hamburg 1974).

Wahrnehmungskanäle

Wir haben individuell unterschiedliche Arten wahrzunehmen und damit zu lernen. Als „Tore zur Welt" repräsentieren unsere Sinnesorgane die Wirklichkeit. Unser Gehirn speichert Erfahrungen, Inhalte auch in den jeweils zugeordneten Gehirnregionen. Dieses Zusammenspiel ist ein Wesenselement unserer Persönlichkeit. Aufgrund der persönlichen Lerngeschichte benutzt jeder Mensch bevorzugte Wahrnehmungssysteme.

Diese unterschiedliche Ausprägung der Sinnesorgane lässt sich in der Gehirnstruktur nachweisen: Eine größere Vernetzung der Zellen in einem bestimmten Bereich des Gehirns macht diesen leistungsfähiger.

Die Entwicklung von Fähigkeiten und sozialen Prägungen beginnt bereits pränatal. Schon im Mutterleib, etwa ab dem 2. Schwangerschaftsmonat, und danach noch stark in den ersten 3 Lebensmonaten nach der Geburt bilden sich die „Verdrahtungen" der Gehirnzellen, die Axiome in den Wahrnehmungszentren je nach Anregung durch die Umwelt aus.

Der persönliche Kommunikations- und Lernstil ist davon geprägt. Verständnisschwierigkeiten, Missverständnisse und Lernprobleme können auf diesen „biologischen" Grundlagen beruhen. Die Wahrnehmungssysteme als Zugang zur Wirklichkeit werden auch „Repräsentationssysteme" genannt. Sie entwickeln sich in der folgenden Reihenfolge:

Vorbereiten **Lernpsychologie**

ARBEITSBLATT

1 Tastsinn:
Die taktile Wahrnehmung beim Embryo beginnt im 2. Schwangerschaftsmonat.
Betasten Sie mit geschlossenen Augen eine Zeit lang die eigenen Hände. Dies vermittelt ein feines, sanftes Gefühl, unser Urempfinden! Hunger nach Berührung und Nähe ist ein tiefes Bedürfnis.

2 Gleichgewichtssinn:
Fast schwerelos schwimmt der Embryo im Fruchtwasser, macht Saltos. Die Freude der Kinder am Schaukeln und Karussellfahren wurzeln in dieser Erfahrung.

3 Hörsinn:
Ab dem 5. bis 6. Schwangerschaftsmonat entwickelt sich die auditive Wahrnehmung. Das Kind ist ständig von einem „Klangteppich" umfangen, hört das Plätschern des Fruchtwassers, den Rhythmus des Herzschlages und der Atmung, das Rauschen der Bauchschlagader, die Geräusche der Verdauungsorgane. Daher können uns später Musik und Tanz tief erreichen.

In der Leitung von Gruppen, in der Begleitung von persönlichem Lernen wirkt es förderlich, auf die Aktivierung möglichst vieler Sinnessysteme zu achten. Z.B. nach längerem Zuhören Bewegung, nach geistiger Auseinandersetzung Berührung anzuleiten. Der gemeinsame Tanz verbindet viele dieser Qualitäten auf einfache Weise. Abstrakte Sprache ist oft wenig sinnlich, keinem Sinn zugeordnet. Mit allen Sinnen lernen führt erst zum Sinn der Sache!
(Zusammengestellt von Dr. Bernhard Weiser)

Minitest: Wahrnehmungskanäle

Absicht: *Dieser Test bietet eine gute Einstiegsmöglichkeit in das Thema Lernstrategien. Dies ist insbesondere dort wichtig, wo Inhalte und Fakten gelernt werden müssen. Er klärt, ob man eher ein visueller, akustischer oder motorischer Lerntyp ist. Das Testergebnis gibt Hinweise auf die Zusammensetzung der Gruppe: Wie viele Personen sind akustische, wie viele visuelle, wie viele motorische Lerntypen und wie viele Mischtypen sind dabei? Dies hilft, gemeinsame Lernformen zu wählen und Lernpartnerschaften einzugehen.*
Kommunikation: *Gesamtgruppe*
Dauer: *5-10 Min.*
Material: *21 sinnlose Silben, in 3 Reihen auf Overheadfolie oder Kärtchen*

Jeweils 7 Silben werden hintereinander einzeln präsentiert, dabei von den TeilnehmerInnen gelernt und nach einer Pause geprüft.
Nach einer Pause wird die zweite Reihe präsentiert und geprüft und nach einer weiteren Pause die dritte. Gelernt wird in 3 Durchläufen mit einer jeweils anderen Form der Darbietung des Lernstoffes:

1. **akustisch:** Jede Silbe wird innerhalb von 5 Sek. 3 x vorgelesen.
2. **visuell:** Jede Silbe wird 5 Sek. lang gezeigt.
3. **motorisch:** Jede Silbe wird 1 x vorgelesen und mitgeschrieben. Dabei gilt es sich aufs Schreiben und nicht aufs Sehen und Hören zu konzentrieren. (Dies erreicht man am besten durch Schreiben ohne hinzuschauen).

Testauswertung:

Nach Abschluss der 3 Testdurchgänge projizieren Sie alle getesteten Silben per Overhead. Jede Person zählt nun aus, bei welcher der drei Darbietungsformen sie sich die meisten Silben gemerkt hat. Dies wäre ein Hinweis auf den bevorzugten Wahrnehmungskanal. Ein einziger Testdurchgang lässt aber nur eine vorsichtige Interpretation zu. Für gültige Aussagen sind mehrere Durchgänge in unterschiedlichen Variationen und mit unterschiedlichem Material notwendig.

FOLIE 4
SINNLOSE SILBEN

Aktivierung der Sinne

Bestimmte Wörter korrespondieren mit bestimmten Sinnesorganen. Die häufige Verwendung solcher Wörter gibt Hinweise auf bevorzugte Sinnessysteme. Die ausgewogene Verwendung solcher Wörter durch die Kursleitung unterstützt die Aktivierung aller Sinne der TeilnehmerInnen.

Sehen

einsehen
durchschauen
durchblicken
ein Weltbild haben
abgesehen von
glasklar
im Klaren sein
Rücksicht nehmen
in Hinblick auf
die Absicht haben
in dieser Hinsicht
vor Augen führen
in Erscheinung treten
meiner Ansicht nach
überblicken
ein Auge zudrücken
ein Vorbild sein
absehbar
der Durchblick fehlt,
keinen Schimmer haben

Hören

die Ohren spitzen
ganz Ohr sein
hinter die Ohren schreiben
das hört sich interessant an
sich beruhigen
in Anspruch nehmen
harmonisch
betonen
zustimmen
geschweige denn
gehört haben
bei einem Ohr hinein und beim anderen hinaus

Bewegungsempfinden

begreifen
erfassen
verstehen
ein Gespür für eine Sache haben
sich leicht tun
etwas geht in Fleisch und Blut über
das Gefühl haben
bedrücken
Initiative ergreifen
etwas durchziehen
etwas anpacken
in die Hand nehmen
in Angriff nehmen
weit gefasste Themen
Eindruck bekommen
sich schwer tun
stecken bleiben

Riechen

hineinschnuppern
die Nase reinstecken
Nase vorn!
einen Riecher haben
etwas stinkt mir
von etwas die Nase voll haben

Schmecken

Appetit auf eine Sache bekommen
eine Kostprobe geben
etwas nicht verdaut haben
etwas ist zum Kotzen

(zusammengefasst nach Bandler, Richard/Grinder, John: Neue Wege der Kurzzeit-Therapie. Neurolinguistische Programme. Paderborn 1982)

Vorbereiten **Lernpsychologie**

ARBEITSBLATT

Lern- und Prüfungssituationen gestalten

Effektiv lernen

Absicht: Lernsituation optimieren
Arbeitsform: Einzelarbeit oder Gruppengespräch
Dauer: 10 bis 30 Min.

Überprüfen Sie anhand dieser Checkliste Ihre Lernsituation und planen Sie konkrete Schritte, diese zu verbessern.

STÖREND IST ALLES, WAS ENERGIE KOSTET UND DAS ABSPEICHERN IM GEHIRN BEHINDERT.

Ablenkungen sind:
- nicht zur Arbeit gehörende Reize
- intensive Gefühle (z. B. Ärger)
- Lärm (z.T. auch Musik)

Ähnliche Inhalte
(Werden diese nacheinander gelernt, so stören sie einander)

Psychische Belastungen
- Anonymität
- Unklarheit (z. B. über Ziele)
- Unsicherheit
- Angst
- Druck
- Abwehr, Widerstand

Physische Belastungen
- voller Bauch
- Medikamente
- Stress
- Müdigkeit
- Kälte oder Hitze
- schlechtes Licht
- Reizüberflutung vor oder nach dem Lernen (z.B. auch durch Fernsehen)

FÖRDERLICH IST ALLES, WAS ENERGIEN MOBILISIERT UND DAS ABSPEICHERN IM GEHIRN FÖRDERT.

Konzentration bedeutet
- bewusste und disziplinierte Hinwendung zur Aufgabe
- Aufwärmen durch leichte Inhalte
- ruhige, entspannte Atmosphäre
- feste regelmäßige Lernzeiten im Tagesablauf
- abwechslungsreiches Lernen
- bewusstes diszipliniertes Lerntraining
- Lernzeiten bei Bedarf systematisch ausweiten

Klarheit bedeutet
- deutliche Abgrenzung der Inhalte insbesondere gegenüber ähnlichen Stoffen
- Klarheit über Ausmaß und Bedeutung des Lernens
- eindeutige, realistische Lernziele

Mein Wohlbefinden fördere ich
- indem ich Lernen als „Lernvergnügen" betrachte
- durch persönliche Entschiedenheit
- durch eine persönlich geprägte Atmosphäre
- durch ein ausgeprägtes Selbstwertgefühl
- durch sichtbare Erfolge, indem ich Lernziele in Teilschritten erreiche
- anregende, vertraute Methoden

Ich bin körperlich fit, d. h.
- gute Kondition
- angenehme aktive Körperhaltung
- angenehme Arbeitsplatzgestaltung
- ausreichend Sauerstoff
- richtige Raumtemperatur
- gute Beleuchtung
- entspannende Pausengestaltung: Ruhezeit (und kein Fernsehen) nach dem Lernen (Insbesondere das Lernen vor dem Schlafen unterstützt die Speichervorgänge im Gehirn.)

Motivation, das innere Ja zum Lernen, das ist/sind
- Interesse und Neugierde
- klare Ziele
- bewusstes Orientieren am Nutzen des Gelernten
- Erfolgserlebnisse (z. B. durch gezielte Selbstprüfung oder Selbstbelohnung)

Vorbereiten **Lernpsychologie**

Ein hilfreiches Bild, um die Arbeit des Gehirns beim Lernen zu verstehen, ist das Lernen als eine Reise anzusehen: Wir brauchen Energie, Transportmittel, ein Ziel und ein entschiedenes Losgehen sowie ein klares Ankommen. Wenn wir unmittelbar nach dem Lernen eines bestimmten Inhalts A einen anderen Inhalt B lernen, so bedeutet dies, eine neue Reise zu beginnen, noch ehe die vorherige abgeschlossen ist: Das Gehirn braucht Zeit zur Verarbeitung, die Pause ist wichtig. Eine Möglichkeit, diesen Abschluss des Einprägevorgangs zu unterstützen ist, nach einer Lernsequenz oder einer Unterrichtsstunde den neu gelernten Stoff nochmals zu durchdenken. So wird die Reise bewusst abgeschlossen.

"Lernbiologische" Stoffaufbereitung

Lernen wird effektiv, wenn die Lernenden

○ **die Lernziele kennen**

Zu jedem Zeitpunkt, die Bedeutung des Stoffs/der Aufgabe in Bezug auf das Ziel zu verstehen, verbessert die Aufmerksamkeit und die Motivation.

○ **die Nutzanwendungen der Inhalte erkennen**

Den Lehrstoff auf die eigene Lebensrealität zu beziehen, möglichst viel mit realen Begebenheiten und Erlebnissen zu verbinden, möglichst viel veranschaulichende Begleitinformationen und Beispiele zu finden, aktiviert weitere Gehirnregionen und hilft, den Inhalt zu verankern und zu vernetzen.
Gliedern Sie Themen nach den Zielen Ihrer TeilnehmerInnen und nicht nach fachspezifischen oder historischen Gesichtspunkten.

○ **neugierig werden**

Faszination und Überraschung wecken unsere Sinne. So werden Inhalte schneller verstanden und tiefer verarbeitet. Vermitteln Sie Ihre eigene Begeisterung und sprechen Sie Gefühle an.

○ **einen vertrauten Rahmen vorfinden**

Eine lernpositive „Hormonlage" wird verstärkt, wenn Neues in gewohnten „Verpackungen" präsentiert wird.

○ **vom Schnuppern zum Sezieren gelangen**

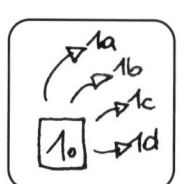

Der Struktur unseres Gehirns entspricht am ehesten die Vorgehensweise:
• vom Skelett größerer Zusammenhänge zum Detail
• vom vertrauten Alltagsbeispiel zum neuen Input
• vom bereits verankerten Grundprinzip zu späteren Variationen
• von der Erklärung zum Begriff.
Gestalten Sie auch Skripten und Overhead-Folien: 1. (links) das Bild, 2. (rechts) den Text. *(Durch die Kreuzung der Sehnerven wird das links wahrgenommene Bild in die rechte – bildhaft denkende – Gehirnhälfte projiziert.)* Das Konkrete, Einfache, Bildhafte lädt zur Identifikation ein, ruft vertraute Assoziationen wach und kann danach mit Neuem vernetzt werden.

○ **„mehrspurig" aufnehmen**

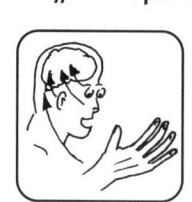

Indem wir möglichst viele Sinne ansprechen, mehrere Wahrnehmungsfelder im Gehirn beteiligen und zu vielfältigen Assoziationen anregen, wird das Verständnis tiefer und die Aufmerksamkeit und Motivation größer.

○ **Erfolg erleben**

Möglichst viele Verknüpfungen herzustellen und Lernen lustvoll als Spaß zu erleben, stärkt den Selbstwert und steigert das Wohlbefinden. Dadurch sorgen Hormone für das reibungslose Funktionieren des Kontaktes zwischen den Gehirnzellen.
(n. Frederic Vester: Denken, Lernen, Vergessen. München 1993, S 141-143)

Vorbereiten **Lernpsychologie**

Superlearning - ein mehrgängiges Menü

Die folgenden Prinzipien sind in jeder Schulungssituation anwendbar. In Reinkultur wird diese Methode speziell für einprägendes Lernen (z.B. im Fremdsprachenunterricht) angeboten.

Voraussetzungen

○ **entspannte Atmosphäre**
wohnlich-ästhetischer Raum, weiche Sessel, Bilder, Poster, Lichtgestaltung, Hintergrundmusik, Düfte.

○ **positive Grundhaltung der vortragenden Person**
Bereitschaft zu warmer, humorvoller, zwischenmenschlicher Beziehung, Erfolgszuversicht mit viel Offenheit für Spaß und Freude beim Lehren

○ **Vertrauen in die Autorität**
„Der Arzt, dem ich vertraue, kann mich heilen". Das Vertrauen der Lernenden fördern Sie durch Ihr hohes Engagement und Ihre Echtheit (Stimmigkeit).

Der Ablauf

1 lernfördernde Suggestionen:
Sie geben eine zuversichtliche Vorinformation - wie *„Sie werden hier leicht und spielerisch lernen"* - und eine nutzen- und zielorientierte Erstinformation.

2 Lernbereitschaft ausweiten - Lernbarrieren beseitigen: Geben Sie den Lernenden Zeit, sich frühere negative Lernerfahrungen und Einstellungen *(z.B. „Ich bin nicht sprachbegabt")* bewusst zu machen, und helfen Sie, diese symbolisch zu verändern: Lassen Sie z.B. die negativen Einstellungen auf Zettel schreiben, die Zettel zusammenknüllen oder zerreißen und neue, positive Sätze finden, z. B. *"Ich lerne mit Spaß und Erfolg"*.

3 vergrößerter Input in intensiven Einheiten:
Durch das Vertrauen in die Aufnahmefähigkeit und auch mit dem Hinweis auf die unbewusste Speicherung muten Sie den Lernenden umfangreichen Stoff zu und bearbeiten diesen mehrmals in unterschiedlicher Methodik.

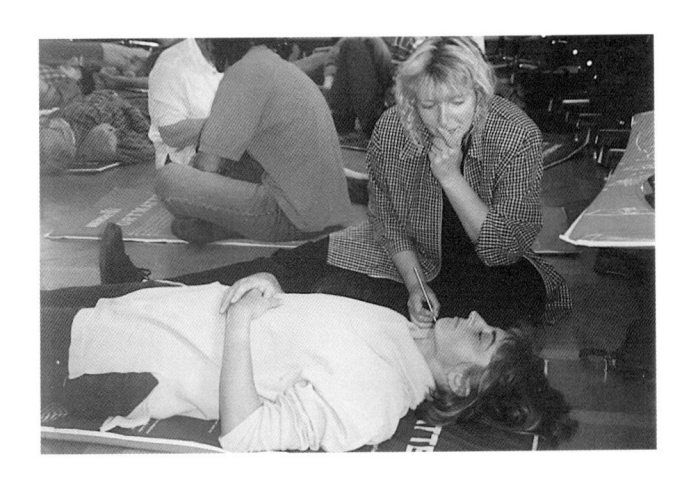

4 passives Lernkonzert - geistige „Superaktivität": Im Zustand „entspannter Aufmerksamkeit" durch eine Fantasiereise werden bei Hintergrundmusik Informationen dargeboten. (Den Anleitungstext hiefür finden Sie unter „Entspannt vertiefen", nächste Seite). Dieses „passive" Lernen vor und nach der aktiven Bearbeitungsphase bedeutet, mehrdimensional, d. h. bewusst und unbewusst mit beiden Gehirnhälften, zu lernen.

5 aktives Lernkonzert - ganzkörperlich und abwechslungsreich: Das ist spielerisches Üben mit viel Begegnung und Anwendungsbezug (Transfer), auch bei Hintergrundmusik.

6 Sinne aktivieren:
Möglichst kreativ aktivieren Sie viele Sinne, z.B. durch mimisch-gestische Darstellung, Lern- und Rollenspiele, Lieder, Gedichte, Collagen, Chorlesen, Tänze, Teestunde beim Lernen, Verkleiden, Schminken, Malen. Dieses kindlich-spielerische Üben spricht die rechte Gehirnhälfte an.

7 spezielle Merktechniken:
Der Aufbau von inneren Bildern zu Begriffen unterstützt das Behalten: Eselsbrücken, Karikaturen zum Thema, Fantasiereisen (Inhalte „mitträumen").

Wichtige Merksätze an Wandtafeln „am Rande" bleiben länger sichtbar. Diese werden auch unbewusst aufgenommen.

(Schiffler, Ludwig: Suggestopädie und Superlearning. Frankfurt, 1989 - Teml, Hubert: Entspannt Lernen. Linz 1993)

Vorbereiten **Lernpsychologie**

Entspannt vertiefen

Absicht: Mit diesem Text können Sie TeilnehmerInnen in eine Entspannung begleiten, um beispielsweise in Entspannung eine Zusammenfassung des Inhaltes zu präsentieren.
Arbeitsform: Großgruppe (Sitzkreis), Partnerarbeit (Wenn Sie den Text auf eine Kassette sprechen lassen und ein Abspielgerät zur Verfügung haben, ist auch Einzelarbeit möglich.)
Dauer: 5 - 15 Min.
Material: evtl. dezente Musik

Lesen Sie den Text ruhig und langsam mit Pausen im Atemrhythmus vor.

Entspannen - zur Trance führen:

"Setz dich bequem — und entspannt hin.

Du kannst die Augen schließen und spüren, — ob du wirklich bequem dasitzt.

Verändere die Haltung, — bis du wirklich ganz bequem — und entspannt sitzt.

Du spürst deinen Atem, — verfolgst den Weg deines Atems, — spürst, wie die Luft — ganz von selbst — kommt und geht.

Lass dir Zeit — und genieße den Augenblick.

Und während du das tust, — siehst du — wie du über eine Wiese gehst — über eine wunderschöne Frühlingswiese — in warmer wohliger Stimmung.

Du spürst das Gras unter deinen Füßen.

Du spürst einen angenehmen leichten Lufthauch — und du findest einen Platz, an dem du dich wohl fühlst.

Setz dich dorthin.

Und indem du dort die Ruhe genießt, — kannst du mir jetzt zuhören — und du kannst deinem Gehirn — den Auftrag geben — sich tief einzuprägen — was für dich wesentlich ist — um deinen Lernerfolg zu steigern: ... "
(Hier kann ein beliebiger Inhalt eingefügt werden.)

Zurückholen:

„Nachdem du das alles — aufmerksam gehört hast, — beginnst du jetzt, — dich auf das Zurückkommen vorzubereiten.

Und du hast Zeit, — noch ein paar Augenblicke lang — die Ruhe zu genießen, — und von deinem Platz — und der Wiese Abschied zu nehmen.

Du bewegst die Finger, — ballst die Fäuste, — atmest tief durch, — dehnst und streckst dich – *(als TrainerIn selbst auch mittun!)* – und öffnest schließlich die Augen, — um dann ganz entschieden *(Tonfall sehr bestimmt)* — wieder hellwach *(Tonfall hell- wie zum Aufwecken)* — ganz da zu sein " *(Bewegung auf die TeilnehmerInnen zu)*

Hinweis: Das „Zurückholen" und gemeinsame bewusste Abschließen der Entspannung ist sehr wichtig. Es ist günstig, den Text, den Sie in dieser Entspannung präsentieren, vorher gemeinsam zu bearbeiten. Die Lernenden können auch selbst Zusammenfassungen, „Merksätze" erarbeiten, die ihnen dann so präsentiert werden.

Vorbereiten **Lernpsychologie**

Entspannt lernen

Absicht: Informationen in Entspannung verankern
Arbeitsform: Partnerübung
Dauer: 15 - 30 Min.
Material: evtl. dezente Musik, Anleitungstext für das Zurückholen aus: „Entspannt vertiefen", S. 195

1 Rollenverteilung

Die Paare verteilen die Rollen: Person A ist die Aktive, Person B begleitet.

2 Erkenntnis formulieren

Unterstützt von B formuliert A eine Erkenntnis, z.B. einen neu gelernten Wissensinhalt oder eine Entscheidung aufgrund von neu Gelerntem. Diese Erkenntnis soll in der Gegenwart formuliert sein. Abschwächungen wie ich möchte, ich versuche, sind ungünstig. Am stärksten ist es, diese Erkenntnis als Ich-Satz zu formulieren, z.B. könnte eine Erkenntnis in einem Kommunikationstraining lauten: „Ich sehe die Zusammenhänge zwischen Selbstwert und Kommunikationsstil".

3 Bild finden

Zu dieser Erkenntnis findet A nun ein Bild: Am besten eine typische Situation, in der dieses neue Wissen zur Anwendung kommt. Vielleicht auch ein symbolisches Bild, das diesen Satz unterstützen kann.

4 Entspannung

A setzt oder legt sich locker und gelöst hin, kommt zur Ruhe, kann die Augen schließen und erinnert sich bewusst an eine Situation wohliger Entspannung, die passend erscheint, um als Hilfe für diese Lernarbeit zu dienen, z.B.: „Ich sitze im Park und blicke auf die Bäume", „Ich liege am Strand und höre das Meer rauschen", „Ich wandere im Wald". A erzählt nun möglichst detailliert alle Wahrnehmungen und Empfindungen, die mit dieser Situation verbunden sind. B schreibt mit und unterstützt - wenn nötig - durch Fragen.

5 Trance

A konzentriert sich ganz aufs ruhige Dasitzen bzw. -liegen. Sobald alles passt, gibt A ein Zeichen und B beginnt:

B liest nun mit ruhiger, sanfter Stimme, mit vielen Pausen in kurzen Einheiten (wenige Worte auf einmal sprechen) die sinnlichen Qualitäten der Entspannungssituation vor. Es ist sehr förderlich, wenn auch B dabei mehr und mehr selbst in den Zustand von Entspannung geht, dabei ständig A beobachtet, sieht, ob A entspannt ist und wie die Sätze wirken. Nach ca. 3 - 5 Minuten gibt B das Bild vor, das A für die neue Erkenntnis gefunden hat (siehe Punkt 3). Danach kommt die Erkenntnis in einen Ich-Satz, vielleicht eingeleitet durch einen Zwischensatz wie: „Du sagst zu dir selbst ..." oder „Und du spürst in dir ..."

6 Zurückholen

Nach dem Erkenntnissatz wiederholt B noch zwei bis drei Sinnesqualitäten aus der Entspannungssituation und begleitet dann A zurück in den Wachzustand.

7 Feedback und Rollentausch

A erzählt, wie es ihr ergangen ist, danach wechseln A und B die Rollen.

ARBEITSBLATT

Vorbereiten **Lernpsychologie**

Edu-Kinesthetik

Idee: Ballinger, Erich: Lerngymnastik. Wien 1992 - Dennison, Dr. Paul: Befreite Bahne. Freiburg 1996
Absicht: Ganzheitliches Lernen, Konzentrationsförderung, Aktivierung der rechten Gehirnhälfte, Förderung des Zusammenspiels der Gehirnregionen, Energiebereitstellung durch Bewegung, Hervorholen der ungenutzten Potentiale. (Edu von lat. „educere" = herausholen & griechisch „kinesis" = Körperbewegung)
Arbeitsform: einzeln, paarweise oder im Kreis
Dauer: ab 1 Min.
Hinweis: Alle chemischen und elektrischen Aktivitäten des Gehirns brauchen ausreichend frisches, natürliches Wasser.

Knie an Ellbogen

Im Stehen, Sitzen oder Liegen werden das linke Knie und der rechte Ellbogen zusammengeführt. Dies wird 10 bis 15 Mal wiederholt. Dann werden die Seiten gewechselt und die Übung wird wiederholt. Die Hände können dabei hinter dem Kopf verschränkt werden. Möglich ist auch, sich bei der Übung einen großen Kreis vorzustellen und mit den Augen zu verfolgen. Im Liegen dient es auch als Entspannung der Lendenwirbelsäule.

Erdknöpfe berühren

Zwei Finger einer Hand streichen unterhalb der Unterlippe (auf den Punkten zur Gehirnaktivierung) hin und her. Die andere Hand hält den Bauchnabel, während wir zugleich entlang einer Linie vom Fußboden zur Decke auf- und abschauen und tief aus- und einatmen. Nach 30 Sek. werden die Hände gewechselt. Dies bewirkt auch schnelleres Umstellen der Augen von fern auf nah.

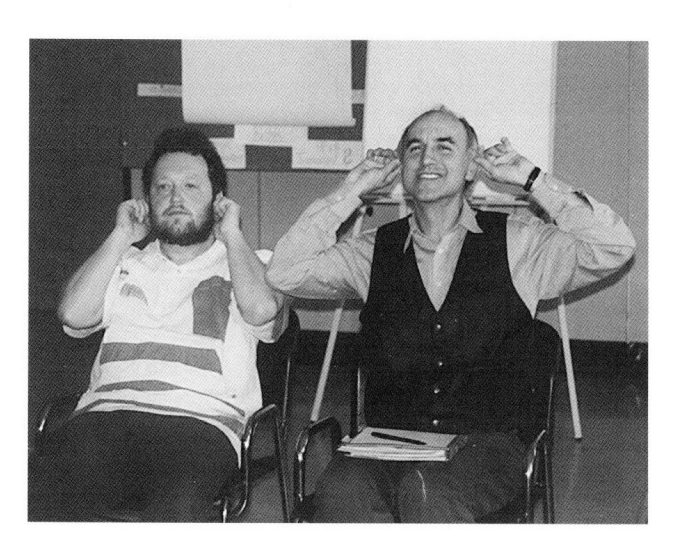

Armschwingen über Kreuz

Im breitbeinigen Stand schwingen die Arme vor dem Körper gegengleich über Kreuz 20 - 30 Mal hin- und her. Dabei ist einmal die rechte Hand vorne und einmal die linke.

"Ohren bügeln"

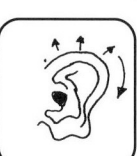

Im ruhigen Sitz werden beide Ohren mit Zeigefinger und Daumen von oben beginnend zum Ohrläppchen hinunter sanft angezogen, der Ohrrand sozusagen „glattgebügelt". Dies wird zweimal wiederholt. Es verbessert das Sprechvermögen und das Gedächtnis.

Achter malen

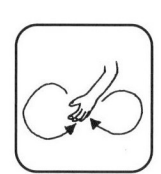

Mit ruhigem Kopf und Körper „malt" eine Hand 5-mal eine liegende Acht, der Blick folgt dabei der Hand. Die Hand wird gewechselt. Danach werden beidhändig Achter gemalt (wieder 5-mal). Das verbessert beidäugiges Sehen und Symboldenken.

© Ökotopia Verlag: Paul Lahninger, leiten - präsentieren - moderieren

Vorbereiten **Lernpsychologie**

ARBEITSBLATT

Verständnishilfe Metapher

Absicht: *Übung für TrainerInnen zur kreativen „Verpackung" von Informationen (Anleitung Punkt 1 - 5) sowie für die Aufarbeitung von Inhalten durch TeilnehmerInnen (Anleitung Punkt 1 - 4)*
Arbeitsform: *wechselnd*
Dauer: *45 bis 90 Min.*
Material: *beliebig*

Hilfen bei der Suche nach Metaphern:

- Halte die Kerninformation schriftlich präsent; schreibe sie am Besten farbig auf ein Plakat.
- Füge die grafische Darstellung bunt und bildhaft hinzu; dies regt die rechte kreative Gehirnhälfte an.
- Denke im Gehen, in der spielerischen Bewegung.
- Beziehe einfache Vorgänge in der Natur, im sozialen Zusammenleben, Gegenstände im Raum ins Denken ein;, schließe auch mal die Augen.
- Experimentiere jeweils mit dem Satzanfang „Das ist wie..." und stelle Vergleiche an.
- Halte jede Idee möglichst bildhaft fest, ohne diese zu bewerten. Die Auswahl wird erst bei der Endreaktion getroffen.

(zur Arbeit mit Metaphern s. auch: Baustein 3: Motivation: psychisch und organisch, Baustein 7: Moderation ist Enthaltsamkeit)

Anleitung:

1 Einzelarbeit
Wähle eine Information aus dem Stoffgebiet.

2 Arbeite daraus 1-2 Kernaussagen heraus und formuliere diese möglichst prägnant und kompakt als Merksatz

3 Paar- oder Gruppenarbeit
Berate mit anderen die Möglichkeiten bildhaft-grafischer Darstellung der Information.
- bildhafter Vergleich (Metapher)
- szenische Darstellung: Dramatisierung in einer real gespielten Szene oder als Comic

4 Einzeln
Gestalte eine Overhead-Folie bzw. ein Plakat für die kreative Vermittlung deiner Kerninformation im Plenum.

5 Plenum
Im Plenum erhältst du Feedback zu folgenden Kriterien:
- Verständlichkeit
- Stimmigkeit der Metapher
- Qualität der grafischen Gestaltung (klar, übersichtlich, ansprechend)
- Klarheit der Sprache

Bildhafte Vergleiche, Gleichnisse, Metaphern sind seit Jahrtausenden bewährte Techniken zur Erklärung und Darstellung komplexer Zusammenhänge. Hierzu zwei Beispiele:

Beispiel A: Elektrischer Stromfluss ist das Weiterspringen von freien Neutronen von einem Atom zum nächsten Atom.

Fachtext:	Metapher:
Um den Atomkern (positive Ladung) kreisen negative geladene Elektronen. Es gibt gebundene Elektronen und lose gebundene Elektronen.	Der Atomkern ist vorstellbar als eine attraktive Frau, um die viele Männer kreisen. Einige dieser Männer sind so verliebt, dass sie von dieser Frau nicht weg können. Andere sind freier, haben zwar einen Blick auf diese bestimmte Frau, sind aber offen für andere.
Dies ist ein elektrostatisches, neutrales System. Die Stromquelle schickt ein freies Neutron in dieses System:	Dieser Zustand stellt ein momentanes Gleichgewicht dar. Wenn nun ein äußerer Anstoß kommt und einen weiteren Mann in die Umgebung dieser attraktiven Frau hineindrückt,
Ein lose gebundenes Elektron wird hinausgestoßen und springt über zum nächsten Atom, wo es wieder ein Elektron verdrängt.	so verdrängt dieser neue Werber einen anderen. Dies ist das Prinzip des Gleichstroms.

Beispiel B:

schematisch/ grafisch:
Das x in einer Gleichung steht für eine unbekannte Zahl, die errechnet werden soll.

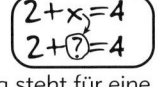

symbolisch / als Metapher: 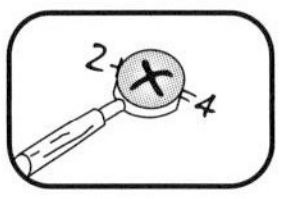
Das x in der Gleichung ist so wie das fehlende Indiz, nach dem der Detektiv sucht, um den Fall zu lösen.

szenisch / als Comic:

(Paul Lahninger in: Thanhoffer, Michael u.a.: Kreativ unterrichten. Münster 1993, S.50)

Effektiv prüfen

Eine fantastische Fülle von unterschiedlichsten Daten können wir gleichzeitig und zum Großteil jederzeit abrufen: Die Leistungsfähigkeit des Gehirnes ist beeindruckend, lässt sich aber noch wesentlich steigern.

So wie beim Lernvorgang gibt es förderliche und hinderliche Faktoren, um Gelerntes reproduzieren:

- Motivation: Einstellung der Leistungsbereitschaft
- Konzentration: bewusste Hinwendung, klare Ziele
- Aktivierungsniveau: keine Unterforderung, kein Stress
- körperliche Fitness: Gesundheit, Durchblutung des Gehirns
- Zeitdauer des Suchvorgangs: „Suchaufträge" ans Gehirn werden oft auch ohne bewusstes Nachdenken erledigt, insbesondere bei Einzelfakten wie Personennamen
- Gesamtordnung des Systems: Lerntraining, Häufigkeit des Abrufens bestimmter Informationen, logische Zusammenhänge und ganzheitliches Verständnis erleichtern den Zugang.
- psychische Situation: Atmosphäre der Wertschätzung

Bei der Prüfung ist den Beteiligten oft nur die „Sachebene" bewusst. Sehr stark wird jedoch der Prüfungsablauf durch die Beziehungsebene und die Gefühlsebene beeinflusst: insbesondere durch Angst.

Die biologisch natürliche Reaktion auf Angst ist Flucht oder, wo dies nicht möglich ist, Kampf - also Aggression. Der Körper reagiert auf Angst und Stress mit erhöhter Bereitstellung von Energien in den Muskeln. Der Kreislauf läuft auf Hochtouren und diese Energien fehlen im Gehirn. Bei starker Angst wird die Denkfähigkeit, speziell das kombinierende Denken extrem herabgesetzt. Die Verknüpfungen der elektrischen Schaltstellen des Gehirns (Ganglien) funktionieren nur mehr eingeschränkt. Prüfungsangst verhindert eine echte Leistungsfeststellung: Die PrüferInnen können nicht beurteilen, ob eine Fehlleistung auf mangelndem Wissen und Können oder auf Angst basiert.

Angst ist gelernt

Erlebnisse in unserem bisherigen Leben haben sich unbewusst eingeprägt. Angst wird durch ganz bestimmte Situationen ausgelöst, die an und für sich nicht bedrohlich sein müssten. Bedrohlich sind die unbewussten Fantasien, die dann ganz automatisch durch „Schlüsselreize" ausgelöst werden. Für viele Menschen ist schon der Gedanke an eine „herannahende Prüfung" bedrohlich.

Jede wichtige Prüfung erfordert einen erhöhten Einsatz und eine vermehrte Bereitstellung von Energie. Diese Aktivierung wird leicht zur Überaktivierung, d. h. zu Stress.

Ein gewisses Maß an Stress bedeutet ein erhöhtes körperliches Aktivierungsniveau. Ob die Angst so groß wird, dass sie behindert, hängt vor allem von den bisherigen Prüfungserlebnissen ab.

Selbstwert und Angst

Ein sehr wichtiger Faktor bei Prüfungsangst ist der Selbstwert der Person: Selbstwert - das bedeutet, wie sehr ich an mich selbst glauben kann, wie sehr mir bewusst ist, dass ich unabhängig vom konkreten Prüfungsergebnis ein wertvoller Mensch bin. Je kleiner und schwächer sich eine Person im Leben fühlt, desto bedrohlicher werden vor allem neue Anforderungen empfunden. Personen mit geringem Selbstwert neigen dazu, Misserfolgserlebnisse mit Schuldzuschreibungen oder Schuldgefühlen zu verbinden.

Bedingungsfaktoren von Prüfungsangst können sein:

- Erfolgsdruck durch Dritte
- frühere Misserfolgserlebnisse
- Erlebnisse und Ängste anderer
- kühle Atmosphäre
- das Gefühl ausgeliefert zu sein
- ein Prüfer, der seine Macht ausspielt
- durch Tafelkreide, Pult, enge Sitzordnung o. ä. „Reize" aktualisierte Erinnerungen an die eigene Schulzeit

Die Angst verstärkt wiederum das Gefühl „ich kann nichts".

Vorbereiten **Lernpsychologie**

Tipps zur Leistungsfeststellung

Als PrüferIn sollten Sie angstauslösende Schlüsselreize, eine Sitzordnung wie bei Gericht, Förmlichkeit, das Erwähnen von Angst und Nervosität, das Hervorheben der besonderen Bedeutung der Prüfung und eine negative Beeinflussung der Prüflinge untereinander vermeiden.

1 Vorbereiten
Sie wirken als PrüferIn beruhigend indem Sie Klarheit schaffen, von Sicherheit, Ruhe und eindeutigen Anforderungen sprechen. Besprechen Sie gemeinsam mit den KandidatInnen die Bedeutung und realistische Einschätzung der Prüfung.

2 Ins Gespräch kommen
Steigen Sie mit einer „Null-Frage", einer einstimmenden Frage, die noch kein Wissen prüft, ein. Schaffen Sie Atmosphäre und zeigen Sie persönliches Interesse und Wertschätzung.

3 Leicht beginnen
Erfolgsergebnisse geben Sicherheit. Vermitteln Sie zugleich das Gefühl: Ich begleite dich bei der Präsentation deines Wissens!

4 Bestärken
Heben Sie Positives und Gelungenes hervor. Geben Sie bei Bedarf individuelle Unterstützung.

5 Bei Stress abbrechen
Wenn eine zu prüfende Person sichtlich nervös stockt, ist es sinnvoll, die Prüfung zu unterbrechen, zu beruhigen und Zeit zu geben, notfalls aber auch ganz abzubrechen und andere Formen der Leistungsfeststellung zu wählen.

6 Lernform = Prüfungsform
Prüfen Sie so, wie gelernt wurde, also: schriftlich bzw. mündlich in vertrauter Frageform mit bekannten Arbeitsaufträgen.

7 Ganzheitlich
Geben Sie Arbeitsaufträge für eine umfassende Auseinandersetzung (anstatt einer reinen Reproduktion von Detailfakten). Lassen Sie die KandidatInnen dabei auch Nachschlagewerke benutzen: Die Umsetzung, Verarbeitung, Übertragung von Gelerntem zählt!

8 Fordern
Die laufende Überprüfung, das ständige Wiederholen hilft und unterstützt wirksames Lernen. Indem Sie laufend fordern und kontrollieren, werden Leistungsfeststellungen selbstverständlich und vertraut

9 Eigenkontrolle
Zielorientiertes, selbstständiges Überprüfen ist ein Wesenselement des Lernprozesses.

10 Unmittelbare Wiederholung
Das Gelernte direkt nach dem Lernprozess zu wiederholen und abzuprüfen, ist effektiver als vor der nächsten Arbeitseinheit. Geben Sie methodisch vielfältige Wiederholungsaufträge: z. B. eine Reportage gestalten, einen Fragebogen ausfüllen. Auch können Sie den roten Faden des neu Gelernten nach jeder Einheit wiedergeben und kreativ aufbereiten lassen.

(Weitere Anregungen zur Evaluierung siehe im Baustein „Methodik/Auswerten".)

Stress bewirkt Denkblockaden

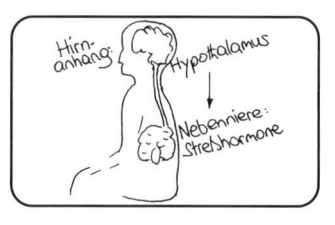

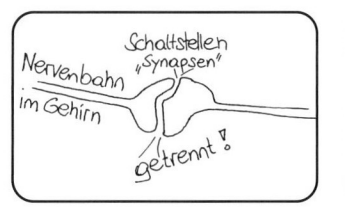

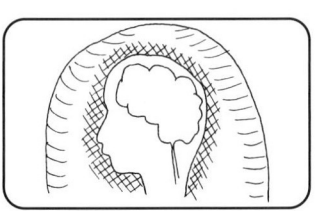

Den Körper beachten: aktivieren, lockern, entspannen

Der Körper ist unser Energiereservoir. Mit dem Körper begreifen wir und wirken in dieser Welt. Lernen ist immer auch ein körperlicher Vorgang. Langes Sitzen ermüdet, auch geistig. Schlechte Stimmung und Widerstände können auch durch Bewegungsmangel verursacht sein. Einfache Bewegungsübungen, Wirbelsäulengymnastik, bewusstes Strecken und Dehnen gehören zu einer gesunden Seminargestaltung. Spaß und Kontakt ist ein wichtiges Element, sich zu lockern und Energien aufzutanken.

Übertriebenes oder unechtes Lachen bei Körperübungen ist aber meist ein Zeichen von Abwehr oder Überforderung. Für viele Erwachsene sind Körperübungen ungewohnt. Manche Menschen fühlen sich bei den einfachsten gymnastischen Übungen bereits unbehaglich. Sich in der Gruppe zu bewegen kann Tabus berühren. Mann-Frau-Kontakte können dabei besonders heikel sein. Manche Männer haben aber auch Angst vor Homosexualität und scheuen sich, andere Männer etwa bei einer Massage zu berühren. Solchen Berührungstabus können Sie begegnen, indem Sie etwa Rückenmassagen mit einem Tennisball durchführen lassen. Oder Sie bieten sozial allgemein anerkannte Bewegungsformen wie etwa Tänze an. Eine Gruppe, die sich im Kreis bewegt, integriert die Einzelnen, zeigt Gemeinschaft und entwickelt ein gemeinsames Energieniveau.

Körperliches Bewegen heißt auch sich zeigen. Dafür brauchen wir meist mehr Vertrauen in die Gruppe als für geistige Arbeit. In vielen Situationen fällt es uns leichter zu diskutieren, als zu tanzen. Speziell für Anfangssituationen wähle ich daher einfache Übungen: z.B. Wirbelsäulengymnastik im Sitzen oder Augengymnastik. Je mehr Verbundenheit in der Gruppe gewachsen ist, desto eher sind Herausforderungen möglich. Paarübungen, kämpferische Ansätze, Balanceübungen. Zugleich können aber gerade Körperübungen wesentlich zu Nähe und guter Atmosphäre beitragen.

Vorbereiten **Lernpsychologie**

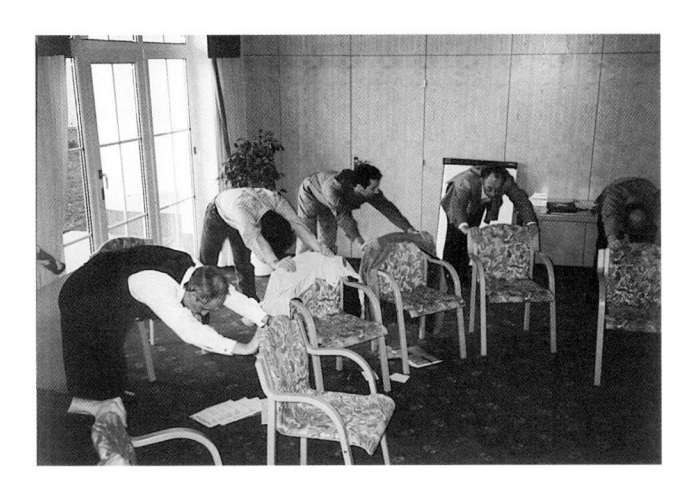

Gewohnheiten schaffen

In fortlaufenden Gruppen sorgt auch die Einführung von Bewegungsritualen für einen gelasseneren Umgang mit Angeboten der Körperarbeit. Sie könnten beispielsweise regelmäßig nach jeder Pause eine Lockerungsübung anbieten, nach jeweils 20 - 30 Min. inhaltlicher Arbeit zwei Minuten Zeit einräumen, um sich zu bewegen und zu lüften und den Tag immer mit einem Tanz beschließen. Ermuntern Sie auf jeden Fall die TeilnehmerInnen diese Bewegungsimpulse mit zu gestalten und selber anzuleiten. In kollegialer Offenheit können wir das Thema Körperübung selbst zum Thema machen, Ängste und Tabus ansprechen, gemeinsam Regeln vereinbaren. Dies fördert die Entwicklung einer Bewegungskultur in der Gruppe.

Sicherheit vermitteln

Der Weg zu Ungewohntem, die Bereitschaft zu Experimenten, zu Risiko braucht einen Gegenpol: Sicherheit. Gerade für die Zeiten, in denen nicht direkt an inhaltlichen Zielen gearbeitet wird, in denen es ums Austoben geht, sind eindeutige Grenzen und Regeln Bedingung fürs Gelingen. Dazu zählen klare Zeitvorgaben, die Freiheit, nicht mitmachen zu müssen, die Form der PartnerInnenwahl, ein vereinbartes Stopp-Signal.

Weitere Quellen dieser Sicherheit können sein:

○ Ich bin selber begeistert von einer Übung.
○ Ich mache die Übung selbstbewusst vor.
○ Ich knüpfe an den Bewegungsgewohnheiten der TeilnehmerInnen an.
○ Ich berichte von guten Erfahrungen mit der Übung.
○ Ich leite klar entschieden an.

Mein Angebot, meine Einladung zur Bewegung wirkt nicht zuletzt durch bewusst gewählte Worte. „KundInnenorientiertes Marketing" heißt, den Nutzen zu verdeutlichen, die konkrete Gruppe mit ihren Bedürfnissen und die Chancen meines Angebots hier und jetzt anzusprechen. Erwachsene wollen oft auch verstehen, was ihnen eine Übung für ihre Ziele bringt, bevor sie sich darauf einlassen. Wissenschaftliche Sprache kann hier ihre Bereitschaft wecken: z.B. „Zusammenspiel der Gehirnhälften, „Förderung der Durchblutung". Je besser ich einen Zusammenhang zwischen den Zielen und dem Thema meiner Gruppe und der Übung konstruieren kann, umso besser. Lockerungsübungen thematisch anzuleiten ist eine spannende kreative Herausforderung.

Beispiel: Schattenboxen

Paarweise mit genügend Abstand zueinander oder im Kreis boxen alle gleichzeitig in die Luft. Dies entspannt, lockert und aktiviert zugleich: Wir schaffen einen Ausgleich zwischen Überaktiven, Gestressten und Müden, Unbeteiligten.

Humorvoll als „Karateschule" angeleitet mit rituellem Begrüßen und Verneigen kann diese Übung auch bewegungsscheuen Personen zugänglich gemacht werden.

202

Vorbereiten **Lernpsychologie**

Lockern und Entspannen:

Augenmassage

Arbeitsform: einzeln
Dauer: ab 1 Min.

Unsere Augen sind fast pausenlos gefordert: Unzählige Eindrücke werden aufgenommen. Auch die Augen bedürfen eines Ausgleichs, um sich regenerieren zu können. Anstrengung und Anspannung belasten die Sehkraft. Die Entspannung der Augen steigert auch das allgemeine Wohlbefinden.

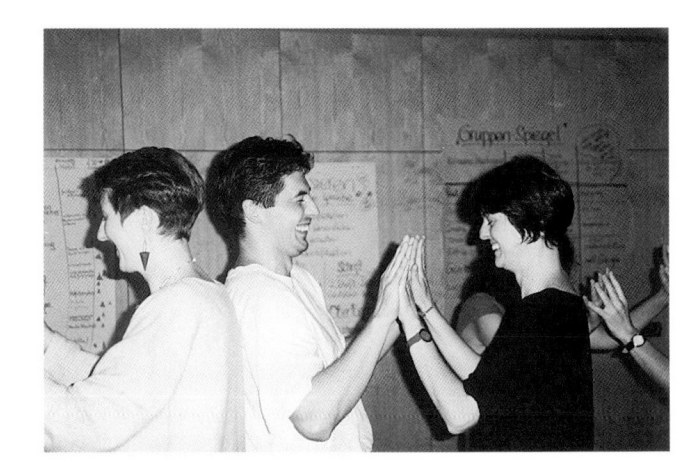

Abschirmen

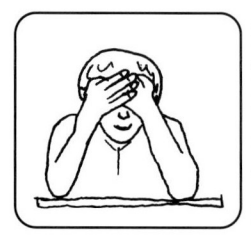

Sie gönnen den Augen eine wohl tuende Erholungspause, indem Sie sich bequem hinlegen oder hinsetzen, die Handflächen reiben und mit leicht gewölbten Händen die Augen so abdecken, dass möglichst kein Licht an die Augen dringt. Schließen Sie die Augen und lassen Sie den Atem frei fließen. Dabei „schauen Sie in die Ferne".

Sie können die Entspannung noch vertiefen, indem Sie

- in der Vorstellung die Augen in die Augenhöhlen einsinken lassen;
- sich vorstellen den Atem durch die Augen ein und ausströmen zu lassen;
- eine Fantasiereise machen und dabei Nachtbilder von Dunkelheit, Geborgenheit oder witzige Bilder, wie eine schwarze Katze auf einem Kohlehaufen in schwarzer Farbe betrachten.
- angenehme Vorstellungsbilder entstehen lassen und „betrachten": Blick übers Meer, Waldspaziergang, über eine bunte Blumenwiese laufen oder ein Abendessen mit einem lieben Menschen

Achtergleiten

Sie stehen auf und stellen sich (nach Möglichkeit) vor ein Fenster und malen mit der Nasenspitze liegende Achten; der Blick folgt der Bewegung. Die Achter können Sie zunächst in der Nähe, dann in der Ferne malen und dabei den Blick weit und ruhig gleiten lassen.

Vorbereiten **Lernpsychologie**

Aktivierende Massage

Idee: nach Masunaga, Dr. Chashi: Heilung durch Shiatsu, Gesundheit durch Harmonisierung von Yin und Yang. Bern 1995
Absicht: Im lockeren Stehen die Massage wohl tuend aktivierend wirken lassen.
Arbeitsform: einzeln
Dauer: 1 bis 10 Min.
Hinweis: Die Übungen können einzeln herausgegriffen werden oder als Abfolge angewandt werden. In Gruppen, die offen für Berührung und intensive Nähe sind, können diese Übungen in Paaren oder 3er- Gruppen durchgeführt werden.

Schädeldecke abklopfen	Die Fingerkuppen beider Hände klopfen kräftig auf die Schädelknochen, um diese „aufzuwecken".
Stirne reiben	Die Fingerspitzen liegen auf der Stirn. Der Kopf wird hin- und herbewegt, sodass die Fingerspritzen über die Stirn gleiten.
Augenbrauen ausstreifen	Die Daumen gleiten an der Nasenwurzel beginnend gleichzeitig links und rechts über die Augenbrauen.
Nasenflügel reiben	Die Zeigefinger reiben links und rechts gleichzeitig den Nasenflügel auf und ab.
Jochbein tupfen	Die Fingerspitzen klopfen gleichzeitig links und rechts locker unter den Augenhöhlen.
Wangen, Kiefer, Kinn massieren	Sanft und anregend kneten die Fingerspitzen beidseitig das Gesicht.
Ohr reiben	Zeige- und Mittelfinger, zum V gespreizt, streifen gleichzeitig mit den Fingerspitzen vor und hinter den Ohren auf und ab.
Arme abklopfen	Die rechte Faust beginnt links unterm Schlüsselbein und klopft den Innenarm abwärts über die linke Hand, dann den Außenarm aufwärts über Schulter nach hinten aufs Schulterblatt. Danach klopft die linke Faust gleichermaßen den rechten Arm ab.
Oberes Brustbein klopfen	Die lockere flache Faust trommelt leicht auf das obere Brustbein. Das regt die Thymusdrüse und damit die Lebensenergie an.
Nieren wärmen	Wärmen Sie durch Reiben die Hände auf und legen Sie sie mit der Vorstellung, Energiereserven zu berühren, beidseitig auf die Nieren.
Gesäß abklopfen	Beide Fäuste klopfen kräftig aufs Gesäß.
"Wasser schaufeln"	Mit der Vorstellung, bis zum Bauch in wohliger Meeresbrandung zu stehen, schaufeln die Hände links und rechts abwechselnd „Wasser" gegen die Brust.
Ausschütteln, Strecken, Dehnen	Zum Abschluss schütteln, bewegen und lockern Sie Hände, Arme, Oberkörper und Beine. Wie nach dem Aufwachen dehnen Sie alle Glieder und atmen dabei tief.

Vorbereiten **Gruppendynamik**

GRUPPENDYNAMISCHE GRUNDLAGEN FÜR BILDUNGSARRANGEMENTS

Ergebnis und Erlebnis

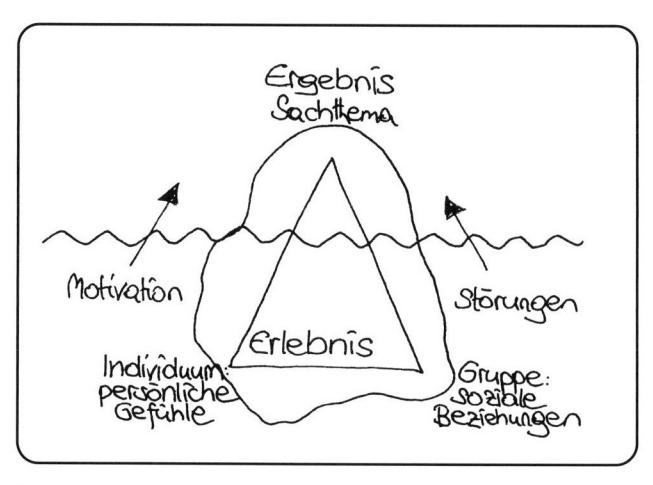

In der Team- und Bildungsarbeit ist den meisten Beteiligten nur die Sachebene bewusst: der Inhalt, das Thema. Sehr stark wird jedoch dieser Sachverhalt durch die Beziehungsebene und die Gefühlsebene beeinflusst. Diese beiden Ebenen menschlichen Beisammenseins werden wenig beachtet, bleiben oft unbewusst. Das Setting gleicht einem Eisberg: ein Teil ragt aus dem Wasser, das Hauptgewicht ist nicht sichtbar.

Immer wenn Menschen beisammen sind, gehen sie eine Beziehung ein und lösen Gefühle aus. In diesen Gefühlen und Beziehungen wurzeln unsere Motivationen und auch Störungen, z.B. Angst. Motivation und Widerstand entstehen nie in der Sache selbst, sondern in der Haltung zur Sache und im gemeinsamen Prozess.

Der Erlebnisaspekt: Prozess	Der Ergebnisaspekt: Produkt
Wie geht's mir innerlich? Wie wohl fühle ich mich hier in dieser Gruppe und bei dieser Arbeit? Wie viel kann ich selbst einbringen? Fühle ich mich den Anforderungen gewachsen? Wie komme ich zum Ziel?	Was ist das Resultat der gemeinsamen Arbeit? Was wurde geleistet? Was ist richtig und falsch? Welche Inhalte kann ich umsetzen? Haben wir unsere Sachziele erreicht?

Die situative Balance zwischen diesen beiden Aspekten ist ein wesentliches Kriterium für erfolgreiche Team- und Bildungsarbeit. Lernen ist ein persönlicher innerer Vorgang. Die Sachebene, z. B. die Reproduktion von Informationen, ist immer nur die Oberfläche eines vielschichtigen Prozesses. Der Prozess trägt das Ergebnis. Diesen Prozess gestalte ich durch die methodische Struktur.

Dieses Zusammenspiel von Erlebnis und Ergebnis beachte ich in der Gesamtgestaltung eines Seminars ebenso wie in einem Vortrag. Auch meine Sprechweise und Darstellungsform bietet Erlebniswerte durch bildhafte Unterstützung, lebendige Sprachgestaltung, spürbares Engagement. Unsere Wahrnehmungen werden „zweispurig" aufgezeichnet auf einem Bild-Gefühle-Band. Nur der Erlebniswert, die innere Aktivierung der Beteiligten schafft die Basis für das Ergebnis. Jede Präsentation wird wirksamer, wenn beide „Spuren" bewusst eingesetzt werden. So werden beide Gehirnhälften einbezogen, die oben dargestellten Polaritäten sind in Harmonie. Vor diesem Hintergrund wähle ich Methoden.

(nach: Rabenstein, Reinhold u.a.: Das Methodenset, Bd. 1, 8. Aufl. Münster 1996, S 8 und Birkenbihl, Michael: Train the Trainer. 11. Aufl. Landsberg/Lech 1993)

Vorbereiten **Gruppendynamik**

ARBEITSBLATT

Gruppeneinschätzung: Situatives Führen

Erfolgreiche Lehrpersonen verwenden in verschiedenen Gruppen stark unterschiedliche Methoden und Führungsstile. Unter allen Kriterien zur Methodenwahl ist die Einschätzung der TeilnehmerInnengruppe besonders wichtig. Mit dem folgenden Modell sind Sie in der Lage, eine konkrete Gruppe differenziert einzuschätzen und mit anderen Gruppen zu vergleichen.

Erinnern Sie sich zunächst an einige typische Situationen in der betreffenden Gruppe. Wenn Sie sich auf eine neue Gruppe vorbereiten, dann halten Sie Ihre Fantasien und Vorurteile fest und überprüfen Sie diese Einschätzung nach dem ersten Kontakt.

Die Einschätzungsskala eignet sich auch für ein Selbstbild der Gruppe.

Die gegenüberliegenden Pole auf jeder Achse bilden ein Gegensatzpaar. Schätzen Sie jeweils die Spannweite ein, innerhalb der sich die Gruppe bezüglich der beiden Kriterien auf einer Achse bewegt:

Der Mittelpunkt bedeutet keinerlei Ausprägung einer Eigenschaft. Die Kreislinie heißt, eine Eigenschaft ist zu 100 % ausgeprägt.

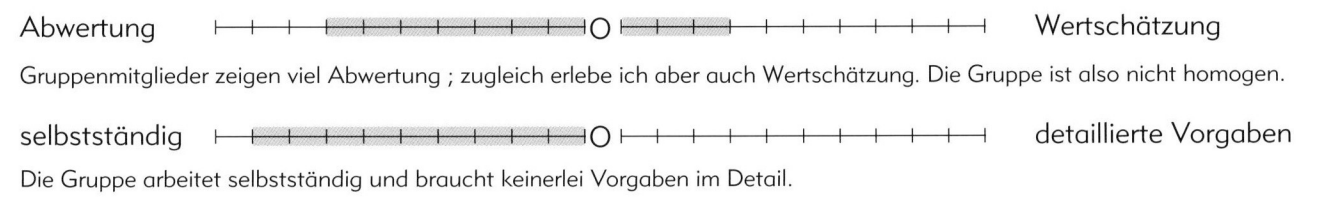

Abwertung ├──┼──▓▓▓▓▓▓▓▓▓▓O▓▓▓▓──┼──┼──┼──┤ Wertschätzung

Gruppenmitglieder zeigen viel Abwertung; zugleich erlebe ich aber auch Wertschätzung. Die Gruppe ist also nicht homogen.

selbstständig ├──▓▓▓▓▓▓▓▓▓▓▓▓▓O──┼──┼──┼──┼──┤ detaillierte Vorgaben

Die Gruppe arbeitet selbstständig und braucht keinerlei Vorgaben im Detail.

Die obere Kreishälfte steht für die Stärken, die untere für die Lern- und Entwicklungsaufgaben der Gruppe.
Verbinden Sie die Punkte auf den Achsen und schraffieren Sie das so umschlossene Feld!

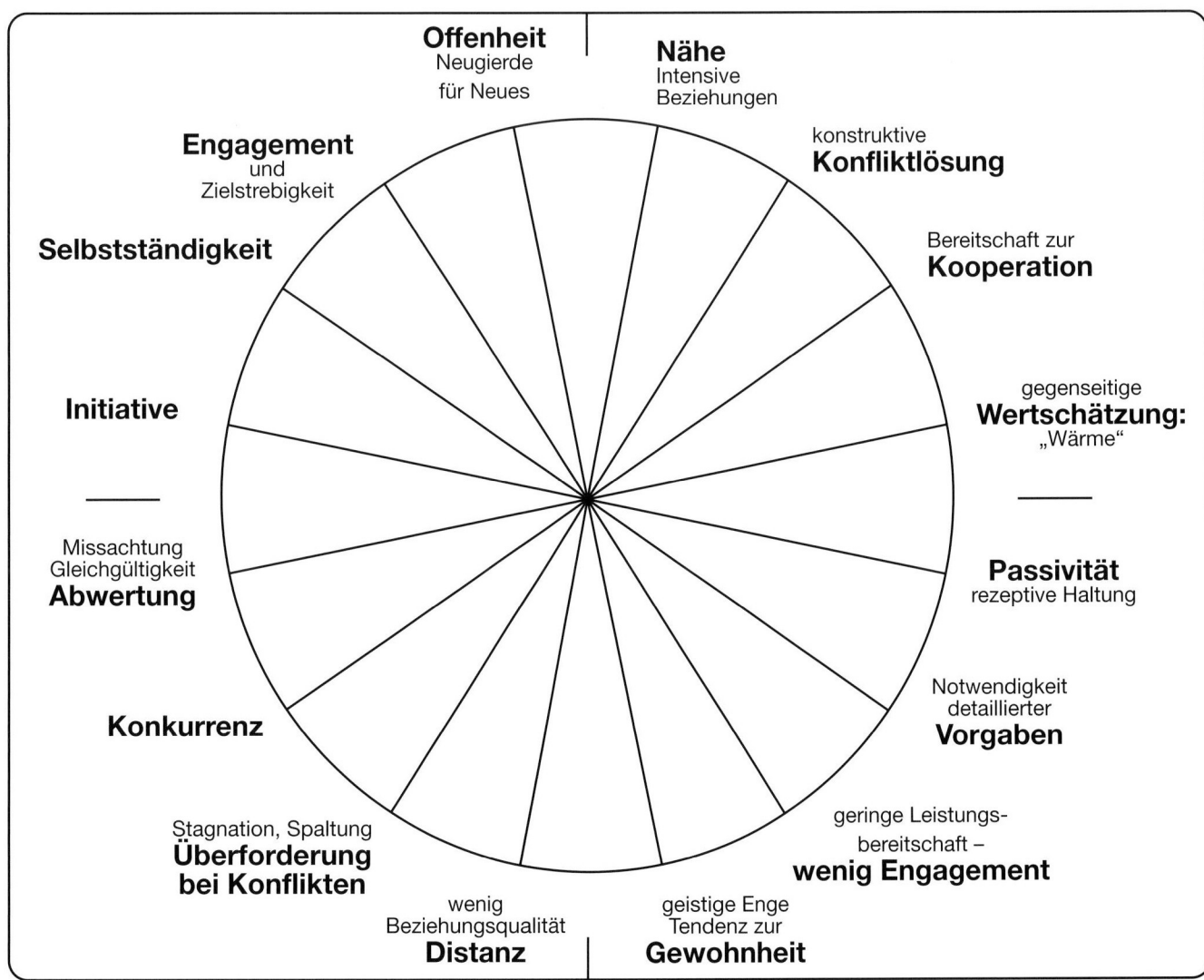

Obere Hälfte (Stärken):
- **Offenheit** – Neugierde für Neues
- **Nähe** – Intensive Beziehungen
- konstruktive **Konfliktlösung**
- Bereitschaft zur **Kooperation**
- gegenseitige **Wertschätzung**: „Wärme"
- **Engagement** und Zielstrebigkeit
- **Selbstständigkeit**
- **Initiative**

Untere Hälfte (Lern- und Entwicklungsaufgaben):
- Missachtung, Gleichgültigkeit **Abwertung**
- **Konkurrenz**
- Stagnation, Spaltung **Überforderung bei Konflikten**
- wenig Beziehungsqualität **Distanz**
- geistige Enge, Tendenz zur **Gewohnheit**
- geringe Leistungsbereitschaft – **wenig Engagement**
- Notwendigkeit detaillierter **Vorgaben**
- **Passivität** rezeptive Haltung

FOLIE 10
GRUPPENEINSCHÄTZUNG

Vorbereiten **Gruppendynamik**

Lehrplan- und TeilnehmerInnenorientierung

Wir treffen unsere methodischen Entscheidungen auf dem Hintergrund eines konkreten Arrangements: Alle Beteiligten „konstruieren" dieses Arrangement gemeinsam. Wir können dieses verändern, an die Grenzen stoßen und das Arrangement verlassen. Eine der Grundfragen in jedem menschlichen System ist, wie Ziele gesetzt und verändert werden: von oben nach unten („top-down") oder von der Basis her („bottom-up").

Jede konkrete Bildungssituation findet ihr Arrangement zwischen diesen beiden Polen. Je nach Situation kann geprüft werden, ob das Arrangement stimmig ist. Elemente teilnehmerInnenorientierter Arbeit können in jeden Bildungsauftrag integriert werden.

Die beiden Pole in extremer Ausprägung:

Lehrplanorientierte Bildungsarbeit

- Lehrplanorientierte Bildungsarbeit betont die Sachebene. Die Ziele sind der vorgegebene Ausgangs- und Endpunkt.
- Die Motivation wird verstanden als Bereitschaft „mitzuarbeiten".
- Die Kontrolle der Zielerreichung erfolgt meist defizitorientiert durch die Institution: *"Wie viele Fehler wurden gemacht?"*
- Die Kommunikation ist oft einseitig: Die TrainerIn trägt z. B. den Stoff vor und stellt Fragen dazu.
- Er oder sie fungiert als VermittlerIn und VertreterIn der Hierarchie.
- Aspekte von Gruppendynamik, also Erlebnis und Beziehung werden nicht berücksichtigt bzw. als Störung empfunden.

TeilnehmerInnenorientierte Bildungsarbeit

- Die Entwicklung von Zielen ist ein Entscheidungsprozess der Lernenden.
- Die Motivation ist der Ausgangspunkt für Zielentscheidungen.
- Die Zielkontrolle wird selbstbestimmt und erfolgsorientiert gestaltet: *"Entsprechen diese Ziele unseren Interessen? Was haben wir schon erreicht?"*
- Die Kommunikation kann von jeder Person ausgehen; die TeilnehmerInnen formulieren Fragen, um Informationen zu erhalten.
- Die TrainerInnen verstehen sich als BeraterInnen und BegleiterInnen der Lernenden oder sind als ExpertInnen für Detailaufgaben gefragt.
- Die Beziehungsebene und Gruppendynamik trägt den Zielfindungsprozess.

Vorbereiten **Gruppendynamik**

Teilnehmerorientiertes Phasenmodell

Dies ist keine Beschreibung eines geschlossenen linearen Ablaufes: Manche Schritte wiederholen sich, nach jeder Pause kann eine neue Akivierung und Orientierung nötig sein. Neue Zielvereinbarung, weitere Arbeitsphasen können neue Spielregeln erfordern.

Phasen des Gruppenprozesses

1 Schnuppern: „forming"
Die Gruppenmitglieder suchen nach Orientierung über die Leitung und ihren Stil, die Gruppe, das Thema und den organisatorischen Rahmen sowie nach der jeweils eigenen Rolle in der Gruppe. Unsicherheits- und Fremdheitsgefühle treten auf. Die TeilnehmerInnen befinden sich in starker Abhängigkeit von der Leitung, von Normen und Standards und verbergen ihre Gefühle.

2 Kämpfen: „storming"
Die Auseinandersetzung um die Position in der Gruppe, um Anerkennung, Macht, Status bringt Konflikte um die Durchsetzung von Zielen. Widerstände gegen Aufgabe und Methode können auftreten, Verhalten wird erprobt, verdeckte und offene Angriffe auf die Leitung sind möglich.

3 Ordnen: „norming"
Die Gruppe findet ihre Struktur („Profilierung") bezüglich der Verteilung von Rollen und Territorien, der Ziele und Gruppennormen. Untergruppen formieren sich. Es entstehen Gefühle von Zusammenhalt, Zufriedenheit und Neugier, manchmal auch enthusiastische Wir-Gefühle verbunden mit einem starken Harmoniestreben.

4 Zusammen arbeiten: „performing"
Das Profilierungsstreben nimmt ab, das Gruppenklima wird kooperativer und realistischer, die Leitung wird als Beratungsinstanz akzeptiert, das Beziehungsgefüge ist stabil. Die Gruppe arbeitet inhaltlich, zeigt Initiative, reflektiert die Zusammenarbeit, vervollständigt Produkte. Erste Arbeitserfolge werden sichtbar.

Ein gewisser Konformitätsdruck innerhalb der Gruppe verbunden mit einer aggressiven Abgrenzung nach außen wird manchmal spürbar. Im weiteren Verlauf der Gruppenarbeit können auch erste Ermüdungserscheinungen auftreten und neue Konflikte aufbrechen. Wiederholt auftretende Rollenunsicherheiten führen von neuem zu einer Suche nach Orientierung, behindern die Arbeit und können zu Stagnation und Krise in der Gruppe führen.

5 Auseinander gehen: „closing"
Gegen Ende des Gruppenprozesse werden Ergebnisse persönlich festgehalten und gesichert, Adressen ausgetauscht, der Gruppenprozess emotional rekapituliert, Rückmeldungen gegeben, Dankbarkeit ausgedrückt. Abschied und Trauer bewusst erlebt.

oder

Die Gruppenmitglieder sind einander überdrüssig und die Gruppe zerfällt. Durch überkritische Rückmeldungen zu Details und aggressive Vorwürfe in letzter Minute wird der Abschied überspielt und die Trauer verdrängt.

oder

Mit großem Energieaufwand wird vermieden, fertig zu werden, zum Ende zu kommen und sich zu verabschieden. Krampfhaft wird an der Gruppe fest gehalten, „geklammert". Diese Erscheinungen können auch am Ende einer einzelnen Arbeitssequenz/Teamsitzung auftreten.

Vorbereiten **Gruppendynamik**

―――― **Vorkontakt** ――――
- zu mir als Autorität (persönliche Ebene): Ich kläre eigene Erwartungen und nehme mir Zeit, Energie zu tanken.
- zur Gruppe (soziale Ebene): Ich sichte Vorinformationen zur Einschätzung der Gruppe und verlass mich dabei auch auf meine Intuition.
- zum Thema (Sachebene) und zu den Rahmenbedingungen: Ich bereite Inhalte, Methoden, Medien, Arrangements vor und schaffe Atmosphäre.

prozessorientierte Leitungsaufgaben

1 — forming

Aktivieren, Kontakte fördern und Orientierung geben

Bei den ersten Kontaktangeboten sind Paarkontakte besonders günstig.
Ich sorge für Bewegung in Entspannungs- und Lockerungsübungen und schaffe ein gemeinsames stimmiges Energieniveau. (Den Körper beachten!)
Ich informiere über mich, über Inhalte, Methoden und den organisatorischen Rahmen.
Sensibel und entschieden nehme ich meine Rolle als Autorität ein.
In ersten kooperativen Aufgaben betone ich Sachaspekte im Blick auf Ziele und Nutzen.

2 — storming

Ziele vereinbaren: Vertrag

Ich begleite und fördere die Gruppe bei der gemeinsamen Zielfindung.
Ich gebe Ziele vor, konfrontiere und fordere, kläre Spielregeln (Pünktlichkeit, Gesprächs"kultur"), erteile Arbeitsaufträge.

3 — norming

Ich thematisiere Konflikte, insbesondere mit der Leitung, biete Einzelnen Schutz, spreche hinderliche Gruppennormen an. Indem ich den gemeinsamen Nenner herausarbeite, strebe ich Konsens an.

4 — performing

Moderieren und präsentieren

Konzentration fördern: Ich präsentiere in einer für Situation, Gruppe und Anliegen stimmigen Methodik.
Beteiligung erhöhen: In aktivierender Methodik beziehe ich die Gruppe auch in die Präsentation mit ein.
Ergebnisse sichern: Um Ergebnisse sichtbar zu machen und nutzen- und zielorientiert festzuhalten, aber auch um die persönliche Bedeutung für jeden Einzelnen zu klären, schiebe ich Reflexionsphasen ein.
Aufträge erteilen: Ich stelle klare Forderungen und begleite, koordiniere und berate bei der selbstständigen Bearbeitung.
Integration fördern: Ich begleite die Gruppe beim Übergang vom Enthusiasmus zum Realismus und mache ggf. den Wandel von Zielen und Gruppenrollen bewusst.

5 — closing

Abschließen

Ausklingen: Ich weise auf den Abschluss hin und leite das Ende ein.
Einsammeln: Ich helfe, das Thema abzurunden, Inhalte einzuordnen, den Gruppenprozess zu rekapitulieren.
Auswerten: Ich gebe Zeit, um Rückmeldungen einzuholen und zu geben und ermögliche persönliches Auswerten.
Ausblicken: Ich schaffe Neuorientierung und spreche die persönlichen Umsetzungsmöglichkeiten an.
Verabschieden: Ich wähle eine für die Gruppenkultur und Beziehungsqualität adäquate Form des Abschieds, achte auf eine gemeinsame Gestaltung, gebe der Trauer Raum und vereinbare eine klare Zeitstruktur für den Abschluss.

(gestaltet unter Mitarbeit von Ralf Dollweber nach Vopel, Klaus W.: Handbuch für GruppenleiterInnen. 8. Aufl. Salzhausen 1997)

Vorbereiten **Gruppendynamik**

Lehrplanorientiertes Phasenmodell

Dieses Modell stammt aus dem schulischen Kontext (nach: Grell, Jochen/Grell, Monika: Unterrichts-Rezepte. Weinheim/Basel, 1985). Erfolgreicher sachorientierter Unterricht entwickelt sich danach in einer harmonischen Abfolge der Phasen **Aktivieren - Präsentieren - Moderieren - Abschließen**.

Die vier Hauptphasen werden hier in 10 Teilschritte aufgegliedert.

	Phase 0	Vorbereiten - mich einstimmen	Ich treffe direkte Vorbereitungen für die kommende Unterrichtsstunde.
aktivieren	Phase 1	Atmosphäre schaffen - ansprechen - ankommen	Ich achte auf Kontakt und bemühe mich durch small talk, Humor, Persönliches um ein Klima der Offenheit. Ich sorge für ein stimmiges, gemeinsames Energieniveau - eventuell durch Entspannungs- oder Lockerungsübungen.
	Phase 2	Konfrontieren - einleiten - Orientierung schaffen - Zielvereinbarung: „Arbeitsvertrag"	Ich teile den Lernenden mit, was, warum und wie sie nach meiner Planung lernen sollen (Thema und Absicht) und schaffe einen möglichst ganzheitlichen sinnlichen Zugang. Ich gebe Gelegenheit, zur Planung Stellung zu nehmen, Änderungsvorschläge zu machen, Erwartungen und Vorwissen zu klären. In manchen Schulungsprojekten brauchen wir bis zu 30 % der Zeit und Energien, um an der Zielververbarung zu arbeiten.
präsentieren	Phase 3	Informieren - vortragen - Material anbieten	Ich gebe die zum Lernen notwendigen Informationen, erhelle Hintergründe, vernetze, vergleiche.
moderieren	Phase 4	organisieren - Aufgaben übertragen	Ich biete eine oder mehrere Lernaufgaben an und demonstriere, wie die Lernaufgabe bearbeitet werden kann.
	Phase 5	Selbstständig arbeiten, festigen und vertiefen lassen - zur Identifikation einladen	Ich lasse eigene Lernerfahrungen machen. Bei dieser selbstständigen Arbeit störe ich nicht. Ich leite an, ○ Inhalte in eigene Lebenswirklichkeit zu übertragen (Transfer) und Verknüpfungen herzustellen. ○ sich selbst in persönlicher Auseinandersetzung zu den Inhalten in Beziehung zu setzen ○ sich mit anderen auszutauschen und Produkte und Lösungen zu veröffentlichen. Erst dadurch wird Gelerntes im Gehirn verfestigt (konsolidiert). Nur in speziellen Situationen wird es sinnvoll sein, weniger als 30 % der Zeit für die persönliche Umsetzung zu nutzen.
abschließen	Phase 6	Sammeln - konzentrieren	Falls nach der 5. Phase noch eine Weiterbearbeitung im Plenum folgt, helfe ich durch Lockern und Entspannen, sich von der selbstständigen Arbeit wieder auf die Arbeit im Plenum umzustellen
	Phase 7	Ergänzen - zusammenfassen	Phase der Weiterverarbeitung und, wenn nötig, zusätzlicher Inputs.
	Phase 8	Kontrollieren und rückmelden	Ich sichere die Ergebnisse, überprüfe Ziele, hole Rückmeldungen ein, werte aus.
	Phase 9	Zeit haben	Ich sorge dafür, dass noch einige Minuten Zeit für Allfälliges, Unerwartetes bleiben.
	Phase 10	Abschließen	Ich genieße Erfolge und würdige Leistungen der Lernenden. Nehme Abschied und gebe Ausblick.
	Phase 0	Nachbereiten	Direkt danach halte ich Anregungen für die Überarbeitung von Angeboten fest.

Vorbereiten **Gruppendynamik**

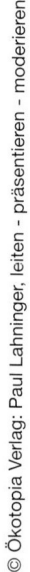

Inhomogene Gruppen: Den gemeinsamen Nenner finden

Jede Gruppe ist ein Zusammentreffen von Individuen, die sich bezüglich

- Vorwissen
- Lernerfahrungen
- Lerntempo & Lernstrategien
- persönlichem Entwicklungsstand
- Interessen und Motiven
- persönlichen Zielen

unterscheiden. Die Herausforderung dieser Realität ist - ausgehend vom gemeinsamen Nenner - Unterschiede als Bereicherung zu erleben.

Die Wahrnehmung von Gemeinsamkeiten und Unterschieden ist eine wichtige Aufgabe in der Orientierungsphase des Gruppenprozesses. Die Atmosphäre von Respekt vor und Offenheit für Andersartigkeit wächst dort, wo Menschen Sicherheit und Wertschätzung empfinden. Diese Qualität wird stark durch Ihre Haltung und Ausstrahlung als Führungsperson gefördert.

Als Führungsperson haben Sie ein gewisses Repertoire an Angeboten. Dieses Repertoire können Sie erweitern, um z.B. kompetente und weniger kompetente TeilnehmerInnen gleichermaßen ansprechen zu können. Hierzu einigen Anregungen.

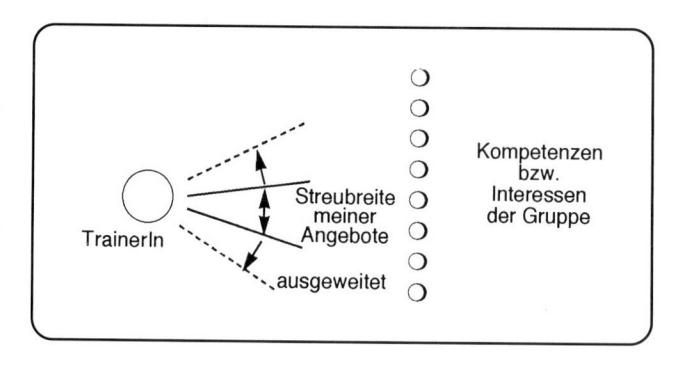

Mögliche Angebotserweiterungen:

- differenzierte Aufgaben für Einzel-, Paar- und Kleingruppenarbeit (binnendifferenziert)
- Vertiefungsangebote für unterschiedliche Interessen
- Kompetenzen einbeziehen und nutzen (z.B. können kompetente Personen für andere eine Lernpatenschaft übernehmen)
- gezielte Zusammenstellung von Kleingruppen mit speziellen Aufgaben für erfahrene TeilnehmerInnen, phasenweise differenzieren und die Phasen deklarieren, wie z. B.:
  - 5 Minuten Grundlagen klären und gemeinsamen Nenner schaffen,
  - 20 Minuten gemeinsame Arbeit, im Zweifelsfall an den „Langsameren" orientiert
  - 5 Minuten weiterführende Aufgaben für „Fortgeschrittene"

Hilfreich für die eigene Vorbereitung, wie auch zur Einstimmung der TeilnehmerInnen ist ein Fragebogen, der vor dem Seminar verschickt bzw. verteilt wird. Die Kommunikation mit den TeilnehmerInnen beginnt so schon vor dem Seminar.

Auswahlfragen (multiple-choice) erleichtern die rasche Beantwortung und die Auswertung. Es ergibt sich ein Einblick in die Zielgruppe, der als Seminareinstieg präsentiert werden kann. Die Einstiegsphase kann verkürzt und das Training effektiver werden.

Möglich ist aber auch, zu Beginn des Seminars die Befragung gemeinsam auszuwerten. Auch dies kann eine wirksame Einstimmung der TeilnehmerInnen sein und einen guten Start unterstützen.

Vorbereiten **Gruppendynamik** — ARBEITSBLATT

Fragebogen zur Seminarplanung

Um das Seminar speziell für **Sie** vorzubereiten, benötige ich noch ein paar Informationen.
Bitte antworten Sie kurz:

1) In meiner Arbeit / meinem Praxisfeld sind folgende Fähigkeiten wichtig

(z. B.: Kundenorientierung, kommunikative Fähigkeiten, Zielstrebigkeit, Selbstorganisation, Ausdauer, Konsequenz)

....
....
....

2) Mit den folgenden Techniken habe ich gute Erfahrungen gemacht:

....
....
....

3) Erfolg in meiner Arbeit bedeutet für mich:

....
....
....

4) Seminare zum Thema, die ich schon besucht habe:

....
....
....

5) Im Seminar möchte ich vor allem:

- ❏ Zeit für Erfahrungsaustausch
- ❏ kritische Themen diskutieren
- ❏ konkrete Fallbeispiele bearbeiten
- ❏ Informationen über …
- ❏ individuelle Übungsphasen
- ❏ sonstiges:

Bitte rasch zurückschicken.
Besten Dank!

Vorbereiten **Gruppendynamik**

TeilnehmerInnenorientierte Bildungsarbeit im „Studienzirkel"

Diese besondere Form von Bildungsarbeit in Projektform - entwickelt in schwedischen Gewerkschaftskreisen - setzt die skizzierte TeilnehmerInnenorientierung konsequent um. In der Stahlkrise der 70er Jahre wurde die Neuorientierung von arbeitslos gewordenen MitarbeiterInnen unterstützt, indem die Betroffenen in dieses Konzept und in Moderationstechniken eingeführt wurden.

Grundthesen:

○ Teilnehmerorientiertes Lernen setzt Freiwilligkeit voraus.
○ „Zu einem wirkungsvollen demokratischen Handeln kann Projekt- und Lernarbeit nur führen, wenn sie selbst in demokratischen Formen abläuft."
(Karlsson, Lars/Karlsson, Irmtraud: Studienzirkel. Linz 1988, S 117/2)

○ Bei emanzipatorischer Bildungsarbeit haben Kenntnisse an sich einen geringen Wert. „Erst wenn Kenntnisse in Beziehung zur umgebenden Wirklichkeit und deren Bewältigung und Veränderung stehen, bekommen diese ihren wirklichen Wert."
(Karlsson, Lars/Karlsson, Irmtraud: Studienzirkel. Linz 1988, S 56/2)

Regeln:

○ Kleingruppen von 5 - 9 Personen ermöglichen unter der Prämisse der Freiwilligkeit optimale Arbeitsbedingungen.
○ Die Gruppe ist bemüht, jedes Mitglied gleichermaßen einzubeziehen, Ruhige zu unterstützen und Dominante zurückzuhalten.
○ Alle Gruppenmitglieder fühlen sich gleichermaßen für Koordination, Leitung und Moderation verantwortlich. Es gibt weder Chef noch Chefin.
○ ExpertInnen stellen auf Anfrage ihr Wissen zur Verfügung.
○ Für das Gruppenergebnis sind ausschließlich und gemeinsam die Mitglieder verantwortlich.
○ Jedes Gruppenmitglied erklärt sich zu Beginn bereit, für die Einhaltung der Spielregeln mitverantwortlich zu sein.
○ Jede Person benennt das eigene Ziel. Gemeinsam erfolgt die Abstimmung und Vereinbarung eines gemeinsamen Gruppenziels als kleinsten gemeinsamen Nenner (keine Abstimmung mit Mehrheitsentscheidung!)
○ Die Projektgruppe arbeitet selbstständig, gestaltet Lernphasen, sammelt Informationen, tauscht sie aus und befragt ExpertInnen.

○ Die Gruppe erstellt einen Arbeits- und Zeitplan, berücksichtigt dabei ein Zeitpolster von 30 - 40% für Unvorhergesehenes, vereinbart Termine:
• Welche Informationen werden benötigt?
• Welche Informationsquellen kennen wir?
• Wer kann uns weiterhelfen, beraten?
• Was könnte uns behindern?
○ Die Gruppe erstellt einen Aufgabenverteilungsplan:
• Wer moderiert?
• Wer dokumentiert?
• Wer übernimmt welche Aufgabe bis wann?
○ Nach jeder Arbeitseinheit überprüft jede Person den persönlichen Bezug der erarbeiteten Inhalte anhand der Frage:
„Was ändert sich in meinem Leben durch das Erreichen dieses Ziels?" Wenn nötig, werden die Ziele neu formuliert.
○ Der Erfolg der gemeinsamen Arbeit wird anhand der folgenden Leitfragen überprüft:
• Wie nahe sind wir am Ziel?
• Wie realistisch war unser Arbeits- und Zeitplan?
• Welche Quellen waren ergiebig?
• Was hat uns gefördert/behindert?
• Welche neuen Fragen sind aufgetaucht?

Das Konzept des Studienzirkels kann auch in andere Bildungsarrangements integriert werden. Es ist vor allem dort sinnvoll, wo es um umfassende Veränderungsprozesse geht. In den Vorbereitungskursen des Österreichischen Entwicklungsdienstes (ÖED) erwerben Fachkräfte umfassende Kompetenzen für ihren Einsatz in Übersee: Die Kurse bieten in vielen Bereichen Freiraum für selbst organisiertes, kooperatives Lernen und damit die Chance auf die Entfaltung von Eigenverantwortung und persönlicher Motivation. Gruppendynamische Prozesse bei diesem Lernvorgang kosten sicherlich Zeit und Energien, können aber zugleich als zusätzliche Lernchance genutzt werden.

Vorbereiten **Methodensammlung**

METHODENSAMMLUNG

Für die Arbeit mit Gruppen gibt es wohl hunderttausende Methoden. Oft sind TeilnehmerInnen erstaunt, wenn ich sie raten lasse, wie viele einzelne methodische Schritte in einem halben Seminartag integriert sind. Mutige tippen auf 12, 15 Methoden. In einem zweistündigen exemplarischen Vortrag zum Thema Lernpsychologie, habe ich 32 (in Worten: zweiunddreißig) unterschiedliche Methoden eingearbeitet.

Für die Zusammenstellung einer persönlichen Sammlung von Methoden, mit denen Sie gerne arbeiten und gute Erfahrungen gemacht haben, ist ein überschaubares System mit klaren, an den speziellen Anforderungen der eigenen Praxis orientierten Strukturen sinnvoll.

Idealerweise gestalten Sie als TrainerIn Ihr eigenes System. Sie finden im Folgenden einen Vorschlag für ein Arbeitsblatt, mit dem Sie Ihre speziellen Methoden erfassen und katalogisieren können.
(Idee: Dr. Berhard Weiser

Als Kriterien sind die sechs wichtigsten Absichten im Seminar genannt. (Nach diesen Absichten ist auch der folgende Baustein „Methodisch gestalten" gegliedert! Methoden für Präsentation und für Körperarbeit finden Sie im Baustein 5 „Rhetorik" und im Baustein 6 „Vorbereiten".)

Zudem können Sie die Methoden nach Schwierigkeitsgrad sortieren: „Leichte" Methoden geben Ihnen Sicherheit und sind für fast jede Gruppe und Situation geeignet. „Schwierige" Methoden betrachten Sie als Herausforderung und setzen sie in Situationen und Gruppen ein, in denen eine gute Basis für „Experimente" gegeben ist.

Nach diesen Kriterien können Sie Methoden in das Übersichtsblatt eintragen und die Methodenblätter zu einer Sammlung zusammenfügen. Zu jeder Absicht finden Sie dann rasch eine Methode mit dem passenden „Schwierigkeitsgrad".

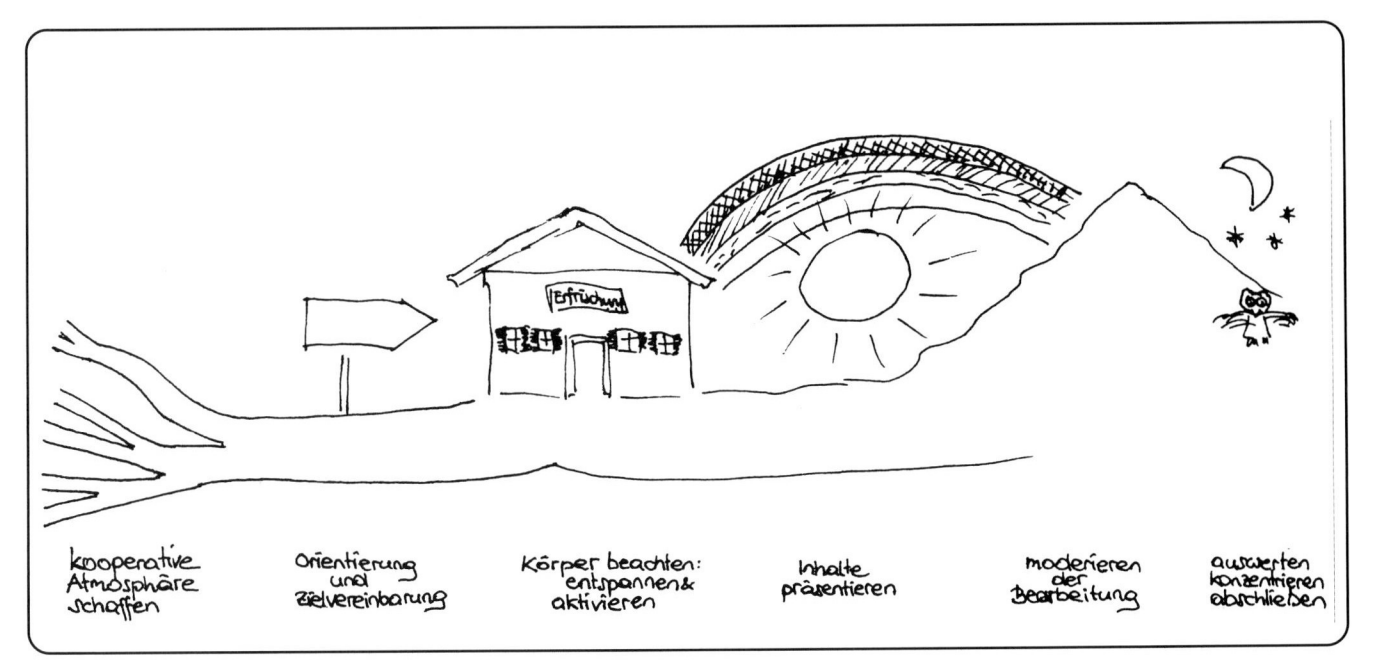

kooperative Atmosphäre schaffen | Orientierung und Zielvereinbarung | Körper beachten: entspannen & aktivieren | Inhalte präsentieren | moderieren der Bearbeitung | auswerten konzentrieren abschließen

ARBEITSBLATT

Vorbereiten **Methodensammlung**

Analyse-Blatt

für die persönliche Methodensammlung

Methode geeignet für Gruppensituationen mit

großem Bedürfnis nach Sicherheit in wenig vertrauter oder spannungsgeladener Atmosphäre				hoher Bereitschaft zum Risiko bei Wohlbefinden, Neugierde und Vertrauen in Gruppe und Leitung

Schwierigkeitsgrad: Die Methode ist

einfach				komplex
leicht				riskant
vertraut				fremd
oberflächlich				intensiv

Titel:

Arbeitsform:

Dauer:

Material:

Erfahrungen:

Anleitung:

Wählen Sie das entsprechende Feld und schneiden Sie alle darunterliegenden Felder aus. Sie erhalten so ein Register für Ihre persönliche Methodensammlung.

Absicht

Teamentwicklung,
kooperative Atmosphäre schaffen

Orientierung geben,
Ziele vereinbaren

Körperlich
entspannen, lockern, aktivieren

Präsentieren
Aufmerksamkeit fördern, Vortragstechnik

Moderieren
selbstständiger Gruppenarbeitsphasen

Abschließen
auswerten, konzentrieren

© Ökotopia Verlag: Paul Lahninger, leiten - präsentieren - moderieren

Vorbereiten **Literatur**

LITERATUREMPFEHLUNGEN

Antons, Klaus: Praxis der Gruppendynamik. Zürich 1993
Praktische Methoden für gruppendynamsiche Trainings, mit Arbeits- und Thesenblättern

Ballinger, Erich: Lerngymnastik. Wien 1992
Bewegungsübungen für mehr Erfolg in der Schule - leichter lernen leicht gemacht

Bandler, Richard/Grinder, John: Neue Wege der Kurzzeit-Therapie. Neurolinguistische Programme. Paderborn 1982

Birkenbihl, Michael: Train the Trainer, 11. Auflage. Landsberg/Lech 1993
Sehr flüssige, leicht verständliche Tipps und Beispiele für das Arbeitsfeld Train the Trainer

Ganser, Albert: Lehren und Lernen in der Erwachsenenbildung, Wien 1991

Karlsson, Lars/Karlsson, Irmtraud: Studienzirkel. Linz 1988

Knoll, Jürgen: Lebenslanges Lernen. Hamburg 1974

Nagel, Clint van u.a.: Megateaching. Freiburg/Brsg. 1989
Neurolinguistisches Programmieren in Unterricht und Erziehung - ein Modell des menschlichen Verhaltens und der Kommunikation

Rabenstein, Reinhold / Reichel, R René: Teamarbeit und Mitarbeiterberatung. Linz 1994
Praktische Methoden und persönliche Beispiele

Speichert, Horst: Kopfspiele. Hamburg, 1990.
Das unterhaltsame Gedächtnistraining

Teml, Hubert: Entspannt Lernen. Linz 1990
Stressabbau, Lernförderung und ganzheitliche Erziehung

Thanhoffer, Michael u. a.: Kreativ unterrichten. Münster 1993
Möglichkeiten ganzheitlichen Lernens: Ein Handbuch mit Gedanken und Methoden

Vester, Frederic: Denken, Lernen, Vergessen. 20. überarbeitete Aufl. München 1993
Was geht in unserem Kopf vor, wie lernt das Gehirn, und wann lässt es uns im Stich?

Vopel, Klaus W.: Handbuch für GruppenleiterInnen. 8. Aufl. Salzhausen 1997

Vroon, Plet: Drei Hirne im Kopf. Zürich 1993
Warum wir nicht können, wie wir wollen.

Weber, Gunthart (Hrsg.): Zweierlei Glück. Die Systemische Psychotherapie Bert Hellingers, 9. Aufl. Heidelberg 1997.
Neueste kraftvolle Ansätze in der Psychotherapie, Beispiele für das Gelingen und Scheitern persönlicher Beziehungen

Werneck, Tom/Ullmann, Frank: Konzentrationstraining. 6. Aufl. München 1981
Praktische Übungen zur Verbesserung des Erinnerungsvermögens und der Beobachtungsfähigkeit, Kompaktwissen

Baustein 7

Methodisch gestalten

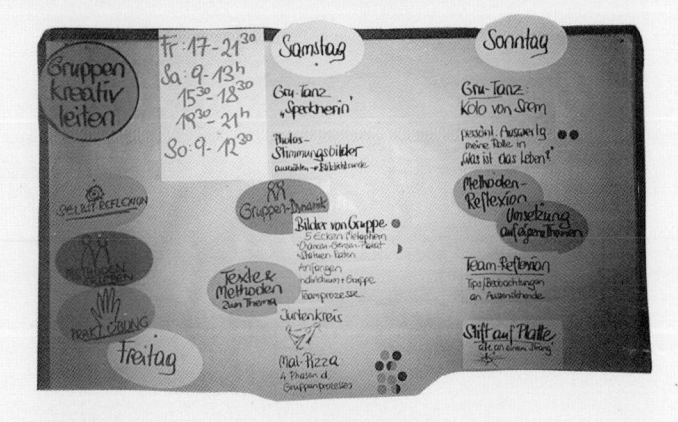

Mein Grundverständnis 217
Teamentwicklung 218
Teamaspekte (Methode) 219
Teamphilosophie entfalten (Methode) 220
„Mini-Lab" (Methode) 221
Visionen anpacken (Methode) 222
Katastrophenszenario nutzen (Methode) 223
„Gewinnt so viel ihr könnt!" (Methode) 224
Teamqualitäten reflektieren (Methode) 225
Teamdynamik untersuchen (Methode) 227
Mein Mitwirken (Methode) 228
Unsere Teamkultur (Methode) 229
Wertebasis und Wertevielfalt (Methode) 230
Malaktionen (Methoden) 231

Orientierung schaffen 232
Anfangen in Gruppen 232
    Praxisbeispiel: Sexualpädagogik 233
Methodik der Anfangs-Situation (Methoden) . 234

Teamarbeit zielorientiert leiten:
Moderation 241
Qualitäten der Teamleitung (Methode) 243
Moderationstechnik 244
   Folie 11: Mindmapping
Methoden der inhaltlichen Bearbeitung 247
    Thesen ins Spiel bringen (Methoden) 247
    Theseninterview (Methode) 249
    Willkürlich verknüpfen (Methode) 250
    Rollenspiele 251

Auswerten und Abschließen . 256
Evaluierungsmethoden 258
Ausblicken: „Backhome" im Alltag (Methode). 259
Neue Ansätze (Methode) 260
Abschiedsrituale (Methoden) 261
Rückmeldungen (Methode) 262
Fragebogen „danach" 263

Praxisbeispiele
Burnout 264
Leitbildentwicklung 267
Teamentwicklung 270

Literaturempfehlungen 273
Musikempfehlungen 274

MEIN GRUNDVERSTÄNDNIS

DER WEG IST DAS ZIEL - DIE METHODE IST INHALT

"Train-the-Trainer-Seminare, ModeratorInnenschulungen, Teamtrainings, Methoden und Vorgangsweisen ohne Inhalt vermitteln - da fehlt doch etwas!" Diese kritischen Gedanken einer Teilnehmerin haben mich angeregt, mein Selbstverständnis als Lehrtrainer zu klären.

Zunächst scheinen Methoden für jede Form von Inhalt möglich. Ich vermittle z.B. Kommunikationstechniken, ohne vorzugeben, worüber kommuniziert wird.

Tatsächlich ist meine Arbeit getragen von der tiefen Überzeugung, dass es auf das Wie ankommt, auf die Art und Weise, wie wir miteinander lernen, kommunizieren und umgehen. Wenn ich als Vater meine Kinder beim Lernen unterstütze, dann geht es mir weniger um Mathematik und Englisch, als viel mehr darum, meine Kinder zu unterstützen. Ich möchte ihnen zeigen, wie sie erfolgreich sein können, ihnen eine positive Einstellung zum Lernen vermitteln.

Als Ergebnis dieses Lernens stehen nicht nur auswendig gelernte Formeln oder Vokabeln, sondern steht vor allem die Erkenntnis, dass

○ es eine schöne Sache ist sich im Leben Herausforderungen zu stellen,
○ es Spaß macht sich anzustrengen,
○ es sich lohnt Fähigkeiten zu entwickeln und
○ da jemand ist der unterstützt und mitträgt.

Dies sind gute Grundlagen für das Gelingen des großen Abenteuers Leben.

Mit derselben Haltung unterstütze ich als Lehrtrainer und Berater Erwachsene aus unterschiedlichen beruflichen Bereichen. Auch hier geht es um das „Wie".

BILDUNGSARBEIT BEDEUTET IMMER BEGEGNUNG.

Lehren und Lernen geschieht im menschlichen Nahbereich. Zusammenarbeit stärkt oder gefährdet den Selbstwert. Ob es allen Beteiligten gut geht, hängt ab von der Art miteinander zu kommunizieren, von der Achtsamkeit füreinander, von den Methoden. Diese Begegnungsqualität ist mein inhaltliches Anliegen in Seminaren. Gelungenes menschliches Beisammensein stärkt die Identität. Effektives Lernen unterstützt das Bewusstsein, Meister des eigenen Lebens zu sein.

Methoden **Teamentwicklung**

TEAMENTWICKLUNG

KOOPERATION ZU FÖRDERN UND DEN TEAMGEIST ZU STÄRKEN SIND ANLIEGEN FÜR FAST JEDE LEITUNGSSITUATION.

Für mich ist dies ein übergeordnetes Prinzip, das ich den Methoden für einzelne Phasen voranstelle: In jeder Phase des Gruppen- oder Teamgeschehens wirkt diese Ebene mit.
Ein Team ist eine Gruppe, aber eine Gruppe muss (noch) kein Team sein. Ein Team ist gekennzeichnet durch
- bereitgestellte Ressourcen (Informationen, Zeit, Arbeitsmittel, Geld, Unterstützung)
- eindeutige Bedingungen für Mitgliedschaft und Ausschluss
- Eine Aufgabe für die ein bestimmter Personenkreis mit den nötigen Kompetenzen (und möglichst unterschiedlichen Fähigkeiten) gemeinsam verantwortlich ist.

Ein Team arbeitet für eine bestimmte Zeit an einem gemeinsamen Ziel. Diese Orientierung an der gemeinsamen Aufgabe, die herausfordert, inspiriert und Leistungspotentiale zur Entfaltung bringt, ist der Brennpunkt des Teams. Gute Teams spüren eine tiefe Hingabe an ihr Ziel; sie sind tief überzeugt von ihrer Arbeitsstrategie; die Teammitglieder fühlen sich einander verpflichtet.
Ein engagiertes Team bildet die leistungsstärkste Arbeitseinheit in einer Organisation, vorausgesetzt
- das Team hat genügend Handlungsspielraum
- und in der Organisation wird Innovation verlangt und gefördert.

Teams erreichen mehr als EinzelkämpferInnen in der Organisation, besonders dann, wenn es eine komplizierte Aufgabe zu lösen gilt, die vielfältige Skills, komplexes Urteilsvermögen und einen breiten Erfahrungshintergrund erfordert.
Da wir alle in Schule und Ausbildung wenig Gelegenheit hatten, in echten Teams zu lernen, wissen wir oft nicht recht, was eigentlich ein Team zu einem Team macht. Wir haben ein gewisses Erkenntnisdefizit. Noch gewichtiger ist unser natürlicher Widerstand, über unsere individuellen Rollen und über unsere individuelle Verantwortlichkeit hinauszugehen. Es fällt uns nicht leicht, auch Verantwortung für die Leistung anderer zu übernehmen, und oft mögen wir es nicht, wenn andere sich für unsere Leistungen mit verantwortlich fühlen.

Wie überall, wo Menschen beisammen sind, wirken gruppendynamische Prozesse und Rollen. Zum Unterschied zu einer Seminargruppe gibt es in den meisten Teams Funktionen auf Grund der Verantwortungsbereiche (z.B. Leitung, Kommunikation, Moderation, Kontrolle, Finanzen). Sobald wir in einer Seminargruppe zur Bewältigung von Aufgaben Teams bilden, neigen die Teammitglieder dazu, unterschiedliche Funktionen zu übernehmen: Leiten, Protokoll führen, Zeit einteilen, Gesprächsklima beachten. Wir übernehmen diese Funktionen aufgrund unserer Rolle in der Gruppe. Schwierigkeiten im Team können sich ergeben, wenn die gruppendynamische Rolle sich nicht mit der Funktion deckt. Insbesondere wenn die Leitungsfunktion einer Person übertragen wird, die in dieser Gruppe keine Führungsrolle innehat, wird es schwierig: die realen Machtverhältnisse sind verdeckt. Energien sind gebunden. Schwache Leitungspersonen neigen oft zu einem Übermaß an Bürokratie. Die offizielle Autorisierung zu leiten ist nur eine Quelle der Macht; die Zustimmung der Gruppe zu dieser Leitungsfunktion ist ein wichtiger Aspekt der Autorität. Diese Zustimmung lässt für das gemeinsame Handeln Energien frei werden.

Prozesse der Teamentwicklung befassen sich mit den folgenden Themen:
- Konstituierung des Teams
- Funktionsverteilung (innere Struktur)
- Kommunikationskultur und Verhaltensregeln
- Teamfähigkeit und Teamqualitäten
- Tabus und Mythen im Team
- Visionen und Zielentwicklung
- Reflexion der Teamgeschichte
- Abläufe, Prozesse und Reorganisation
- Materielle Ausstattung (Ressourcen)
- Vernetzung im Innern und nach außen
- Einflussunterschiede zulassen und ausgleichen
- Werthaltungen und Feedback

(n. Vopel, Klaus: Themenzentriertes Teamtraining. Teil 3. 2. Aufl. Salzhausen 1996)

ARBEITSBLATT

Methoden **Teamentwicklung**

Teamaspekte

Absicht: Vorbereitung auf ein Teamtraining, Selbsteinschätzung eines Teams
Idee: Eva Scala
Arbeitsform: Einzelarbeit, ggf. Auswertung im Plenum
Dauer: 5 bis 10 Min.

Schätzen Sie die Situation im Team ein und kreuzen Sie an, welcher jeweilige Merkmalpol stark oder weniger stark zutrifft.

1 — Art der Kooperation
Jedes Teammitglied arbeitet autonom. | autonom ——— 0 ——— vernetzt | Die Arbeit der/des Einzelnen ist nur in direkter Kooperation mit anderen Teammitgliedern erfolgreich durchführbar.

2 — Team und Gesamtorganisation
Das Team ist eine Unterabteilung in einem Großbetrieb. | eingebunden ——— 0 ——— selbstständig | Das Team ist zugleich die Organisationseinheit (z.B. Gemeinschaftspraxis)

3 — Dauerhaftigkeit der Zusammenarbeit
Fachabteilung einer Organisation | langjährig ——— 0 ——— kurz | Projektgruppe

4 — Art der Zusammensetzung
Alle Teammitglieder haben dieselbe Aufgabe und Ausbildung | einheitlich ——— 0 ——— vielfältig | Die Zusammensetzung ist interdisziplinär

5 — Hierarchie
komplex-hierarchische Struktur | komplex ——— 0 ——— gering | nur eine Hierarchieebene

6 — Beziehungsgefüge
wenig Zusammenhalt | lose ——— 0 ——— eng | intensive Nähe

7 — Motivation
wenig leistungsorientiert, andere Motive überwiegen | indirekt ——— 0 ——— direkt | leistungs- und aufgabenorientiert

8 — Rollenverteilung
hohe Macht- und Statusdifferenzierung | differenziert ——— 0 ——— einheitlich | geringe Macht- und Statusdifferenzierung

9 — Organisationsstrukturen
viel Regelung | komplex ——— 0 ——— einfach | wenig Regelung

10 — Aufgabenstellung
hochdifferenziert und zeitintensiv | aufwändig ——— 0 ——— knapp | mit minimalem Aufwand

Methoden **Teamentwicklung**   ARBEITSBLATT

Teamphilosophie entfalten

Idee: Vopel, Klaus: Themenzentriertes Teamtraining. 2. Aufl. Salzhausen 1996
Absicht: Haltungen und Wirkweisen im Team konkret einschätzen und Veränderungswünsche aussprechen
Arbeitsform: Einzelarbeit mit Auswertung in Plenum oder Kleingruppe
Dauer: 45 bis 90 Min.

Hier finden Sie eine Auflistung von 20 Merkmalen eines „echten" Teams. Jeder dieser Aspekte trägt zur Leistungsfähigkeit bei.

- Markieren Sie zunächst alle Aspekte, die für Ihr konkretes Team zutreffen.
- Nummerieren Sie von 1 bis 5 die Merkmale, die Sie persönlich für besonders bedeutsam halten.
- Wählen Sie ein Merkmal aus, das Ihr Team derzeit am meisten weiterbringen kann.

1. ❏ Wir haben eine gute Mischung von Fähigkeiten (Skills), die einander für die Teamaufgabe ergänzen (technisch-funktionale Skills, Problemlösungsskills, interpersonelle Skills).
2. ❏ Wir haben ein Ziel, das uns wichtig ist und alle inspiriert.
3. ❏ Wir sind bereit, Teilziele zu verfeinern und entsprechend unseren Einsichten zu modifizieren.
4. ❏ Alle arbeiten gemeinsam an der Arbeitsstrategie.
5. ❏ Wichtige Themen werden offen und intensiv diskutiert.
6. ❏ Die Teammitglieder unterstützen sich gegenseitig und haben ein hohes Maß an Vertrauen.
7. ❏ Jedes Teammitglied zeigt sich sowohl für die eigene Arbeit, als auch für die gemeinsamen Ergebnisse verantwortlich.
8. ❏ Kooperation und Konflikt sind Mittel, um die besten Ergebnisse zu erzielen.
9. ❏ Wir benutzen verschiedene Prozeduren, um Entscheidungen zu treffen.
10. ❏ Der Leiter hat eine hohe Meinung vom Team und seinen Potentialen.
11. ❏ Alle sind bereit, wenn nötig und passend, situativ die Teamleitung zu übernehmen.
12. ❏ Alle Teammitglieder sind überzeugt, dass das Team nur gemeinsam Erfolg haben wird.
13. ❏ Das Team überprüft regelmäßig Arbeitsstil und Arbeitsergebnisse und lernt aus seinen Erfahrungen.
14. ❏ Individuelle und kollektive Bedürfnisse werden in gleicher Weise geschätzt und regelmäßig besprochen.
15. ❏ Das Team hat hohe Ansprüche an die Qualität seiner Arbeit.
16. ❏ Enthusiasmus und Arbeitsenergie sind hoch.
17. ❏ Die Teammitglieder genießen Erfolge und Misserfolge als Meilensteine auf ihrem Weg zum Ziel.
18. ❏ Die Teammitglieder fühlen sich eng miteinander verbunden. Sie nehmen Anteil an der persönlichen und professionellen Entwicklung jedes Einzelnen.
19. ❏ Die gemeinsame Aufgabe und der Wille, ein exzellentes Resultat zu erzielen, sind wichtiger als eigenes Karrieredenken.
20. ❏ Die Beziehungen zu anderen Gruppen und Teams innerhalb und außerhalb der Organisation sind gut.

ARBEITSBLATT

Methoden **Teamentwicklung**

"Mini- Lab"

Idee: Eva Scala und Reinhold Rabenstein nach Antons, Klaus: Praxis der Gruppendynamik. 4. Aufl. Zürich 1976
Absicht: Gruppen- und Teamtraining, Erleben wesentlicher Prozesse der Teamentwicklung im Zeitraffer
Arbeitsform: Kleingruppen
Dauer: ca. 90 Min.
Material: Moderationskärtchen, Plakate, Ölkreiden, Stifte, Plakat mit Feedbackregeln (s. Baustein 2 „Kommunikation verbessern")
Hinweis: geeignet für Gruppen, deren Mitglieder sich noch nicht kennen

Aufgabenstellung:

Die Mitglieder der Gruppe besprechen die folgenden Fragen in der vorgegebenen Zeit. Das Team arbeitet selbstständig und organisiert die konkrete Durchführung in eigener Verantwortung.

1 Was stört mich an mir, was nicht offensichtlich ist? — 15 Min.

2 Worauf bin ich stolz: — 15 Min.

3 Fiel mir leichter auszusprechen, worauf ich stolz bin oder was mich an mir stört? — 5 Min.

4 Von welchen 2 Personen dieser Kleingruppe möchte ich ein ehrliches Feedback über ihren ersten Eindruck von mir während der bisherigen Gruppenarbeit?
Jede(r) notiert zwei Personen auf je ein Kärtchen und ergänzt den eigenen Namen als Absender. Sobald alle Gruppenmitglieder damit fertig sind, werden diese Kärtchen verteilt und die Rückmeldungen aus einer wertschätzenden Haltung gegeben:

5 Wie wirkt diese Person auf mich? — 15 Min.

6 Wie offen konnten wir als Gruppe miteinander reden? — 5 Min.
Jedes Gruppenmitglied schätzt für sich die Offenheit im bisherigen Gespräch ein und schreibt diese als Prozentzahl für sich auf. Die Zahlen werden sodann veröffentlicht und begründet.
Variante: Jede Person schätzt die eigene Offenheit ein und bekommt Rückmeldungen der anderen: Wie offen haben wir dich bisher hier erlebt?

7 Konsensbildung: Wie wird die Offenheit in der Gruppe gemeinsam eingeschätzt? — 5 Min.
Die Gruppenmitglieder einigen sich im Gespräch (und nicht durch eine Mittelwertberechnung) auf eine gemeinsame Prozentzahl.

8 Wem spreche ich hier wie viel Einfluss zu? — 10 Min.
Jede Person vergibt 3 Punkte an das nach ihrer Meinung einflussreichste, 2 Punkte an das zweiteinflussreichste und 1 Punkt an das dritteinflussreichste Gruppenmitglied. Der jeweilige Namen und die betreffende Punktzahl werden auf je ein Kärtchen geschrieben. Die Kärtchen werden nacheinander an die genannten Personen verteilt und kurz begründet.

9 Wie geht es mir mit dieser Zuschreibung? — 5 Min.
Reihum äußert sich jede Person zum ihr zugeschriebenen Einfluss in der Kleingruppe.

10 Welcher Name und welches Symbol könnte für die Gruppe stehen? — 15 Min.
Die Kleingruppen finden einen gemeinsamen Gruppennamen und gestalten ein Gruppensymbol auf einem Plakat.
Jede Kleingruppe präsentiert im Plenum ihren Gruppennamen und ihr Symbol

Methoden **Teamentwicklung** ARBEITSBLATT

Visionen anpacken

Idee: Paul Lahninger
Absicht: Anregung zur persönlichen Bestandsaufnahme, speziell am Beginn einer Zusammenarbeit
Arbeitsform: Paarinterview oder Einzelarbeit
Dauer: 10 -15 Min.
Material: Papier und Stifte

Beantworten Sie bitte die folgenden Fragen!

kreativ visualisieren

Wenn dir eine Fee erscheinen würde und du einen Wunsch frei hättest, um deine Wirksamkeit in der Arbeit zu erhöhen, welche Fähigkeiten würdest du dir wünschen?

konkretisieren

Für welches konkrete realistische Anliegen steht diese Vision?

humorvoll überprüfen

Was könntest du tun, um dieses Ziel möglichst sicher nicht zu erreichen?

Detailschritte planen

Was kannst du selbst ab sofort tun, um dieses Anliegen umzusetzen?

Was möchtest du lernen, um dabei weiterzukommen?

Wo und wie kannst du Unterstützung bekommen?

hier und jetzt

Welche Unterstützung wünschst du dir hier?

ARBEITSBLATT

Methoden **Teamentwicklung**

Katastrophenszenario nutzen

Idee: nach Seminarübungen im Personalentwicklungsbereich der Fa. Trigon
Absicht: Das Hineinleben in Extremsituationen bestärkt die Teammitglieder.
Arbeitsform: Kleingruppe, Plenum, Paargespräch, Rollenspiel
Dauer: 1 – bis 3 Std.
Material: Stifte, Kärtchen
Hinweis: Diese Übung ist eher für Teams mit guter Streitkultur geeignet. Da sie Konflikte verschärfen kann, sollte sie nicht eingesetzt werden, wenn die Gruppe gerade in der Kampfphase ist.

1 Situation:

Das Team wird in zwei Gruppen A und B geteilt. Gruppe A steht für die Auftraggeber (Vorstand o. Ä., je nach Organisation), Gruppe B für das Arbeitsteam selbst. Es wird die folgende Situation vorgegeben:

"Soeben wurde in einem offiziellen Schreiben verlautbart, dass der Auftraggeber plant, das Team aufzulösen, da die Organisation keine Finanzen und Arbeitsmittel mehr frei hat. Vertreter des Teams werden zur Besprechung dieser Sachlage zum Auftraggeber gebeten."

Der Auftrag an Gruppe B lautet:

Finden Sie möglichst viele Argumente, warum dieses Team weiterarbeiten muss! Erarbeiten Sie den Nutzen auf verschiedenen Ebenen und auch in größeren Zusammenhängen.

Der Auftrag an Gruppe A lautet:

Überlegen Sie aus der Sicht des Auftraggebers, welche Argumente für den Fortbestand des Teams die größte Bedeutung haben, d. h. wie müsste Gruppe B argumentieren, um Sie zu beeindrucken?

Variante: Bei einer GesamtteilnehmerInnenzahl über 12 Personen erarbeiten mehrere Kleingruppen Argumente für den Fortbestand des Teams, andere Kleingruppen sammeln Entscheidungskriterien für den Auftraggeber.

2 Rollenspiel:

Beim anschließenden Rollenspiel im Plenum argumentiert Gruppe B für das Weiterbestehen des Teams, Gruppe A prüft, fragt nach und gibt Rückmeldungen. Gegen Ende der Diskussion werden im Rahmen einer Lockerungsübung die übernommenen Rollen wieder abgeschüttelt.

Variante: Bei einer GesamtteilnehmerInnenzahl über 12 Personen wird das Rollenspiel als Forumsdiskussion inszeniert: Jede Kleingruppe schickt eine Person als VertreterIn in die Diskussionsrunde in einen Innenkreis. Rundherum bilden alle anderen einen Außenkreis. Ein freier Sessel in der Runde der Diskutierenden steht für spontane Wortbeiträge aus dem Außenkreis zur Verfügung. Wer diese Möglichkeit nutzen möchte, nimmt auf diesem Sessel Platz, äußert ein Argument und verlässt den Innenkreis wieder.

3 Auswertung:

Die Auswertung erfolgt im Paargespräch anhand der Fragestellungen:
Welche Werte wurden im Rollenspiel deutlich?
Wie könnten wir diese Werte auch nach Auflösung des Teams in anderer Form umsetzen?

Die zweite Frage wird als kreative Ideensammlung auf Kärtchen beantwortet.

4 Präsentation:

Jedes Paar präsentiert seine Ideen zur (alternativen) Umsetzung der Werte im Plenum.
Alle Kärtchen werden sichtbar aufgehängt.

Methoden **Teamentwicklung** | ARBEITSBLATT

5 Rollen abschütteln:

Im Anschluss werden die TeilnehmerInnen aufgefordert, gedanklich in die Gegenwart zurückzukehren, durch Bewegung die Rollen abzuschütteln, sich von der Vision der Teamauflösung zu lösen und einander zum Fortbestand des Teams zu gratulieren.
Diesen Prozess können Sie als TrainerIn auch spielerisch unterstützen, indem Sie eine - fiktive - Mitteilung des Auftraggebers, in der der Fortbestand des Team zugesichert wird, veröffentlichen.

6 Einzelbewertung:

Jede Person überlegt, welche der präsentierten Ideen ihre jetzige Arbeit befruchten und bereichern können. Alle vergeben gleichzeitig Klebepunkte zu den Ideenkärtchen.

7 Schlussrunde:

Jede Person beantwortet knapp und präzise die Fragen:
Wie kann ich eine der Ideen in meiner Arbeit umsetzen?
Wie geht es mir jetzt? (Stimmungsblitzlicht)

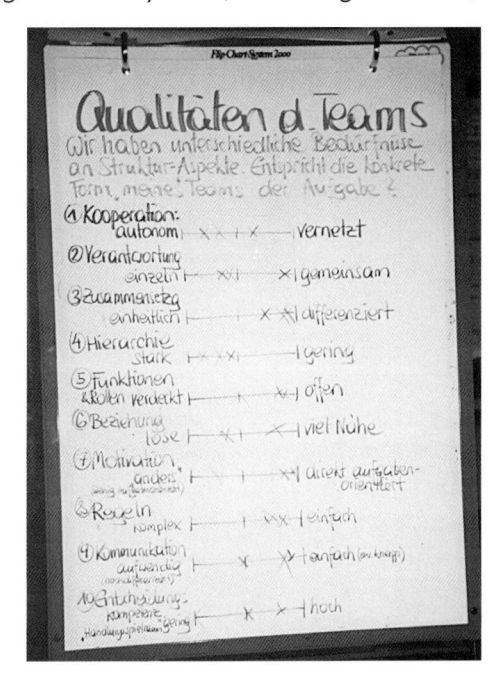

"Gewinnt so viel ihr könnt!"

Idee: nach Antons, Klaus: Die Praxis der Gruppendynamik. Zürich 1976, S. 127
Absicht: Sichtbarmachen von Entscheidungsprozessen im Team
Arbeitsform: zwei oder mehr Teams von 4 bis 8 Personen, günstig sind vier oder sechs Teams.
Dauer: incl. Auswertung 1 bis 2 Std.
Material: Kopien der Spielanleitung mit Setztabelle, Schreibutensilien, je Team 6 unbeschriebene Kärtchen „Setzblätter".
Hinweis: Es kann in diesem Spiel heiß hergehen! Für die Auswertung braucht die Leitungsperson Sicherheit im Umgang mit gruppendynamischen Prozessen sowie Fähigkeiten zum Konfliktmanagement.

Jeweils 2 Teams sitzen in räumlicher Distanz zueinander und spielen zusammen oder eben gegeneinander: Die Entscheidung, ob mit- oder gegeneinander gespielt wird, liegt bei den Teams selbst. Es wird ein zeitlicher Rahmen - z.B. 40 Minuten (ohne Reflexion) - vereinbart.
Um Interpretationsspielraum zu geben, werden die Spielregeln nur schriftlich an die TeamleiterInnen übergeben.

Schwarz zu setzen, bedeutet ein Kooperationsangebot, Rot zu setzen, heißt Konkurrenz. Setzen beide Teams auf Konkurrenz „verlieren" beide, dies ist das Dilemma, das sich aus der Punktematrix ergibt. Selbstverständlich können die Teams miteinander verhandeln. Ob sie es tun oder nicht, entscheiden sie selbst. In der Auswertung werden Strategien in Konkurrenzsituationen sichtbar und zugleich Entscheidungsprozesse in der Gruppe transparent. Die Vorgabe „Gewinnt so viel ihr könnt!", zeigt Wirkung.

ARBEITSBLATT

Methoden **Teamentwicklung**

Spielregel: „Gewinnt so viel ihr könnt"

1 Jedes Spielteam bestimmt eine Person als LeiterIn und eine als BeobachterIn. Die BeobachterIn beobachtet jeweils die andere Gruppe. Sie spielt nicht mit und spricht während des Spielverlaufs nicht mit den SpielerInnen.

2 Bei jedem Spieldurchgang setzen die Teams auf Rot oder Schwarz. Die Entscheidung, auf welche Farbe gesetzt werden soll, trifft das Team durch folgendes Verfahren:
Diskussion - Einzelentscheidung - Abstimmung.

3 Das Setzen auf eine Farbe wird vollzogen, indem diese in der Setztabelle eingetragen und zugleich für das andere Spielteam auf dem Setzblatt vermerkt wird. Daraufhin wird dem anderen Team mitgeteilt, dass die Entscheidung vollzogen ist und die Spielleitung überbringt dem anderen Team das Setzblatt. Jedes Team trägt die gewonnene Punktzahl in die Setztabelle ein. Damit beginnt die nächste Spielrunde.

4 Je nachdem, wie die Teams gesetzt haben, werden Punkte vergeben:

Setzen beide Teams auf Rot, erhalten beide Teams minus 3 Punkte.

Setzen beide Teams auf Schwarz, erhalten beide Teams plus 3 Punkte.

Setzt das Team A auf Rot und das Team B auf Schwarz, erhält Team A 5 Punkte gutgeschrieben, Team B 5 Punkte abgezogen und umgekehrt.

TEAM: A		TEAM: B	
Rot	+ 5	Schwarz	- 5
Rot	- 3	Rot	- 3
Schwarz	- 5	Rot	+ 5
Schwarz	+ 3	Schwarz	+ 3
Das Ergebnis der dritten Runde zählt doppelt.			
Das Ergebnis der sechsten Runde zählt 3-fach.			

5 Spielziel:
Gewinnt, so viel ihr könnt! Gewinnen heißt, die höchstmögliche positive Punktzahl zu erreichen.

Setz-Tabelle

Spielrunde	Team A		Team B	
	rot / schwarz	Punkte	rot / schwarz	Punkte
1.				
2.				
3. 1)				
4.				
5.				
6. 2)				
Summe				

1) Ergebnisse zählen doppelt   2) Ergebnisse zählen 3-fach

Methoden **Teamentwicklung**

ARBEITSBLATT

Teamqualitäten reflektieren

Idee: Eva Scala
Absicht: Stärken und Schwächen im Team reflektieren und über Veränderungen nachdenken
Arbeitsform: Lawine (einzeln, paarweise, Vierergruppen, Plenum)
Dauer: ca. 1 Std.

Bearbeiten Sie das Raster zuerst allein: Benennen Sie in Stichworten und so konkret wie möglich Stärken und Defizite im Team. Zunächst in Paaren, dann in Vierergruppen und anschließend im Gesamtteam stellen Sie Gemeinsamkeiten fest, verdeutlichen Unterschiede und erarbeiten miteinander konkrete Vorschläge.

Leitbild und Zielfindung	**Entscheidungs-Prozesse**	**Motivation**
Organisation/ Koordination	*Stärken und Defizite in unserem Team*	**Kommunikation**
Kontrolle	**Konfliktfähigkeit**	**Integration/ Zusammenhalt**

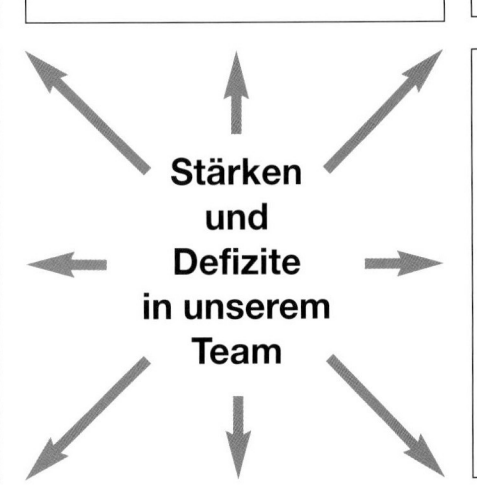

ARBEITSBLATT

Methoden **Teamentwicklung**

Teamdynamik untersuchen

Idee: Brandau, Hannes / Schüers, Wolfgang: Spiel- und Übungsbuch für Supervision. Salzburg 1995
Absicht: für unausgesprochene, wenig bewusste Teamkräfte sensibilisieren
Arbeitsform: Einzelarbeit, Kleingruppen
Dauer: 1 bis 2 Std.

In Teams wirken Regeln, Gesetze, Strukturen und dynamische Kräfte, welche die Effizienz der Arbeit stark beeinflussen. Oft kann man sogar von einer Teamtrance sprechen, die durch einseitige Aufmerksamkeitsfokussierung und durch institutionelle Strukturen bedingt ist und Arbeitseffizienz und Kreativität blockiert.

Vervollständigen Sie die folgenden Sätze!

1. Um voll dazu zu gehören,
   muss man
   darf man nicht

2. Die ungeschriebenen Gesetze dieser Gruppe / dieses Teams sind

3. Was wir vermeiden zu besprechen, ist

4. Was ich in diesem Team immer wieder zurückhalte, ist

5. Die versteckten Kräfte, die unsere Gruppe stark beeinflussen, sind

6. Von den institutionellen Vorgaben und Strukturen behindert uns

7. Die besonderen Stärken dieses Teams sind

8. Eine Schwierigkeit dieses Teams ist

9. Die wichtigste Neuerung für dieses Team wäre

10. Dieses Team kommt mir immer wieder vor wie
    (Finden Sie eine Metapher für Ihr Team z. B. Garten, Sportplatz, Labor...)

Diskutieren und reflektieren Sie die Ergebnisse anschließend in Kleingruppen.

Methoden Teamentwicklung ARBEITSBLATT

Mein Mitwirken

Idee: Reinhold Rabenstein
Absicht: Qualitäten persönlicher und inhaltlicher Beiträge zur Zusammenarbeit erkennen
Arbeitsform: einzeln, paarweise:
Dauer: 30 bis 60 Min.

Die Beiträge der Beteiligten im Team wirken auf den Prozess, die Struktur und das Ergebnis der Arbeit. Dies kann innovativ, provokativ, nährend und bewahrend geschehen.

❍ Überprüfen Sie mit dieser Checkliste, auf welchen Ebenen Sie Beiträge einbringen und in welcher Form Sie das tun.
❍ Tragen Sie in die Felder Beispiele Ihres Mitwirkens ein.
❍ Teilen Sie sich anschließend in Paaren Ihre Selbsteinschätzungen mit und geben Sie sich Rückmeldungen.

Form der Beiträge	Ebene des Geschehens		
	Erlebnis-Ebene: Prozess und Beziehung	**strukturelle Ebene:** Ablauf und Regulierung	**Ergebnis-Ebene:** Inhalt, Leistung, Produkt
innovativ: bringt Ideen ein *Extremform: chaotisch*			
provokativ: fordert heraus *Extremform: abwertend*			
nährend: unterstützt und fördert *Extremform: überfürsorglich, einengend*			
bewahrend: erledigt, vollzieht *Extremform: starr*			

ARBEITSBLATT

Methoden **Teamentwicklung**

Unsere Teamkultur

Idee: nach Vopel, Klaus: Themenzentriertes Teamtraining. Band 3. 2. Aufl. Salzhausen 1996
Absicht: Selbsteinschätzung zu Aspekten des Vertrauens
Arbeitsform: Einzelarbeit, Paargespräch, Plenum
Dauer: 10 Min. ohne Plenumsdiskussion
Material: Moderationskärtchen

VERTRAUEN IST EIN WICHTIGER BESTANDTEIL DES GEISTIGEN KAPITALS, DAS EIN TEAM ENTWICKELT. VERTRAUEN BEINHALTET DIE ERWARTUNG, DASS DIE ANDEREN MIR EINBLICK IN IHRE GEDANKEN UND GEFÜHLE GEBEN, DASS SIE MIR FAIR, ACHTSAM UND EHRLICH BEGEGNEN.

Kreuzen Sie bitte den Grad Ihrer Zustimmung zu den folgenden Sätzen an.

Trifft überhaupt nicht — Stimmt voll und ganz

1 Im Augenblick fühle ich mich in meinem Team wohl.

2 Es ist anregend und bereichernd, zu diesem Team zu gehören.

3 Ich vertraue den anderen Teammitgliedern.

4 Die anderen Teammitglieder vertrauen mir.

5 Die anderen achten mich, egal ob ich einen Fehler mache oder erfolgreich bin.

6 Ich fühle mich frei, auch ungewöhnliche Ideen im Team zu präsentieren.

7 Ich kann im Team meine Gefühle zeigen.

8 Wir einigen uns nicht auf den kleinsten gemeinsamen Nenner, sondern ringen um die beste Entscheidung.

9 Welche Ereignisse der gemeinsamen Teamgeschichte haben Ihr Vertrauen in die Gruppe geschwächt?...

   ... welche gestärkt?

10 Wie können Sie dies würdigen, abschließen und nutzbar machen?

○ Besprechen Sie Ihre Einschätzung mit einer PartnerIn, mit der Sie eher wenig Kontakt haben.
○ Erarbeiten Sie gemeinsam einen Vorschlag, die Vertrauenskultur im Team zu fördern.
○ Schreiben Sie die Vorschläge auf Kärtchen und präsentieren Sie diese im Plenum.
○ Im Plenum legen Sie gemeinsam Prioritäten fest: Was wollen wir im Umgang miteinander lernen, um die Teamkultur weiterzuentwickeln.

Methoden **Teamentwicklung**

ARBEITSBLATT

Wertebasis und Wertevielfalt

Idee: *Nach Vopel, Klaus: Themenzentriertes Teamtraining. Band 4. 2. Aufl. Salzhausen 1996*
Arbeitsform: *Einzelarbeit, Plenum*
Dauer: *1 bis 3 Std.*
Material: *Plakate*

Bitte beantworten Sie zunächst aus Ihrer persönlichen Perspektive die nachstehenden Fragen und diskutieren Sie danach Gemeinsamkeiten und Unterschiede im Plenum.

1 Welche Bedeutung hat die zentrale Teamaufgabe für andere und für die Organisation?

2 Welche Bedeutung hat die zentrale Teamaufgabe für Kunden und Klienten?

3 In welcher Weise engagiere ich mich für das Ziel des Teams?

4 Welche Werte wirken für mich in diesem Teamziel?

5 Welche Verhaltensweisen spiegeln diese Werte bei der alltäglichen Arbeit?

6 Welche Werthaltungen (gegenüber Kunden, anderen Teammitgliedern) möchte ich im Team verstärken?

7 Was wäre der schönste Satz, den Außenstehende über das Team sagen könnten?

Stellen Sie die Wertevielfalt auf Plakaten dar und überprüfen Sie die Gemeinsamkeiten.

Gemeinsame Wertebasis

Vielfältige Kompetenzen und Wertvorstellungen sind wertvoll für ein effizientes Team. Es ist nicht nötig, dass die Teammitglieder bei allen Wertefragen einer Meinung sind; allerdings ist ein Grundbestand an gemeinsamen Wertvorstellungen und eine offene Diskussion über Wertepositionen wichtig.

Methoden **Teamentwicklung**

Malaktionen

Idee: Seminare der Personalentwicklung von Mag. Franz Bihal, Fa. Trigon, Wien und Norbert Ammanshauser, Salzburg u.a.
Absicht: Dynamik einer Gruppe bildhaft darstellen, erleben und reflektieren
Arbeitsform: Kleingruppen, ggf. Plenum
Dauer: Je 10 bis 45 Min., je nach Intensität der Auswertung
Material: Plakatbögen und Ölkreiden, Kleber, Scheren, Karton, evtl. Musik
Hinweis: Meist ist es günstig vorzugeben, dass beim Malen nicht gesprochen werden soll. Auf anschauliche Weise zeigt gemeinsames Malen die Dynamik einer Gruppe. Was dabei für alle sichtbar in Farben und Formen entsteht, lässt sich gut reflektieren. Daraus ergeben sich reiche Möglichkeiten der Selbstbeobachtung und Ansätze für Rückmeldungen.

Phasenbild

Als „Pizza Vierjahreszeiten" können die wichtigsten Phasen der Gruppendynamik in 4 Kreissegmenten gemalt werden: Alle malen gleichzeitig und ohne Worte jeweils in einem Kreissegment und wechseln gemeinsam zum nächsten. (S. Foto S. 55)

1) schnuppern
2) kämpfen
3) ordnen
4) kooperieren

Team und Außeneinflüsse

3 Kleingruppen oder Paare arbeiten an jeweils einem Bild, das nach jedem Teilschritt an die nächste Gruppe weitergegeben wird:
1) **Storming:** freier, ungeordneter Ideenfluss, *Bild weitergeben.*
2) **Norming 1:** gestaltend einwirken, Struktur in das Bild (der anderen Gruppe) hineinbringen, *Bild weitergeben.*
3) **Norming 2:** gestaltend einwirken, andere Aspekte von Ordnung und Struktur in das Bild hineinbringen. *Bild an die erste Gruppe zurückgeben.*
4) **Integration:** das Bild mit den ursprünglich eigenen Ideen, in das andere „von außen" strukturierend eingewirkt haben, wieder zum eigenen Bild machen, einen Ausgleich zwischen freiem Ideenfluss und gestaltender Einwirkung schaffen.

Grenzen übermalen

Eine Gruppe arbeitet gemeinsam an einem Bild: Das Bild wird mit Linien so unterteilt, dass für jede Person ein bestimmter Raum auf dem Blatt vorgesehen ist. Die Malaufgabe besteht darin,
1) den eigenen Raum zu füllen
2) die Grenzen zu den anderen „Räumen" zu übermalen und zu gestalten.

Entwicklungsfelder

Auf einem großen Plakat werden 4 bis 9 Felder vorgegeben. Die Gruppe bekommt den Auftrag, gemeinsam die Felder zu gestalten.
Eine Person nach der anderen malt zunächst im ersten Feld. Jede Person kommt dabei nur einmal dran und malt jeweils nur eine (beliebig lange) Linie.
Sobald alle dran waren, setzt sich die gemeinsame Arbeit in Feld 2 fort. So wird weiter verfahren, bis auch das letzte Feld ausgefüllt ist. Die Reihenfolge der Beiträge ist beliebig und kann je nach Feld variieren.

Hinweise: Es werden Initiative und deren Folgen sichtbar und reflektierbar. Diese Übung ist auch gut geeignet als Entspannung in Konfliktsituationen, wenn Standpunkte sich verhärten. Das gemeinsame Malen unterstützt die Tendenz, eine Gestalt zu finden, die Einzelmeinungen zulässt und integriert. Im Verlauf dieser Malaktion entsteht mehr und mehr ein harmonisches Bild.

Metaphern für alle

Jede Person im Team bekommt die Aufgabe, jedes Teammitglied in Metaphern (Tier, Sportler, Beruf, Haushaltsgerät, Satzzeichen, Filmtitel...) darzustellen. Zur Verdeutlichung sind Bildunterschriften erlaubt.

Hinweise: Diese Methode wirkt zunächst spielerisch witzig und regt an, Ungesagtes auszudrücken. Dadurch bekommt sie Tiefe. Eine intensive Aufarbeitung kann notwendig sein.
In Kleingruppen können diese Bilder auch für eine anregende Raterunde verwendet werden: Welche Metapher steht für wen?

Teamsymbole integrieren

Die Gesamtgruppe wird in Untergruppen geteilt. Jede Teilgruppe erarbeitet ein Symbol für das Gesamtteam (z.B. Kette, Pflanze, Mobile, Maschine) und bringt dies aufs Papier. Die Symbole werden präsentiert und das Gesamtteam erhält den Auftrag, ein gemeinsames Symbol zu gestalten, das die Elemente der Untergruppensymbole enthält.

Entwicklungskurven

Kleingruppen malen die jeweilige Teamentwicklung in Form einer Erfolgs-, einer Kreativitäts- und einer Teamkulturkurve. Diese Kurven werden mit Bildern, Skizzen und Symbolen vielfältig gestaltet, um Aspekte der Teamgeschichte konkret darzustellen. Die Präsentation und Auswertung erfolgt im Plenum. Wichtig ist der achtsame Umgang mit den Gefühlen zu diesen Hochs und Tiefs.

Kompetenzenbaum

Alle malen gemeinsam an einem großen Baum. Jeder Ast stellt eine Fähigkeit dar, die im Team gelebt wird. Diese kann sich weiter verzweigen. In Wachstumsansätzen können noch verborgene Fähigkeiten eingezeichnet werden, dazu der Dünger, die Nahrung, die diese Fähigkeiten zur Entfaltung bringt.

Methoden **Orientierung**

ORIENTIERUNG SCHAFFEN
Anfangen in Gruppen

Idee: Reinhold Rabenstein nach: Satir, Virginia: Selbstwert, Kommunikation und Kongruenz. München 1993 - Antons, Klaus: Die Praxis der Gruppendynamik. Zürich 1993

Folgende Schwierigkeiten sind typisch für neue Situationen:

Offene Fragen
Bekomme ich hier, was ich suche?
Werde ich gute Kontakte knüpfen und mich wohl fühlen?
Welche Rolle soll ich hier spielen?
Was wird von mir erwartet?

führen zu

Unsicherheit und Angst

wird bewältigt durch typische Stressmuster

- Rückzug
- Flucht (z. B. Arbeitswut, Rituale)
- Aggression
- Cliquenbildung

verhindern die Übernahme von Selbstverantwortung und vermeiden Begegnung

STOP

offene Fragen werden nicht geklärt

Mögliche und sinnvolle Reaktionsweisen der Gruppenleitung:

Schaffung einer **Atmosphäre,** die **lockert** und **trägt,** durch Bewegung und Wertschätzung

fördert

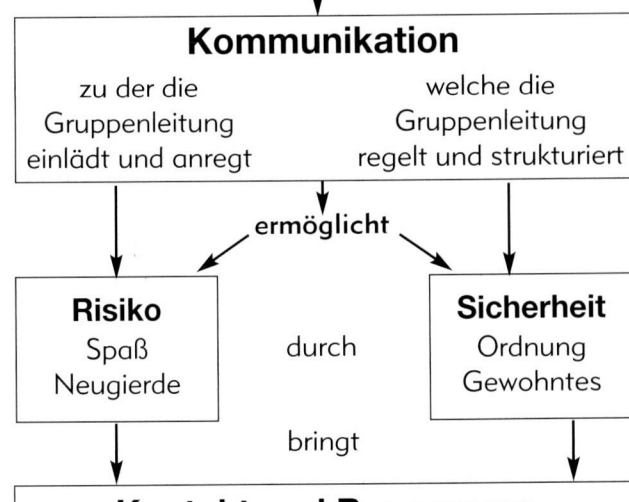

Kommunikation
zu der die Gruppenleitung einlädt und anregt — welche die Gruppenleitung regelt und strukturiert

ermöglicht

Risiko
Spaß
Neugierde

durch

Sicherheit
Ordnung
Gewohntes

bringt

Kontakt und Begegnung

dadurch

können **Fragen beantwortet** werden
und **eigenverantwortliches Handeln** kann sich entwickeln.

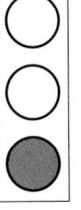

Grünes Licht für wirksames Lernen.

© Ökotopia Verlag: Paul Lahninger, leiten - präsentieren - moderieren

Methoden **Orientierung**

Praxisbeispiel: **Sexualpädagogik**

Situation

Schulklassen kommen freiwillig (aber in der Unterrichtszeit) in ein Jugendzentrum, um dort über Lebensthemen zu sprechen. 14 – 16-jährige Mädchen und Jungen einer Schulklasse melden sich zum Thema „Partnerschaft und Liebe".

Nach einer Vorstellungsrunde gibt die Leiterin auf Kärtchen Themenbereiche vor und bittet die Jugendlichen, Stellung zu beziehen. Drei Jungen sagen, sie interessiere gar nichts, sie wären nur hier, um Spaß zu haben. Damit bremsen sie auch spürbar die anderen, die jetzt nur sehr zögernd Interessen ausdrücken.

Interpretation

Schulklassen sind Systeme, die ihre Kommunikationsgewohnheiten, Rollenverteilungen und Tabus haben. Die außenstehende Trainerin trifft auf Spielregeln und eingefahrene Verhaltensmuster. Insbesondere die Machtverteilung innerhalb der Gruppe ist bedeutungsvoll und festgelegt. Führungspersonen („Angeber") in der Gruppe haben viel zu verlieren.

Der gewählte Einstieg, Interessen an einem „heißen" Thema auszusprechen, fordert die Jugendlichen dazu auf, etwas von sich preiszugeben. Gerade für „coole Typen" in der Klasse ist dieses Aussprechen von Interessen eine enorme Hürde. Angebertypen brauchen möglicherweise mehr Schutz und Anonymität bei persönlichen Fragen als alle anderen.

Ausweg

Der oben beschriebene Start, gleich am Beginn persönliche Interessen zu erfragen, ist denkbar ungünstig. Ein möglicher Ausweg in dieser Situation wäre, eine Form zu finden, in der die betreffenden Jugendlichen dabei sein können, ohne sich zu deklarieren, evtl. auch ohne mitzumachen. Es bieten sich an:

○ anonyme Abfragen zum Thema (Schutz!)
○ plakativer, bildhafter Einstieg: z.B. Illustrierte, Bilder, Zitate, Thesen und Bilder als Impuls, mit dem Angebot dazu Stellung zu nehmen
○ Merkmale idealer Beziehungen z.B. auf Kärtchen sammeln.

Die Trainerin entgegnet auf die Verweigerung kraftvoll und bestimmt: „Nicht jedes Thema interessiert jeden zu jeder Zeit. Bitte dreht euch paarweise zusammen und wählt gemeinsam je eines der Themen aus. Wenn dann jemand keins nennen möchte, ist das auch o.k. Jedes Paar kann 2 Punkte vergeben für 2 interessante Themen."

Methoden **Orientierung**

Die Methodik der Anfangs-Situation

Idee   Nach Dr. Michael Thanhoffer

Oft sind es die ersten Minuten, die über Erfolg oder Misserfolg einer Teamsitzung oder eines Lehrgangs entscheiden. Um eine förderliche Atmosphäre zu bewirken, können wir noch vor dem eigentlichen Beginn ganz wichtige Impulse setzen:

Die Raumgestaltung: Licht, Tücher evtl. Gerüche, frische Luft und Musik wirken lockernd, anregend, einladend.

Die Sitzordnung schafft Kommunikationsstrukturen: Wer hat wie viel Freiraum, wer sieht wen, wo sind Barrieren.

Begrüßungsplakate heißen willkommen, geben erste thematische Orientierungen und verdeutlichen Ziele.

Körperliche Bewegung (Unsicherheit macht steif) und unverbindliche Anknüpfungspunkte (Bücher, Material, Getränke) bei leiser Musik unterstützen das Ankommen.

Erste informelle Kontakte („Smalltalk") geben Sicherheit.

Paargespräche

Wenn es „richtig" losgehen soll, ist die Paarbildung günstig: Der Weg in die Gruppe führt über Einzelkontakte. Eine gelungene Kontaktaufnahme mit einer einzigen fremden Person im Raum genügt oft schon. Die Stimmung wird merklich entspannter, freier. Neben dem Austausch persönlicher Daten können Befürchtungen angesprochen und Erwartungen abgeklärt werden. Ein wertvoller Schritt ist hier die Differenzierung von Erwartungen: Was erwarte ich von der Gruppe, von der Leitung und von mir selbst.

Zielvereinbarung

Sicherheit gebe ich, indem ich als LeiterIn Ziele und Pläne „auf den Tisch lege" und alle technischen Fragen, Spielregeln und mögliche Konfliktthemen so bald wie möglich kläre. In dieser ersten Phase beginne ich meine Rolle als LeiterIn zu leben: Ich gestalte den Start, sorgfältig ausgewogen zwischen entschiedener Vorgabe und entgegenkommender Einladung.

In den ersten Übungen wird unausgesprochen die Botschaft übermittelt, wie „es hier läuft" (z.B.: „Hier gibt es viel Begegnung, alle tragen etwas bei." oder „Jede Person ist wichtig.")

Vorstellungsrunden am Beginn einer Veranstaltung erlebe ich oft als ungünstig: Viele Personen wirken dabei steif, die Informationen sind eher stereotyp. Ich beobachte oft wenig Offenheit. Als Alternative wähle ich in Gruppen bis ca. 16 Personen „**Minirunden**": Jede Person kommt vor der Gruppe mit 1-2 Sätzen zu Wort, gibt dabei Antwort auf eine ganz konkrete Frage, die bereits vorher z.B. in Paarkontakten bearbeitet wurde: Somit wird bereits ein erstes Ergebnis präsentiert: Diese ersten Worte vor der Gruppe erleichtern es, sich im weiteren Verlauf einzubringen. Zugleich bekomme ich als LeiterIn in so einer Runde einen Überblick über die Anwesenden.

Kennen lernen der Namen

Der Name ist Symbol unserer Identität. Wer mit dem Namen angesprochen wird, fühlt sich persönlich einbezogen. In großen Gruppen reicht es, ein paar Personen stellvertretend für die Gesamtgruppe zu kennen und einen knappen Eindruck z.B. über die vertretenen Berufsgruppen zu bekommen. Dies begünstigt wesentlich die Atmosphäre.

Das Lernen der Namen braucht Zeit. Gezielte Übungen dazu setze ich meist erst später ein. Ich erlebe dann mehr Offenheit, sich die anderen Anwesenden zu merken.

Namenlernen als LeiterIn

Unwillkürlich vermeiden wir Personen, deren Namen wir nicht kennen. Namen zu verwechseln ist unangenehm. Das Namenlernen ist jedenfalls Arbeit und erfordert Konzentration.

Hier einige Techniken dazu:

- **Personenmerkmale zeichnen**
  Mit wenigen Strichen halte ich von jeder Person ein paar Merkmale fest: Frisur, Bart, Brille, Krawatte, Ohrringe, evtl. mit Stichworten über Farben, Größe, markante Details. Dieses Blatt ist die Grundlage für mein Namenlernen.

Methoden **Orientierung**

- **Bekannte assoziieren**
  Zum Namen der TeilnehmerInnen erinnere ich jeweils eine bekannte Person mit gleichem oder ähnlichem Namen.
- **Assoziationen festhalten**
  Wenn sich TeilnehmerInnen vorstellen oder Beiträge einbringen, notiere ich mir Stichworte und verknüpfe diese mit dem Namen.
- **Namenszug visualisieren**
  Auf das Bild der Person, das ich mir 2-3 Sek. bewusst einpräge, „schreibe" ich in meiner Vorstellung den Namen.
- **innerlich ansprechen**
  In den ersten Phasen des Seminars spreche ich in Gedanken jeweils den Namen der Personen aus, die ich gerade anschaue. Dies ist besonders leicht möglich während einer Gruppenarbeit.
- **Namensspiele**
  Auch für mich selbst setze ich Namensspiele ein. Ich lasse z.B. die Gruppe sich in alphabetischer Reihenfolge aufstellen und die Namen aussprechen, wiederholen, überprüfen.
- **mehrmals einfordern**
  Am Beginn der Zusammenarbeit fordere ich die TeilnehmerInnen mehrmals auf, zu Beginn einer Wortmeldung jeweils ihren Namen auszusprechen. Nach den ersten Arbeitsphasen bitte ich jede Gruppe, ihr Ergebnis und die beteiligten Personen vorzustellen.
- **optische Hilfen**
  Namenskärtchen, Sitzpläne, Klebeetiketten, mit dem Namen beschriftet und auf die Brust geklebt, sind wichtige Hilfen.
- **offen fragen**
  Da ich im Laufe eines Jahres über 100 SeminarteilnehmerInnen z.T. nur für kurze Zeit kennen lerne, gestehe ich mir zu, bei einer großen Gruppe die Namen nicht zu lernen. Ich deklariere dies offen und frage jeweils nach, wenn ich eine Person mit Namen ansprechen möchte.

Erwartungen klären

Klebepunktpaare

Bevor die TeilnehmerInnen in den Raum kommen, bringen Sie an der Rückseite des Sessels einen Klebepunkt an und beschriften jeweils 2 Punkte mit demselben Buchstaben.

Wenn Sie nicht wissen, wie viele Personen kommen werden, müssen Sie mit den Punkten flexibel sein, z.B. können Sie zusätzliche Sessel, von denen jeweils 2 denselben Buchstaben tragen, etwas in Reserve halten. Bei ungerader Personenzahl springen Sie ein.

Nach der Begrüßung weisen Sie darauf hin, dass jede Person mit dem Sitzplatz zugleich eine erste GesprächspartnerIn gewählt hat: Jede Person nimmt nun einen Klebepunkt von der Sessellehne und begibt sich rufend oder deutend auf Partnersuche. Die 2 Personen mit demselben Buchstaben bekommen einen Gesprächsimpuls. Z.B.: „Entdecken Sie jeweils 5 Gemeinsamkeiten und 5 Unterschiede von Kleidung, Beruf, Hobbys, Seminarerwartungen". Unterschiede zu finden, ist oft schwerer als Gemeinsamkeiten zu entdecken!

"GegenspielerIn" finden

Eine Herausforderung und damit eine besondere Chance für die Gruppendynamik vor allem in Teams geben Sie mit dem folgenden Auftrag zur Paarbildung:
„Wer könnte in dieser Gruppe Erwartungen haben, die im Gegensatz zu Ihren eignen stehen. Bilden Sie mit dieser Person ein Paar. Besprechen die Unterschiede und halten Sie den gemeinsamen Nenner fest!"

Interessenspunkte

Oft ist es günstig, Ihre eigene Planung zu veröffentlichen, bevor Sie Erwartungen abfragen. Lassen Sie die Anwesenden schon beim Hereinkommen Interessenspunkte auf ein Themenplakat malen. (Wenn Sie daraufhin einen der Inhalte mit den meisten Interessenspunkten vorwegnehmen, signalisieren Sie: Ich achte eure Interessen.)

Methoden **Orientierung**

Kreativ visualisieren

"Versetz dich gedanklich in die Zukunft. Stell dir vor, unsere Zusammenarbeit ist bereits vorüber und du erzählst, was für dich nützlich und erfolgreich war." Oder:

„Du bist nach diesem Seminar wieder im Arbeitsalltag. Woran erkennst du, dass es dir gut getan hat?"

Ratemethoden

Anregend wirkt in ersten Gesprächen, Vermutungen zu überprüfen:

Schreibt je eine Liste von 3 Gründen für euer Hiersein. Dann fügt einen 4. Grund hinzu, der „geschummelt" ist. Lest jetzt in einer Kleingruppe diese 4 Motive vor. Die anderen können raten, welches das geschummelte Motiv ist.

Gesprächsticket

Idee: Paul Lahninger
Absicht: Einsteigen
Arbeitsform: wechselnde Paare
Dauer: 5 - 15 Min.
Material: Kopien
Hinweis: Die Struktur dieser Methode ist so einfach, dass sie auch für Anfangssituationen, in denen Beklemmung und Unsicherheit herrschen, sehr empfehlenswert ist.

Die TeilnehmerInnen erhalten Kärtchen mit Fragen zum Seminarbeginn. Bewährt haben sich Satzanfänge, die kurz mit Stichworten ergänzt werden. Durch positive Formulierung Ihrer Fragen nach den Erwartungen können Sie förderliche Fantasien aktivieren (z. B.: „Dieses Seminar wird gut, wenn ...." - „Nach diesem Kurs möchte ich können ..." - „Mein Lieblingsthema ist. ...") Wenn Sie Gelegenheit geben, in einer annehmenden Atmosphäre auch auszusprechen, was das Hiersein und die Mitarbeit beeinträchtigt, so kann sich darin ein Stück Widerstand verflüchtigen, Angst verringert werden.

Jede Person beantwortet diese Kärtchen mit je ein bis zwei Stichworten schriftlich für sich und setzt dann groß und deutlich den eigenen Namen darunter.

Jetzt werden alle eingeladen aufzustehen und sich zunächst eine Partnerin oder einen Partner zu wählen, den sie noch nicht kennen. In diesem Paargespräch tauschen die Beteiligten ein Kärtchen aus und sprechen jeweils über dieses Thema.
Beispiel: Person A im Paargespräch gibt Person B das Kärtchen „Ich bin hier, obwohl ..." und erzählt vom Zeitdruck in der eigenen Arbeit und von der Schwierigkeit, sich für diesen Termin freizunehmen. Person B gibt Person A das Kärtchen „Ich bin hier, um zu ..." und erzählt über die Zielsetzung, Lösungen für Konflikte zu suchen. Die ausgetauschten Kärtchen werden jeweils behalten. Danach geht jede Person weiter und sucht sich eine neue Partnerin oder einen neuen Partner und tauscht wieder ein Kärtchen aus.

Nach Beendigung der Paargespräche kehrt jede Person zum eigenen Platz zurück und hat jetzt 4 Kärtchen als Erinnerung an 4 Gespräche.

Auch eine Vorstellungsrunde lässt sich nach dieser Methode sehr gut anschließen, z.B. mit dem Auftrag, eines der Themen auszuwählen und sich mit diesem Thema vorzustellen (z.B. mein Name, mein Praxisfeld und ich bin hier, um zu ...)

Variante 1: Als Minivariante für Situationen, in denen wenig Zeit oder wenig Beweglichkeit möglich ist, kann jede Person 2 dieser Fragen mit den NachbarInnen links und rechts austauschen. In jedem Fall wird die Struktur des Gesprächtickets eine Unterstützung sein, erste Fragen im Seminar zu klären.

Variante 2: Meine GesprächspartnerInnen unterschreiben auf meinem Ticket als „ZeugInnen" meiner Erwartungen und Ziele.

ARBEITSBLATT

Methoden Orientierung

(Einladung, Zweifel oder Schwierigkeiten für die Entscheidung hierzusein anzusprechen)

Ich bin hier, obwohl .....

Name

(erste Gedanken zur persönlichen Zielsetzung in diesem Arbeitsrahmen)

Ich bin hier, um zu .....

Name

(für welche Herausforderungen erwarten Sie sich hier Unterstützung / Klärung)

So eine Schwierigkeit in meiner Tätigkeit ist .....

Name

(ein Gedanke an Freuden, Erfolge, eigene Kompetenzen)

Eine Lieblingssituation in meinem Praxisbereich:

Name

Wo wär ich jetzt gerne, wenn ich nicht hier wäre ...

Name

Ein ermutigender Gedanke in meiner Arbeit ist ...

Name

Woran werde ich später erkennen, dass ich hier etwas gelernt habe ...

Name

Was bin ich bereit, hier zu nehmen. ...

Name

Ein gutes Ergebnis könnte ich verhindern, indem ich ...

Name

Zu einem guten Ergebnis kann ich beitragen, indem ich ...

Name

237

Methoden Orientierung — ARBEITSBLATT

Tanzkarte

Idee: Norbert Ammanshauser
Absicht: Vorwissen aktivieren und Ziele klären
Sehr gut geeignet auch als Einstieg in Teamarbeit
Arbeitsform: Wechselnde Paarkontakte
Dauer: 10 bis 30 Min.
Material: je 1 Kopie der Fragen, 4 Musikstücke von ca. 5 Min., Fotos, Kalenderbilder, Symbole zum Thema

Auf Bällen war es früher Tradition vor Tanzbeginn Tanzkarten auszufüllen: mit welchem Partner tanze ich den wie vielten Tanz. Die Tänze wurden aufgerufen und die Paare fanden sich entsprechend ihrer Tanzkarte. Diese strenge Struktur gab vermutlich Sicherheit, erleichterte die Kontaktaufnahme.

Am Beginn eines Seminars kann eine solche Ordnungsstruktur hilfreich sein, in Kontakt und in Schwung zu kommen.

Sie bereiten 4 Fragen auf „Tanzkarten" vor und wählen 4 unterschiedliche Musikstücke. Die Länge des Musikstücks gibt die Dauer des Gesprächs vor. Zuerst tragen alle Personen TanzpartnerInnen in ihre Karte ein (natürlich mit gegenseitigem Einvernehmen).

Dann rufen Sie den ersten „Tanz" / das erste Gespräch aus und die PartnerInnen, die sich jeweils zum ersten Punkt füreinander entschieden haben, promenieren zusammen durch den Raum und besprechen die erste Frage. Ergebnisse können in die Tanzkarte eingetragen oder auf Plakaten oder Pinnwänden für alle sichtbar gemacht werden. Sobald die Musik endet, beenden die Paare ihre Gespräche, bedanken sich für diesen „Tanz" und finden sich mit der nächsten Person zusammen. Sie rufen „Tanz" 2 aus.

Für das folgende Beispiel einer Tanzkarte benötigen Sie Bilder oder Symbole, die das Thema „Zielsetzung" (Frage 3) aufgreifen.

Tanzkarte

1. TanzpartnerIn: .... *findet zusammenfassend ein Stichwort.* ....
   - **Welche Aspekte unseres Themas sind mir bekannt / vertraut:**
     ....
     ....

2. TanzpartnerIn: .... *findet Stichwort oder Symbol.* ....
   - **Welche Vorstellungen zu diesem Thema empfinde ich als schwierig / beunruhigend?**
     ....
     ....

3. TanzpartnerIn: .... *findet ein Stichwort.* ....
   - **Welche Bilder können Aspekte meiner Zielsetzung symbolisieren?**
     ....
     ....

4. TanzpartnerIn: .... *notiert Stichworte.* ....
   - **Meine Erwartungen und Wünsche:**
     ....
     ....

`ARBEITSBLATT`   Methoden **Orientierung**

Steckbrief

Absicht: kreative Vorstellungsrunde
Arbeitsform: Paare
Dauer: ca. 15 Min.
Material: Stifte zum Malen und Schreiben

In Gruppen mit guter Basis für persönliche Gespräche finden die TeilnehmerInnen in Paaren jeweils füreinander fiktive Identitäten. Diese können für eine kreative Vorstellungsrunde genutzt werden.

Steckbrief

Künstlername (fiktive Identität)

Bürgerlicher Name (realer Vorname)

(Tätigkeit in der bürgerlichen Inkognitorolle)

(Hobby / besondere künstlerische Vorliebe)

(Besondere Abneigung)

(Was möchte dieser Künstler/diese Künstlerin in diesem Seminar?)
Stelle dein reales Anliegen hier in Zusammenhang mit der fiktiven Gestalt dar (z.B. „Robinson Crusoe sucht neue Welten für ..." - „Luke beantwortet Prüfungsfragen schneller als sein Schatten."

KÜNSTLERPORTRAIT (von PartnerIn gezeichnet)

Methoden Orientierung

Personenraten

Absicht: spielerischer Einstieg ins Thema, Kontakte fördern, kreativ und spaßig beginnen
Arbeitsform: wechselnde Paare
Dauer: 10 - 30 Min.
Material: vorgefertigte Klebeetiketten

Vorbereitung:

Klebeetiketten werden entsprechend der TeilnehmerInnenzahl mit den Namen bekannter, zum Thema passender Persönlichkeiten beschriftet, etwa bekannte Frauengestalten zum Thema Emanzipation, Märchengestalten zum Thema Familiensysteme oder Comicfiguren zum Thema Durchsetzungsstrategien. Die Etiketten werden auseinandergeschnitten, sodass für jede Person ein selbstklebendes Kärtchen bereitliegt.

Ablauf:

Die TeilnehmerInnen bilden Paare, jeweils Person A und Person B.

Alle A's gehen auf die eine Seite des Raums, alle B's auf die andere Seite und wählen jeweils dort aus einer Anzahl von Klebeetiketten ein Persönlichkeitskärtchen. Dieses kleben sie dem Partner/der Partnerin B auf den Rücken, evtl. auch auf die Stirne. In wechselnden Paaren zeigen die TeilnehmerInnen einander ihre „geheime Identität" und stellen einander Fragen, um diese zu erraten.

Zunächst sollen die Fragen nur mit Ja und Nein beantwortet werden. Nach einigen Fragerunden kann durch Antworten mit „warm" und „kalt" das Raten erleichtert werden.

Variante: Statt Personen werden Sachthemen-Kärtchen vorbereitet und erraten, z. B. erlebte ich sehr anregend bei einem Küchenmeisterkurs ein Ratespiel mit Fachbegriffen wie glasieren, frittieren, flambieren: „Komm ich in die Pfanne ...?"

Asterix
der Kleine mit dem Zaubertrank

Dagobert Duck
der reiche Onkel
aus Amerika

Queen Elizabeth II
Königin v. England

Barbie
Puppenstar

Robin Hood
„Rächer der Enterbten"
Outlaw of Sherwood Forest

Julius Caesar
Antik-Star

Siegmund Freud
Begründer der Psychoanalyse

Bill Clinton
US-Präsident

Kleopatra
Kaiserin von Ägypten

Lady Di
tragische Prinzessin

Tapferes Schneiderlein
besiegt Riesen!

Claudia Schiffer
Top-Modell
mit Rekord-Umsatz

Methoden **Teamarbeit leiten**

TEAMARBEIT ZIELORIENTIERT LEITEN: MODERATION

In Teamsitzungen, Projektbesprechungen und während einer Gruppenarbeit bringt Moderation beachtliche Ergebnisse. Durch einen geordneten Ablauf und klare Strukturen wird die inhaltliche Entfaltung unterstützt.

Projektarbeit

Ein Projekt ist ein außergewöhnliches Arbeiten an einer bekannten Aufgabe mit unbekannten Ergebnissen und offenen Lösungswegen. Es umfasst einen längeren, aber begrenzten, überschaubaren, vorher vereinbarten und kontrollierten Zeitrahmen (z.B. 1 Woche). Bei längerfristigen Projekten werden in kürzeren Abständen Termine für eine Zwischenbilanzierung vereinbart.

Gruppenarbeit

Mit dem Begriff Gruppenarbeit bezeichnen wir eine Arbeitsphase in Schulungssituationen, in der Kleingruppen einen Auftrag selbstständig ausführen. Größere Gruppen werden in Kleingruppen von 3 bis 7 Personen unterteilt. Diese können arbeitsteilig an unterschiedlichen Aufgaben oder parallel am selben Auftrag arbeiten. Gruppenarbeit ermöglicht eine hohe Beteiligung und Einbeziehung aller. Sie bietet Freiraum für selbst gestaltete Lernprozesse und die arbeitsteilige Bewältigung von Aufgaben. Inhomogenen Gruppen bieten sich Differenzierungsmöglichkeiten.

Methoden **Teamarbeit leiten**

Auch als Lehrperson werde ich in Arbeitsphasen zum Moderator/zur Moderatorin. Ich fördere das Gelingen von Projekt- und Gruppenarbeit, also die Qualität der Arbeitsergebnisse

- durch eindeutige Zielsetzungen,
- durch klare Anleitungen,
- durch schriftliche Aufträge,
- durch eindeutige Zeitvereinbarungen (evtl. mit Pufferzeiten),
- durch eine überlegte Gestaltung der Lern- und Arbeitsschritte,
- indem ich dominante TeilnehmerInnen bremse und ruhige ermuntere,
- indem ich Raum für Rückfragen gebe und
- bei Bedarf Unterstützung anbiete.

Die Wirksamkeit von Gruppenarbeit fördere ich auch durch anregende und vielseitige Bearbeitungsformen und den Auftrag zu kreativer Präsentation der Gruppenergebnisse z.B. in einer Ausstellung, in Körperstandbildern, als Pantomime oder szenischer Darstellung.

Die Grundprinzipien der Moderation sind denkbar einfach:

- **Visualisieren:**
   Abläufe des Gesprächs mache ich für alle sichtbar und unterstütze dadurch grafisch Entscheidungsprozesse. Was für alle sichtbar an der Pinnwand hängt, entlastet die Köpfe und erhöht die Beteiligung. Die Teilnehmenden haben „beide Hände" frei für die kreative, inhaltliche Mitarbeit.
- **Fragetechnik:**
   Arbeitsaufträge gestalte ich in vorstrukturierten Teilschritten.
- **Antworttechnik:**
   Detailbeiträge halte ich auf Kärtchen sicht- und veränderbar fest.
- **Kommunikation strukturieren:**
   Beteiligung regle ich und rege sie an.
   Zuallererst ist Moderation aber eine Haltung: Als ModeratorIn stelle ich Anforderungen, gebe Anleitungen und trete in den Hintergrund.
- **Moderieren heißt, Prozessverantwortung zu übernehmen** und die inhaltlichen Entscheidungen den TeilnehmerInnen zu überlassen. Nur so kann ich mit Überblick leiten, kann die Gruppe ihre Kreativität entfalten.

Die Gruppe erarbeitet und entscheidet das Was. Die Moderation gestaltet das Wie.

Die TeilnehmerInnen brauchen für die Gruppenarbeit ein Minimum an

- Fachkompetenz für die inhaltliche Auseinandersetzung,
- kommunikativer Kompetenz für eine effektive Gesprächsführung sowie
- Vertrauen und gegenseitiger Wertschätzung.

Nicht sinnvoll ist Moderation bei

- Konflikteskalation mit Regelungsbedarf von außen,
- „Verkauf" und Präsentation fertiger Konzepte durch die moderierende Person,
- starker Beteiligung oder Betroffenheit der moderierenden Person.

ARBEITSBLATT

Methoden **Teamarbeit leiten**

Qualitäten der Teamleitung

Die folgenden Aufgaben als ModeratorIn sind Beiträge für eine erfolgreiche Zusammenarbeit.
Bitte kreuzen Sie persönliche Stärken und Lernbereiche an.

Als LeiterIn übernehme ich Verantwortung für folgende Qualitäten:

❏ ❏ ❏   **1   enthaltsame Moderation**

Als ModeratorIn sorge ich ausschließlich für den Prozess und überlasse inhaltliche Entscheidungen der Gruppe. Meine Macht als LeiterIn trenne ich streng von meinen inhaltlichen Vorstellungen.

❏ ❏ ❏   **2   Klarheit**

Die Problemstellung wird von allen Gruppenmitgliedern verstanden.
Bei jedem meiner methodischen Schritte ist die Absicht nachvollziehbar.

❏ ❏ ❏   **3   Ideen wertschätzen**

Ideen werden von mir beachtet, weiterverfolgt und erst später bewertet.

❏ ❏ ❏   **4   Lösungsalternativen durch qualitative Fragen**

Durch meine gezielten, aktivierenden Fragestellungen werden kreative vielseitige Lösungsvorschläge erarbeitet.

❏ ❏ ❏   **5   Gesprächskultur fördern**

Ich unterstütze die Gruppenmitglieder, einander zuzuhören, und gebe jeder Person Raum.

❏ ❏ ❏   **6   ansprechend visualisieren**

Alle Gedanken werden für jedes Teammitglied sichtbar, ansprechend und gut lesbar mitgeschrieben.

❏ ❏ ❏   **7   Beteiligung bewirken**

Ich sorge dafür, dass sich jede/r in der Gruppe angesprochen und eingeladen fühlt, engagiert mitzuarbeiten.

❏ ❏ ❏   **8   Teamgeist fördern**

Ich achte darauf, dass die Teammitglieder das Erarbeitete als gemeinsames Ergebnis betrachten. Das Selbstdarstellungs- und Profilierungsstreben einzelner ordnet sich der Gruppe unter. Missverständnisse und Rivalitäten werden geklärt.

Methoden **Teamarbeit leiten**

Moderationstechnik

Visualisierung – die optische Sprache

Zusammengestellt von Ing. Robert Graf

Moderation und Visualisierung sind nicht voneinander zu trennen. Konzentration und Aufmerksamkeit werden durch die „optische Ansprache" erheblich gesteigert. Das, was gehört und zugleich gesehen wird, bleibt besser im Gedächtnis haften. In Phasen der Gruppenarbeit vermittelt die Visualisierung Wertschätzung gegenüber den Beiträgen und sorgt für Transparenz: Die Beiträge werden deutlich, der Prozess nachvollziehbar.

Chancen des Visualisierens

○ Die Selektion zwischen Wesentlichem und Unwesentlichem wird sichtbar.
○ Verbal schwierig Erklärbares kann optisch einfacher dargestellt werden.
○ Das sofortige Festhalten von Aussagen und Ergebnissen entlastet und macht Arbeitsschritte kontrollierbar.
○ Die Identifikation der TeilnehmerInnen mit dem Produkt wird erhöht.

Schriftqualität

○ Verwenden Sie nur zwei Schriftgrößen.
○ Halten Sie den Stift so, dass Sie breit und gleichmäßig schreiben.
○ Schreiben Sie in Druckschrift (– keine Großbuchstaben „Versalien").
○ Schreiben Sie die Buchstaben in ausgewogener Schriftgröße eng aneinander (weder optisch „brüllen", noch „nuscheln")!
○ Achten Sie auf „geistige" Frei-Räume (nicht überladen).

Elemente der optischen Sprache:

Rechteckkarten für einzelne Aussagen und Themenaspekte

Runde Kullern für Betonungen und Kommentare

Ovale Kullern, Gegenpole klärend nebeneinander stellen

Wolken und Streifen für Überschriften

Selbstklebepunkte für Punktfrage und Bewertung (Gewichtung)

Konfliktpfeile kennzeichnen strittige Punkte.

"Mindmapping":

Eine anregende Möglichkeit, Ideen zu sammeln und weiterzuentwickeln, bietet die Methode des Mindmapping. Ausgehend von einem zentralen Begriff in der Mitte des Blattes oder Plakats werden Ideen grafisch entfaltet und verästelt. So entsteht ein geordnetes Netzwerk von Stichworten.

⇨ FOLIE 11
MINDMAPPING

Methoden **Teamarbeit leiten**

Plusminus-Besprechungsmodell

Idee: nach Reinhold Rabenstein
Absicht: Problemlösung, Ideensammlung und anschließende Ideenbewertung für ein konkretes Anliegen im Team
Arbeitsform: moderiertes Plenum
Dauer: je nach Gruppengröße 60 - 90 Min.

1. Ziel klären (5 Min.)
Was ist das Thema, das Problem und welches Ziel setzen wir uns?
Der kleinste gemeinsame Nenner zählt für die Zielvereinbarung.

2. Rollenverteilung (1 Min.)
Betroffenheit verhindert Übersicht. Wer am wenigsten betroffen ist, moderiert.
In Teams ab 7 Personen ist es sinnvoll, eine Person als BeobachterIn zu wählen.

3. Plus, Minus, Rufzeichen (Einzelarbeit: 10 Min.)
Jede Person sammelt persönlich Stichworte zu 3 Aspekten des Themas:
+ das funktioniert gut, ist förderlich, befriedigend, angenehm
− das funktioniert nicht, ist ärgerlich, problematisch
! Wunsch nach Veränderung/Idee dazu

4. Plusminus-Runde (2 - 3 Min. je Person)
Klärung der Problemsicht: Reihum kommt jede Person zu Wort. Klärende Rückfragen sind möglich.
Aufgabe der Moderation: Mitschreiben am Plakat/auf Kärtchen, Gegenüberstellung widersprüchlicher Sichtweisen

5. Rufzeichen-Runde (2 - 3 Min. je Person)
Jede Person präsentiert ihre Lösung, ihre Idee. Dabei wird nicht kritisiert oder diskutiert.
Die Moderation achtet auf die Einhaltung der Regeln und schreibt mit.

6. Rückmeldungen zu den Vorschlägen (ca. 10 - 20 Min.)
Übereinstimmungen suchen: Zustimmungspunkte verteilen
Gegensätzliche Sichtweisen können bei Bedarf noch weiter geklärt und grafisch dargestellt werden.
Die Gruppe wählt Lösungen aus und stimmt Prioritäten ab (in Stichworten auf Kärtchen reihen!).

7. Aufträge übernehmen (ca. 5 Min.)
Konsequent klären: Wer macht was, bis wann, mit wem?
Die Moderation soll dies unbedingt auf einem eigenen Raster mitschreiben und von allen Beteiligten unterschreiben lassen.

8. Schlussrunde (ca. 1 Min. je Person):
"Wie bin ich mit dem Ergebnis und meiner Beteiligung zufrieden?" Dies kann auch mit einer Punkteskala verdeutlicht werden.

9. Feedback von BeobachterIn (ca. 5 Min.)
Wie war das Gesprächsklima?
Wurde der Teamgeist gestärkt?
Wie zielführend, klar und enthaltsam war die Moderation?

Methoden **Teamarbeit leiten**   ARBEITSBLATT

Leitfaden: **Vorbereitung einer Moderation**

Mit dieser Checkliste können Sie Ihre Moderation vorbereiten. Wenn Sie in einem Leitungsteam tätig sind, hilft es Ihnen, die Vorbereitungsarbeit in Ihrem Team zu moderieren. Beschreiben Sie zunächst möglichst konkret die Situation. Beachten Sie, dass Ideenfindung und die Bewertung der Ideen getrennt sind!

1. Konkrete Situation

Thema: ....

AuftraggeberIn: ....

Zielsetzung: ....

TeilnehmerInnen: ....

Vorgeschichte, Rahmenbedingungen, besondere Herausforderungen: .....

2. Fragen

Nehmen Sie sich Zeit auf einem eigenen Blatt möglichst viele Fragestellungen zu sammeln. Oft ergeben sich daraus unmittelbar die Fragestellungen für die Gruppe.

Welche Fragen ergeben sich für die Betroffenen ....

Mit welchen Fragen kann ich das Gespräch anregen: ....

3. Ideensammlung

Sammeln Sie kreativ möglichst vielfältige Ideen, Fragestellungen u. Arbeitsaufträge für die Moderation und halten Sie jede Idee sichtbar und gleichwertig fest, ohne diese zunächst im Leitungsteam zu bewerten oder zu diskutieren!

4. Ideen auswerten / Prioritäten setzen

Absicht: Was soll jede dieser Ideen, Fragestellungen und Arbeitsaufträge bewirken

Wirksamkeit: stellen Sie sich die Gruppe A bildhaft vor. Welche Methoden führen zum Ziel:

5. Konkreter Ablaufplan

Erarbeiten Sie Ihren Leitfaden anhand dieser Übersicht und klären Sie

○ die Rollenverteilung im ModeratorInnenteam:
○ die benötigten Hilfsmittel und die räumlichen Gegebenheiten
○ den Zeitbedarf mit Pufferzeiten

Zielgruppe:				
Ziel:				
Phase und Thema:	Absicht/ Teilziel:	Methodische Schritte:	Material/ Medien:	Zeit und Aufgabenverteilung:

© Ökotopia Verlag: Paul Lahninger, leiten - präsentieren - moderieren

Methoden Teamarbeit leiten

Methoden der inhaltlichen Bearbeitung

Thesen ins Spiel bringen

Thesen regen an,
- Kontakte zu knüpfen
- Vorwissen auszutauschen
- Betroffenheit auszudrücken
- Schwerpunkte zu setzen
- Detailwissen zu überprüfen
- persönliche Standpunkte zu beziehen
- Verständnis zu testen
- Diskussionen mit ausgewogener Beteiligung zu strukturieren

Thesen können eingesetzt werden
- für den Einstieg in neue Themen oder Wissensgebiete
- zur Strukturierung von Arbeitsblöcken und
- zur Auswertung und Wiederholungsarbeit.

Thesenrundgang (ab 5 Min.)

Verteilt im Raum werden Thesenplakate (jeweils 1 These pro Plakat) an die Wand geklebt oder ausgelegt. So wie die Griechen der Antike im Gehen philosophierten, promenieren die TeilnehmerInnen paarweise durch den Raum und erzählen einander ihre Assoziationen zu den Thesen.

Die Reihenfolge, in der die Plakate aufgesucht werden, kann den Paaren überlassen werden („Markt") oder als fixe Reihenfolge mit klarer Zeitstruktur vorgegeben sein („Karussell"). Diese Methode eignet sich sehr gut für die persönliche Auswertung. Die geistige Auseinandersetzung wird durch ruhiges Gehen gefördert.

Zustimmungspunkte (ab 1 Min.)

Auf Plakat oder Overheadfolie sind Thesen vorgegeben. Jede Person überlegt, welchen Thesen sie zustimmt, und malt oder klebt Zustimmungspunkte neben die entsprechenden Thesen.

Gruppeneinblick (ab 3 Min.)

Die Gruppe bildet einen Kreis. Der Mittelpunkt des Kreises wird markiert. Eine These wird vorgelesen oder aufgestellt. Die Gruppenmitglieder überlegen, wie sie zu dieser These stehen. Dann verdeutlicht jede Person ihren Grad der Zustimmung/Ablehnung, indem sie einen persönlichen Gegenstand (z.B. Kugelschreiber, Uhr) in einem bestimmten Abstand zur Mitte auf den Boden legt. Je weiter entfernt von der Mitte der Gegenstand liegt, desto geringer ist die Zustimmung. So ergibt sich ein deutliches Bild der Gruppenmeinung. Danach können einige ihre Stellungnahme begründen oder andere um Stellungnahme bitten.
(Thanhoffer, Dr. Michael: Großgruppenanimation, Münster 1989, S. 52)

Karten ausspielen (ab 5 Min.)

Jede Person erhält einen Satz Thesenkarten, die sie beliebig ordnet, gewichtet und markiert: z. B. kann eine These als persönlicher Schwerpunkt unterschrieben und als „Trumpf" im Kartenspiel verwendet werden.

Reihum werden Karten ausgespielt und mit persönlicher Stellungnahme begründet.

Methoden Teamarbeit leiten

Umfragemethode mit Gruppentoto
(ab 10 Min.)

1) Unter vorgegebenen Thesen wählt jede Person ihre Lieblingsthese und eine „Konfliktthese", die vermutlich am meisten zu Auseinandersetzungen in der Gruppe führen wird.
2) Auf einem entsprechenden Plakat, einer Tafel oder Overheadfolie gibt jede Person einen Tipp über die vermutete Siegerthese ab.
3) Danach wird das Ergebnis ausgezählt. Die TotosiegerInnen können beginnen, ihre Einschätzung zu begründen. Weitere Arbeitsaufträge an die Gruppe bauen auf dieser Einschätzung auf.

(Baer, Ulrich: Remscheider Diskussionsspiele. Linz 1994, S. 38)

Meinungsspektrum
(ab 15 Min.)

Diese Vorgehensweise ist geeignet für Kleingruppen bis 8 Personen. Neben der Auseinandersetzung mit dem Thema stärkt dieses Spiel die empathischen Fähigkeiten im Einschätzen der Gruppenmeinung. Eine Meinungskarte/These wird gezogen und vorgelesen. Jede Person erhält 6 Karten: 3 „Stimmkarten" für die persönliche Meinung („stimme zu", „lehne ab", „enthalte mich") und 3 Wettkarten zur Einschätzung der Gruppenmeinung („Zustimmung überwiegt", „Enthaltungen überwiegen", „Ablehnung überwiegt"). Jede Person überlegt sich, wie sie selber zur jeweils genannten These steht und wie wohl die Mehrheit der Gruppe darüber denkt. Jede Person legt dann für alle sichtbar zuerst die Wettkarte mit der Einschätzung der Gruppenmeinung vor sich hin; sobald alle Wettkarten „ausgespielt sind", werden die Stimmkarten aufgedeckt. Danach werden die Ergebnisse verglichen. Reihum kann die Stimmabgabe begründet werden.

(Baer, Ulrich: Remscheider Diskussionsspiele. Linz 1994, S. 33)

Karten für die persönliche Meinung:

| +1 Zustimmung | 0 Enthaltung | -1 Ablehnung |

Karten für die Einschätzung des Gruppenergebnisses:

| E Enthaltungen überwiegen | Z Zustimmungen überwiegen | A Ablehnungen überwiegen |

Beispiel: Thesen zum Thema „TeilnehmerInnenzentriert"

1 TeilnehmerInnenzentriert bin ich durch meine **Einstellung**. Das äußert sich vor allem auf der Beziehungsebene.

2 Echte TeilnehmerInnenzentrierung bedeutet **Zurückhaltung**. Als TrainerIn werde ich im Wesentlichen dann aktiv, wenn mir die Gruppe einen Auftrag gibt.

3 Meine Autorität und **Macht** ist wichtig. Für erfolgreiches Leiten muss meine Rolle eindeutig und akzeptiert sein.

4 In meiner Schulzeit hatte ich **unangenehme Erfahrungen**: Weil ich Macht oft verletzend und missachtend erlebte, ist meine eigene Autorität ein wunder Punkt für mich.

5 TeilnehmerInnen entscheiden sich jeweils für konkrete **Rahmenbedingungen**. Die Anmeldung verstehe ich als Zustimmung zum vorgegebenen Design und als Auftrag.

6 Ich kann einer Gruppe nicht den Auftrag geben, selbstständig zu werden. Das wäre paradox. Echte **Demokratie** sollte Ausgangs- und Zielpunkt in der Bildungsarbeit sein.

7 Wichtig ist mir, **Gruppenprozesse** zu beachten. Konkurrenz, unklare Ziele und nicht geklärte Rollenverteilung führen leicht zu Überforderung.

8 Durch das entschiedene **Delegieren** von Verantwortung an die Gruppe werden TeilnehmerInnen ernsthaft gefordert und können sich entfalten.

(Thesen zum Thema „Leitbild in der Schule" siehe Praxisbeispiel S. 269)

Methoden **Teamarbeit leiten**

Theseninterview

Idee: Paul Lahninger
Absicht: thematischer Einstieg, Gruppenbildung, inhaltliche Strukturierung
Arbeitsform: wechselnde Paare, bis zu 100 Personen
Dauer: 5 bis 20 Min.

Vorbereitung

Aus dem Inhalt meines Themenbereiches formuliere ich eine Anzahl von Thesen bzw. Behauptungen. Die Thesen können pointiert, bildhaft oder auch sachlich, im Sinne einer Gliederung des Themengebietes zusammengestellt sein. Die Thesen kopiere ich in ausreichender Anzahl, so dass jede TeilnehmerIn eine These erhält. Empfehlenswert ist das Kopieren auf Kartonstreifen in der Größe eines halben A 4 Querformats (11x30 cm).

- Jede Person erhält eine These (Bei beispielsweise 8 Thesen und einer Gruppengröße von 24 Personen erhalten jeweils 3 Personen die gleiche These.)
- Nun geht jede Person mit der eigenen These auf „Interviewreise" und holt sich je nach Zeitvorgabe 2 bis 7 Kommentare, gefühlsmäßige Reaktionen oder ausführlichere Stellungnahmen anderer zur These.
- Mit den Interviewergebnissen setzen sich jeweils die Personen zusammen, die die gleiche These bekommen haben.
- Nun gebe ich den Auftrag, aus den Interviewergebnissen eine prägnante Zusammenfassung zu erstellen, z.B. als Schlagzeile mit Unterüberschrift für einen Zeitungsartikel. Dieser Präzisierungsauftrag wirkt anregend und erleichtert, die Zeitstruktur einzuhalten.
- Der Reihe nach wird nun jede These vorgelesen und mit der gefundenen Schlagzeile kommentiert.

Als TrainerIn kann ich diese Themen mit Fachliteratur und weiteren Inputs fortführen. Natürlich ist jede andere Form der Weiterverarbeitung durch Aufträge an die Arbeitsgruppen möglich.

Hinweise:

Der rhythmische Ablauf der Gestaltungselemente These, Gruppenmeinung in Schlagzeile, Zusatzinformationen ergibt eine hilfreiche und gut sichtbare Struktur für umfassende Inhalte.

Die Thesen können sich inhaltlich auch mit Themen der Gruppe, z.B. mit der Teamkultur, befassen. Hier wird die Gruppenmeinung und die Präsentation der Ergebnisse im Mittelpunkt stehen.

Die Methode eignet sich auch ausgezeichnet in sehr großen Gruppen (50 - 100 Personen). In diesem Fall können die Thesen, auf Plakate geschrieben, nach den Theseninterviews Sammelpunkt für die Bildung der Untergruppen sein.

Varianten:

Jede Person erhält ein Kärtchen mit je einer These und schreibt auf die Rückseite ihren Namen und ein Eigenschaftswort als persönliche Reaktion auf die betreffenden These (z.B.: unwahrscheinlich, sinnlos, aufregend, stimmig, ...). Danach bilden sich Paare und erzählen einander in kurzen Gesprächen, welche Bilder sie mit dieser These verbinden, und versuchen zu erraten, welches Reaktionswort die PartnerIn aufgeschrieben hat. Nach den Paargesprächen referieren die TeilnehmerInnen kurz über ihr Thesenkärtchen.

Die Thesen können auch jeweils ausgetauscht (oder bei festen Bankreihen einfach weitergegeben) werden. In diesem Fall ist es sinnvoll, wenn die interviewende Person jeweils ein Stichwort aus dem Gespräch auf die Rückseite der These schreibt und dann die These weitergibt. Diese Variante enthält mehr Bewegung und spielerische Anregung.

Methoden **Teamarbeit leiten**

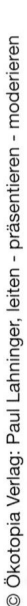

Willkürlich verknüpfen

Absicht: kreative Vorbereitung, anregender Themeneinstieg, prägnante Zusammenfassung, Auswertung in Gruppenarbeit, Kreativitätstraining
Arbeitsform: Einzel- und Kleingruppenarbeit (3-4 Personen/Gruppe)
Dauer: 30 bis 60 Min., für die Gruppenarbeit 5 - 10 Min./Person
Material: Kärtchen, Overheadfolien, eine möglichst große Fülle von Bildern

Die Wirksamkeit der Methode basiert auf ungewöhnlichen Querverbindungen, die „aufhorchen" lassen und sich so tiefer ins Gedächtnis einprägen. Dieses Prinzip wird auch in der Werbung angewandt: Ein Bild, Foto oder Kalenderbild wird mit einem Thema bzw. einer Aussage in Verbindung gebracht. Das Bild soll keine direkte Darstellung/Illustration des Themas sein, um kreative, ungewohnte Gedankenverbindungen zu ermöglichen. Zum Beispiel:

- ein Landschaftsbild mit See zum Thema Frausein kann den Kontakt zu eigenen inneren Quellen symbolisieren,
- eine Zielscheibe mit Bogenschütze zum Thema Rechtskunde kann als Symbol für das Bemühen des Gesetzgebers, Zusammenleben punktgenau zu regeln, dienen.

1. Einzelarbeit:

Jede Person wählt

- ein Thema, und schreibt dies auf ein Kärtchen (z. B. „Teamarbeit").
- ein Stichwort („Reizwort") für einen Aspekt des Themas und notiert es ebenfalls auf ein Kärtchen (z. B. „gemeinsam stark").
- ein Bild, das für das Thema steht, ohne es zu illustrieren (z. B. auftauchende Nilpferde).

2. Gruppenarbeit:

Eine Person A beginnt und stellt ihr gewähltes Bild samt Themen- und Reizwortkarte vor. Die anderen Bilder und Textkarten werden derweil beiseite gelegt!

Die PartnerInnen in der Gruppe assoziieren frei und kreativ, schaffen möglichst viele spontane, auch „an den Haaren" herbeigezogene Verknüpfungen zwischen den Worten und dem Bild.
Z. B. zum Bild der Nilpferde:
„Aus der persönlichen Versenkung aufzutauchen, ist der erste Schritt zur Teamarbeit..."
„Menschen mit dicker Haut tun sich bei Teamarbeit leichter..."

A schreibt schweigend evtl. auf einer Overheadfolie mit.

3. Rückmeldung

A gibt den PartnerInnen Rückmeldung zu deren Assoziationen:

- Welche der Gedankenverbindungen und Verknüpfungen treffen meine inhaltlichen Anliegen zum Thema?
- Welche Gedanken regen mich an, weitere Themenaspekte zu bedenken?

Diese Gedanken werden für die anderen sichtbar mit Symbolen und Pfeilen farbig markiert: Dieses „visuelle Feedback" ist besonders wirksam auf Overheadfolien.

A bedankt sich und die nächste Person stellt ihr Bild und die Texttafeln vor.

Methoden **Teamarbeit leiten**

Rollenspiele

Sich identifizieren und realitätsnah erproben

Eine besondere Form, Inhalte zu bearbeiten, Lösungen zu finden, Haltungen und Verhaltensweisen zu verdeutlichen ist das Rollenspiel. Die Methode der Dramatisierung und der Identifikation mit fremden Rollen bietet eine Fülle von kreativen Ansätzen und Möglichkeiten. Hierbei kann es um Aspekte des eigenen Handelns gehen, um das Verständnis von logischen Zusammenhängen (s. Baustein 6 „Verständnishilfe Metapher") oder um Konfliktbearbeitung: Aus der Perspektive der Betroffenen gestalten wir Lösungsideen und erproben Handlungen. (zusammengestellt von Lisa Kolb)

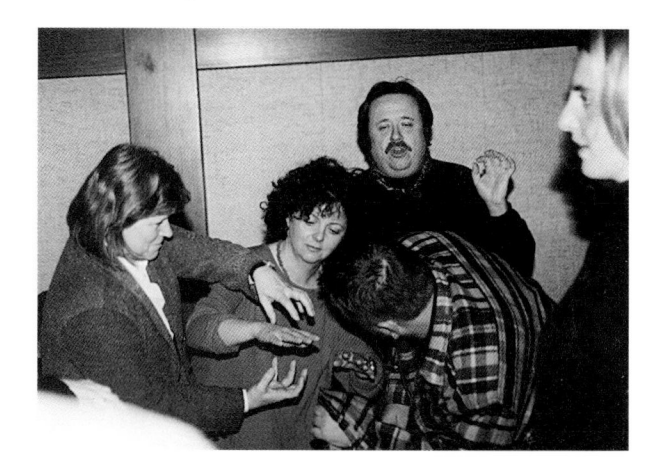

Rollenspiel: **Entwicklungshilfe für uns**

Idee: Paul Lahninger
Arbeitsform: Einzelarbeit, Gruppe, Plenum
Dauer: 90 Min.
Material: Plakate, Schreiber, Farbstifte
Absicht: Die TeilnehmerInnen setzen sich kritisch mit Veränderungsmöglichkeiten auseinander und gewinnen eine neue Sichtweise für Entwicklungsprozesse. Meinungen können dabei durchaus pointiert übertrieben dargeboten werden. Dadurch werden Denkanstöße wirksam.

1 Einleitung:
Durch ein Werbeplakat einer fiktiven, z.B. afrikanischen Entwicklungshilfeorganisation wird für den Einsatz in Europa geworben.

2 Brainstorming:
Gemeinsam sammeln alle Anwesenden Gedanken zum Thema: „Was gibt es bei uns zu verändern?"

3 Gruppendiskussion / Rollenspiel als Projektträger in Afrika:
Sie leiten die Gruppe an, sich vorzustellen, in einer afrikanischen Entwicklungshilfeorganisation mitzuarbeiten, die Projekte in Mitteleuropa finanziert. Diese Entwicklungshilfeorganisation wählt nun Projekte aus, indem sie zuerst Zustimmungspunkte für die beim Brainstorming gesammelten Themen vergibt. Dann wählen Paare oder Dreiergruppen je ein Projekt aus und begründen die Bedeutung dieses Projektes vor der Gruppe.

4 Bewerbungsschreiben in Einzelarbeit:
Jede Person formuliert ein kurzes Bewerbungsschreiben, bei dem sie sich für eines der dargestellten Entwicklungshilfeprojekte bewirbt. Die Bewerbungsschreiben werden vor der Gruppe veröffentlicht.

5 „Fantasiereise":
Alle Beteiligten wurden als ProjektmanagerInnen ihres Wunschprojektes engagiert. Nun schließen sie die Augen und stellen sich vor, ihr erstes Einsatzjahr (in Österreich/Deutschland ...) zu verbringen, und fantasieren, welche Erfahrungen das erste Einsatzjahr bringt. Im Anschluss schreiben sie einen Projektbericht oder eine Pressemitteilung und präsentieren diese.

6 Diskussion:
Herr und Frau Österreicher („Eingeborene") diskutieren über die ausländischen Entwicklungshelfer: Dafür ist es zunächst notwendig, die Rolle eindeutig zu wechseln und von der Rolle der aus-

251

Methoden Teamarbeit leiten

ländischen EntwicklungshelferInnen in die Rolle der EntwicklungshilfeempfängerInnen umzusteigen. Die – neuen – Rollen können noch detaillierter vergeben werden, z.B. durch Rollenvorgaben mit Namen, Beruf, kurzem Lebenslauf. Die Spielleitung kann mit folgenden Fragen die Auseinandersetzung unterstützen:

- Was waren konkrete Veränderungen?
- Sind diese Veränderungen dauerhaft?
- Was sind treibende/hemmende Kräfte dieser Entwicklung?
- Was mussten die Betroffenen in ihrem Leben aufgeben, verändern?
- Was waren die Ursachen der Unter- bzw. Fehlentwicklung?

Nach der Diskussion leitet die Spielleitung die Beteiligten an, ihre Rollen durch Bewegung und Entspannung abzulegen.

7 **Auswertung in Dreiergruppen und im Plenum:**
Folgende Fragestellungen sind sinnvoll:

- Welche unterschiedliche Sichtweise der Projekte hatten die EntwicklungshelferInnen und die EntwicklungshilfempfängerInnen?
- Was waren Erfahrungen und Empfindungen beim Spiel?
- Gibt es Umsetzungsmöglichkeiten von Aspekten des Spiels?

Nach der Kleingruppenphase erfolgt der Austausch im Plenum.

Ausdrucksspiel: Jeux Dramatique

Idee: Zusammengestellt von Edeltraut Springer, Linz
Absicht: Diese Form des Erlebnisspieles schafft Ansätze für intensive Reflexion von Rollenverhalten, Selbstverständnis, Wertvorstellungen.
Arbeitsform: Gesamtgruppe
Dauer: 30 - 60 Min.
Material: evtl. einfache Verkleidungsmöglichkeiten wie z.B. Tücher, eine geeignete Geschichte mit möglichst vielen gleichwertigen Rollen (Kurzgeschichte, Parabel, Gedichte, Balladen, Märchen)

"Jeux Dramatique" ist eine einfache Art des freien Theaterspiels ohne eingeübte Spieltechnik, ohne Proben und auch ohne Texte zu lernen. Die SpielerInnen spielen vor allem für sich selbst und nicht für die ZuschauerInnen. Jede Darstellungsform ist persönlich gewählt und erwünscht. Die Sprache kann weggelassen werden, um noch mehr Aufmerksamkeit auf den Körperausdruck zu lenken.

Der Text der Geschichte wird zweimal vorgelesen. Nach dem ersten Vorlesen entscheidet sich jede Person nach Lust und Stimmung für eine Rolle, verkleidet sich improvisiert und nimmt einen für die entsprechende Rolle geeigneten Platz im Raum ein.

Beim zweiten Vorlesen spielt die jeweils erwähnte Person pantomimisch, evtl. mit Geräuschen und Lauten. Der Spielplatz ist in der Mitte des Raumes: die Spielenden gehen ins Zentrum, um zu spielen.

Die Spielregeln:
- Jede Person kann sich ihre Rolle selbst aussuchen oder ZuschauerIn bleiben.
- Sie kann sich ausreichend Zeit lassen, um im Kontakt mit der eigenen Stimmung den eigenen Auftritt zu beginnen.
- Sie spielt vor allem für sich selbst und so wie sie sich fühlt und solange sie möchte.
- Das Ausdrucksspiel beginnt und endet mit einem klaren Signal, z.B. einem Gongschlag.

Nachbesprechung (z.B. in einem Paargespräch):
- „Wie war das Spiel für mich, wie fühle ich mich jetzt?"
- „Inwiefern konnte ich mich mit der gewählten Rolle identifizieren?"
- „Welche anderen Rollen sprechen mich an?"
- „Welche Rolle könnte ich für mich erfinden?"

Methoden Teamarbeit leiten

Was ist das, Leben?

(nach einem schwedischen Märchen erweitert von Paul Lahninger)

① **Stille** — An einem schönen Sommertage war um die Mittagszeit Stille im Wald eingetreten. Alle Wesen genossen die Ruhe.

② **Buchfink** — Da steckte der Buchfink sein Köpfchen hervor und fragte: „Was ist eigentlich das Leben?" - Alle waren betroffen über diese schwierige Frage.

③ **Rose** — Die Rose entfaltete gerade ihre Knospe und schob behutsam ein Blatt ums andere heraus. Sie sprach: „Das Leben ist eine Entwicklung."

④ **Schmetterling** — Anders veranlagt war der Schmetterling. Lustig flog er von einer Blume zur anderen, naschte da und dort und sagte: „Das Leben ist Freude und Sonnenschein."

⑤ **Ameise** — Drunten am Boden schleppte sich eine Ameise mit einem Strohhalm, zehnmal länger als sie selbst, und sprach: „Leben heißt arbeiten und leisten."

⑥ **Biene** — Geschäftig kam eine Biene von einer honighaltigen Blume zurück und meinte dazu: „Das Leben ist ein Wechsel von Arbeit und Vergnügen."

⑦ **Maulwurf** — Als so weise Reden geführt wurden, steckte der Maulwurf seinen Kopf aus der Erde und sagte: „Leben heißt, die Tiefe zu erforschen. Das ist oft ein Kampf gegen dunkle Mächte."

⑧ **Regen** — Es hätte nun fast Streit gegeben, wenn nicht ein feiner Regen eingesetzt hätte, der murmelte: „Das Leben besteht aus Tränen, sich fallen lassen und fließen ..." Dann zog er weiter zum Meer.

⑨ **Wogen** — Dort brandeten die Wogen und warfen sich mit aller Gewalt gegen die Felsen und stöhnten: „Das Leben ist ein Ringen nach Freiheit."

⑩ **Wind** — Mit den Wogen spielte der Wind und naschte an ihrer salzigen Gischt mit den Worten: „Sich bewegen, weiterziehen, kraftvoll zupacken - das ist Leben!"

⑪ **Adler** — Hoch über ihnen zog majestätisch ein Adler seine Kreise, der frohlockte: „Das Leben, das Leben ist ein Streben nach oben."

⑫ **Weide** — Neben einem Brunnen stand eine Weide, die der Sturm schon zur Seite gebogen hatte. Sie wisperte: „Das Leben heißt, sich zu verneigen vor einer höheren Macht."

⑬ **Brunnen** — Diese Worte hallten im Brunnen wieder und dieser selbst entgegnete: „Das Leben ist ein Geben und Nehmen."

⑭ **Uhu** — Dann kam die Nacht. Mit lautlosem Flug glitt ein Uhu durch das Geäst des Waldes und krächzte: „Leben bedeutet, schlau zu sein, die Gelegenheit zu nutzen, auch wenn andere schlafen."

⑮ **Jüngling** — Schließlich wurde es still im Wald. Nach einer Weile ging ein junger Mann durch die menschenleeren Straßen nach Hause; er kam von einer Lustbarkeit und sprach bei sich: „Das Leben ist das ständige Suchen nach Glück, nach Glück ..."

⑯ **Erde** — Da lachte die Erde, die von dem Streit erwacht war, und flüsterte all den Wesen, die sie trug, zu: „Leben - Kommen und Gehen, Widersprüche und Harmonie, Vertrauen in die Fülle, ewige Rhythmen ..."

⑰ **Sonne** — Fast hätte da die Sonne noch mitgeredet. Doch dann schmunzelte sie und strahlte voller Wärme.

Methoden **Teamarbeit leiten**

Systemrollenspiel: Wer will was von wem?

Idee: Michael Thanhoffer und Paul Lahninger
Absicht: Projektvorbereitung
Arbeitsform: Paare und Gesamtgruppe bis ca. 12 Personen
Dauer: 1-3 Std.
Material: Plakate, Kärtchen

Spielanleitung

Plenum: ○ **Zielformulierung**
Was will ich / was wollen wir erreichen

○ **Umfeld klären**
Wer ist von dieser Veränderung betroffen?

○ **Einfluss grafisch darstellen!**
Wie viel Einfluss haben diese betroffenen Gruppen?
Die Zusammenhänge der beteiligten Personengruppen werden zunächst am Besten durch Aufstellen von Sesseln oder Personen im Raum aufgezeigt und danach auf ein Plakat übertragen.

Paare: ○ **Rollen erarbeiten**
Paare oder Kleingruppen wählen je eine dieser Gruppen und versetzen sich in deren Situation. Gemeinsam gestalten sie ein Plakat mit typischen Aussagen zum geplanten Projekt. Die Leitung interviewt als ReporterIn die einzelnen Gruppen.

Plenum: ○ **Diskussion als Rollenspiel**
Rollenkärtchen werden aufgestellt oder angesteckt! Jedes Paar argumentiert im Rollenspiel aus der jeweiligen Sichtweise der von ihnen gespielten Interessensgruppe. Die Diskussionsleitung achtet darauf, dass alle zu Wort kommen.

Paare: ○ **Motivationsanalyse**
Die Paare steigen aus dem Rollenspiel aus und sammeln die Ziele, die die einzelnen Interessengruppen verfolgt haben, und listen diese auf Plakaten auf.

Plenum: ○ **Bericht und Auswertung**
Die Paararbeit wird im Plenum anhand der folgenden Fragen ausgewertet:
- In welchen Zielen sind sich alle Beteiligten einig?
- Was ist der kleinste gemeinsame Nenner?
- Wo finden sich Verbündete?
- Wem gegenüber ist Abgrenzung notwendig?
- Welche Vorgehensweise wird zielführend sein?
- Wer übernimmt welche Aufgabe - bis wann?

Beispiel:

Krankenschwestern in einem Altersheim wollen Räume umfunktionieren, um einen Freizeitraum gestalten zu können.

1) Projektgruppe, die die Initiative startet
2) Schwesternkolleginnen
3) Stationsschwester
4) Verwaltungsleitung
5) Träger (Gemeinde)
6) PatientInnen
7) Angehörige

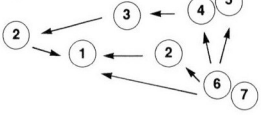

Verwaltungsleitung:
„Jetzt sind wir so lange ohne Freizeitraum ausgekommen. Lauter verrückte Ideen."

Ziel des Trägers: reibungsloser Ablauf bei geringem Budget

Ziel der Angehörigen: angenehme Atmosphäre, auch Raum für Kinder

Wohl ergehen der Patienten
Zuerst über die Bedürfnisse der Verhandlungspartner reden, dann erst Strategien entwickeln

Methoden **Teamarbeit leiten**

Kollegiale Beratung

Idee: nach Rabenstein, Reinhold: Teamarbeit. Linz 1994
Das methodische Vorgehen ähnelt stark der Arbeit von Balint-Gruppen (Luban-Plozza, Boris (ed.): Praxis der Balint-Gruppen. München 1974).
Absicht: Der Ideenreichtum eines Teams soll für Problemlösungen genutzt werden. Die Gefahr, sich in gegenseitigen Abwertungsspielen zu verlieren, wird durch eine vorgegebene Struktur verringert: Das Mitteilen von Gefühlen wird von der Lösungssuche getrennt.
Arbeitsform: Gruppen von 5 - 9 Personen
Dauer: 50 bis 60 Min.
Material: Papier und Stifte

Wenn KollegInnen sich über schwierige Situationen austauschen, wird das Gespräch leicht unbefriedigend: Die erste Herausforderung für Rat Suchende ist zuzugeben, dass sie Rat brauchen. Wenn sich eine Person öffnet und zeigt, dass sie etwas braucht, übernehmen andere gerne die Rolle von BesserwisserInnen, die schnelle Lösungen anzubieten haben, möglicherweise mit der (unausgesprochenen) Beziehungsbotschaft: „Ich weiß Rat, also bin ich kompetenter." oder „Solche Probleme hätte ich nicht...!" Daraufhin „rettet" die Rat suchende Person sich mit Antworten wie: „Ja, aber das hab ich schon probiert ...!" - „Ja, aber das geht in meiner Situation nicht ...!" Diese „Ja, aber"-Spiele sind typisch für Konfliktberatungen in Alltagssituationen. Meist wird dabei wenig über Gefühle gesprochen (Ärger, Trauer, Wut, Betroffenheit, Unsicherheit, Verzweiflung...); diese werden vielmehr in scheinbare Sachbotschaften verpackt.

1 Rollenverteilung (5 Min.)
eine Rat suchende Person A, 4 - 6 BeraterInnen, ein/e LeiterIn moderiert, achtet auf die Zeit und eine genaue Einhaltung der Regeln

2 Schilderung (5 Min.)
Die Rat suchende Person erzählt möglichst konkret über die Situation, erklärt das Anliegen und formuliert ein Ziel für die Beratung. Die BeraterInnen hören zu.

3 Klärung (5 Min.)
Die BeraterInnen fragen nach, um die erzählte Situation noch eindeutiger erkennen zu können. Sie sollen keinesfalls Suggestivfragen stellen oder versteckte Ratschläge erteilen („Warum hast du nicht...?"), sondern nach dem Was, Wie, Wer, Wo, Wann fragen!!!

4 Gefühle der BeraterInnen (5 Min.)
A rückt aus dem Kreis und hört mit etwas Distanz zu. Das Beratungsteam erzählt über Gefühle, Bilder und körperliche Selbstwahrnehmungen während der Schilderung von A.

5 Rückmeldung (5 Min.)
Die Rat suchende Person erzählt, welche Gefühle sie selbst wahrgenommen hat und welche sie berühren oder anregen nachzudenken.

6 Lösungsideen (10 Min.)
Das Beratungsteam wendet sich einander zu und tauscht Lösungsideen aus. A beobachtet aus der Distanz und schreibt eventuell mit.

7 Auswahl (5 Min.)
Die Rat suchende Person beschreibt die Wirkung der gehörten Ideen und wählt zielorientiert aus. „Welche Lösungsideen geben mir Zuversicht, stärken mich, regen mich an?" Es gilt, eine positive Auswahl zu treffen: Kein Zurückweisen von Ideen!

8 Geschenke (5 Min.)
Die BeraterInnen schreiben je einen Lösungsvorschlag (ohne Absprache) auf, lesen diesen vor und überreichen ihn. Die Rat suchende Person nimmt dies als Geschenk dankend und ohne weiteren Kommentar an.

9 Blitzlicht (5 Min.)
Stimmungsrunde zum Prozess der Beratung und bewusstes Abschließen.

Variante:

Bei der Beratung komplexer Themen sammeln die BeraterInnen zunächst Hypothesen: Was ist der Hintergrund des Konflikts, wie lässt sich das Geschehen erklären? Die Rat suchende Person nimmt dazu Stellung und wählt aus. Dann erst werden vom Beratungsteam Lösungsideen gesammelt. (siehe auch: Baustein 4: Konflikte managen/Die Stimme des Gegners)

Methoden **Auswerten und Abschließen**

AUSWERTEN UND ABSCHLIESSEN

Gruppen befriedigen unser Bedürfnis nach Geborgenheit, Zugehörigkeit, sozialer Integration. Viel von dem, was uns eine Gruppe unbewusst bedeutet, steht im Zusammenhang mit der ersten Beziehung in unserem Leben, der Mutterbeziehung. Zugleich verlangt unsere Individualität, dass wir lernen, uns abzugrenzen, Abschied zu nehmen und uns neu zu orientieren. Nur so ist persönliches Wachstum möglich.

ERST DURCH DEN ABSCHIED WERDEN ERLEBNISSE ZU ERFAHRUNGEN.

Durch das geistige und gefühlsmäßige „Zusammenräumen" entsteht Platz für Neues.

Auch wenn die Möglichkeit des Wiedersehens gegeben und absehbar ist, gilt es dieses einmalige, unwiederholbare Beisammensein abzuschließen. Ein persönliches Abschiedsritual der Gruppe im Seminar-/Arbeitsraum ist auch dann sinnvoll, wenn nachher noch alle beim Essen zusammensitzen oder TeilnehmerInnen gemeinsam heimfahren.

Abschiednehmen braucht Zeit. Für die meisten von uns ist Abschied ein Thema, dem wir lieber ausweichen. Deswegen spreche ich vom Abschied schon vor dem Zeitpunkt des Verabschiedens, um Zeit zu geben. Bei einem 5-tägigen Seminar z.B. beginne ich den letzten Tag mit einem Hinweis auf den Abschied.

Am Ende intensiver Seminare wähle ich auch die folgende Reihenfolge:

- Würdigung der Gruppenatmosphäre, z.B. in wertschätzender Einzelrückmeldung
- Schlussrunde mit persönlichem Resümee
- Auswertung und schriftliche Rückmeldung zu Inhalt und Methoden
- Persönlicher Ausblick in Einzel- oder Paararbeit
- gemeinsamer meditativer Abschiedstanz.

Methoden Auswerten und Abschließen

Fünf Aspekte der Schlussphase

Ich gebe Zeit zum:

1 Ausklingen: abrunden, nachfühlen, Trauer zulassen

Methodisches Beispiel: persönlicher Rückblick in Entspannung, gemeinsames Aufräumen mit Musik

2 Einsammeln: ordnen, verdauen, zusammenfassen, Eindrücke festhalten

Methodisches Beispiel: Eine „Weisheit" aus diesem Seminar als individuellen Werbespot oder -slogan formulieren.

3 Auswerten: würdigen, bedenken, strukturieren, sortieren, Rückmeldungen einholen

Methodisches Beispiel: Punktbewertung zum Seminarerfolg

4 Ausblicken: Distanz finden, Transfer, Neuorientierung

Methodisches Beispiel: Gespräch über konkrete Umsetzungsschritte des Gelernten

5 Verabschieden: Dank ausdrücken, Wertschätzungen mitteilen, sich lösen, loslassen

Methodisches Beispiel: Schlussrunde mit je einem Satz zum Abschied (Zeitstruktur beachten!), ein Ritual, meditativer Tanz (evtl. nochmal den Lieblingstanz der Gruppe)

Manchmal bleiben TeilnehmerInnen einfach weg, sind für Folgetermine unerwartet verhindert oder gehen in Konflikten oder aus Unzufriedenheit. Als TrainerIn fordere ich diese Personen auf, auch im Nachhinein ein Abschiedszeichen zu setzen, zumindest ein paar Zeilen an die Gruppe zu schreiben. Als Gruppe können wir so eine Person und ihr Dasein auch in deren Abwesenheit würdigen und uns davon lösen, indem wir

- diese Person bewusst erwähnen und kurz ansprechen, was diese Person eingebracht hat, was vielleicht jetzt fehlt.
- gemeinsam einen Brief oder ein Flipchartplakat für diese Person gestalten.
- diese Person imaginär hereinholen, auf einen leeren Sessel „setzen", ein paar Worte an sie richten und dann bewusst den Sessel rausrücken.

(Zusammengestellt unter Mitarbeit von Dr. Bernhard Weiser nach Baer, Ulrich u. a. Sag beim Abschied ... Spiele, Materialien und Methoden für Schlussphasen in der Gruppenarbeit. Bd. 1 u. 2. Remscheid/Bremen 1993, Bd. 3 u. 4 Remscheid/Bremen 1994. - Rabenstein, Reinhold u.a.: Das Methodenset. Bd. 4. 8. Aufl. Münster 1996)

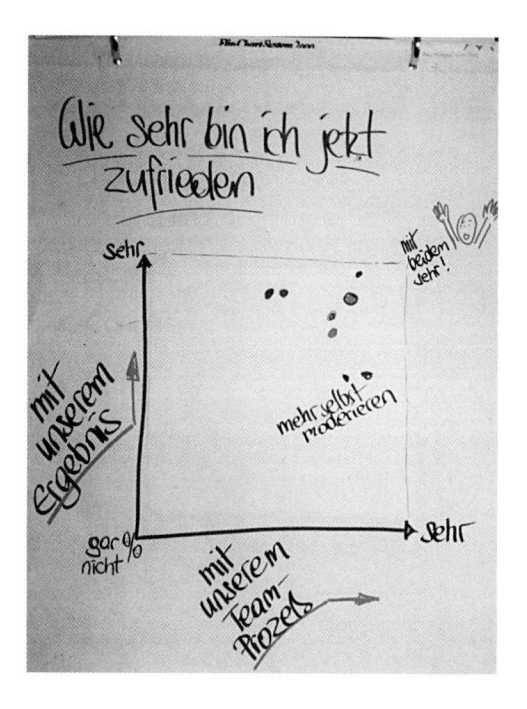

Autorität **Aspekte meiner Rolle**

Evaluierungsmethoden

Ein wesentlicher Teil von Bildungsarbeit ist das „Controlling": Von Anfang an überprüfe ich laufend die Wirksamkeit der Zusammenarbeit nach folgenden Grundsätzen:

Vertrauen als Basis

Eine Atmosphäre der Offenheit ermöglicht, dass wir einander Schwächen und Fehler eingestehen und direkte Fragen stellen. Ich lade zu Fragen und Rückmeldungen ein, zeige mich selbstkritisch, stehe zu eigenen Schwächen und nehme jede Form von Feedback ernst.

Nachfrageorientierte Haltung

Ich biete Informationen speziell zu den Interessen der Beteiligten an, beantworte Fragen möglichst unmittelbar und wertschätzend. Das Gegenteil wäre Angebotsorientierung („Stoff erledigen").

Zielvereinbarung

Die Ziele der Zusammenarbeit werden gemeinsam fixiert und sind für alle überprüfbar. Als TrainerIn orientiere ich mich bewusst und „öffentlich" an diesen Zielen und messe Erfolge am Maßstab dieser Ziele.

Erlebnis und Ergebnis

Wichtig ist beim Auswerten und Rückmelden, diese beiden Qualitäten zu unterscheiden: „Wie geht es euch?", fragt nach dem Gefühls- und Erlebnisbereich, dem Prozess in der Gruppe.
„Was habt ihr gelernt?", zielt auf die Sach- und Ergebnisebene, meint das Produkt der gemeinsamen Arbeit.
Die Einbeziehung beider Ebenen in die Auswertung gibt ein vollständiges Bild. Beurteilung im Sinne von richtig und falsch gibt es dabei ausschließlich auf der Sachebene. Persönliches Erleben, individuelles Wahrnehmen des Gruppenprozesses ist Thema für Rückmeldungen und Austausch, nicht jedoch für Beurteilungen.

Rückmeldung als Prozess

Methodisch in den Ablauf integrierte Rückmeldungen sind wirksamer als Rückmeldungen am Ende. Das bedeutet, dass ich die nonverbalen Signale der TeilnehmerInnen (Gesichtsausdruck und Körperhaltung) ständig wahrnehme und inhaltliche Arbeit als Gespräch gestalte und Rückkoppelungen ermögliche.

Bei Fragestellungen zum Gelernten spreche ich immer die ganze Gruppe an:

- formuliere Fragen gezielt,
- fordere zur Wiederholungsarbeit auf,
- lasse Zeit zum Mitdenken, bevor Antworten gegeben werden.

In gezielten Aufgabenstellungen kann ich Kompetenzen und den Lernprozess direkt beobachten. Ich fordere heraus

- zur Bearbeitung,
- zum selbstständigen Lösen,
- zur persönlichen Umsetzung (Transfer)

und gebe Aufträge, in denen sich TeilnehmerInnen selbst gegenseitig Rückmeldungen zum Lernfortschritt geben

Gezielte „Marktforschung"

Direkte Rückmeldungen zu den Bedürfnissen der Beteiligten und zu vereinbarten Zielen hole ich nach jeder „Etappe" durch „Checkpoints" ein (Blitzlicht, Paargespräch, Thesenrundgang, Gruppeneinblick, Feedback durch Gesten und Statuen) und indem ich Frageinstrumente einsetze (Punktabfrage, Auswertungszielscheibe, Kartenabfrage, Auswertungsbogen, kollegiale Überprüfung: paarweise fragen sich TeilnehmerInnen ab und sammeln offene Fragen).

ARBEITSBLATT

Methoden **Auswerten und Abschließen**

Ausblicken: „Backhome" im Alltag

Idee: Paul Lahninger
Absicht: Bestärkung/Anregung, am Ende einer Fortbildung Neues zu integrieren und zu verdauen
Arbeitsform: Paarinterview oder Einzelarbeit
Dauer: 20 - 30 Min.

Person A wird interviewt und antwortet auf die Fragen.
Person B stellt anhand des Fragebogens die Fragen und notiert die Antworten von A.
B bedankt sich für das Interview - die Rollen werden getauscht.

1 Was möchtest du in nächster Zeit umsetzen?

○ Wie sieht das konkret aus?

○ Was tust du, wann?

2 Welche Herausforderungen stellen sich dir dabei?

○ mögliche Widerstände in dir selbst:

○ unangenehme Reaktionen anderer auf das, was du gelernt hast:

3 Lösungsbilder gestalten

○ Stell dir vor, wie du die Herausforderungen meisterst, erfolgreich bist.

○ Wie machst du das?

○ Wer unterstützt dich?

○ Was alles ist hilfreich?

Genieße die Vorstellung dieser Lösungsbilder und nimm dir Zeit, sie wirken zu lassen!

Methoden **Auswerten und Abschließen** ARBEITSBLATT

Neue Ansätze

Idee: Paul Lahninger
Absicht: Seminarauswertung als Vision konkreter Umsetzung des Gelernten
Arbeitsform: Paarinterview
Dauer: 10 - 30 Min.

Ablauf:

Person A lässt sich auf eine Fantasiearbeit ein, beschreibt eine Vision erfolgreicher Umsetzung.
Person B stimmt ein, leitet, fragt anhand des Fragebogens nach und füllt ihn für A aus:

"Stell dir vor, du kannst dir eine Person aus dieser Seminargruppe als persönliche BeraterIn mitnehmen. Diese Person unterstützt dich. Sie hilft dir, noch mehr zu entfalten, was in dir ist.

In deiner Vorstellung versetzt du dich in die Zukunft, in eine typische Arbeitssituation. Du beschreibst diese Situation, nimmst die dafür passende Körperhaltung ein und denkst an das Seminar zurück. Du hast Gelerntes bereits erfolgreich umgesetzt!"

Welche Idee hat dich damals auf dem Seminar so sehr angeregt, dass du jetzt in deiner Arbeitssituation etwas Neues ausprobiert hast?

1. Woher hast du Energien bekommen, um diese Idee umzusetzen?

4. Was genau war dein erster konkreter Schritt?

2. Welche Schwierigkeiten sind aufgetreten?

3. Welche Qualitäten, welche Kompetenzen hast du dabei entwickelt, was hast du gelernt?

© Ökotopia Verlag: Paul Lahninger, leiten - präsentieren - moderieren

ARBEITSBLATT

Methoden **Auswerten und Abschließen**

Abschiedsrituale

Ein Eigenzertifikat gestalten

Idee: Paul Lahninger
Absicht: persönliche Auswertung humorvoll und bestärkend gestalten
Arbeitsform: einzeln und wechselnde Paare
Dauer: 15 - 30 Min.
Material: Spezialpapier z.B. „Elefantenhaut 125 g" und dünne Folienstifte

○ Jede Person gestaltet für sich selbst ein Zertifikat zum Seminar. Dabei sind insbesondere 3 Themen anzuführen:
1) Welche Inhalte und Rückmeldungen im Seminar haben mich bestärkt?
2) Welche Qualität möchte ich entwickeln?
3) Für welche konkreten Schritte entscheide ich mich?

○ Jede Person zeigt das eigene Zertifikat einem/einer beliebigen PartnerIn und spricht kurz zu den darin angeführten Themen. Die andere Person hört aufmerksam zu und unterschreibt das Zertifikat als ZeugIn.
Selbstverständlich darf die zustimmende Unterschrift auch verweigert werden. Dann stellt die andere Person ihr Zertifikat vor und bemüht sich um eine Unterschrift.

○ Dieser Austausch wird noch zweimal wiederholt, sodass schließlich jedes Zertifikat von 3 Personen unterschrieben ist.

○ Zum Abschluss unterschreibt jede Person noch das eigene Zertifikat, gratuliert sich selbst und nimmt es mit heim.

Bestärkungswort

Idee: Paul Lahninger
Absicht: ressourcenorientiertes Abschiedsritual
Arbeitsform: wechselnde Paare, frei beweglich im Raum
Dauer: 5 - 30 Min., je nach Gruppengröße und Vereinbarung
Hinweis: Diese Methode macht auf symbolische Weise deutlich, dass wir beim Abschiednehmen etwas nehmen, mitnehmen: Wir geben einander Bestärkung und nehmen voneinander Unterstützung und Abschied.

Jede Person überlegt sich ein Wort, durch das sie sich bestärkt fühlt, z.B. eine persönliche Qualität wie „Ehrlichkeit" oder „Engagement".
In Paaren fragt jeweils zunächst eine Person: „Mit welchem Wort darf ich dich bestärken?", und „schreibt" dann der anderen Person dieses bestärkende Wort mit der flachen Hand sanft auf den Rücken.
Nach dem Wechsel verabschieden sich die PartnerInnen und finden sich in neuen Paaren zusammen, in denen sie einander ebenso das jeweils gewünschte Stärkewort streichelnd auf den Rücken „schreiben".

Wünsche in Stereo

Idee: Paul Lahninger
Absicht: spaßig liebevoll bestärken
Arbeitsform: Dreiergruppen
Dauer: 3 - 5 Min.
Hinweis: Diese Übung hat eine gewisse Suggestivkraft und ist zugleich ein kontaktreiches Abschiedsritual.

Jede Person überlegt sich einen Wunsch für die Umsetzung des Gelernten, wie etwa „Ich möchte kraftvoll und mit Klarheit meinen Arbeitstag beginnen!" In der Dreiergruppe stellt sich eine Person A zwischen die beiden anderen, erzählt von ihrem Wunsch und schließt die Augen. Die beiden PartnerInnen links und rechts flüstern A gleichzeitig mehrmals diesen Wunsch ins Ohr: In der Du-Form und in der Gegenwart. („Du beginnst deinen Arbeitstag kraftvoll und mit Klarheit.")
Die Gruppen können vereinbaren, zugleich auch der Person A die Hand auf die Schulter zu legen oder ihr sanft den Rücken zu streicheln.
Wechsel.

Methoden **Auswerten und Abschließen**

ARBEITSBLATT

Rückmeldungen

Absicht: *Einschätzung des Seminarerfolges durch die TeilnehmerInnen*
Arbeitsform: *einzeln*
Dauer: *5 - 10 Min.*
Hinweis: *Das Ankreuzen ermöglicht auch eine Ermittlung von Durchschnittswerten (quantitative Auswertung).*

Seminar:

Datum:

Gesamteindruck: ....
....
....

Seminarnutzen:

Bitte ankreuzen! Begründungen und Kommentare nach Bedarf

	nicht	wenig	ziemlich	sehr

Das Seminar
- war eine inhaltliche Bereicherung für mich! ❏ ❏ ❏ ❏
- zeigte mir Möglichkeiten, konkreter Handlungsschritte! ❏ ❏ ❏ ❏
- regte zur Auseinandersetzung mit der eigenen Praxis an! ❏ ❏ ❏ ❏

Umsetzen werde ich: ....
....
....

Arbeitsweise:

Die Aktivitäten der Leitung bewirkten eine angenehme Atmosphäre. ❏ ❏ ❏ ❏
Die Methoden waren für mich wirksam und förderlich. ❏ ❏ ❏ ❏
Die theoretischen Darbietungen fand ich klar und zielführend. ❏ ❏ ❏ ❏
Ich habe mich persönlich beachtet und angesprochen gefühlt. ❏ ❏ ❏ ❏

Ich bin auf folgende weitere Themen neugierig geworden: ....
....
....

Wer Lust hat: Ein Satz zum Seminar, den wir in der nächsten Ankündigung zitieren dürfen. Bitte namentlich zeichnen. ....
....
....

ARBEITSBLATT | Methoden **Auswerten und Abschließen**

Fragebogen „danach"

Idee: Paul Lahninger
Absicht: Einschätzung des Seminarerfolges durch die TeilnehmerInnen Wochen oder Monate später
Arbeitsform: einzeln
Dauer: 5 - 10 Min.
Hinweis: Rückmeldungen zu einem Seminar/Lehrgang, die erst viel später eingeholt werden, zeigen den Praxiswert wesentlich deutlicher auf.

Liebe Kollegin, lieber Kollege!
Einige Zeit ist schon seit unserem Seminar/Lehrgang vergangen. Unser Anliegen: Praxisnähe, das heißt möglichst große Umsetzbarkeit der Inputs. Als Rückmeldung „aus der Praxis" und zur weiteren Planung bitten wir um kurze Beantwortung der folgenden Fragen.
Besten Dank und alles Gute!

1. Umsetzungsmöglichkeit
Konkrete Erfahrungen im Sinne des Trainings habe ich seither
- ❑ kaum ....
- ❑ mehrmals ....
- ❑ laufend .... gesammelt.

2. Emotionaler Rückblick
Ich habe unser/e Seminar/e
- ❑ in sehr guter ....
- ❑ in guter ....
- ❑ in mäßiger ....
- ❑ in schlechter .... Erinnerung.

3. Bedeutsame Erinnerungen
Bitte in Stichworten anführen, was jeweils wichtig war:
- ❑ Sichtweise / Erkenntnis: ....
- ❑ Methode: ....
- ❑ Persönlicher Gewinn: ....

4. Detailaspekte
Bitte jeweils ankreuzen und eventuell kurz begründen!   nicht | wenig | ziemlich | sehr

Unser Seminar hat mich persönlich bestärkt. .... ❑ ❑ ❑ ❑

In meiner Rolle als .... fühle ich mich unterstützt. ❑ ❑ ❑ ❑

Ich reflektiere meine Arbeit stärker. .... ❑ ❑ ❑ ❑

5. Nutzen in meiner Praxis
Wodurch wird der Nutzen in meiner Arbeit spürbar / wirksam: ....
....
....

Weitere Ideen für mehr Praxisnähe / für wirksame Umsetzung: ....
....
....

Methoden Praxisbeispiele

PRAXISBEISPIELE

Burnout

Von: Rosa Kuselbauer
Anlass: Impulsseminar im Rahmen einer Tagung der IG Psychiatrie Österreich
Zielgruppe: Pflegepersonal aus ganz Österreich, 70 Personen
Absicht: Die TeilnehmerInnen sollten Grundlagen über die Entstehung von Burnout sowie Impulse zur aktiven Verhinderung erhalten.

1 Gestaltung des Hereinkommens

Beim Empfang erwartete ich die TeilnehmerInnen mit Hintergrundmusik, einem großen Plakat zum Thema, mit Zeichnung und Schlagzeile zu meinem Vortrag sowie einer großen Pinnwand, auf der ich wichtige Ergebnisse aus Burnoutstudien präsentierte. Die Anwesenden konnten herumgehen, sich einstimmen und Kontakte knüpfen oder vertiefen. Das Gleiche galt für mich und half mir, mich zu entspannen.

2 Begrüßung mit Bezug zum Thema und zu mir

In wenigen Sätzen gab ich einen Überblick zum Ablauf und bot diesen zugleich auf einem Plakat an: „Was können Sie heute von mir erwarten?" Meine Einstellung zum Thema demonstrierte ich gleich eingangs mit dem Zitat von Erich Kästner: „Es gibt nichts Gutes, außer man tut es."

3 Körperliche Aktivierung im Sinne des Themas

Da mir die TeilnehmerInnen nicht bekannt waren, wählte ich eine leichte Muskelentspannungsübung: Fäuste anspannen und lockern, dabei ausatmen.

4 Inhaltliche Aktivierung

Mit einem Fragebogen lud ich ein, persönliche Belastungsfaktoren zu erheben und den Plakaten zuzuordnen.

5 Präsentation

Die Belastungsfaktoren trug ich mit der Pinnwand vor.

6 Gruppenarbeit

Die Gruppe sammelte gemeinsam Vermutungen: „Welche Belastungsfaktoren werden am häufigsten für die Entstehung von Burnout genannt?"

7 Auswertung

Nach einem kurzen Input mit Plakaten konnten die TeilnehmerInnen ihr Gruppenergebnis mit Literaturergebnissen vergleichen: Ich bezog mich auf neuere Untersuchungen in psychiatrischen Krankenhäusern, also genau auf das Arbeitsfeld meiner TeilnehmerInnen.

8 Vortrag mit Overheadfolien

Ich präsentierte das Phasenmodell zum Burnout: „Wie entsteht Burnout - Von Idealismus bis Apathie". Die Thesen belebte ich durch praktische „Geschichten". Hier war mir die Nachvollziehbarkeit wichtig, auch das Bewusstmachen, dass wir ohne Reflexion unserer Tätigkeit leicht auf diesen Weg abgleiten können.

9 Thesengespräche in Paaren

Um zu möglichst persönlichen Gesprächen zur Frage: „Was tun Sie, damit Sie nicht in Richtung Burnout gehen?", zu kommen, hatte ich Thesen vorbereitet. Mit einem Plakat gab ich die Anleitung zum Interview und teilte Thesenkärtchen aus. Die TeilnehmerInnen sollten dabei Interviews mit eher unbekannten Personen durchführen. Dies sollte motivationsfördernd und kommunikativ wirken.

Methoden **Praxisbeispiele**

Thesen-Beispiele zum Burnout

- Durch die Einstellung, unselbstständige MitarbeiterInnen zu haben, wird die Selbstständigkeit der MitarbeiterInnen reduziert.
- Entscheidungen werden umso einschneidender erlebt, je mehr (hierarchische) Distanz zwischen Entscheidenden und Ausführenden besteht.
- Durch eine gemeinsame Pflegephilosophie werden Belastungsfaktoren massiv reduziert.
- Die Ausstattung von Arbeitsplätzen ist ein wichtiger Einflussfaktor von Burnout.
- Die Arbeitsmenge allein macht noch keinen Stress.

---

10 Gruppenbildung
Je 6 Personen mit den gleichen Thesen bildeten eine Gruppe.

11 Gruppenarbeit
Die Gruppen bekamen den Auftrag (auch wieder unterstützt durch ein Plakat): „Aus den Gesprächen zu den Thesen erarbeiten Sie bitte den gemeinsamen Nenner und formulieren diesen knapp in einem Satz. Bitte überlegen Sie auch, wer Ihr Ergebnis vorliest."
Dies wirkte sehr belebend und kommunikationsfördernd.

12 Pause
In unserem Thema ein wichtiger Teil: **Uns etwas Gutes tun!**

13 Körperübung: „Sich gegenseitig den Rücken stärken" (freiwillig!)
Paarweise, Rücken an Rücken mit den Armen eingehakt, nahmen wir gemeinsam eine „Hockstellung" ein und richteten uns dann wieder auf. Dies brachte Körperkontakt, verstärkte die Körperwahrnehmung und die Gemeinsamkeit. Das Einlassen auf andere im Team war wichtig!

14 Präsentation der Gruppenarbeit und Vortragsbausteine
Je eine TeilnehmerIn aus jeder Arbeitsgruppe las die These und die Gruppenmeinung vor. Ich ergänzte dies durch weitere Informationen und fasste jede These auf einer Folie zusammen.

15 Pause
ZEIT HABEN BEDEUTET, SICH ZEIT NEHMEN ...

16 Körperübung
Ausschütteln, Strecken, Dehnen, mit bewusstem Atmen.

17 Fortsetzung der Präsentation
Ich beendete meinen Vortrag mit der Schlagzeile auf der letzten Folie:

ES GIBT NICHTS GUTES,
AUßER MAN TUT ES! (Erich Kästner)

Damit knüpfte ich am Titelplakat (1) an und leitete zur nächsten Übung über:

18 Einzelarbeit
"Ich lade alle ein, in einem „Zielsatz" festzuhalten, was Sie sich selbst Gutes tun werden."

19 Paargespräch (3 Min.): Austausch der Zielsätze
Die Anleitung dazu bestärkte ich mit dem Appell: „Wissen allein reicht nicht, man muss es auch anwenden!" Während dieser Übung spielte ich wieder ruhige Musik.

20 Abschiedsworte:
Mit einem Plakat und meinen Schlussworten wünschte ich Gutes Gelingen bei der Umsetzung.

21 Gemeinsamer Abschiedstanz
Wegen dieser Übung hatte ich bei den Vorbereitungen alle zum Festsaal gehörenden Sessel gegen stapelbare Stühle, die erst von der Nachbargemeinde ausgeborgt und hertransportiert werden mussten, austauschen lassen. Der Aufwand lohnte sich!

Selbstreflexion

Vorbereitungsphase

Inhaltlich war mir schnell klar, was ich den TeilnehmerInnen vermitteln wollte, nämlich: „Was können wir aktiv gegen Burnout tun?"

Methoden

Durch meine persönlichen Erfahrungen während der Train-the-Trainer-Ausbildung entschied ich mich für Methoden, die ich selbst als anregend, belebend und kommunikationsfördernd erlebt hatte und bei denen ich gleichzeitig sicher war, dass sie die TeilnehmerInnen nicht überfordern würden. Für die Entspannungs- und Atemübungen ließ ich mir Spielraum, diese spontan, je nach Reaktion der TeilnehmerInnen, auszuwählen.

Mitarbeit der TeilnehmerInnen

Durch die „Aktivitäten" waren alle sehr gelöst und arbeitsfreudig. Es war ein reger Meinungsaustausch. Viele brachten selbst „Fallbeispiele" ein.

Ich als Trainerin

Ich fühlte mich im Raum, bei den KollegInnen und in der Situation wohl.

Durch die rege Beteiligung wurde ich bestärkt, dass meine Vorbereitung auch das Anliegen der Gruppe traf. Zeitlich hatte ich keine Probleme, da ich diese Arbeitseinheit im Probelauf mit meiner Schulklasse durchgemacht hatte und ich den Zeitaufwand auf die dreifache Personenanzahl gut berechnet hatte. Sehr stark spürbar war für mich der „gute Draht" zu den TeilnehmerInnen. Ich sprach die „gleiche Sprache". Nach fast 4 Stunden war ich erschöpft, aber glücklich.

Das Feedback war ausgezeichnet. Auch beim anschließenden gemeinsamen gemütlichen Abend wurde ich bestärkt. Aber für mich persönlich das schönste „wortlose" Feedback war Folgendes: Am nächsten Tag ging das Seminarprogramm weiter. Als ich zufällig während einer Pause um die Ecke bog, sah ich mehrere TeilnehmerInnen die Körperübungen durchführen, die wir gemeinsam am Vortag gemacht haben. Ganz nach unserem Motto: „Es gibt nichts Gutes, außer man tut es!"

(Rosa Kuselbauer, April 1996)

Beispiel eines Gruppen-Ergebnisses zum Thema "Burnout".

Methoden **Praxisbeispiele**

Leitbildentwicklung

Von: Gabriele Andre
TeilnehmerInnen: Schulleitung, Eltern, SchülervertreterInnen, LehrerInnen der Handelsakademie (HAK), 16 Personen
Ziel: Entwicklung von Leitsätzen und dazu passenden Bildern
Dauer: 12.00 - 19.00 Uhr

1 Begrüßung: (ca. 5 Minuten) und Dank für die Bereitschaft zur Mitarbeit

2 Kennenlernen mit „Gesprächsticket" (ca. 25 Minuten)

3 Kurzvortrag "Was ist ein Leitbild" (ca. 20 Minuten) und Erläuterung von vier Praxisbeispielen. Dazu erhalten die TeilnehmerInnen eine Unterlage. Offene Fragen werden geklärt.

4 Gruppenarbeit "Schule und Leitbild" (ca. 1 Stunde)
Die TeilnehmerInnen erhalten das Thesenblatt mit acht Thesen zum Thema „Schule und Unternehmensleitbild":
Ich gebe den Auftrag, dieses Blatt in acht Teile zu reißen und in Einzelarbeit die Thesen auszusortieren, denen zugestimmt werden kann, und jene, die abgelehnt werden, beiseite zu legen. Motive für Zustimmung/Ablehnung können auf die Kärtchen notiert werden (ca. 10 Minuten). Anschließend gehen die TeilnehmerInnen in Kleingruppen. Ich hatte die Kopien mit den Thesen in 4 Farben markiert, und so ergeben sich durch Zufallsprinzip 4 Gruppen zu je 4 Personen, deren Thesenblatt in derselben Farbe markiert ist. Diese Kleingruppen erhalten den Auftrag, die Thesen zu diskutieren. Dabei werden die Thesen jeweils wie bei einem Kartenspiel auf den Tisch gelegt. Daraus soll eine Übersicht mit folgender Strukturierung erarbeitet werden:

❍ Bedeutung eines Leitbildes für eine Schule.
❍ Chancen, die sich aus der Erarbeitung eines Leitbildes ergeben.
❍ Probleme, die durch ein Leitbild auftreten könnten.

Die Plakate werden aufgehängt und in einem Rundgang von den anderen Gruppen besichtigt, Nachfragen sind möglich (ca. 10 Minuten).

5 Mein Bild der HAK (ca. 1 Stunde)
Fünf Ecken des Raumes werden mit fünf Bildern dekoriert.

Die HAK ist wie
❍ ein Urwald
❍ eine Schiffsbesatzung
❍ ein Bienenstock
❍ ein Nest
❍ ein Orchester

Die TeilnehmerInnen werden aufgefordert, sich spontan zu jenem Bild zu stellen, das ihren Vorstellungen am ehesten entspricht (ca. 5 Minuten).

In einem kurzen Gespräch sollen die so entstandenen Kleingruppen diskutieren, warum sie sich diesem Bild zugeordnet haben, und einen gemeinsamen Begriff finden, der ihre Zuordnung am besten charakterisiert. Anschließend wird dieser Begriff durch die Gruppe pantomimisch dargestellt.

6 Brainstorming: "Das ist die HAK."
(ca. 15 Minuten)
Die dargestellten und diskutierten Merkmale einer Handelsakademie werden gemeinsam festgehalten: laut nennen, auf ein Kärtchen schreiben und an eine vorbereitete Pinnwand heften: Dabei werden die Kärtchen nach Themenbereichen geordnet.

7 Pause (ca. 15.00 bis 15.30 Uhr)

8 Präsentation der Leitbildkriterien
Ich stelle die Kriterien eines Unternehmensleitbildes als Blume auf der Pinnwand dar und erkläre diese: Ein Leitbild gibt Orientierung zu den Bereichen „Gesellschaftlicher Auftrag", „Qualität", „Mitarbeiter", „Produkt", „Führungsstil" und „Kunden".

Methoden **Praxisbeispiele**

9 **Einteilung in Kleingruppen**
Jede TeilnehmerInnengruppe hat Kärtchen einer bestimmten Farbe, auf die zuvor von der Moderatorin die Leitbildkriterien für die Kleingruppenarbeit notiert wurden. Die Zuordnung der einzelnen TeilnehmerInnen erfolgt durch Ziehen eines Kärtchens und Finden der anderen Personen, die den gleichen Begriff auf ihrem Kärtchen haben. (ca. 10 Minuten)

10 **Gruppenarbeit**
Die Kleingruppen erhalten den Auftrag, zu dem ihnen zugelosten Leitbildkriterium einen eigenen Leitsatz auszuformulieren, und für diese Leitsätze ein Bild zu finden. (ca. 90 Minuten incl. einer individuellen Pause)

11 **Präsentation der erarbeiteten Leitbildkriterien** (ca. 1 Stunde) durch die Kleingruppen.
Die übrigen TeilnehmerInnen haben Gelegenheit, Stellung zu nehmen und Verbesserungsvorschläge einzubringen. Die von der Gesamtgruppe getroffenen Entscheidungen (Annahme des Vorschlags bzw. Änderungen) werden von den Moderatorinnen mit Kärtchen am jeweiligen Flipchartbogen festgehalten und anschließend im Protokoll niedergeschrieben.

12 **Ausblick**
Die Moderatorinnen erklären, was anschließend mit den bisherigen Ergebnissen der Gruppenarbeit passieren soll:
○ Nachbereitung und grafische Gestaltung des Erarbeiteten durch die Moderatorinnen
○ Präsentation vor der gesamten Lehrerschaft, mit VertreterInnen der Eltern und SchülerInnen: Ein Projektteam wählt den Rahmen und Zeitpunkt für diese Veranstaltung. Dieses Projektteam wird aus den Anwesenden nominiert.
○ Jede Lehrkraft erhält ein Exemplar des Leitbildes.
○ Das Leitbild wird in den Jahresbericht und in die aktuelle Pressemappe aufgenommen.

13 **Kartenabfrage „Schlussbilanz"**
(ca. 15 Minuten)
Die TeilnehmerInnen werden gebeten, auf Kärtchen (in drei unterschiedlichen Farben) zu folgenden Fragen Stellung zu nehmen:
○ Was hat mir gefallen?
○ Was hat mir nicht gefallen?
○ Was fehlt mir noch?
Diese werden aufgepinnt, Rückfragen zu einzelnen Kärtchen sind möglich.

14 **Abschied:**
Schlussworte der Moderatorinnen

8 Thesen „Schule und Unternehmensleitbild"

Solange wir kein Leitbild haben, fehlt uns der Konsens darüber, wie wir den an uns herangetragenen gesellschaftlichen Auftrag erfüllen wollen.	Eine Schule ist kein Unternehmen. Man kann daher auch nicht mit den Methoden der Unternehmensführung arbeiten
Ein einheitliches Leitbild bedeutet eine Einschränkung der Lehrkraft in ihrer didaktischen und methodischen Freiheit.	Es ist sinnlos, ein Leitbild für die Schule zu entwickeln, da sie sich sowieso nur am Lehrplan orientieren kann.
In den Schulbetrieb sind zu viele Personen involviert, als dass sich alle mit einem bestimmten Leitbild indentifizieren können.	Eine Schule ist ein Dienstleistungsunternehmen und benötigt daher eine klare Definition und Abgrenzung ihrer Produkte und Qualitätsstandards
Ein gemeinsam gesetztes Ziel stärkt das „Wir-Gefühl" und fördert eine ertragreiche und befriedigende Zusammenarbeit.	Ein schriftlich festgehaltenes Leitbild sichert die Kontinuität des herrschenden Führungsstils und der Beziehungen zwischen MitarbeiterInnen und KundInnen.

Kurzreflexion

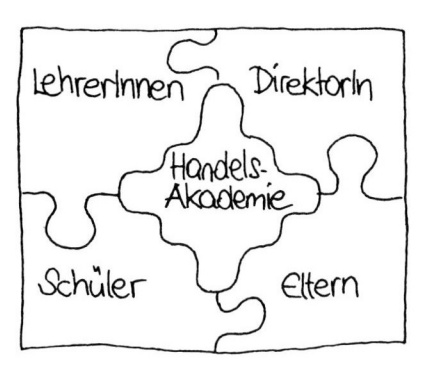

Da die Vorbereitung zusammen mit meiner Kollegin sehr intensiv war (wir haben etwa 24 Stunden Planungs- und Vorbereitungsarbeit für einen achtstündigen Workshop geleistet), klappte die Zusammenarbeit sehr gut und die Gestaltung der Arbeitssitzung war reibungslos.

Die Wahl der Methoden wurde durchweg als angemessen empfunden, zwei TeilnehmerInnen war die „Spielphase" (Standortbestimmung „Mein Bild der Handelsakademie") zu lang. Durch die Kleingruppenarbeiten kam es zu vielen individuellen Pausen, und es war schwer, zu einem Zeitpunkt alle für den nächsten Arbeitsschritt zusammenzuholen. Dies führte dazu, dass wir um eine halbe Stunde überzogen. Die TeilnehmerInnen waren während des gesamten Workshops hochmotiviert und am Erreichen des Ergebnisses sehr interessiert, was die Moderationsarbeit und die Erhaltung einer „Arbeitsdisziplin" sehr erleichterte. Das TeilnehmerInnenfeedback war gut.

(Gabriele Andre und Eva Jordan, Wien 1994)

Methoden **Praxisbeispiele**

Teamentwicklung

Von: Paul Lahninger
TeilnehmerInnen: Projektteam der Organisation
Absicht: Eiarbeitung eines Entscheidungskonzeptes

Eine Sozialeinrichtung für Jugendbetreuung setzt sich das Ziel, für ihre Entscheidungsprozesse ein verbindliches Konzept zu erarbeiten. Die Betreuungseinrichtung besteht aus 3 Gruppierungen (Abteilungen) mit jeweils unterschiedlichen Aufgaben: BeraterInnen, SozialarbeiterInnen, pädagogische MitarbeiterInnen. Entscheidungen in der Koordination der Betreuungsarbeit wurden bisher spontan, ohne gemeinsame und transparente Kriterien getroffen. Dies führte zu Unsicherheiten, insbesondere über den Verbleib der Jugendlichen in den einzelnen Angeboten der Betreuungsinstitution. Ein guter Teil der Entscheidungskompetenz lag auch bei den BeraterInnen; dies führte wiederholt zu Widerständen und Unmut bei den anderen Personengruppen.

Zur Erarbeitung eines verbindlichen Entscheidungskonzepts wird ein Projektteam aus neun Personen (je 3 aus jeder Abteilung) gebildet. Diese arbeiten an vier einzelnen Tagen, jeweils mit vier Wochen Abstand dazwischen. Das Konzept soll im Projektteam einstimmig angenommen werden. Als Moderator dieser vier Teamtage werde ich eingeladen.

Bereits am Vormittag des ersten Tages beobachte ich starke Spannungen zwischen den 3 Personengruppen. Die Moderation stimme ich jeweils aktuell auf die Teamsituation ab. Wichtige Themen der Teamkultur und der Kommunikationsgewohnheiten werden dabei berührt. Die Inhalte, an denen das Projektteam arbeitet, streife ich im Folgenden kurz, um den Prozess nachvollziehbar darzustellen.

Die konkreten Fragestellungen der Arbeitsaufträge in der Moderation verstehe ich als Beispiele für die Gestaltung von Teamprozessen.

Das Ergebnis wurde nach jedem Teamtag protokolliert und für alle anderen MitarbeiterInnen veröffentlicht. In internen selbst organisierten Sitzungen der Abteilungen konnten diese Aufträge an ihre VertreterInnen im Projektteam weitergegeben werden.

1. Tag

1 In wechselnden Paargesprächen geht es um die folgenden Fragestellungen:
1. Was wäre meine heutige Arbeit, wenn ich nicht hier wäre: ...
2. Mein Anliegen in diesem Projekt ist: ...
3. Dieser Teamprozess wird gut, wenn ...

Im anschließenden Plenum spricht jede Person kurz zur Frage 3. Zu Frage 2 erfolgt eine Kartenabfrage. Alle Kärtchen werden auf der Pinnwand sichtbar gemacht.

2 In Dreiergruppen mit je einer Person aus jeder Abteilung („Verschnittgruppe") geht es im Anschluss um die folgenden Leitfragen:
○ **Welche Schwierigkeiten, uns auf ein gemeinsames Konzept zu einigen, sehe ich:**
○ **Welche unterschiedlichen Interessen und Werte stehen hinter diesen Schwierigkeiten:**
○ **Welche Ideen weiterzukommen finden wir:**
○ **Welchen konkreten Schritt schlagen wir vor:**

Die Gruppen gestalten dazu ein Plakat.

3 Aus je einer Person der bisherigen Kleingruppen bilden sich neue Gruppen (Verschnittgruppe): Sie tauschen die Arbeitsergebnisses aus, klären persönliche Gefühle dazu und berichten anschließend im Plenum über diese Gruppenarbeit.

4 Alle inhaltlichen Beiträge, die dabei vorgetragen werden, schreibe ich - als erste Bausteine des Konzepts - auf Plakate. Dabei werden sie gemeinsam in zwei Bereiche sortiert:
○ **gemeinsamer Nenner (100% Einigkeit)**
○ **offene Fragen.**

Dies zeigt bildhaft, wie viel Einigkeit und gemeinsame Basis bei allen Differenzen gegeben ist.

5 Jede Person vergibt anschließend 6 Punkte und verteilt diese beliebig auf die offenen Fragen (z.B.: 3 Punkte für die wichtigste, 2 Punkte für die zweitwichtigste Frage oder auch 6 Punkte auf eine Frage).

So entsteht eine Prioritätenliste.

6 Die Themen der Prioritätenliste werden an einzelne Subteams zur Bearbeitung bis zum 2. Teamtag delegiert.

7 Mit einem Schlussblitzlicht zur Frage: „Wie sehr sind wir unserem Ziel näher gekommen?", endet der erste Teamtag.

Methoden **Praxisbeispiele**

2. Tag

1 Zwei Stimmungen seit dem ersten Teamtag sollen im Paargespräch benannt werden.

2 Im folgenden Plenum nimmt jede Person kurz zu diesen Fragen Stellung:

○ **Die Bedeutung des Konzepts für mich ...**
○ **Ein wichtiger/erfreulicher Leitsatz im bisherigen Konzeptentwurf ...**

Mit dieser Frage wollte ich auf das Erreichte hinweisen.

3 Im Anschluss stellen die Subteams ihre zwischenzeitlich erzielten Arbeitsergebnisse vor.

4 Eine Gruppenarbeit mit folgendem Auftrag schließt an:

1. Was empfinden wir als heißes Thema: ...
2. Meine Gefühle bei dieser Auseinandersetzung..:
3. Welche Leistungen anderer Abteilungen möchte ich besonders würdigen: ...
4. Was ist jetzt zu tun ..:

5 Nach den Gruppenberichten im Plenum sammle ich mit einer Kartenabfrage Entscheidungskriterien für die Zuordnung von Jugendlichen in Abteilungen der Einrichtung. Gemeinsam gruppieren wir die Kärtchen und finden in einer straff geleiteten Diskussion Überschriften/Oberbegriffe zu den einzelnen Themenblöcken.

6 Mit der Methode „Gruppeneinblick" (s. „Thesen ins Spiel bringen" in diesem Baustein) nimmt jede Person sichtbar zu den folgenden Fragen Stellung:

○ **Erbringen die Abteilungen gleichwertige Beiträge?** *(Dies scheint mir wichtig anzusprechen, um den Mythos von unterschiedlich wertvoller Arbeit zu entkräften. Die Stellungnahmen dazu waren spürbar entlastend.)*
○ **Wie werden vermutlich unsere Entscheidungen über den Verbleib der Jugendlichen in unseren Abteilungen ausfallen.** *(Dies wird von allen sehr ähnlich eingeschätzt!)*
○ **Werde ich damit zufrieden sein?**
(Die Kooperationsbereitschaft wird deutlich; die Angst, eine andere Abteilung würde den Großteil der Jugendlichen für sich in Anspruch nehmen, wird entkräftet.)
○ **Halte ich es für wahrscheinlich, dass wir uns bis zum 4. Tag auf ein gemeinsames Konzept einigen?**

7 Zur Entspannung und auch, um das Vorherige nachwirken zu lassen, biete ich einen Gruppentanz an.

8 Der zweite Arbeitstag schließt mit

○ einem offenen Gruppengespräch über die Frage: „Wie geht es uns damit, einander Wertschätzung für unsere Arbeit zu geben?"
○ dem Delegieren von Arbeitsaufträgen zur weiteren Ausformulierung des Konzeptes (Hierzu sollen auch MitarbeiterInnen, die nicht zum Projektteam gehören, einbezogen werden.)
○ einem Stimmungsblitzlicht.

3. Tag

1 Jede Person wählt ein Landschaftsbild, das sie gerade anspricht, und erzählt anhand dieses Bildes von ihrer Stimmung zu diesem dritten Teamtag.

In einer zweiten Runde spricht reihum jede Person aus:

○ offene inhaltliche Fragen,
○ Wünsche an die Gesprächskultur.

2 Anschließend berichten die Untergruppen die zwischenzeitlich erarbeiteten Ergebnisse. Unerledigte Aufgaben werden gemeinsam in einer Prioritätenliste festgehalten.

3 In einer Kartenabfrage werden Kriterien für Teamentscheidungen gesammelt und gereiht. In Kleingruppenarbeit werden anhand der aufgelisteten Entscheidungskriterien reale Arbeits- und Entscheidungsprozesse der Vergangenheit durchgespielt. Die Gruppen überprüfen, welche neuen Vorschläge für das gemeinsame Konzept sich daraus ergeben und berichten im Plenum von ihren Arbeitsergebnissen.

4 Kleingruppen beschäftigen sich mit den folgenden weiterführenden Fragen:

○ **Welche Verfahrensweisen für Teamentscheidungen brauchen wir?**
○ **Wie können diese Prozesse zeitlich gestaltet und verbindlich delegiert werden?**
(Zuständigkeiten, notwendige Beratungssitzungen der Entscheidungsträger werden mit Zeitplan erarbeitet.)

Methoden **Praxisbeispiele**

5 Die Ergebnisse werden im Plenum präsentiert und sortiert in:
○ gemeinsam akzeptierte Verfahrensweisen
○ nicht einheitlich angenommene Vorschläge

6 Letztere werden als Arbeitsaufträge an Untergruppen delegiert. Ferner wird ein Team für die Endredaktion des Konzepts gebildet.

4. Tag

1 Nach der Methode „Mindmapping" (s. Folie 11) werden gemeinsam Gedanken zur bisherigen Projektarbeit gesammelt und in Stichworten festgehalten. In Paargesprächen wird abgeklärt:
○ Wie stehe ich zum Konzept?
○ Was muss noch geschehen?

2 Im Plenum können alle gleichzeitig Stichworte zu drei verschiedenen Überschriften auf die jeweiligen Plakate schreiben:
1. **Heute noch zu tun:**
2. **Danach noch zu tun:**
3. **Welche meiner Anliegen sind umgesetzt:**

3 Die so gesammelten Gedanken werden gemeinsam gesichtet und daraus Themen für die anschließende weitere Bearbeitung in Kleingruppen formuliert. Die Ergebnisse der Gruppenarbeitsphase werden im Plenum zusammengetragen.

4 Danach biete ich Übungen im Schattenboxen (Tai Chi) an. Daraus entwickelt sich spontan ein Showkampf: Die spielerische Aggressivität macht die Nähe der Beteiligten zueinander spürbar.

5 Im Plenum erfolgt dann die gemeinsame Endredaktion letzter Beiträge für das Konzept. Aufträge für die Umsetzung des Konzeptes werden festgehalten und übernommen.

6 Alle werden gebeten, sich frei im Raum zu bewegen und einen Platz im Team zu finden, an dem sie sich gerade wohl fühlen. Von dort aus spricht jede Person ihre Wertschätzung für eine andere aus, die weiter weg von ihr steht (Abschlussübung zur Teamarbeit).

7 Die Schlussrunde zeigt hohe Zufriedenheit mit dem Ergebnis, viel Zuversicht und Vertrauen in eine verbesserte Zusammenarbeit, Freude am guten Einverständnis und an der intensiven Kommunikation.

Selbstreflexion

Die inhaltlichen Themen um die Betreuung der Jugendlichen berührten mich sehr. Ich spürte mehrmals die Versuchung, eine der Abteilungen in ihrer Meinung zu unterstützen und inhaltlich mitzureden. In solchen Situationen forderte ich die Beteiligten auf, unterschiedliche Sichtweisen nebeneinander zu stellen, ohne diese zu bewerten, um mehr Informationen auszutauschen. Dies und meine „Enthaltsamkeit" unterstützte das Team, die verdeckten Konflikte anzusprechen und zu klären. Die einzige Stellungnahme, die ich in meinen Tagesresümees abgab, war die der Wertschätzung für die engagierte Arbeit aller Beteiligten. Auch die Einschätzung, wie konstruktiv und wie rasch das Team an der Konzeptentwicklung arbeitete, überließ ich ausschließlich den Beteiligten selbst. Monate später bekam ich nochmals sehr gutes Feedback zu diesem Prozess.
Als Moderator fühle ich mich bestätigt in meinen Grundthesen:

IN INHALTLICHER ENTHALTSAMKEIT WERTSCHÄTZEND, BEHUTSAM UND KONSEQUENT DIE HEISSEN THEMEN IN GEZIELTER FRAGESTELLUNG AUFWERFEN.

(Paul Lahninger, 1996)

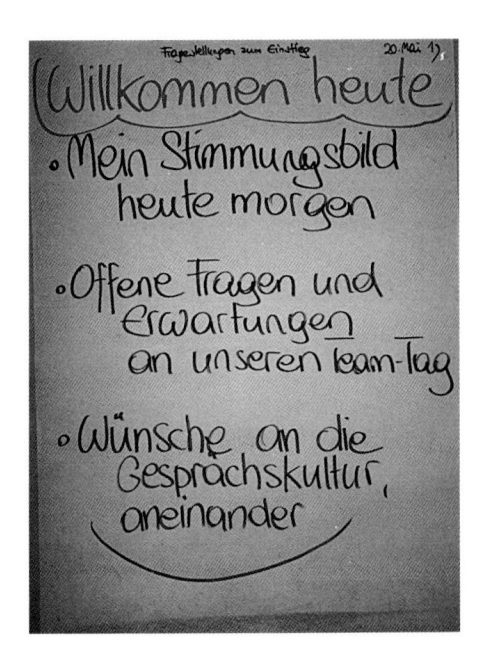

Methoden **Literatur**

LITERATUREMPFEHLUNGEN

Mit Beiträgen von Norbert Kailer, Trigon Wien

Baer, Ulrich u. a.: Sag beim Abschied ... Spiele, Materialien und Methoden für Schlussphasen in der Gruppenarbeit. Bd. 1 u. 2. Remscheid/Bremen 1993, Bd. 3 u. 4 Remscheid/Bremen 1994
Methoden für Abschiedssequenzen

Baer, Ulrich: Lebendig informieren und werben. Linz 1994
Bausteine für handfeste Öffentlichkeitsarbeit: Imagepflege, Grafische Gestaltung, Methoden.

Baer, Ulrich: Remscheider Diskussionsspiele. Linz 1995
Spielverfahren für den Einstieg in thematische Auseinandersetzung mit vielen Kopiervorlagen für konkrete Themen.

Baer, Ulrich: 500 Spiele für jede Gruppe für alle Situationen. Remscheid 1988
Arbeitshilfen und Texte. Vielseitige, anregende Kurzbeschreibungen.

Bataillard, Viktor: Die Pinnwand-Technik. Zürich 1995
Präsentieren und Moderieren mit Visualisierung an der Pinnwand

Breloer, Gerhard u.a.: Teilnehmerorientierung und Selbststeuerung in der Erwachsenenbildung. Braunschweig 1980
Theoretische Aufarbeitung des Begriffes der Teilnehmerorientierung im Erwachsenenbildungsbereich

Debener, Sabine u.a.: Arbeitsorientiertes Lernen - Lernorientiertes Arbeiten - Neue Wege in der beruflichen Weiterbildung. Bonn 1992
Kurze Broschüre der Konzertierten Aktion Weiterbildung: Fallbeispiele aus deutschen Unternehmen.

Decker, Franz: Grundlagen und neue Ansätze in der Weiterbildung. München und Wien 1984
Erwachsenenlernen, Wandel der Rahmenbedingungen, Wandel in den Lehrformen, Wandel von Lehr- zur lernorientierten Ausrichtung, Motivation in der Weiterbildung

Decker, Franz: Grundlagen und neue Ansätze in der Weiterbildung. Handbuch der Weiterbildung für die Praxis in Wirtschaft und Verwaltung 7. München und Wien 1984
Umfangreiche Darstellung (400 S.), Veränderungen der Rahmenbedingungen in der Weiterbildung, stark zentriert auf neue Formen von Unterrichtsführung

Heidack, Clemens (Ed.): Lernen der Zukunft - Kooperative Selbstqualifikation - die effektivste Form der Aus- und Weiterbildung im Betrieb. München 1989
Theorie der „Kooperativen Selbstqualifikation" (Fachleuten lernen voneinander), mit umfangreichen Fallstudien

Klebert, Karin u.a.: Kurzmoderation Hamburg 1987

Klebert, Karin u.a.: Moderationsmethode. Hamburg 1987
Standardwerk für die Gestaltung von Teambesprechungen und Entscheidungsprozessen

Klippert, Heinz: Planspiele. Spielvorlagen zum sozialen, politischen und methodischen Lernen in Gruppen: 10 komplette Planspiele. Weinheim/Basel, 1996
Lernwirksame Rollen-, Entscheidungs- und Interaktionsspiele für selbstständiges und kreatives Arbeiten in Erwachsenenbildung und Schule, insbesondere für die Themenbereiche: Umgang mit sozialen Randgruppen, Umweltschutz, Interessensvertretung im Betrieb, Entwicklungspolitik

Knoll, Jörg: Kleingruppenmethoden: Effektive Gruppenarbeit. Weinheim/Basel 1993
Grundlegende Einführung in Techniken für SeminarleiterInnen

Knoll, Jörg: Kurs- und Seminarmethoden. Ein Trainigsbuch zur Gestaltung von Kursen und Seminaren, Arbeits- und Gesprächskreisen. Weinheim Basel 1991

Methoden Literatur/Musik

Lumma, Klaus: Die Teamfibel. Oder Das Einmaleins der Team- und Gruppenqualifizierung im sozialen und betrieblichen Bereich. Ein Lehrbuch zum Lebendigen Lernen. Hamburg 1994

Rabenstein, Reinhold u.a.: Das Methodenset. 5 Bde. 8. Aufl. Münster 1996
5 Bücher für ReferentInnen und SeminarleiterInnen. Umfassendes Werkzeug für ganzheitliche Bildungsarbeit

Rabenstein, Reinhold: Lernen kann auch Spaß machen. Münster 1992
Das Methodenbuch für die kreative Gruppenarbeit

Strahm, Rudolf H.: Warum Sie so arm sind. Wuppertal 1989
Arbeitsbuch zur Entwicklung und Unterentwicklung in der Dritten Welt mit Schaubildern und Kommentaren. Beispielhafte grafische Darstellungen komplexer Zusammenhänge.

Weiser, Bernhard u. a.: Tänze und Spiele für die Gruppe. Münster 1990
Gruppentänze, Kreistänze und Lockerungsübungen für viele Situationen; mit Tanzmusik auf Musikkassette oder CD

Will, Hermann (Hg.): Mit den Augen lernen. Medien in der Weiterbildung. Weinheim/Basel 1994
Grundlagen der visuellen Gestaltung, einfach dargestellt

MUSIKEMPFEHLUNGEN

"Ausflippen"
z.B. Joe Cocker, Bronsky Beat, Opus: „Live is live", Jethro Tull: „Locomotive Breath"
sehr rasche peitschende Rhythmen, auch schrille Stimmen, Musik zum übermütigen Toben, um die Gruppe „vom Sessel zu reißen"

Tanzen
z.B. Vaya Con Dios: „Night Owls", Ray Lynch: „Deep Breakfast", Gipsy Kings, Elvis Presley
belebende Musik für beschwingtes Tanzen

Locker, leicht
z.B. George Winston: Klaviermusik, Keith Jarret: Köln-Konzert, Vollenweider: „Dancing with the moon",
rhythmische, animierende Instrumentalmusik zum Hereinkommen, „Kaffeehaus-Athmosphäre", Hintergrundmusik für Kontaktübungen und „leichte Gespräche"

Ruhig, entspannend
z.B. Deuter: „Land of enchantment", Oliver Shanti: „Walking on the sun", Jean Michel Jarre: „Oxygène", Phil Coulter: „Sea of Tranquility", Ondekoza: „Best One"
instrumental, gleichmäßig, sanft, für Entspannungszeiten, bei Einzelarbeit und persönlichen Gesprächen

Meditation, Traumreise
z.B. Mike Rowland: „Silver wings", Kilary: „Free flight", Anugama: „Morning Breeze", Philip Martins: „White Dove", Paul Winter: „Earthbeat", Clannad: „Magical Ring"
sphärischer, sehr langsamer Rhythmus, wenig Tonumfang, zum tiefen Entspannen

Anhang

Verzeichnis der Übungen und Methoden 275

Verzeichnis der Texte 276

Literatur 278

Overheadfolien

Folien-Übersicht

Titel	Baustein	zur Seite
FOLIE 1 Führungskompetenz/**Führungsstile**	1 Autorität	11
FOLIE 2 „Wert"-**Haltung** der Gesprächsführung	2 Kommunikation	22
FOLIE 3 Vision - Anspruch - Ziel	3 Motivation	73
FOLIE 4 Sinnlose Silben	6 Vorbereiten	190
FOLIE 5 Yin & Yang-Modell der Motivation	3 Motivation	72
		89
		102
		103
FOLIE 6 **Kommunikationsregel** in Konfliktsituationen	4 Konflikte	131
FOLIE 7 **Authentizität** und Selbstwert	2 Kommunikation	29
	5 Rhetorik	147
FOLIE 8 **Präsentationsraster**	5 Rhetorik	158
FOLIE 9 Gestaltung von **Overheadfolien**	5 Rhetorik	164
FOLIE 10 **Gruppeneinschätzung**	6 Vorbereiten	206
FOLIE 11 **Mindmapping**	7 Methoden	244

© Ökotopia Verlag: Paul Lahninger, leiten - präsentieren - moderieren

Verzeichnis der Übungen, Methoden und Texte (mit * gekennzeichnet)

ABC-Rollenspiel 142
Abschiedsrituale................................... 261
Affirmationen entwickeln 81
Ärger ausdrücken 63
Ärger und Wut abreagieren...............* 115
Aggression ....* 109
Aggressive Vorwürfe 137
Akademische Sprache ....* 173
Aktiv zuhören 45
Aktivierende Massage......................... 204
Aktivierung der Sinne ....* 191
Anatomie einer Nachricht ....* 39
Anatomie einer Nachricht 42
Anfangen 232
Anfangen in Gruppen.........................* 232
Angriffe durch TeilnehmerInnen......* 123
Anspruch - Vision - Ziel.....................* 73
Aspekte meiner Rolle..........................* 8
Atem und Stimme ....* 155
Atem- und Stimmübungen 156
Augenmassage 203
Auslöser von Wut ....* 114
Ausstrahlung stärken 153
Ausstrahlung stärken - Energie tanken ....* 154
Auswerten und Abschließen..............* 256
Folie 7: Authentizität und Selbstwert
Autorität - Macht - Einfluss ....* 5

Backhome im Alltag 259
Bedürfnisse...* 94
Bekenntnis zur Selbstachtung 28
Bekenntnis zur Selbstachtung ....* 28
Bestärkungswort 261
Beziehungsfalle ....* 36
Blinder Fleck ....* 6

Disziplin als Ordnungsprinzip ....* 91
Disziplin im Seminar ....* 125
Drei Begriffe - drei Gefühle 107

Echtsein und Rolle.............................* 148
Edu-Kinesthetik 197
Effektive Kommunikation..................* 30
Effektiv lernen 192
Effektiv prüfen.................................... 199

Effektiv prüfen ....* 199
Effektiv senden ....* 30
Effektiv vorbereiten ....* 179
Eigenmotivation..................................* 80
Eigenzertifikat gestalten 261
Einfach leben 29
Einführung der Methoden.................* 182
Einstieg..* 159
Entspannt lernen 196
Entspannt vertiefen 195
Entwicklungshilfe für uns 251
Entwicklungsorientierung..................* 79
Entwicklungsphasen in Teams und Gruppen* 55
Erfolgreich wirken 18
Ergebnis und Erlebnis ....* 205
Erscheinungsformen der Aggression ....* 111
Erste Sätze ....* 159
Erste Sekunden ....* 160
Erwachsene lernen ....* 188
Erwartungen klären 235
Eskalationsstufen ....* 113
Evaluierungsmethoden......................* 258

Fallbeispiel Lehrlingsausbildung ....* 92
Feedback-Regeln.................................* 38
Feedback/Selbsteinschätzung 177
Forderungen stellen ....* 89
Fragebogen „danach" 263
Fuhren heißt Zutrauen......................* 75
Führen und Folgen ....* 7
Führungsqualitäten 10
Führungsqualitäten ....* 10
Führungsstile ....* 12

Gehirn und Computer - ein Vergleich ....* 184
Gerüchteküche 60
Gespräch über das Gespräch ....* 37
Gesprächsticket 236
Gestaltung mit visuellen Medien .....* 163
Folie 9: Gestaltung von Overheadfolien
Gewinnt so viel ihr könnt! 224
Grenzen der Motivation ....* 70
Grundmuster sozialer Ordnungen....* 50
Grundsätze..* 179
Gruppe als organisches System........ 59
Gruppe, inhomogene..........................* 211

275

Verzeichnis Übungen, Methoden und Texte

Gruppenarbeit 241, 242, *205, 217
Gruppendynamik .... * 55
Gruppendynamische Aspekte von
   Bildungsarrangements .... * 205
Gruppendynamische Grundlagen .... * 205
Gruppendynamischer Regelkreis .... * 99
   Folie 10: Gruppeneinschätzung
Gruppeneinblick 247
Gruppeneinschätzung 206
Gruppenstandards .... * 58
Gute Macht .... * 6

Handlungsspielraum .... * 128
Herausforderungen an die Autorität .... * 123

Ich bin du - Rückmeldungen 65
Ich-Botschaften 34, 132
Ich-Botschaften: Auswirkungen beschreiben * 131
Identität als LeiterIn 14
Info-Mosaik .... * 165
Info-Mosaik 183
Inhaltliche Bearbeitung .... * 247
Initiative entwickeln 19
Initiative stärken 102
Innere Stimmen 153
Interventionstechniken .... * 129

Jeux Dramatique 252

Katastrophenszenario nutzen 223
Kennen lernen der Namen 234
Kernstück .... * 162
Körper beachten .... 195 - 197, 201
Körper beachten .... * 201
Körpersprache .... * 54, 95
Kollegiale Beratung 255
Kollegin platzt herein 139
Kommunikation anregen 234
Kommunikationsfördernde Haltung .... * 26
Kommunikationsregel für Konflikte .... * 131
   Folie 6: Kommunikationsregel für Konflikte
Konfliktanalyse 141
Konfliktbearbeitung 142
Konflikte - Konfliktvermeidung .... * 109
Konflikte moderieren .... * 118
Konflikt zwischen KollegInnen 139
Konflikt zwischen TeilnehmerInnen 134

Konflikt zwischen TrainerIn und
   TeilnehmerInnen 136
Konfusionstechnik 143
Konkret beobachten 64

Lehrplanorientierung .... * 207
Leistungsfreude .... * 78
Leistungsfreude (neu) entfalten .... * 72
Leistungsschwankungen .... * 185
Lernbiologische Stoffaufbereitung .... * 193
Lernpsychologische Aspekte von
   Bildungsarrangements .... * 183
Lern- und Prüfungssituationen gestalten .... * 192
Lösungskompetenz .... * 116

Macht der Gedanken .... * 82
Malaktionen 231
Manuskript .... * 168
Massage, aktivierende 204
Meine Ausstrahlung .... * 147
Mein Grundverständnis .... * 217
Mein Mitwirken 228
Meinungsspektrum 248
Menschenbild .... * 74
Metakommunikation .... * 37
Metaphern als Verständnishilfen 198
Methodenanalyse 215
Methodensammlung .... * 214
Methodenwahl .... * 181
Methodik der Anfangs-Situation .... * 234
   Folie 11: Mindmapping
Mimik und Gestik 157
Mindmapping 244
Mini-Lab 221
Mitschwingen - Resonanz geben .... * 25
Moderation ist Enthaltsamkeit .... * 241
Moderationstechnik 244
Moderation, Vorbereitung 246
Motivation fördern 105
Motivationskonflikte 102
Motivationszwiebel 100
Motive als Autorität .... * 84
Musikempfehlungen 274
Musikempfehlungen .... * 274
Mythos Motivation .... * 74

Neue Ansätze 260
Nonverbale Kommunikation .... * 54, 95

276

Verzeichnis Übungen, Methoden und Texte

Orientierung schaffen .... * 232
Overhead und Dia .... * 164
   Folie 9: Overheadfolien gestalten

Pannen dürfen sein .... * 151
Pannen im Vortrag 152
Persönlichkeitsentfaltung .... * 98
Personenraten 240
Persönliche Reflexion und Selbsteinschätzung 62
Persönliche Tagesleistungskurve 186
Phasenmodelle .... * 250
Plusminus-Besprechungsmodell 245
Polaritäten der Führungskompetenz 11
   Folie 1: Polaritäten der Führungskompetenz
Positionen sozialer Kompetenz 122
Positionen sozialer Kompetenz .... * 120
Positiv denken 29,79,81,149, 154
Positiv denken und wirken .... * 149
Präsentationsraster .... * 158
   Folie 8: Präsentationsraster
Praxisbeispiel: Burnout .... * 264
Praxisbeispiel: Leitbildentwicklung .... * 267
Praxisbeispiel: Präsentation .... * 166
Praxisbeispiel: Sexualpädagogik .... * 233
Praxisbeispiel: Sprachgestaltung .... * 175
Praxisbeispiel: Teamentwicklung .... * 270
Projektarbeit .... * 213, 241

Qualitäten lebendiger Sprache .... * 174
Qualitäten von Führungspersönlichkeiten 10
Quellen ausstellen 17

Rollenspiele 251
Rollenspiele .... * 251
Ruhe bewahren in Konfliktsituationen 140
Rückmeldungen 262

Sanktionen .... * 127
Selbstachtung .... * 27
Selbstbehauptung .... * 116
Selbsteinschätzung 33
Selbstherrliche TeilnehmerInnen 138
Selbstorganisation .... * 77
Selbstwert .... * 23
Seminarplanung 212
Skripten-Puzzle 169

Sprachgestaltung 172
Sprechgewohnheiten, ineffektive .... * 172
Stärke gewinnen 104
Steckbrief 239
Stimme des Gegners 144
Stimme erheben .... * 155
Stimmungen in der Gruppe .... * 95
Stimmungssignale registrieren
und darauf reagieren 96
Stress .... * 186
Studienzirkel 213
Superlearning - ein mehrgängiges Menü 194

Tanzkarte 238
Teamarbeit zielorientiert leiten: Moderation ... * 241
Teamaspekte 219
Teamdynamik untersuchen 227
Teamentwicklung .... * 218
Teamkultur 229
Teamprozesse .... * 50, 205, 217
Teamleitung, Qualitäten der 243
Team-Moderation, Qualitäten der 243
Teamphilosophie entfalten 220
Teamqualitäten reflektieren 226
Team- und Gruppendynamik .... * 55
TeilnehmerInnenorientierung .... * 207
Teilnehmerrückzug 136
Teilnehmerskript 170
Thesen ins Spiel bringen 247
Thesininterview 249
Transaktionsanalyse .... * 51
Transparente Macht .... * 5

Überforderung - Unterforderung .... * 90
Umfragemethode 248

Vergessen als Überlastungsschutz .... * 183
Verhandlungstechnik 66
Verständnishilfe Metapher 198
Verstärkung .... * 162
Vierohrigkeit .... * 40
Vier-Positionen-Beratung 122
Visionen anpacken 222
Vision – Anspruch – Ziel 73
   Folie 3: Vision – Anspruch – Ziel
Vision - Anspruch - Ziel .... * 73
   Folie 3: Vision - Anspruch - Ziel
Visualisierung mit Overhead und Dia .... * 164

Verzeichnis Übungen, Methoden und Texte/Literatur

Vorwürfe innerhalb der Gruppe 134

W
ahrnehmungskanäle 190
Wahrnehmungskanäle................................* 189
    Folie 4: Wahrnehmungskanäle
Wahrnehmung und Kommunikation.............* 21
    Folie 2:
    „Wert"-Haltung der Gesprächsführung
Was ist das Leben... 253
Was tun, wenn ich... 152
Wertebasis und Wertevielfalt 230
    Folie 2:
    „Wert"-Haltung der Gesprächsführung
Wer will was, von wem?................................ 254
Who is who for me? 16
Widerstände nutzen 103
Willkürlich verknüpfen 250
Wünsche in Stereo 261
Wurzeln des Selbstwertgefühls ....* 23

Y
in und Yang im Führungsstil 8
    Folie 5:
    Yin und Yang-Modell der Motivation
Yin und Yang im Führungsstil........................* 8
Yin und Yang: Zuhören – Begleiten – Fordern * 89

Z
ielgruppe verstehen................................* 94
Zielmodell 87
Zielqualitäten ....* 86
Zielvereinbarungen.......................................* 85
Zitrus-Methode 181
Zuhören - Begleiten - Fordern......................* 89
Zuhören - Empfangen ....* 39

Literatur

Antons, Klaus: Praxis der Gruppendynamik. Zürich 1993
Artho, Esther u. a.: Heißer Stoff: Aggression. Meilen 1993
Ashauer, Günther, (Hg.): Audiovisuelle Medien. Düsseldorf 1980
Bach, George/Goldberg, Herb: Keine Angst vor Aggression. Die Kunst der Selbstbehauptung. Frankfurt/M. 1987
Baer, Ulrich u. a.: Sag beim Abschied ... Spiele, Materialien und Methoden für Schlussphasen in der Gruppenarbeit. Bd. 1 u. 2. Remscheid/Bremen 1993, Bd. 3 u. 4 Remscheid/Bremen 1994
ders.: 500 Spiele für jede Gruppe für alle Situationen. Remscheid 1988
ders.: Lebendig informieren und werben. Linz 1994
ders.: Remscheider Diskussionsspiele. Linz 1995
Ballinger, Erich: Lerngymnastik. Wien 1992
Ballstaedt, Steffen-Peter: Lerntexte und Teilnehmerunterlagen. Weinheim 1991
Bandler, Richard/Grinder, John: Neue Wege der Kurzzeit-Therapie. Neurolinguistische Programme. Paderborn 1982
Bartussek, Walter: Pantomime und darstellendes Spiel. Mainz 1990
Bataillard, Viktor: Die Pinnwand-Technik. Zürich 1995
Birkenbihl, Michael: Train the Trainer, 11. Auflage. Landsberg/Lech 1993
Bredemeier, Karsten u.a.: Die Kunst der Visualisierung. Zürich/Wiesbaden 1991
Breloer, Gerhard u.a.: Teilnehmerorientierung und Selbststeuerung in der Erwachsenenbildung. Braunschweig 1980
Brown, Michael u. a.: Abriß der Transaktionsanalyse. 3. Aufl. Eschborn 1993
Bücken, Hajo: Das Fremde überwinden. Offenbach 1991
Carlzon, Jan: Alles für den Kunden. 5. Auflage. Frankfurt/M. 1992
de Bono, Edward: Serious Creativity. Stuttgart 1996
Debener, Sabine u.a.: Arbeitsorientiertes Lernen - Lernorientiertes Arbeiten - Neue Wege in der beruflichen Weiterbildung. Bonn 1992

Anhang Literatur

Decker, Franz: Grundlagen und neue Ansätze in der Weiterbildung. Handbuch der Weiterbildung für die Praxis in Wirtschaft und Verwaltung 7. München und Wien 1984
Dethlefsen, Thorwald/Dalke, Rüdiger: Krankheit als Weg. Deutung und Be-Deutung der Krankheitsbilder. München 1988
Eggetsberger, Gerhard H./Eder, Karl Heinz: Das neue Kopftraining der Sieger. 3. Auflage. Wien 1992
Fritz, Jürgen: Methoden sozialen Lernens. Weinheim 1993
Fromm, Erich: Vom Haben und Sein. Wege und Irrwege der Selbsterfahrung. Freiburg 1993
Ganser, Albert: Lehren und Lernen in der Erwachsenenbildung, Wien 1991
Gersbacher, Ursula: Rhetorik, Körpersprache im Beruf, Stimmschulung. München 1992
Glasl, Friedrich: Das Unternehmen Zukunft. Moralische Intuition in der Gestaltung von Organisationen. Stuttgart 1994
ders.: Konfliktmanagement. Stuttgart 1994
Gordon, Thomas: Lehrer-Schüler-Konferenz. Wie man Konflikte in der Schule löst. Reinbek 1977
ders. Manager-Konferenz. Hamburg 1989
Hammann, Claudia: Stimme - Mehr Ausdruck und Persönlichkeit. München 1997
Hay, Louise: Wahre Kraft kommt von Innen. München 1995)
Heidack, Clemens (Ed.): Lernen der Zukunft - Kooperative Selbstqualifikation - die effektivste Form der Aus- und Weiterbildung im Betrieb. München 1989
Heller, Eva: Wie Farben wirken. Hamburg 1989
Hennig, Gudrun/Pelz, Georg: Transaktionsanalyse. Freiburg/Brsg. 1997
Hierold, Emil: Sicher präsentieren - wirksam vortragen. Wien 1990
Karlsson, Lars/Karlsson, Irmtraud: Studienzirkel. Linz 1988
Kia, Mario A. u.a.: Stimme, Spiegel meines Selbst. Braunschweig 1991
Klebert, Karin u.a.: Kurzmoderation Hamburg 1987
Klebert, Karin u.a.: Moderationsmethode. Hamburg 1987
Klippert, Heinz: Planspiele. Spielvorlagen zum sozialen, politischen und methodischen Lernen in Gruppen: 10 komplette Planspiele. Weinheim/Basel, 1996

Knoke, William: Kühne neue Welt. Leben in der „placeless society" des 21. Jhdt. Frankfurt/M. 1996.
Knoll, Jörg: Kleingruppenmethoden: Effektive Gruppenarbeit. Weinheim/Basel 1993
ders.: Kurs- und Seminarmethoden. Ein Trainingsbuch zur Gestaltung von Kursen und Seminaren, Arbeits- und Gesprächskreisen. Weinheim Basel 1991
ders.: Lebenslanges Lernen. Hamburg 1974
Kopp, Sheldon B.: Triffst du Buddha unterwegs. Frankfurt/M. 1988
Lair, Jacqueline C./Lechler, Walther H.: Von mir aus nennt es Wahnsinn. Protokoll einer Heilung. Stuttgart 1986
Lumma, Klaus: Die Teamfibel oder das Einmaleins der Team- und Gruppenqualifizierung im sozialen und betrieblichen Bereich. Ein Lehrbuch zum Lebendigen Lernen. Hamburg 1994
Miller, Alice: Du sollst nicht merken. Frankfurt/M. 1983
Molcho, Samy: Körpersprache. München 1995
ders.: Partnerschaft und Körpersprache. München 1996
Nagel, Clint van u.a.: Megateaching. Freiburg/Brsg. 1989
Notling, Hans-Peter: Lernfall Aggression. Reinbek 1985
Palmowski, Winfried: Der Anstoß des Steines. Dortmund 1995
Pechtl, Waldefried: Zwischen Organismus und Organisation. Wegweiser und Modelle für Berater und Führungskräfte. Linz 1991
Pedler, Mike: The Learning Company. London 1991 (deutsch: Die lernende Organisation)
Preuschoff, Axel/Preuschoff, Gisela: Gewalt an Schulen. Köln 1994
Rabenstein, Reinhold/Reichel, René: Teamarbeit und Mitarbeiterberatung. Linz 1994
Rabenstein, Reinhold u.a.: Das Methodenset. 5 Bde. 8. Aufl. Münster 1996
Rabenstein, Reinhold: Lernen kann auch Spaß machen. Münster 1992
Rahm, Dorothea u. a.: Einführung in die Integrative Therapie. Paderborn 1993
Rautenberg, Werner/Rogoll, Rüdiger: Werde, der du werden kannst. Freiburg/Brsg. 1980
Rogers, Carl: Klientenzentrierte Gesprächstherapie. Frankfurt/Main 1988)

Anhang Literatur

Satir, Virginia: Kommunikation - Selbstwert - Kongruenz. Paderborn 1990
dies.: Selbstwert und Kommunikation. München 1975
dies.: Meine vielen Gesichter. München 1988
Saul, Siegmar: Führen durch Kommunikation. Gespräche mit MitarbeiterInnen. Basel 1993
Scheler, Uwe: Information präsentieren. Offenbach 1994
Schiff, Michael: Redetraining. München 1980
Schmidt, Eva./Berg, Hans: Beraten mit Kontakt.
Schoenbeck, Hubertus von: Ich liebe mich, so wie ich bin. München 1989
Schrader, Einhard u.a.: Optische Sprache. Hamburg 1991
Schulz von Thun, Friedeman: Miteinander reden. Störungen und Klärungen. Hamburg 1993
Schwäbisch, Lutz/Siems, Martin: Anleitung zum sozialen Lernen für Paare, Gruppen und Erzieher. Reinbek 1974
Senger, Gerti/Hoffmann, Walter: Finden Sie Ihren Persönlichkeitsquotienten. München 1996
Speichert, Horst: Kopfspiele. Hamburg, 1990.
Strahm, Rudolf H.: Warum Sie so arm sind. Wuppertal 1989
Talman, Michael: Besser präsentieren mit dem PC. Düsseldorf 1991
Teml, Hubert: Entspannt Lernen. Linz 1990
Thanhoffer, Michael u. a.: Autorität in der Gruppe. 10. Auflage. Wien 1993
Thanhoffer, Michael u. a.: Kreativ unterrichten. Münster 1993
Toelstede, Bodo G./Gamber, Paul: Video-Training und Feedback. Weinheim/Basel 1993
Turkheim, Georg: Chaos und Management. Wien 1991
Vester, Frederic: Denken, Lernen, Vergessen. 20. überarbeitete Aufl. München 1993
Vopel, Klaus W.: Handbuch für GruppenleiterInnen. 8. Aufl. Salzhausen 1997
Vroon, Piet: Drei Hirne im Kopf. Zürich 1993
Weber, Gunthart (Hrsg.): Zweierlei Glück. Die Systemische Psychotherapie Bert Hellingers, 9. Aufl. Heidelberg 1997.
Weiser, Bernhard u. a.: Tänze und Spiele für die Gruppe. Münster 1990
Werneck, Tom/Ullmann, Frank: Konzentrationstraining. 6. Aufl. München 1981
Wildemann, Bernd: Professionell führen. Neuwied 1994

Will, Hermann (Hg.): Mit den Augen lernen. Medien in der Weiterbildung. Weinheim/Basel 1994
Will, Hermann: Vortrag und Präsentation. Weinheim 1994

AGB Ausbildungsinstitut für Gruppe und Bildung
www.agb-seminare.at

AGB-Trainerinnen und AGB-Trainer bieten Seminare, Lehrgänge, Coaching und Moderation in 5 Sterne Qualität:

- persönlich - wertschätzende Begleitung
- beteiligende Team- und Gruppenprozesse
- kreative und ganzheitliche Methodenvielfalt
- herausfordernde Lern- und Leistungsziele
- lösungs- und ressourcenorientierter Zugang

Mag. Manfred Ambach, 5020 Salzburg, +43(0)662 - 83 12 52 manfred.ambach@aon.at
Projektkalkulation - Trainerseminare

Robert Graf, 1230 Wien, +43(0)699 -117 33 466 robert-graf@chello.at
Trainer und Coach für Persönlichkeits- und Teamentwicklung - Moderation

Mag. Helga Gumplmaier, 4893 Zell am Moos, +43(0)6234 - 7264 h.gumplmaier@geh-concept.com
Coaching und Laufbahnbaratung - Visionsarbeit - Projektbegleitung, www.geh-concept.com

Mag. Katrin Haugeneder, 4642 Sattledt, +43(0)699 - 1988 1967 k.haugeneder@stimmentfaltung.at
Atem- und Stimmtrainerin (nach AAP) - Train the Trainer-Seminare, www.stimmentfaltung.at

Judith Kirchmayr-Kreczi MSc, 4291 Witzelsberg, +43(0)699 - 116 99 925 jkk@nextra.at
Sozial- und Beratungskompetenz - Supervision - Bewegungsandragogik, www.jkk-kommunikation.at

Lisa Kolb-Mzalouet, 1070 Wien, +43(0)676 - 347 37 01 office@lisa-kolb.at
Theaterpädagogik-Forumtheater - Interkulturelles Lernen - Gender-Mainstreaming, www.lisa-kolb.at

Margit Kühne-Eisendle, 6830 Rankweil, +43(0)664 - 264 56 01 zoom@aon.at
Supervision & Coaching - Arbeit mit weiblichen Führungskräften, www.zoom-vision.com

Paul Lahninger, 5020 Salzburg, +43(0)662 - 824 777 paul.lahninger@topseminare.at
Train the Trainer - Moderation - Leiten und Führen, www.topseminare.at

Alli Möth, Tel:05223/49 29 89, 6064 Thaur, +43(0)5223 - 492 989 alli.moeth@gmx.at
Seminare für Kinder -Tanzpädagogik, Musik und Rhythmus, www.integrativer-tanz.at

Reinhold Rabenstein, 4040 Linz, +43(0)732 - 750 540 r.rabenstein@agb-seminare.at
Beteiligung organisieren - kreative Lösungen - ganzheitliche Methoden, www.agb-seminare.at/rabenstein

Dr. René Reichel, 3105 St. Pölten, +43(0)2742 - 363 574 rene@reichel-reichel.at
Lehrgänge für Supervision und psychosoziale Beratung - Gestaltpädagogik, www.reichel-reichel.st

Mag. Christa Renoldner, 5020 Salzburg, +43(0)662 - 450985 praxis@christa-renoldner.at
Systemische Pädagogik - Aufstellungsarbeit - Therapie und Supervision, www.christa-renoldner.at

Dr. Eva Scala, 8074 Raaba, +43(0)316 - 40 16 15 eva.scala@kfunigraz.ac.at
Gestaltpädagogik - Systemisches Management - Aufstellungsarbeit

Mag. Hermine Steinbach-Buchinger MAS, 1180 Wien, +43(0)676 - 3322797 office@agentursteinbach.at
Großgruppenintervention - Moderationen - Diversity Management, www.agentursteinbach.at

Michael Thonhauser, 1070 Wien, +43(0)1 - 523 39 54 mt@wegezumziel.at
Empowerment und Konfliktlösung mittels Forumtheater und Strukturaufstellungen, www.wegezumziel.at

Dr. Bernhard Weiser, 6130 Schwaz, +43(0)5242 - 667 382 bernhard.weiser@uibk.ac.at
Lehrerbildung und Schulentwicklung - Tanzpädagogik - Psychotherapie, www.integrativer-tanz.at

Toni Wimmer, 2392 Sulz im Wienerwald, +43(0)2238 - 70043, office@toni-wimmer.at
Systemische Pädagogik - Spielpädagogik - Selbsterfahrung und Supervision, www.toni-wimmer.at

Ausbildungsinstitut für Gruppe und Bildung

der AGB-Arbeitsgemeinschaft für Gruppen-Beratung
www.agb-seminare.at

Train the Trainer
Leiten, Präsentieren, Moderieren in methodischer Vielfalt für MultiplikatorInnen, Führungskräfte und ModeratorInnen.
Info: **Paul Lahninger** www.topseminare.at

Systemische Pädagogik
In WIRKlichkeit hat jedes Problem viele hilfreiche Seiten. Mit lösungs- und ressourcenorientierter Sicht wird Pädagogik leicht.
Info: **Toni Wimmer** www.toni-wimmer.at

Integrative Tanzpädagogik
• Gruppenorientierte Tanzformen • Bewegungsorientierte Selbsterfahrung • Tanzimprovisation und Bewegungsgestaltung
Info: **Dr. Bernhard Weiser** bernhard.weiser@uibk.ac.at

Spiel-Agogik & Animation
Erlebnis- und erfahrungsreiche Modelle kreativer und kommunikativer Gruppenarbeit in Theorie und methodenreicher Praxis.
Info: **Toni Wimmer** www.toni-wimmer.at

Gestalt Pädagogik
Ganzheitlich lernen und arbeiten: Mich selbst entwickeln und entfalten. Soziale Kompetenz entfalten.
Info: **Reinhold Rabenstein** r.rabenstein@agb-seminare.at

Theater Pädagogik
Spannt den Bogen vom Theater als Medium zur persönlichen Entwicklung und Selbsterfahrung zur politischen Aktion.
Info: **Lisa Kolb-Mzalouet** lisa.kolb@aon.at

Leiten-Entwickeln-Managen
Schlüsselqualifikationen für das Leiten und Managen in Teams, Gruppen und Organisationen. Wirksam Sein!
Info: **Reinhold Rabenstein** r.rabenstein@agb-seminare.at

Z. I. E. L.-Coaching-Lehrgang
Zielorientiert · Innengeleitet · Einfühlsam · Lösend.
Eigenverantwortung stärken, zur eigenen Lösung zu begleiten.
Info: Paul.Lahninger@topseminare.at
Ausbildungsinstitut für Gruppe und Bildung www.agb-seminare.at

Kompetenz.Kreativ.Entfalten.

www.agb-seminare.at

Hier finden Sie Anregung und Sicherheit:
Das Methoden-Set

Das Methoden-Set
Fünf Bücher für Referenten und Seminarleiterinnen

Herausgeber:
Arbeitsgemeinschaft für Gruppen-Beratung (AGB)
gemeinsam mit:
Arbeitsgemeinschaft der Bildungsheime Österreichs.
Autoren:
Reinhold Rabenstein, René Reichel, Michael Thanhoffer u.a.

Fünf Bücher zum Vorbereiten und Gestalten von lebendigen Lernsituationen in kleinen und großen Gruppen.

Handlich, klar und umfassend bildet dieses Set das sinnvolle Werkzeug ganzheitlich arbeitender Multiplikatoren in Schulen wie in der Erwachsenenbildung.

Aufbau und Inhalt:

Band 1: Anfangen. Vor dem Seminarbeginn – Eintreffen und Orientieren – Kennenlernen und Lockern – Einstieg in Themen – Klärung der Bedürfnisse.

Band 2: Themen bearbeiten. Erfahrungen darstellen – Lebendig informieren – Diskussionsmethoden – Ergebnisse austauschen – Entscheidungshilfen – Konsequenzen klären.

Band 3: Gruppe erleben. Autorität – Klima im Gruppensystem – Kommunikationsmethoden – Konkret Zusammenarbeiten – Festliches Gestalten.

Band 4: Reflektieren. Auswertungsmethoden – Aufarbeiten fördern – Umsetzen – Transfer – Aufhören.

Band 5: Konflikte. Ursachen – Situationen während der Veranstaltung – Was Ihnen passieren kann – Strategien und Methoden.

ISBN 978-3-925169-21-2

Arbeitsgemeinschaft für Gruppen-Beratung im Ökotopia Verlag, Münster

Arbeitsgemeinschaft für

Gruppen-Beratung

Unser Team untestützt Menschen,
die kreativ und kontaktreich in Gruppen, Klassen, Teams u.a.
als Leitende oder als Referenten/TrainerInnen arbeiten: wirksam für

Kreativität, Kommunikation und persönliche Entfaltung!

Dies geschieht bei unseren Lehrgängen, Seminaren, Beratungen und durch diese Bücher:

Das Methoden-Set

1. Anfangen
2. Themen bearbeiten
3. Gruppen erleben
4. Reflektieren
5. Konflikte

Tanz dich ganz – Kreativ tanzen und bewegen (Auguste Reichel)
Impulse für kreative Tanz- und Bewegungspädagogik und bewegte Gesundheitsbildung

kreativ beraten (René Reichel, Reinhold Rabenstein)
Methoden, Modelle, Strategien für Beratung, Coaching und Supervision

Mit Angst, Lust und Aggression leben (Auguste Reichel, René Reichel)
Heilsame Gedanken und Methoden für Erziehung und Beratung

Widerstand als Motivation (Paul Lahninger)
Herausforderungen konstruktiv nutzen in Moderation, Training, Teamentwicklung, Coaching und Beratung
Mit konkreten Praxisbeispielen, Tipps und Methoden

ich zeig dir meine Welt (Marion Seidl, Erich Heiligenbrunner)
Menschen mit Behinderungen im szenischen Spiel
Ein Praxisbuch für alle

Das ist Gestaltpädagogik (René Reichel, Eva Scala)
Ein Lehrbuch für die Praxis
Grundlagen, Impulse, Methoden, Praxisfelder, Ausbildungen

Kinder spielen Geschichte

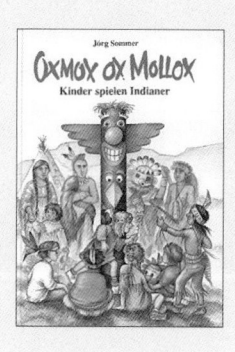

Floerke + Schön
Markt, Musik und Mummenschanz
Stadtleben im Mittelalter
Das Mitmach-Buch zum Tanzen, Singen, Spielen, Schmökern, Basteln & Kochen
ISBN (Buch): 978-3-931902-43-8
ISBN (CD): 978-3-931902-44-5

H.E.Höfele, S. Steffe
Der wilde Wilde Westen
Kinder spielen Abenteurer und Pioniere
ISBN (Buch): 978-3-931902-35-3
ISBN (CD): 978-3-931902-36-0

Jörg Sommer
OXMOX OX MOLLOX
Kinder spielen Indianer
ISBN: 978-3-925169-43-4

Bernhard Schön
Wild und verwegen übers Meer
Kinder spielen Seefahrer und Piraten
ISBN (Buch): 978-3-931902-05-6
ISBN (CD): 978-3-931902-08-7

Im KIGA, Hort, Grundschule, Orientierungsstufe, offene Kindergruppen, bei Festen und Spielnachmittagen

Auf den Spuren fremder Kulturen

Die erfolgreiche Reihe aus dem Ökotopia Verlag

H.E. Höfele - S. Steffe
Kindertänze aus aller Welt
Lebendige Tänze, Kreis-, Bewegungs- und Singspiele rund um den Globus
ISBN (Buch): 978-3-936286-40-3
ISBN (CD): 978-3-936286-41-0

P. Budde, J. Kronfli
Regenwald & Dschungelwelt
In Spielen, Liedern, Bastelaktionen, Geschichten, Infos und Tänzen die faszinierende Welt der Regenwälder erleben
ISBN (Buch): 978-3-936286-96-0
ISBN (CD): 978-3-936286-97-7

Monika Rosenbaum
Pickadill & Poppadom
Kinder erleben Kultur und Sprache Großbritanniens in Spielen, Bastelaktionen, Liedern, Reimen und Geschichten
ISBN (Buch): 978-3-936286-11-3
ISBN (CD): 978-3-936286-12-0

WELTMUSIK FÜR KINDER
Kinderweltmusik im Internet
www.weltmusik-fuer-kinder.de

Comenius Siegel 2005

H.E. Höfele, S. Steffe
In 80 Tönen um die Welt
Eine musikalisch-multikulturelle Erlebnisreise für Kinder mit Liedern, Tänzen, Spielen, Basteleien und Geschichten
ISBN (Buch): 978-3-931902-61-2
ISBN (CD): 978-3-931902-62-9

Pit Budde, Josephine Kronfli
Wer sagt denn hier noch Eskimo?
Eine Reise durch das Land der Inuit mit Spielen, Liedern, Tänzen und Geschichten
ISBN (Buch): 978-3-936286-73-1
ISBN (CD): 978-3-936286-74-8

D. Both, B. Bingel
Was glaubst du denn?
Eine spielerische Erlebnisreise für Kinder durch die Welt der Religionen
ISBN: 978-3-931902-57-5

Hartmut E. Höfele
Europa in 80 Tönen
Eine multikulturelle Europareise mit Liedern, Tänzen, Spiele und Bräuchen
ISBN (Buch): 978-3-931902-87-2
ISBN (CD): 978-3-931902-88-9

Pit Budde, Josephine Kronfli
Hano Hanoqitho
Frühling und Osterzeit hier und anderswo
Ein internationaler Ideenschatz mit Spielen, Liedern, Tänzen, Geschichten, Bastelaktionen und Rezepten
ISBN (Buch): 978-3-936286-56-4
ISBN (CD): 978-3-936286-57-1

Miriam Schultze
Sag mir, wo der Pfeffer wächst
Spielend fremde Völker entdecken
Eine ethnologische Erlebnisreise für Kinder
ISBN: 978-3-931902-15-5

Der Fachverlag für gruppen- und spielpädagogische Materialien

Ökotopia Verlag und Versand

Fordern Sie unser kostenloses Programm an:

Ökotopia Verlag
Hafenweg 26a · D-48155 Münster
Tel.: (02 51) 48 19 80 · Fax: 4 81 98 29
E-Mail: info@oekotopia-verlag.de

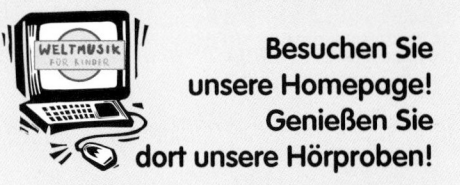

Besuchen Sie unsere Homepage!
Genießen Sie dort unsere Hörproben!

http://www.oekotopia-verlag.de
und www.weltmusik-fuer-kinder.de

Gertraud Mayrhofer
Kinder tanzen aus der Reihe
Von Herbstdüften, Frühlingsklängen und Sommerträumen – ein Jahr voller Begegnungen, Berührungen, Bewegung und Tanz
ISBN (Buch inkl. CD): 978-3-936286-45-8

Barbara Huber, Heidi Nicolai
Toben, Raufen, Kräfte messen
Ideen, Konzepte und viele Spiele zum Umgang mit Aggressionen
ISBN: 978-3-931902-41-4

Johanna Friedl
Das Ballspiele-Buch
Rollen, werfen, fangen, zielen - Ballspiele mit Kindern für alle Gelegenheiten
ISBN: 978-3-936286-63-2

Wolfgang Hering
AQUAKA DELLA OMA
88 alte und neue Klatsch- und Klanggeschichten mit Musik und vielen Spielideen
ISBN (Buch): 978-3-931902-30-8
ISBN (CD): 978-3-931902-31-5

Volker Friebel, Marianne Kunz
Rhythmus, Klang und Reim
Lebendige Sprachförderung mit Liedern, Reimen und Spielen in Kindergarten, Grundschule und Elternhaus
ISBN (Buch): 978-3-936286-61-8
ISBN (CD): 978-3-936286-62-5

Sabine Hirler
Kinder brauchen Musik, Spiel und Tanz
Bewegt-musikalische Spiele, Lieder und Spielgeschichten für kleine und große Kinder
ISBN (Buch): 978-3-931902-28-5
ISBN (CD): 978-3-931902-29-2

Andrea Erkert
Das Stuhlkreisspiele-Buch
Bewegte und ruhige Spielideen zu jeder Zeit und zwischendurch
ISBN: 978-3-936286-26-7

Birgit Kasprik
Wi-Wa-Wunderkiste
Mit dem Rollreifen auf den Krabbelberg - Spiel- und Bewegungsanimation für Kinder ab einem Jahr
ISBN: 978-3-925169-85-4

Wolfgang Hering
Kunterbunte Bewegungshits
88 Lieder, Verse, Geschichten, leichte Hip-Hop-Stücke und viele Spielideen zum Mitmachen für Kids im Vor- und Grundschulalter
ISBN (Buch): 978-3-931902-90-2
ISBN (CD): 978-3-931902-91-9
ISBN (Playback-CD): 978-3-931902-95-7

Constanze Grüger
Bewegungsspiele
für eine gesunde Entwicklung
Psychomotorische Aktivitäten für Drinnen und Draußen zur Förderung kindlicher Fähigkeiten
ISBN: 978-3-936286-00-7

Bettina Ried
Eltern-Turnen mit den Kleinsten
Anleitungen und Anregungen zur Bewegungsförderung von Kindern von 1-4 Jahren
ISBN: 978-3-925169-89-2

Monika Schneider
Gymnastik-Spaß für Rücken und Füße
Gymnastikgeschichten und Spiele mit Musik für Kinder ab 5 Jahren
ISBN (Buch inkl. CD): 978-3-931902-03-2
ISBN (Buch inkl. MC): 978-3-931902-04-9

Ökotopia Verlag und Versand

Der Fachverlag für gruppen- und spielpädagogische Materialien

Fordern Sie unser kostenloses Programm an:

Ökotopia Verlag
Hafenweg 26a · D-48155 Münster
Tel.: (02 51) 48 19 80 · Fax: 4 81 98 29
E-Mail: info@oekotopia-verlag.de

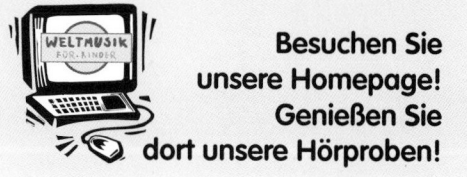

Besuchen Sie unsere Homepage!
Genießen Sie dort unsere Hörproben!

http://www.oekotopia-verlag.de
und www.weltmusik-fuer-kinder.de

Andrea Erkert
Inseln der Entspannung
Kinder kommen zur Ruhe mit 77 phantasievollen Entspannungsspielen
ISBN: 978-3-931902-18-6

Sybille Günther
Snoezelen - Traumstunden für Kinder
Praxishandbuch zur Entspannung und Entfaltung der Sinne mit Anregungen zur Raumgestaltung, Phantasiereisen, Spielen und Materialhinweisen
ISBN (Buch): 978-3-931902-94-0
ISBN (CD): 978-3-936286-07-6

Ursula Salbert
Ganzheitliche Entspannungstechniken für Kinder
Bewegungs- u. Ruheübungen, Geschichten u. Wahrnehmungsspiele Yoga, Autog. Training u. d. Progr. Muskelentspannung
ISBN: 978-3-936286-90-8

Anette Raschdorf
Kindern Stille als Erlebnis bereiten
Sinnesübungen, Fantasiereisen und Entspannungsgeschichten für Kindergarten, Schule u. Familie
ISBN: 978-3-931902-59-9

Volker Friebel
Weiße Wolken – Stille Reise
Ruhe und Entspannung für Kinder ab 4 Jahren. Mit vielen Geschichten, Übungen und Musik
ISBN (Buch inkl. CD): 978-3-925169-95-3

Conny Frühauf, Christine Werner
Hört mal, was da klingt!
Spielerische Aktionen mit Geräuschen, Klängen, Stimme und Musik zur Förderung des Hörsinns
ISBN (Buch inkl. CD): 978-3-86702-005-3

Annegret Frank
Streicheln, Spüren, Selbstvertrauen
Massagen, Wahrnehmungs- und Interaktionsspiele und Atemübungen zur Förderung des Körperbewusstseins
ISBN (Buch): 978-3-936286-29-8
ISBN (CD): 978-3-936286-30-4

Sybille Günther
Willkommen im Kinder-Märchenland!
Märchen werden lebendig durch Erzählen, Hören, Spielen und Gestalten
ISBN (Buch): 978-3-86702-025-1
ISBN (CD): 978-3-86702-026-8

Andrea Erkert
Naschkatze & Suppenkasper
Mit Spiel und Spaß essen und trinken - vielfältige Aktionen rund um das Thema Ernährung für Kita, Hort und Grundschule
ISBN: 978-3-936286-60-1

Margarita Klein
Schmetterling und Katzenpfoten
Sanfte Massagen für Babys und Kinder
ISBN: 978-3-931902-38-4

V. Friebel, M. Kunz
Meditative Tänze mit Kindern
In ruhigen und bewegten Kreistänzen durch den Wandel der Jahreszeiten
ISBN (Buch inkl. CD): 978-3-931902-52-0

K. + S. Faller
Kinder können Konflikte klären
Mediation und soziale Frühförderung im Kindergarten - ein Trainingshandbuch
ISBN: 978-3-936286-03-8

Der Fachverlag für gruppen- und spielpädagogische Materialien

Ökotopia Verlag und Versand

Bewegungsspiele, Brettspiele, kooperative Spiele, Spiele in Gruppen, Lernspiele

Fordern Sie unser kostenloses Programm an:

Ökotopia Verlag
Hafenweg 26a · D-48155 Münster
Tel.: (02 51) 48 19 80 · Fax: 4 81 98 29
E-Mail: info@oekotopia-verlag.de

Besuchen Sie unsere Homepage! Genießen Sie dort unsere Hörproben!

http://www.oekotopia-verlag.de
und www.weltmusik-fuer-kinder.de

Tom Senninger
Abenteuer leiten – in Abenteuern lernen
Methodenset zur Planung und Leitung kooperativer Lerngemeinschaften für Training, Teamentwicklung
ISBN 978-3-931902-53-7

Hartmut E. Höfele/ Susanne Steffe
Bunte Fußballwelt
Das Kinder-Fußball-Aktionsbuch: jede Menge Spiele, Geschichten, Infos und Lieder
ISBN (Buch) 978-3-936286-77-9
ISBN (CD) 978-3-936286-78-6

Olaf Möller
Große Handpuppen ins Spiel bringen
Technik, Tipps und Tricks für den kreativen Einsatz in Kindergarten, Schule, Familie und Therapie
ISBN 978-3-86702-017-6

SPIEL & RAT
Almuth Bartl, Cornelia Nitsch
Daddy Cool
100 Ideen und jede Menge Tipps für fitte Väter
ISBN 978-3-86702-020-6

SPIEL & RAT
Almuth Bartl
Oscars für Kids
Die 100 tollsten Belohnungen und warum Lob glücklich macht
ISBN 978-3-86702-021-3

SPIEL & RAT
Almuth Bartl
Babys SpieleSpaß
111 Ideen, nützliche Tipps und Anregungen für die Kleinsten
ISBN 978-3-86702-019-0

Wolfgang Polt, Markus Rimser
Aufstellungen mit dem Systembrett
Interventionen für Coaching, Beratung und Therapie
ISBN 978-3-86702-006-0

B. Hesebeck, G. Lilitakis, St. Schulz
Praxishandbuch für soziales Lernen in Gruppen
Erlebnisorientiertes Arbeiten mit Kindern, Jugendlichen und Erwachsenen
ISBN 978-3-86702-031-2

Elke Schlösser
Wir verstehen uns gut
Spielerisch Deutsch lernen – Methoden und Bausteine zur Sprachförderung für deutsche und zugewanderte Kinder als Integrationsbeitrag in Kindergarten und Grundschule
ISBN (Ordner) 978-3-931902-76-6
ISBN (CD) 978-3-86702-018-3

Alois Hechenberger, Bill Michaelis
Bewegte Spiele für die Gruppe
Neue Spiele f. Alt und Jung, für Drinnen und Draußen, für kleine u. große Gruppen für alle Gelegenheiten
ISBN 978-3-931902-74-2

Birthe Hesebeck
Spielen mit der Dunkelheit
Spiele, Experimente und Gestaltungsaktionen für Kindergarten, Klassenfahrten, Projekttage und Ferienfreizeiten
ISBN 978-3-86702-002-2

Elke Schlösser
Zusammenarbeit mit Eltern – interkulturell
Informationen und Methoden zur Kooperation mit deutschen und zugewanderten Eltern in Kindergarten, Grundschule und Familienbildung
ISBN 978-3-936286-39-7